ipeg
Québec
MINNESOTA
Montréal
MAINE
Duluth
Cornwall
Ottawa
VERMONT
Massena
Minneapolis
NEW
HAMPSHIRE
St. Paul
Toronto
WISCONSIN
Hamilton
Syracuse
MASSACHUSETTS
Brantford
Rochester
NEW
YORK
Plymouth
Milwaukee
MICHIGAN
Niagara
Falls
Buffalo
RHODE ISLAND
Detroit
CONNECTICUT
IOWA
PENNSYLVANIA
New York City
Chicago
Harrisburg
Cleveland
Des Moines
OHIO
NEW JERSEY
Philadelphia
Columbus
Pittsburgh
MARYLAND
Indianapolis
ILLINOIS
DELAWARE
WEST
VIRGINIA
Cincinnati
INDIANA
WASHINGTON, DC
ka
St. Louis
Richmond
Charleston
Frankfort
VIRGINIA
MISSOURI
KENTUCKY
Raleigh
NORTH
CAROLINA
TENNESSEE
Nashville
ARKANSAS
Columbia
Atlanta
Little Rock
SOUTH
CAROLINA
MISSISSIPPI
Atlantischer
Ozean
Jackson
Montgomery
GEORGIA
LOUISIANA
ALABAMA
Tallahassee
ston
Baton Rouge
FLORIDA
Golf von Mexiko
1000 km
KUBA

Aram Mattioli

ZEITEN DER AUFLEHNUNG

Eine Geschichte des indigenen Widerstandes in den USA 1911–1992

KLETT-COTTA

MIX
Papier | Fördert gute Waldnutzung
FSC® C014496

Klett-Cotta
www.klett-cotta.de

Cover: Rothfos & Gabler, Hamburg
unter Verwendung eines Fotos von © James Cook/The Centennial Ride to Wounded Knee
Vorsatzkarte: Isabell Bischoff, Hannover
Gesetzt von Dörlemann Satz, Lemförde
Gedruckt und gebunden von GGP Media GmbH, Pößneck
ISBN 978-3-608-98348-7
E-Book ISBN 978-3-608-12142-1

Bibliografische Information der Deutschen Nationalbibliothek
Die Deutsche Nationalbibliothek verzeichnet diese Publikation in der Deutschen Nationalbibliografie; detaillierte bibliografische Daten sind im Internet über http://dnb.d-nb.de abrufbar.

INHALT

»Joyce hat recht, wenn er behauptet, dass die Geschichte ein Albtraum sei – aber vielleicht ist es einer, aus dem man nicht erwachen kann. Die Menschen sind in der Geschichte gefangen und die Geschichte in ihnen.«

James Baldwin, 1955

Gedenkstein für Levi General im Grand River-Territorium (Ontario), 2014

VORWORT

Dieses Buch verdankt seine Entstehung zwei Erfahrungen, die für das Metier des Historikers gleichermaßen wichtig sind: einer Zufallsentdeckung und einem Leseanstoß. Während eines mehrwöchigen Streifzugs durch den Osten Kanadas suchten wir 2014 im südlichen Ontario die Stadt Brantford und das nahe gelegene Grand River-Territorium der irokesischen Six Nations auf. Damals wusste ich schon recht gut über Joseph Brant, den legendären Namensgeber der Stadt, Bescheid. Brant war ein Mohawk-Chief und hatte 1742 als Thayendanegea das Licht der Welt erblickt – irgendwo am Ufer des Cuyahoga-Flusses. Während des Unabhängigkeitskrieges der amerikanischen Siedler hatte er als Hauptmann auf der britischen Seite gekämpft, um den durch die im Entstehen begriffene Siedlerrepublik existenziell bedrohten Six Nations das Überleben zu sichern. Nach der systematischen Zerstörung ihrer Dörfer durch ein amerikanisches Expeditionskorps und der darauffolgenden Vertreibung war es Brant, der es durch sein diplomatisches Geschick erreichte, dass die Krone den Six Nations 1784 entlang des Grand River eine neue Heimat schuf – gleichsam als Ersatz für ihre ehemaligen, nun im Gliedstaat New York liegenden Territorien.

Vom einst sehr weitläufigen Grand River-Territorium wollten wir uns 230 Jahre später ein Bild machen. Ohne vorgefassten Plan durchfuhren wir die »größte indianische Reservation Kanadas«, wie Ottawa den Status des Gebiets zum Ärger vieler der traditionsbewussten Irokesen definiert. Wir schauten uns im Hauptort Ohsweken um und entdeckten außerhalb der kleinen Siedlung mit ihren modernen Gebäuden auf einer Nebenstraße fahrend plötzlich einen einsam dastehenden Gedenkstein. Dessen Inschrift lautete:

»IN MEMORY OF / DESKAHEH / (HI-WYI-ISS, LEVI GENERAL) / CAYUGA CHIEF OF THE YOUNGER BEAR CLAN / AND IROQUOIS PATRIOT / BORN 1873 – DIED JUNE 25, 1925 / INSTALLED IN THE SIX NATIONS COUNCIL 1917 / HE WAS IN 1921 APPOINTED SPEAKER. / AT OTTAWA, LONDON, AND GENEVA, SWITZERLAND / HE DEFENDED THE RIGHT OF THE SIX NATIONS / (OLDEST LEAGUE OF NATIONS NOW IN EXISTENCE) / TO LIVE UNDER THEIR OWN LAWS ON THEIR OWN / LANDS, AND TO WORSHIP THE CREATOR IN THEIR OWN WAY. / A FIRM BELIEVER IN THE TEACHINGS OF / DEGANAWIDAH, HE DEVOTED HIS WHOLE LIFE / TO THE SERVICE OF HIS PEOPLE.«

Noch wussten wir nicht, dass wir vor einem für viele Angehörige der Six Nations identitätsstiftenden Erinnerungsort gelandet waren: vor einem Gedenkstein für Levi General, einen der weltweit ersten Pioniere der indigenen Selbstbestimmungsbewegung. Die rätselhafte Inschrift ging mir nicht mehr aus dem Sinn, und ich nahm mir vor, der Sache näher auf den Grund zu gehen, sobald es meine Zeit an der Universität zulassen würde. Schließlich begann ich 2018 zum Cayuga-Chief zu recherchieren und ging der Frage nach, was dieser in London und dem fernen Genf getan hatte, um sich den Dank seiner Leute zu verdienen. Darin bestärkte mich der Umstand, dass über den antikolonialen Widerstand der nordamerikanischen First Peoples im 20. Jahrhundert dies- wie jenseits des Atlantiks weit weniger bekannt ist als über die Gewalterfahrungen, die sie während der amerikanischen Kontinentalexpansion machen mussten und die sie um 1890 an den Rand des völligen Ruins gebracht hatten.

Den zweiten Anstoß verdanke ich dem Sioux-Gelehrten Vine Deloria Jr. In der Vorbereitung für ein Masterseminar über »Ego-Dokumente nordamerikanischer Indianer« vertiefte ich mich 2019 in sein Werk. Durch seine frühen Essaybände stieg dieser rebellische Geist zum wichtigsten Wortführer der »indianischen Renaissance« in den USA auf. In *Custer Died for Your Sins. An Indian Manifesto* (1969) beschrieb er die First Peoples als »Amerikas gefangene Völker«, die nichts so sehr benötigten wie ein »kulturelles Lasst-uns-in-Ruhe-Abkommen«. Nur fünf Jahre später aber entzog er 1974 der weitverbreiteten Ansicht den Boden, dass die First Peoples bloß eine »andere inländische Minderheitengruppe« in den Vereinigten Staaten bilden. Wie andere Aktivistinnen und Aktivisten in der Red Power-Ära sah dieser gelehrte Visionär in den »Stämmen« indigene Nationen auf der Suche nach Unabhängigkeit und völkerrechtlicher Anerkennung. Das Faszinierende an Delorias frühen Büchern ist, dass sie für eine grundsätzlich andere Sicht auf die Geschichte der USA plädieren und einem die Augen für ihre verschollenen Möglichkeiten öffnen. In seinen Publikationen trat er dafür ein, den First Peoples zuzuhören und ihren Engagements für Freiheit, kulturelle Andersartigkeit und Selbstbestimmung endlich jene Beachtung zu schenken, die ein gleichberechtigtes Menschsein verdient.

9. August 2022 Aram Mattioli

1.

EINLEITUNG

In Albuquerque taten sich 1970 fünf junge American Indians zu der Rockband XIT zusammen, der es erfolgreich gelang, zeitgenössischen Rock mit Elementen traditioneller indigener Musik zu verschmelzen. Ihre Fans feierten XIT bald als »indianische Beatles«. Allerdings trat die Band von Anfang an weit politischer auf als die »Fab Four« aus Liverpool.[1] Schon auf ihrem fulminanten Debütalbum *The Plight of the Redman* (1972) paarte sich der Stolz auf die jahrtausendealte Präsenz der First Peoples auf der »Schildkröteninsel« mit beißender Kritik am Unrecht, das diesen widerfuhr, als der »weiße Mann« die »Neue Welt« in Besitz nahm. Der äußeren Form nach handelte es sich bei der Platte um ein Konzeptalbum, das die Geschichte Nordamerikas von der Vorkontaktzeit bis in die Gegenwart aus indigener Perspektive erzählte. Die Songtexte – von Tom Bee, einem Dakota, verfasst – kreisten alle um die große Lebenslüge, mit der Amerika sich im Kalten Krieg seine Staatswerdung schönredete. Schonungslos hieß es im letzten Stück: »Your America has not been a land of your / proclaimed equality and justice for all, / may your god forgive you. / The treatment of our people has been / a national tragedy and disgrace, / the time has come to put an / end to that disgrace.«[2] (»Euer Amerika ist kein Land gewesen der von euch / proklamierten Gleichheit und Gerechtigkeit für alle, / möge euer Gott euch vergeben. / Die Behandlung unseres Volkes war / eine nationale Tragödie und Schande, / die Zeit ist gekommen, dieser Schande / ein Ende zu setzen.«)

Kein Zweifel, das Debüt von XIT kündete von neu erwachtem Widerstandsgeist.[3] Immerhin verstanden sich die Bandmitglieder als musikalische Botschafter des American Indian Movement (AIM), der wohl bekanntesten indigenen Organisation in der Red Power-Ära. Eine unverhohlene Protesthaltung war XITs Markenzeichen; sie bildete den Hauptgrund dafür, dass etliche Radiostationen ihre Songs über Jahre boykottierten. Unter dem Titel *Silent Warrior* veröffentlichte die Protestband[4] schon ein Jahr später ihre zweite Langspielplatte, just 1973, als Dutzende Mitglieder des AIM den Weiler Wounded Knee in der Pine Ridge-Reservation in South Dakota besetzten. Programmatisch hob der erste Song mit den Worten an: »They took away our pride / so many years ago, / they left so many scars / burning in our soul. / Through Indian ways / the Indian lives / his Indian days. / We live. / We live. / We live. / We live.«[5] (»Sie haben uns unseren Stolz genommen / vor so vielen Jahren, / sie haben so viele Narben hinterlassen, / die in unserer Seele brennen. / Durch indianische Wege / leben die Indianer / ihre indianischen Tage. / Wir leben. / Wir leben. / Wir leben. / Wir leben.«)

Das Stück schrie gleichsam in die Welt hinaus, dass die First Peoples alle Anschläge auf ihre Existenz überlebt hatten. Damit traf XIT in den frühen 1970er Jahren eine unter American Indians verbreitete Stimmung – eine Mischung aus neu erwachtem Stolz, Trotz und Protest gegen die amerikanische Geschichtsvergessenheit. Zu dieser Zeit litten die Nachfahren von Tecumseh, Crazy Horse und Geronimo überall in den USA unter den Spätfolgen von Eroberung, kolonialer Unterdrückung und Zwangsassimilation und blickten auf eine bleierne Zeit der »kulturellen Zerstörung«[6] zurück. Doch hatten sie über das ganze 20. Jahrhundert hinweg auch eine erstaunliche, bislang wenig beachtete Widerständigkeit an den Tag gelegt. Zu keinem Zeitpunkt stellten sie bloß »unglückselige Opfer«[7] von historischen Prozessen dar, die machtvoll über sie hinwegrollten. Im Gegenteil. Seit dem Ersten Weltkrieg war die Geschichte der First Peoples in den USA durch drei große Entwicklungen geprägt: durch ihre demografische Erholung und ihr schieres Überleben; durch kulturelle Metamorphosen; und schließlich dadurch, dass sie inner- und außerhalb der Reservationen immer stärker zu Protagonisten ihres eigenen Schicksals aufstiegen und ihre Leben zunehmend aktiver gestalteten.[8]

Von der frühen Reservationszeit an hatten sie unfreiwillig erhebliche Anpassungsleistungen an die US-Gesellschaft erbringen müssen. Im Zeichen eines systematischen Assimilationsprogramms waren sie fast ausnahmslos alphabetisiert und christianisiert, später urbanisiert und durch all dies ein Stück weit auch »amerikanisiert« worden.[9] Schließlich waren die Reservationen vom weißen Amerika umschlossen, den Einflüssen der hegemonialen Kultur konnten sie sich daher kaum entziehen.[10] Aber die englische Sprache wurde, indem sie das Tor zu fremden Wissenswelten aufstieß, vermehrt auch zum Türöffner für neue Lebensentwürfe. Seit dem Zweiten Weltkrieg veränderte sich das Leben der American Indians von Grund auf.[11] Wenn sie im Nachkriegsamerika bestehen wollten, mussten sie lernen, sich in zwei Welten zu bewegen – in der weißen und in der indigenen. Für die »new Indians« (Stan Steiner) war denn auch nichts so charakteristisch wie ihre kulturelle Hybridität, verschmolzen in ihren Lebensstilen doch immer stärker Elemente der indigenen Tradition mit solchen der amerikanischen Massenkultur.[12] So meinte der bekannte Filmemacher Chris Eyre (* 1968) unlängst über sich selbst: »Als Native American, der in einer weißen Umgebung aufwuchs, habe ich die Dinge nie in schwarz und weiß gesehen, sondern immer in vielen Farben und Grauschattierungen. Ich liebe es, bei Karaoke-Veranstaltungen Country- und Westernsongs zu singen, aber ich liebe auch ein gutes Powwow und Fry bread.«[13]

Frühere Historiker neigten stark dazu, die American Indians lediglich als willenlose Opfer der in Washington gemachten Indianerpolitik zu sehen und sie als machtlose Spielbälle der von Beamten des Office of Indian Affairs (OIA) ausgeübten Verwaltungsmacht darzustellen.[14] Gewiss blieb diese Fremdbestimmung bis 1975, als die beiden Kammern des Kongresses ihnen eine Beteiligung in der Verwaltung ihrer Reservationen einräumten, hoch. Bei rechtem Licht besehen lebten sie bis zu diesem Zeitpunkt in internen Kolonien der USA, wie der Anthropologe Robert K. Thomas, ein Cherokee, ihr Abhängigkeitsverhältnis 1966 konzeptionell fasste.[15] Doch selbst in den Fängen dieses »vollständigsten kolonialen Systems der Welt«[16], selbst unter widrigsten Bedingungen büßten sie ihre Handlungsmacht nie ganz ein.

Nirgends trat ihre »Agency«[17] jedoch augenfälliger in Erscheinung als in Protest- und Widerstandsaktionen. Für diese Form des Sich-Widersetzens bürgerte sich in der amerikanischen Forschungslandschaft der Begriff »political activism« ein. Politischer Aktivismus zielt stets auf gesellschaftlichen Wandel; er versucht, Veränderungen durch persönliches Engagement und direktes Handeln auf den Weg zu bringen, und zwar im Scheinwerferlicht der Öffentlichkeit. Politischer Aktivismus kann sich in einer Vielzahl von Formen vollziehen: Er kann sich friedlich oder gewalttätig in Szene setzen, gesetzeskonform oder strafrechtlich relevant vorgehen, konkrete Forderungen stellen oder durch Besetzungen und Sit-ins nur symbolisch auf ein bestehendes Unrecht aufmerksam machen.[18] Stets dient er dem »Empowerment«, also der Selbstermächtigung von indigenen Gemeinschaften.

Die Zeit des bewaffneten Widerstands gehörte im 20. Jahrhundert der Vergangenheit an. In der modernen Welt eigneten sich die indigenen Aktivisten eine neue »Sprache des sozialen Protests«[19] an, das, was in der Forschung »Talking back to Civilization«[20] genannt wird. Selbst sahen sich die Aktivisten oft als »Krieger einer neuen Art«[21], die ihre Ziele mit Mitteln zu erreichen versuchten, die ihnen Verfassung, Demokratie und Rechtsstaat der USA boten. Resolutionen, Petitionen und das inszenierte massenhafte Überschreiten der kanadisch-amerikanischen Grenze, um auf alten Vertragszusagen zu bestehen, gehörten ebenso zu ihrem Instrumentarium wie Lobbying im Kongress, Teilnahme an Hearings und Gerichtsklagen. Während des Zweiten Weltkriegs kam die Militärdienstverweigerung hinzu. Seit die afroamerikanische Bürgerrechtsbewegung in den 1950er Jahren mit zunehmend spektakuläreren Aktionen für Aufsehen sorgte, setzte in den USA eine eigentliche Protestära ein. Zeitverzögert brachte sie auch neue Formen indigenen Widerstands wie Demonstrationen, Menschenketten und Märsche, aber auch Protestsongs, widerständiges Schreiben, Blockaden von Brücken und Straßen sowie Besetzungen von hochsymbolischen Erinnerungsorten und historische Gegengedächtnisse hervor.[22]

In einem innenpolitisch zunehmend aufgeheizten Klima nahm der zivile Ungehorsam[23] der American Indians seit 1964 stetig an Ausmaß und Intensität zu. Aktivistinnen und Aktivisten schreckten nun nicht mehr davor zurück, sich mit dem Gesetz anzulegen, wenn dies der indigenen Sache zu helfen schien. Mehr und mehr bediente sich der indigene Protest leichter Gesetzesübertretungen, um die öffentliche Aufmerksamkeit auf begangenes Unrecht zu lenken. Die Fish-ins im Bundesstaat Washington bildeten den Auftakt dazu. Und als die Indians of All Tribes 1969 die frühere Gefängnisinsel Alcatraz in der Bucht von San Francisco besetzten, mündete der indigene Widerstand schließlich in eine spektakuläre, auf der ganzen Welt wahrgenommene Ereigniskette.[24] Doch eine reine Erfindung der Red Power-Ära, welche die Forschung neuerdings auf die Jahre zwischen 1961 bis 1979 eingrenzt,[25] war dieser Aktivismus mitnichten. Er besitzt eine Geschichte, die vor den Ersten Weltkrieg zurückreicht. Die First Peoples in den USA gehörten zu den ersten indigenen Völkern auf dem Globus, die sich für bessere Lebensbedingungen, kulturelle Bewahrung und Selbstbestimmung engagierten.[26]

Ein frühes Beispiel dafür ist das vergessene politische Engagement von Robert Yellowtail (1889–1988). Im Ersten Weltkrieg verschrieb sich dieser »neue Krieger«[27] dem Ziel, die »persönlichen und tribalen Freiheiten« seines Volkes zu erhalten.[28] In der Crow-Reservation in Montana geboren, gehörte Robert Yellowtail zu jenen jungen American Indians, die staatlich getragene und von Geistlichen geführte

Boarding Schools durchlaufen mussten. Allen Widrigkeiten des Internatsalltags am Sherman Institute zum Trotz eignete er sich dort eine westliche Bildung an. Danach studierte er eine Zeit lang an der Extension Law School in Los Angeles. Im Fernstudium erwarb er sich schließlich einen juristischen Abschluss der Universität Chicago. Ungeachtet alternativer Möglichkeiten kehrte Yellowtail in die Reservation der Crow zurück, um dort Rinder zu züchten. Bald begann er eine Karriere als Politiker, der sich inner- und außerhalb der Reservation für die Interessen der Crow engagierte. Im Unterschied zu den »Traditionals« in seiner Gemeinschaft trug er seine Haare kurz und scheute sich nicht, in Anzug und Krawatte aufzutreten.[29] Perfekt Englisch sprechend und schreibend bewegte er sich in zwei Welten – in jener der Crow und in der weißen Gesellschaft. Dies war typisch für die gerade entstehende Generation neuer indigener Aktivisten und Aktivistinnen.

Unter der Führung ihres legendären Chiefs Plenty Coups (1848–1932) kämpften die Crow, die sich selbst Apsáalooke nennen, in ebenjenen Jahren, als Yellowtail Recht studierte, gegen einen 1910 von Senator Henry L. Walsh eingebrachten Gesetzesentwurf. Dieser sah vor, noch weit mehr vom verbliebenen Land für eine weiße Besiedlung zu öffnen.[30] Dadurch war die Weiterexistenz der Reservation infrage gestellt, die sich, obwohl sie nur einen Bruchteil ihres einstigen Siedlungsgebietes umfasste und anfänglich als eine Art Gefängnis empfunden wurde, für die Apsáalooke inzwischen in ein »Homeland« verwandelt hatte. Plenty Coups' und Yellowtails Generationenprägungen hätten sich kaum stärker unterscheiden können. Denn zwischen ihren Geburten ging die alte Lebensweise ihres Volkes für immer unter. »In der Zeit, als ich 40 war«, erinnerte sich Plenty Coups Jahrzehnte später, »konnte ich sehen, dass unser Land sich schnell veränderte und dass diese Veränderungen uns zwangen, sehr anders zu leben.«[31]

Plenty Coups hatte sich in jungen Jahren einen Namen als großer Krieger auf den nördlichen Great Plains gemacht und dort den

Büffel gejagt, bevor kommerzielle Jäger das größte Landsäugetier Nordamerikas bis 1883 fast vollständig ausrotteten.[32] Nach und nach hatte er alle vier Aufgaben erfüllt, die ihn bei seinen Leuten zu einem angesehenen Anführer werden ließen. Mehrfach drang er in Lager feindlicher Plains-Völker ein, stahl dort Pferde, entwand anderen Kriegern im Zweikampf ihre Waffen und berührte etliche von ihnen mit seinem Coup-Stock, ohne sie zu töten, was als höchster Ausweis kriegerischer Tapferkeit galt. An seinem Coup-Stock hingen Dutzende von Adlerfedern, die von seinen Heldentaten kündeten. Um das den Apsáalooke im 2. Vertrag von Fort Laramie 1868 zugesagte Land zu verteidigen, diente Plenty Coups 1876 als Scout in der U.S. Army. Kurz bevor George Armstrong Custers Regiment 1876 am Little Bighorn vollständig aufgerieben wurde, kämpfte er in der Schlacht am Rosebud Creek. Hier gelang es den von Crazy Horse angeführten Lakota, Cheyenne und Arapaho, eine auf das Kommando von General George Crook hörende Kavallerieeinheit am weiteren Vordringen nach Norden zu hindern.[33]

Wie die anderen Plains-Nomaden seiner Generation erlebte Plenty Coups die fast vollständige Ausrottung der Bisons als Katastrophe. Als »die Büffel verschwanden, fielen die Herzen meines Volkes zu Boden, und sie konnten sie nicht wieder aufheben. Danach ist nichts mehr geschehen«[34]. Schmerzhaft erfuhr er, wie die US-Regierung die Apsáalooke 1884 endgültig in eine Reservation im Tal des Bighorn River verwies und wie sein Volk dort in große Abhängigkeit des Office of Indian Affairs geriet. Ohne es verhindern zu können, musste er dabei zusehen, wie die Landbasis der Reservation nach 1887 durch den staatlich verordneten Verkauf von »Überschussland« an weiße Rancher weiter erodierte.[35] In der nämlichen Gedankenwelt verhaftet, hielt Chief Curley, auch er ein ehemaliger Scout der 7. Kavallerie, 1912 zur zentralen Bedeutung des Landes in der Crow-Kultur fest: »Der Boden, den ihr hier seht, ist kein gewöhnlicher Boden – er ist das Blut, das Fleisch und die Knochen unserer Vorfahren. Wir kämpften, gaben unser Blut und unser Leben, damit es kein anderer

Indianer nahm, und wir kämpften und gaben unser Blut und unser Leben, um den Weißen zu helfen. Ihr müsst schon tief graben, bevor ihr auf eine andere Erde stoßt, denn die Schicht darüber ist Crow. Dieses Land ist mein Blut und mein Tod, es ist heilig, und ich gebe kein Stück davon her.«[36]

Nicht nur für die Crow, sondern für alle First Peoples besaßen Land und Lebensraum im frühen 20. Jahrhundert die »denkbar höchste Bedeutung«[37]. Aus ihnen leitete sich alles andere ab. Wie aber konnte das Land erfolgreich gegen einen der mächtigsten Staaten der Welt verteidigt werden? In vielem ein »Traditional« begriff Plenty Coups, dass die Apsáalooke in der modernen Welt mit anderen Waffen kämpfen mussten, um sich dieses zu erhalten. Konkret mussten sie sich die Kulturtechniken, das Wissen und die Sprache des »weißen Mannes« ein Stück weit aneignen. Den Jungen seines Volkes legte er deshalb ans Herz: »Bildung ist eure mächtigste Waffe. Mit Bildung seid ihr dem weißen Manne gleich. Ohne Bildung seid ihr sein Opfer.«[38]

Robert Yellowtail machte sich diesen Rat zu eigen. Anfänglich diente er Plenty Coups bei dessen Verhandlungen in Washington als Dolmetscher und Berater. Als der Konflikt mit dem Kongress jedoch in seine entscheidende Runde ging, war er es, den der Principal Chief auserkor, um einen weiteren Ausverkauf von Reservationsland an weiße Rancher zu verhindern. An der Spitze einer kleinen Delegation reiste der 30-jährige Yellowtail im Spätsommer 1919 in die weit entfernte Kapitale am Potomac, um am 9. September vor der Senatskommission für indianische Angelegenheiten zu erscheinen. Während des Hearings überraschte er die Senatoren mit der Aussage, dass die American Indians wie sie selbst mit jenen unveräußerlichen Menschenrechten begabt seien, die Thomas Jefferson in der Unabhängigkeitserklärung von 1776 so wortmächtig beschworen habe.[39]

Informiert über die neuesten Entwicklungen in der internationalen Staatenwelt, erinnerte er in seinem Votum an die hehren Versprechungen des amtierenden US-Präsidenten: Woodrow Wilson habe seit 1916 die Hoffnung geweckt, dass das Recht auf Selbstbestimmung in der Nachkriegsordnung keinem Volk versagt werden könne, unabhängig davon, wo es lebe, wie klein oder schwach es sei und von wem es gerade beherrscht werde.[40] Vermutlich sei dem »großen Präsidenten« der Fall der American Indians nie in den Sinn gekommen, als er jene »feierlichen Worte« verwendete. Im selbst ernannten Land der Freiheit würde kein einziges Gesetz existieren, das diese frei denken, frei entscheiden und frei handeln ließe. Für alles müssten sie bei einem »total Fremden« in Washington, dem Innenminister, »in aller Demut und Erniedrigung« zuerst um Erlaubnis bitten. Denn sie würden von Amerika als »politische Sklaven« in Gefangenschaft gehalten.[41] Die Crow aber seien eine »separate, semisouveräne Nation«[42], die zu keinem Bundesstaat gehöre. Ohne ihre Zustimmung dürften weiße Siedler nicht einfach in den Besitz von Crow-Land gesetzt werden, durch kein Gesetz der Union und durch keines des Gliedstaates Montana. Allein den Crow stünde es zu, darüber zu entscheiden, wie viel sie von ihrer Reservation für sich behalten und was sie davon an Außenstehende abtreten wollten.[43] Schließlich gelang es Robert Yellowtail im Reformklima der »Progressive Era«, eine für die Apsáalooke vorteilhafte Gesetzesregelung zu erstreiten: den »Crow Act« von 1920.[44] Auf diese Weise konnte die Landbasis der Reservation gerettet werden – und dadurch das »Homeland« der Apsáalooke.

Yellowtail hatte sich an die Spitze einer der ersten Kampagnen gesetzt, die sich einer »neuen Sprache des Protests«[45] bediente, indem sie eine indigene Forderung mit Schlüsselkonzepten aus der westlichen Denktradition (wie den Menschenrechten, dem Selbstbestimmungsrecht der Völker, der Souveränitätsidee und dem Prinzip des »Pacta sunt servanda«) begründete. Die Pueblo-Nationen, die mit der »Bursum Bill«[46] konfrontiert waren, die ihr Land für weiße Siedler, Rancher und Minengesellschaften öffnen wollte, taten es ihm bald nach und gingen im Kampf für ihre Landrechte den gleichen Weg – den von Hearings vor dem Kongress. Dass Yellowtail für das

Selbstbestimmungsrecht der Crow eintrat, wies weit in die Zukunft. Offenbar schwebte ihm für sein Volk eine Art Autonomiestatus innerhalb der USA vor. 1975, mehr als ein halbes Jahrhundert später, verabschiedete der Kongress mit dem »Indian Self-Determination and Education Assistance Act«[47] ein Grundlagengesetz, das Yellowtails Vorstellungen nahekam.

Exemplarisch verdeutlicht diese Begebenheit, dass die Crow das bedrückende Leben in ihrer Reservation nicht einfach fatalistisch hinnahmen oder es bloß passiv erlitten, sondern es aktiv zu beeinflussen versuchten. Doch diese Selbstermächtigungsstrategie war keine unfehlbare Erfolgsgarantie. Nur wenige Jahre später konnten die Crow nichts dagegen tun, dass amerikanische Rinder- und Schafzüchter Weidegenehmigungen erwarben, um ihre Herden innerhalb ihrer Reservation grasen zu lassen. Kräftig unterstützt von Montanas Senatoren und Repräsentanten, machten Rancher in Washington Druck, damit die frei umherschweifenden Herden von Wildpferden verschwänden. Denn die Pferde der Crow fräßen ihren Rindern und Schafen das dringend benötigte Gras weg. Schließlich erteilte das Office of Indian Affairs den Ranchern 1923 die Erlaubnis, die Mustangs auf Prämienbasis abzuschießen – für einige lumpige Dollar pro Exemplar. Daraufhin wurde die Reservation zum Schauplatz eines schauerlichen Massakers.

Über Jahre knallten Auftragsschützen Zehntausende von »wertlosen« Mustangs ab. Einige dieser Auftragsschützen kamen mit ganzen Säcken abgeschnittener Pferdeohren an, um die ausgesetzte Prämie einzukassieren.[48] Das war für eine in Pferde vernarrte Gesellschaft, für die Mustangs vom Reichtum des Landes zeugten, eine Katastrophe sondergleichen. Umgekehrt ging es dem zuständigen Superintendenten Calvin Asbury wohl darum, die bereits geschwächte Kultur der Crow weiter zu unterminieren.[49] Bis 1930 jedenfalls wurden die Crow, diese »großen und stolzen Pferdezüchter, aller ihrer Pferde beraubt«, schrieb der promovierte Historiker Joseph Medicine Crow (1913–2016) in seiner Darstellung der Ereignisse. »Durch das Verschwinden des Pferdes wurde die Kultur der Crow schwer geschädigt. Vorsichtig ausgedrückt, war dies eine traumatische und tragische Erfahrung für einen stolzen, pferdeverbundenen Stamm; es war schlimmer als die tatsächliche militärische Niederlage, die einige Präriestämme erlitten hatten.«[50] Das weiße Amerika jedoch scherte sich keinen Deut darum. Beispielhaft unterstreicht diese Episode, wie fremdbestimmt die Crow in den 1920er Jahren in ihrer Reservation lebten – trotz aller Handlungsspielräume, die sie zuweilen geschickt zu nutzen wussten.

***

Dieses Buch strebt keinen Gesamtüberblick über die moderne Geschichte der First Peoples in den USA an und erhebt nicht den Anspruch, alle Aspekte indigenen Lebens im 20. Jahrhundert gleichermaßen zu beleuchten. Die ungleiche, oft auch ungenügende Forschungslage zu den 574 staatlich anerkannten tribalen Nationen (Stand: März 2021) lässt dies nicht zu.[51] Vielmehr ist das Buch als problemorientierte Darstellung konzipiert, die einen zentralen Aspekt der indigenen Lebenswirklichkeit herausgreift. In den Blick genommen wird eine *exemplarische Auswahl* an indigenen Protest- und Widerstandsaktionen, getragen von selbstbewussten Männern und Frauen, die ein hohes Maß an Eigensinn und Kreativität an den Tag legten, als es galt, erlittenes Unrecht anzuprangern und ihren fremdgesteuerten Nationen kleine Freiräume zu erkämpfen. Neben besser bekannten Episoden aus der Red Power-Zeit thematisiert das Buch zahlreiche bislang wenig beachtete Geschichten von indigenen Aktivistinnen und Aktivisten. Es will aufzeigen, dass sich indigene Widerständigkeit wie ein roter Faden durch die USA des 20. Jahrhunderts zieht und dabei globalen Konjunkturen antikolonialer Selbstbehauptung folgte.

Anfang und Ende der Darstellung fallen mit Schlüsselereignissen in der Geschichte der nordamerikanischen First Peoples in eins. 1911 fand in London der erste Universal Races Congress statt, auf dem Repräsentanten kolonialisierter Völker erstmals die grundsätzliche Gleichheit aller Ethnien beschworen. Eine der eindrücklichsten Reden hielt der Arzt Charles Eastman, ein Dakota, der als Junge noch auf ein Leben als Büffel jagender Reiternomade vorbereitet worden war. Mit der Society of American Indians trat 1911 die erste panindianische, rein indigene Interessenorganisation in den USA ins Leben. Mehr als 80 Jahre danach, 1992, liefen indigene Aktivistinnen und Aktivisten gegen die 500-Jahr-Feierlichkeiten aus Anlass der sogenannten Entdeckung Amerikas Sturm. Stattdessen schlugen sie vor, den alljährlich am zweiten Oktobermontag begangenen »Kolumbus-Tag« durch einen »Indigenous Peoples Day« zu ersetzen. Ebenfalls 1992 ging in Salzburg das erste World Uranium Hearing über die Bühne. Auf diesem internationalen Treffen ließen sich Vertreter indigener Völker aus aller Welt unter anderem über den »nuklearen Kolonialismus der USA« und den im »Land der Freiheit« grassierenden Umweltrassismus ins Bild setzen, über aktuelle Bedrohungen und neue Formen von Diskriminierung mithin. Denn: »Wo immer Industriestaaten Uran abbauen oder Atommächte ihre Bomben testen, sind kleine Völker die ersten Opfer.«[52] Freilich erlosch der Widerstand der First Peoples nach 1992 keineswegs. Der 2016 entflammte Widerstand gegen den Bau der über 1880 Kilometer langen North Dakota Access Pipeline oder der Kampf gegen die von der Trump-Administration betriebene Öffnung des Arctic National Wildlife Refuge, um im nordöstlichen Alaska Energiekonzerne auf dem Land der Gwich'in nach Öl und Erdgas bohren zu lassen, sind jüngste Beispiele dafür.[53] Diese bieten Stoff für ein eigenes Buch.

Einer der Vorzüge des gewählten Ansatzes besteht darin, dass die Widerständigkeit von Menschen stets auf gesellschaftliche Verhältnisse verweist, die von ihnen als ungerecht oder ungenügend erfahren werden. Eine solche Herangehensweise erlaubt es, dabei zuzusehen, wie die American Indians unter nicht selbst gewählten Bedingungen als handelnde Subjekte Geschichte machten. So wird es möglich, bislang wenig beachtete Gegengeschichten zu erzählen und eine neue Lesart der amerikanischen Gesellschaftsgeschichte zu entwickeln, in der die American Indians nicht länger Fußnoten bleiben. Ein solcher Ansatz stellt für das 20. Jahrhundert kein empirisches Problem dar, weil sie eine Vielzahl von Selbstzeugnissen (Reden, Essays, Petitionen, alternative Geschichtserzählungen, Interviews, Songtexte, Autobiografien, Fotografien, Filme etc.) hinterlassen haben – einen riesigen Schatz an Egodokumenten, von dem die Forschung bislang erstaunlicherweise keinen überbordenden Gebrauch gemacht hat.[54]

Gewiss ist es für einen kulturell Außenstehenden kein leichtes Unterfangen, exemplarische Episoden indigenen Widerstands nahe an den indigenen Protagonisten zu erzählen. Aber die Aufgabe ist für einen Historiker aus Europa auch nicht von vornherein zum Scheitern verurteilt. Um sie überzeugend zu bewältigen, gilt es, sich bei American Indians selbst kundig zu machen, indem man ihnen zuhört, sie interviewt, ihre eindrucksvollen Egodokumente liest und die seit den 1960er Jahren von ihnen verfassten wissenschaftlichen Texte studiert.[55] Auf dieser Quellengrundlage ist auch die Legende, dass die American Indians nach dem Massaker von Wounded Knee (1890) das innere Kolonialsystem der USA viele Jahrzehnte lang schicksalsergeben erduldeten, bis in den späten 1960er Jahren mit dem AIM ein neuer Widerstandsgeist erwachte, leicht zu widerlegen. Nein, die Geschichte der First Peoples war auch vorher schon von Widerstand und Versuchen der Selbstermächtigung geprägt.

Jede Darstellung zu den First Peoples steht und fällt mit einem reflektierten Sprachgebrauch. Begriffe, die aus der Asservatenkammer kolonialer Sprache stammen, sind grundsätzlich zu vermeiden: »Häuptling«, »Halbblut«, »Stämme« oder »Reservat« etwa, das der Duden in seiner Ausgabe von 2001 als ein »natürliches Großraumgehege zum Schutz bestimmter, in freier Wildbahn lebenden Tierarten«[56] umschrieb. Wann immer möglich orientieren sich die verwendeten Begriffe am indigenen Sprachgebrauch.[57] Allerdings ist dieser weder einheitlich noch konsequent. Als die Journalistin Amanda

Blackhorse vor einigen Jahren junge American Indians fragte, wie sie sich selbst bezeichnen, fielen die Antworten höchst unterschiedlich aus.[58] Das Nämliche gilt für die Bezeichnungen der in Reservationen lebenden indigenen Völker. Etliche Gemeinschaften bezeichnen sich selbst als »Nations« (Navajo Nation, Oglala Lakota Nation), während andere das Wort »Tribe« oder »Band« (Puyallup Tribe of Indians, Northern Cheyenne Tribe, Turtle Mountain Band of Chippewa Indians) bevorzugen.

Nicht genug damit, existiert weder im Amerikanischen noch im Deutschen ein allseits akzeptierter Oberbegriff, der die Gesamtheit der indigenen Völker auf US-Territorium beschreibt. Auf einer seiner Bildungsseiten hält das 2004 gegründete National Museum of the American Indian zur Namenskontroverse fest: »American Indian, Indian, Native American oder Native sind akzeptabel und werden in den Vereinigten Staaten oft austauschbar verwendet; allerdings besitzen Native Peoples oft individuelle Präferenzen darüber, wie sie angesprochen werden möchten.«[59] Seit dem frühen 20. Jahrhundert hießen die bekanntesten indigenen Organisationen in den USA Society of American Indians (1911), National Congress of American Indians (1944), Survival of American Indians Association (1964) und American Indian Movement (1968). All dies deutet darauf hin, dass in den indigenen Communities »American Indian« als Selbstbezeichnung stets breit akzeptiert war und heute nach wie vor ist.[60]

Doch auch diese Bezeichnung setzte sich im allgemeinen Sprachgebrauch nie vollständig durch. Selbst in dem Kultbuch *Custer Died for Your Sins*, von Vine Deloria Jr. mitten in der Red Power-Zeit herausgebracht, war durchweg von »Indians« oder »Indian people« die Rede.[61] Die Bezeichnung »Native Americans« kam seit den 1970er Jahren auf, versuchte einen semantischen Neuanfang und gab den »Native American Studies« ihren Namen. Doch auch dieser Begriff ist nicht über jeden Verdacht erhaben. Denn für »gebürtige Amerikaner« können sich nach einigen Generationen im Prinzip alle US-Bürger halten, ganz unabhängig von ihrer ethnischen Herkunft.

1981 schließlich brachte der UN-Sonderberichterstatter José R. Martínez Cobo den Terminus »Indigenous Peoples« in die internationalen Debatten ein. Davon abgeleitet sind die politisch korrekten Ausdrücke »indigene Völker« und »Indigene«, beides Fremdbezeichnungen, welche die kulturelle Diversität der so beschriebenen Ethnien in aller Welt einebnen.

Im deutschsprachigen Kulturraum ist »Indianer« seit Jahrhunderten der dominierende Oberbegriff. Es war Christoph Kolumbus höchstselbst, der den Ausdruck »indios« nach den Erstkontakten mit den Taino auf Guanahani in die Welt setzte. Diese weitverbreitete Fremdbezeichnung verdankt sich bekanntlich einem geografischen Irrtum der gröberen Art, entstand in einem kolonialen Kontext und bildet ein eurozentrisches Konstrukt.[62] Zudem werden darin die kulturell äußerst diversen Ethnien Nordamerikas tendenziell zu einem einzigen Großvolk zusammengerührt, das so nur in der Gedankenwelt der europäischen Neuankömmlinge existierte.[63] Allerdings besitzt »Indianer« im Deutschen – anders als »Indian« im Amerikanischen – keine eindeutig pejorative Konnotation, sodass der Begriff nach Ansicht von Experten weiterhin verwendbar bleibt.[64]

Dennoch lässt sich mit guten Gründen argumentieren, dass auf den Begriff »Indianer« seines ideologischen Ballastes und der verquasten Assoziationen wegen, die er weckt, künftig verzichtet werden sollte. Auf den folgenden Seiten findet er deshalb nur in Quellenzitaten, schwer zu ersetzenden Komposita wie »Indianerklischee«, »indianerfeindlich« oder »Indianerpolitik« und in Kontexten Verwendung, in denen die handelnden Zeitgenossen »Indianer« meinten. Wo dies nicht der Fall ist, werden die englischen Lehnbegriffe »American Indians« und »First Peoples« – eine Parallelbildung zu den kanadischen »First Nations« – bevorzugt.[65]

Klar scheint jedoch zu sein, dass in einer Situation semantischer Uneindeutigkeit Besserwisserei nicht weiterführt. In Kent Nerburns dokumentarischem Roadmovie *Nicht Wolf nicht Hund* (2018) gibt uns der Lakota Dan zu bedenken: »Die [African Americans, A. M.]

überlegen sich doch alle paar Jahre wieder, wie sie genannt werden wollen. Aber ich verstehe sie durchaus. Die haben sich ja teilweise die übelsten Namen gefallen lassen müssen. Und nach einer Farbe benannt zu werden, ist fast genauso seltsam, wie wenn man nach einem Ort [Indien, A.M.] heißt, an dem man nie war. Aber unser Volk schert sich nicht groß um Namen, die meisten von uns jedenfalls. Wir sehen die Dinge eher locker.«[66]

2.

NACH DER EROBERUNG

Im *American Journal of Sociology* erschien 1916 ein kenntnisreicher Beitrag über die sozialen Ursachen des »Indianerproblems« in den USA. Er stammte aus der Feder des damals 35 Jahre alten Seneca Arthur C. Parker (1881–1955) aus dem Bundesstaat New York. In der Cattaraugus-Reservation geboren, hatte er in ihr die ersten zehn Jahre seines Lebens zugebracht, bevor seine Eltern 1891 in einen Vorort von New York City zogen. Problemlos durchlief der lernbegierige Junge die dortigen Schulen. Nach einem Studium der Anthropologie in Harvard und Rochester ging er ohne Abschluss von der Universität ab. Dennoch fand er eine feste Anstellung als Ethnologe am New York State Museum und machte sich dort als Spezialist für die Kultur der Haudenosaunee (Irokesen) einen Namen.[1] Gemessen an dem, was für den durchschnittlichen American Indian damals erreichbar war, stellte Parkers sozialer Aufstieg die große Ausnahme dar. In den Augen des weißen Amerikas galt der gebildete Seneca als Inbegriff einer gelungenen Assimilation. Dennoch legte Parker nie nur ein wissenschaftliches Interesse an den First Peoples an den Tag. Stets trieb ihn das Problem um, wie sich ihre erst wenige Jahrzehnte zurückliegende Zwangsansiedlung in Reservationen auf ihre Existenz ausgewirkt hatte und wie eine menschenfreundliche Abhilfe gegen die durch das »Zivilisierungsprogramm« entstandenen Missstände auszusehen hätte.

Denn Parker sah in den Reservationen »Orte der Erniedrigung«, die die First Peoples zu einer Schattenexistenz neben der Mehrheitsgesellschaft verurteilten. Seiner Ansicht nach hinderten diese die American Indians nicht nur an ihrer gesellschaftlichen Entfaltung, sondern hätten ihre durch Eroberung und Kolonisierung ohnehin schon geschwächten Kulturen gefährlich unterminiert.[2] Zu »Mündeln der Bundesregierung« degradiert, würden die Eliten in der Hauptstadt und die Indianeragenten vor Ort über deren Köpfe hinweg herrschen, sie füttern, kleiden, für sie denken und handeln, sodass nicht mehr viel von ihrer »alten Wesensart« übrig sei. Denn die Vereinigten Staaten hätten den einst so stolzen First Peoples nach ihrer Unterwerfung sieben Dinge gestohlen: die Freiheit, selbst zu handeln; die ökonomische Unabhängigkeit; die traditionelle Sozialorganisation; ein intellektuelles Leben; die moralischen Standards und Ideale; den guten Ruf unter den Völkern der Welt; und das Recht auf einen gesicherten Status.[3] Das Leben in den Reservationen hätte die sich einst selbst erhaltenden Völker in »erbärmliche Almosenempfänger« verwandelt, die von staatlichen Lieferungen an Lebensmitteln, Werkzeugen und Kleidern abhängig seien. Tausende von American Indians seien in den letzten Jahrzehnten an staatlicher Vernachlässigung zugrunde gegangen, an verdorbenem Essen und fehlenden Medikamenten, aber auch an nicht gelieferter Winterkleidung und gebrochenen Herzen. Die Zerstörung der alten Lebensweisen sei inzwischen so stark fortgeschritten, dass viele American Indians weder die Freiheit noch die Fähigkeit und oft nicht einmal mehr den Wunsch hätten, ihr Leben und ihr ökonomisches Schicksal selbst in die Hand zu nehmen.[4] Vor diesem Hintergrund plädierte er dafür, das desaströse System der Reservationen zu beseitigen. Wie seine Mitstreiter in der Society of American Indians erträumte er sich ein Amerika, das die Angehörigen der First Peoples respektvoll in die Gesellschaft eingliedere, indem sie indigene Traditionen unangetastet lasse, sodass diese in einem multikulturellen Land nach ihrer Façon leben könnten.[5]

Parkers Kritik an der Indianerpolitik der USA hätte kaum schärfer ausfallen können, beschrieb er in seiner hellsichtigen Einlassung doch eine koloniale Abhängigkeitsbeziehung, die innerhalb weniger Jahrzehnte den nahezu vollständigen Ruin der First Peoples bewirkt hatte. Mitten im Ersten Weltkrieg blickten die American Indians buchstäblich auf eine Zeit zurück, während der sich der »umfassendste und nachhaltigste Anschlag auf indigene Daseinsformen«[6] in der US-Geschichte ereignet hatte. Seit dem späten 19. Jahrhundert waren nahezu alle American Indians in Reservationen auf einem Bruchteil des einst von ihnen genutzten Landes eingepfercht. Die Mehrzahl dieser Sonderinstitutionen lag abgeschieden in den Weiten des amerikanischen Westens – um die Großen Seen herum und vor allem westlich des Mississippi in den Great Plains und im Südwesten.[7] Das Reservationsland war der kärgliche Rest, der den First Peoples vom einstigen Alleinbesitz des Kontinents geblieben war. Heute umfasst es noch 2,3 Prozent des US-Territoriums, was etwa dem Zweieinhalbfachen der Fläche der Republik Österreich entspricht.[8]

In der ersten Zeit ihres Bestehens glichen die Reservationen oft Freiluftgefängnissen.[9] Ehemals souveräne Nationen, die ihre Geschicke über Jahrhunderte selbst bestimmt hatten, mussten in ihnen eine Kümmerexistenz als militärisch unterworfene, kolonial fremdbestimmte und wirtschaftlich abhängige »Stämme« führen. Obschon sie es selbst nicht so sahen, dachten die weißen Machteliten den American Indians das Schicksal zu, in internen Kolonien der Vereinigten Staaten zu leben.[10] Tatsächlich übte die Bundesregierung in den Reservationen eine quasi »vollständige Kontrolle über die Leben und das Eigentum der Indianer«[11] aus. Verlassen durften die American Indians ihre Reservationen anfangs nur mit der Erlaubnis des für sie zuständigen Superintendenten vom Office of Indian Affairs (OIA), das 1824 ins Leben getreten war. In der Denktradition indigener Gelehrter wie Robert K. Thomas und Jack D. Forbes deuten inzwischen etliche Historiker die Reservationen als zentrale Institutionen eines internen Kolonialsystems.[12] Dieses in der Red Power-Ära entstandene Konzept hat einiges für sich, wenn man unter Kolonialismus eine Herrschaftsbeziehung zwischen zwei Kollektiven versteht, bei der kulturell andersartige, sich zivilisatorisch überlegen fühlende Eroberer die »fundamentalen Entscheidungen über die Lebensführung der Kolonisierten« fällen, um damit letztlich den Interessen der dominanten Gesellschaft zu dienen.[13]

Ohne Ausnahme versuchten alle US-Regierungen von 1881 bis 1933 das durch Unterwerfung und Landenteignung erst geschaffene »Indianerproblem« durch ein Programm der Zwangsassimilation zu beseitigen. Wie die Heerscharen der europäischen Neubürger sollten im sprichwörtlichen Schmelztiegel auch die übrig gebliebenen Indianer zu »echten Amerikanern« umgeschmolzen werden. Unter der Woche sollten diese wie die anderen Amerikaner fleißig arbeiten, sich an die Gesetze halten, Dollars ausgeben und am Sonntag einen christlichen Gottesdienst besuchen. Ursprünglich war es das Ziel, die nach erfolgter Assimilation in die Mehrheitsgesellschaft funktionslos gewordenen Reservationen aufzulösen und das so gewonnene Land weißen Ranchern und Farmern, aber auch Unternehmern und den wachsenden Siedlungen zu überantworten. Thomas J. Morgan, der unter Präsident Benjamin Harrison als Commissioner of Indian Affairs diente, brachte diese ethnozidale Politik 1889 so auf den Punkt: »Das Reservationssystem gehört zu einem verschwindenden Zustand der Dinge und muss bald zu existieren aufhören [...] Die Logik der Ereignisse verlangt das Aufgehen der Indianer in unserem nationalen Leben, nicht als Indianer, sondern als amerikanische Bürger [...] Die Indianer müssen sich der ›Lebensweise des weißen Mannes‹ anpassen, friedlich, wenn sie wollen, gewaltsam, wenn sie sich weigern. Sie müssen [...] ihre Lebensweise substanziell unserer Zivilisation angleichen. Diese Zivilisation mag nicht die bestmögliche sein, aber es ist die beste, welche die Indianer erlangen können.«[14]

Jahrzehntelang versuchten die zwischen Republikanern und Demokraten im Kongress wechselnden Mehrheiten, die First Peoples kulturell auszulöschen und sie als distinkte Ethnien zum Verschwinden zu bringen. Dabei handelte es sich um nichts weniger als eine Politik des versuchten Ethnozids. »Zu ihrem eigenen Besten«

sollten die Indianer in nützliche, sich selbst erhaltende US-Bürger mit »modernen« Anschauungen umerzogen werden, propagierten Sozialreformer, selbst ernannte Indianerfreunde und Politiker in der Ära des Progressivismus. Selbst gegen ihren ausdrücklichen Willen sollten ihnen die englische Sprache und die christliche Heilsbotschaft, aber auch eine kapitalistische Wirtschaftsgesinnung und eine gehörige Portion amerikanischer Patriotismus eingepaukt werden. Sie sollten lernen, sich in der Industriegesellschaft zu behaupten, indem sie ihr Eigeninteresse über alles und vor allem über die alten »Stammestraditionen« stellten.[15] Das Ziel war ihr endgültiges Aufgehen in der Mehrheitsgesellschaft, wie Präsident Theodore Roosevelt 1902 in seiner »State of the Union Address« freimütig einräumte.[16] Mit dieser Politik gegenüber unerwünschten Ethnien standen die USA keineswegs allein da. Auch andere Siedlergesellschaften wie Kanada und Australien begaben sich ihren indigenen Minderheiten gegenüber auf einen Pfad der kulturellen Auslöschung.[17]

In den Vereinigten Staaten ruhte das ethnozidale Projekt auf einem Fundament, das von drei Pfeilern gestützt wurde. 1883 setzte Innenminister Henry M. Teller erstens den »Code of Indian Offenses« in Kraft, der unter anderem eine Reihe von Kulturpraktiken (wie Polygynie, Brautpreise, Potlatches und Heilungsrituale) kriminalisierte und in offenkundiger Verletzung des 1. Zusatzartikels der Verfassung, der die Religionsfreiheit schützte, spirituelle Zeremonien (wie den Sun Dance und die Peyote-Religion) untersagte. Dadurch sollte die Macht von Chiefs, Elders und Medizinmännern gebrochen und nach und nach die Spiritualität und Kulturtraditionen der First Peoples untergraben werden.[18] Zweitens versuchte Washington systematisch, indigene Kinder ihrem Herkunftsmilieu zu entfremden. Eine unrühmliche Rolle spielten dabei die Boarding Schools, staatlich finanzierte, von den christlichen Kirchen betriebene Internate. Unter der Losung »Kill the Indian in him and save the man« führten die kirchlichen Repräsentanten in diesen Institutionen ein oft unerbittliches Regiment, in dem sie ihre Schutzbefohlenen einer regelrechten Gehirnwäsche unterzogen.[19] Nicht nur mit ständiger Unterweisung und sanften Ermahnungen, sondern auch mit gezielten Demütigungen und Körperstrafen wollten sie den Zöglingen – Jungen wie Mädchen – ihr »primitives Verhalten«, ihre »barbarischen Sprachen« und ihren »heidnischen Aberglauben« austreiben, um sie zu nützlichen Gliedern der »Zivilisation« heranreifen zu lassen. Psychische und körperliche Misshandlungen, aber auch Unterernährung, mangelnde medizinische Versorgung und sexuelle Übergriffe bestimmten den Alltag in den Boarding Schools, wie ein von Innenministerin Deb Haaland in Auftrag gegebener staatlicher Untersuchungsbericht im Mai 2022 festhielt.[20] Wenngleich nicht alle indigenen Kinder und Jugendlichen diese militarisierten, auf ihre Entindianisierung zielenden Anstalten gleichermaßen als traumatisch erlebten, schlugen sie doch bei vielen »Seelenwunden«[21], mit denen sie ein Leben lang zu kämpfen hatten. Manche von ihnen kamen, nachdem sie die Internate verlassen hatten, weder in ihrer Reservation noch in der Mehrheitsgesellschaft zurecht und fanden sich überdurchschnittlich oft als Arbeitslose, Alleinerziehende und Alkoholiker zwischen allen Stühlen wieder.

Der Kongress trieb die Zwangsassimilation der American Indians drittens auch durch den »General Allotment Act« vom 8. Februar 1887 voran – nach seinem Hauptpromotor Senator Henry L. Dawes aus Massachusetts oft auch schlicht »Dawes Act« genannt.[22] Dieses Landzuteilungsgesetz wollte aus allen Reservationsindianern private Landbesitzer und sich selbst erhaltende Farmer machen – ganz in der Tradition der frühen Expansionsgeschichte der USA. Denn die historische Besonderheit der Vereinigten Staaten bestand unter anderem darin, dass sie im ersten Jahrhundert ihrer Existenz eine »gigantische und geschichtlich präzedenzlose Parzellierung eines ganzen Kontinents«[23] betrieben hatten, der zuvor jahrtausendelang anderen Völkern gehört hatte. Die weiße Republik brachte immer mehr Grund und Boden, die sie sich zuvor durch militärische Eroberung oder durch zumeist erschlichene Abtretungsverträge angeeignet hatte, unter die in stets größeren Massen in den Westen eindringenden Siedler.

Der »Dawes Act« verfolgte zwei Hauptzwecke. Einerseits parzellierte und privatisierte er das Gemeinschaftsland in den Reservationen und wies jedem indianischen Familienoberhaupt 160 Acres (ca. 64,75 Hektar), jedem unverheirateten Indianer 80 Acres und jedem Waisen 40 Acres zu. Ob sie es wollten oder nicht, wurden sie, wenn sie nur auf ihrem eigenen Grund und Boden als Farmer oder Rancher arbeiteten, automatisch Staatsbürger der USA. Andererseits bereitete der »Dawes Act« das verbliebene, nicht an Indianer zugeteilte »Überschussland« für eine weiße Inbesitznahme vor, indem er diesen Boden zu einem frei handelbaren und käuflichen Gut machte.[24] Land, das nach den Zuteilungen übrig blieb, kaufte die Union zu einem Spottpreis auf und verschenkte es nach den Bestimmungen des »Homestead Act« (1862) an weiße Siedler. Schon in seiner allerersten »State of the Union Address« sprach Präsident Theodore Roosevelt 1901 zufrieden davon, dass der »Dawes Act« eine »mächtige Pulverisierungsmaschine« sei, »um die tribale Masse aufzubrechen«.[25] Nach 1887 verringerte sich das von den First Peoples gehaltene Land noch einmal um fast zwei Drittel. 1881 hatte der ihnen verbliebene Landbesitz noch 629 000 Quadratkilometer betragen. 1934 jedoch, als der Kongress den weiteren Verkauf von »Überschussland« stoppte, war er auf 212 000 Quadratkilometer erodiert.[26]

Nach dem Ersten Weltkrieg erwies sich die von Washington seit 1880 verfolgte Indianerpolitik immer mehr als Fehlschlag. Die Lebensbedingungen in den Reservationen hatte sie nicht entscheidend verbessert, sondern sie im Gegenteil stark verschlechtert. Tatsächlich lebten zahlreiche Reservationsindianer nach dem Ersten Weltkrieg in prekären, mitunter sogar in katastrophalen Verhältnissen. Trotz aller kolonialen Bevormundung glichen etliche Reservationen staatlich vernachlässigten Notstandsgebieten, die ihren Bewohnern und Bewohnerinnen ein Dasein unter materiellen Bedingungen zumuteten, die in fast jeder Hinsicht weit unter dem durchschnittlichen

Lebensniveau in den USA lagen. Besonders drastisch zeigte sich dies im Gesundheitsbereich, lag doch die Lebenserwartung eines American Indian 1900 bei lediglich 30 Jahren.[27]

Die meisten Reservationen waren nicht nur Brutstätten chronischer Krankheiten, sondern auch Orte vorzeitigen Todes, weil der staatliche Gesundheitsdienst dort unzureichend organisiert war. Es gab zu wenig Spitäler, Ärzte und medizinisches Fachpersonal und keine Apotheken, sodass kranken American Indians oft nichts anderes übrig blieb, als auf verbotene Heilpraktiken zu vertrauen.[28] Im Kampf gegen hoch ansteckende Infektionskrankheiten wie Pocken, Masern, Keuchhusten, Grippe, Trachom und Tuberkulose jedoch versagten diese für gewöhnlich. 1918/19 schlug die Grippepandemie, die weltweit mehr als 50 Millionen Tote forderte, auch in vielen Reservationen zu. Wie andere indigene Völker auf der Welt erwiesen sich die nordamerikanischen First Peoples als besonders vulnerabel, allerdings mit großen regionalen Unterschieden. Während in den USA mindestens 550000 Menschen an der Grippe starben, was 2,5 Prozent der Gesamtbevölkerung entsprach, lag die Sterberate in einigen Reservationen deutlich höher, in jenen von Arizona, Colorado, Mississippi, New Mexico und Utah zwischen vier und sechs Prozent.[29] Mit Abstand am meisten Opfer forderte die Grippe unter den im Südwesten lebenden Navajo. Bei einer Bevölkerung von 28802 Menschen hatten sie 3377 Tote zu beklagen, womit sich die Mortalität bei hohen zwölf Prozent bewegte.[30] Dass so viele Navajo der Grippe erlagen, hatte verschiedene Gründe. In ihrer sehr weitläufigen Reservation hatten sie so gut wie keinen Zugang zu medizinischer Versorgung und konnten sich, weil sie in ihren Hogans weit auseinander siedelten, auch kaum selbst unterstützen. Ihre erdrückende Armut, ihr schlechter Ernährungszustand und die insgesamt prekären Verhältnisse, in denen sie zu existieren verdammt waren, taten ein Weiteres. Hinzu kam, dass ihnen wirksame Präventionsmaßnahmen unbekannt waren und der überforderte Staat sie in dieser Krise weitgehend im Stich ließ.[31]

American Indians erlagen Infektionskrankheiten überdurchschnittlich stark. In der frühen Reservationsära, zwischen 1880 und 1913, erhöhte sich ihre Sterblichkeitsrate von 23,6 auf 32,2 Promille.[32] Unter ihnen grassierten insbesondere die Tuberkulose und das Trachom. Während die Tuberkulose eine chronisch verlaufende Infektionskrankheit ist, welche vor allem die Lunge befällt, ist das Trachom eine eitrige Augenerkrankung, bei der sich Binde- und Hornhaut entzünden, was bis zur Erblindung führen kann, wenn die Betroffenen unbehandelt bleiben. Beide Leiden sind besonders in Weltregionen verbreitet, die mit hoher Armut, einer unzureichenden Wasserversorgung und schlechten hygienischen Zuständen geschlagen sind. So fanden sie in den ärmlichen, zuweilen slumähnlichen Reservationen (wie im Laguna Pueblo oder denen der Navajo, der Apache, der Flathead, der Crow und der Blackfeet) und in manchen Boarding Schools einen idealen Nährboden.[33] In den Reservationen des Südwestens, wo das Trachom besonders grassierte, behandelten ab 1925 kleine mobile Sanitätseinheiten die Patienten.[34] Eine wahre Geißel aber blieb bis weit in das 20. Jahrhundert hinein die Tuberkulose. Zwar war der seit 1908 existierende Indian Medical Service in ihrer Bekämpfung keineswegs vollends untätig, dennoch starben auffallend viele American Indians an der Lungenkrankheit, sodass der Tuberkulose-Experte Joseph A. Murphy die Frage aufwarf, ob sich die Nation in dieser Hinsicht nicht einer »kriminellen Vernachlässigung« schuldig mache.[35] Eine Studie hatte 1909 zutage gebracht, dass an der Haskell Indian School, einem großen Indianerinternat in Lawrence (Kansas), Zöglinge zu zweit, zu dritt oder mehr in einem Bett schlafen mussten, Tuberkulosekranke Seite an Seite mit gesunden Kindern.[36]

Einige Jahre sah Washington über die sich mehrenden Klagen hinweg. Doch schließlich entschied Innenminister Hubert Work, Mitglied im Kabinett von Präsident Calvin Coolidge (1923–1929), die Lebensbedingungen der Indianer wissenschaftlich untersuchen zu lassen. Work betraute damit das angesehene Institute for Government Research. Unter der Leitung des Sozialwissenschaftlers Lewis

Meriam nahm sich ab 1926 ein neunköpfiges Expertenteam des Großprojekts an. Mit Henry Roe Cloud (1884–1950) war auch ein Mitglied der Winnebago Nation aus Nebraska Mitglied des Gremiums. Zuvor hatte sich Roe Cloud einen Namen als erster indianischer Absolvent der Yale University gemacht und danach als unermüdlicher Kritiker des staatlich forcierten Ethnozids an den First Peoples. Die Wissenschaftler betrieben sieben Monate lang intensive Feldforschungen in 23 Bundesstaaten. Um sich ein präzises Bild der Lage zu machen, suchten sie allein oder in kleinen Gruppen insgesamt 95 Reservationen, Agenturen, Spitäler und Internate auf. Im Februar 1928 schließlich übergaben sie Innenminister Work einen 872 Seiten starken Bericht.

Die im Meriam-Bericht präsentierten Befunde fielen für viele Amerikaner schockierend aus. Sein erster Satz lautete: »Eine überwiegende Mehrheit der Indianer ist arm, sogar extrem arm, und sie sind dem ökonomischen und sozialen System der dominierenden weißen Zivilisation nicht angepasst.«[37] Das Einkommen indigener Familien sei generell niedrig und selbst verdientes Geld äußerst selten. Die Zahl von Indianern, die sich durch eigener Hände Arbeit durchs Leben bringen, sei »extrem klein«. Alles in allem gebe es nur wenige indianische Farmer. Viele Familien würden sich durch ein wenig Ackerbau, Fischen, Jagen, Holzfällen, Sammeln und Gelegenheitsjobs über Wasser halten. Um nicht ungerecht zu sein, hob der Bericht hervor, dass die Indianer oft auf derart kargem Land lebten, dass aus ihm selbst erfahrene weiße Farmer nicht mehr herausholen könnten. Die Lebensbedingungen seien so schlecht, dass diese die Verbreitung von Krankheiten begünstigten. Die Reservationsindianer seien mangelhaft ernährt, da auf ihrem Speiseplan Milch, Früchte und Gemüse fast vollständig fehlten. Sie wohnten in »primitiven Behausungen«, die stark überbelegt seien und kaum gelüftet werden könnten. In ihnen gäbe es kaum Möbel und Betten, nur allereinfachste Koch- und Heizeinrichtungen, kein fließendes Wasser und auch keine Toiletten.[38]

Der Meriam-Bericht stellte der vier Jahrzehnte lang verfolgten Indianerpolitik ein denkbar schlechtes Zeugnis aus. Die den First Peoples gegenüber lancierte Assimilationskampagne hätte auch jedes andere Volk in die Verelendung getrieben.[39] Schuld an Misere und Tristesse der Reservationsindianer seien die Eingriffe der »weißen Zivilisation«, die deren alte Subsistenzbasis vollkommen zerstört habe.[40] Aus reiner Notwendigkeit hätten die American Indians das System staatlicher Rationen akzeptieren müssen und sich mit der Zeit an dieses gewöhnt. »Sie fühlten, und viele von ihnen fühlen es noch«, hieß es an einer zentralen Stelle, »dass die Regierung ihnen einen Lebensunterhalt schuldet, weil sie ihnen ihr Land nahm, und dass sie unter keiner Verpflichtung stehen, sich selbst zu erhalten.«[41]

Was dies für die künftige Indianerpolitik bedeutete, darüber äußerte sich der Meriam-Bericht nur andeutungsweise. Immerhin sprach er die Empfehlung aus, dass es das Ziel sein müsse, die Indianer entweder in die Lage zu versetzen, ganz in der US-Gesellschaft aufzugehen, oder aber ihnen ein anständiges Leben neben der »Zivilisation« zu ermöglichen.[42] Keinen Zweifel ließen die Verfasser daran, dass sich die Uhr nicht einfach um Jahrzehnte zurückdrehen ließe. Ein Zurück zu den entschwundenen Welten der Vorreservationszeit sei schlicht unmöglich. Trotzdem wären zahlreiche Indianer noch immer so stark in ihren alten Lebensweisen verwurzelt, dass sie gar nicht den Wunsch empfänden, so zu sein »wie der weiße Mann«. Aus diesem Grund sollte Washington sie nicht länger zu etwas zwingen, was sie nicht sein wollten.[43] Das war nicht nur eine versteckte Aufforderung zu einer neuen Indianerpolitik, die den Bedürfnissen der First Peoples stärker entgegenkommt. Zugleich umschrieb der Bericht damit das Dilemma, vor dem sich der lange Kampf um indigene Selbstbestimmung in den Reservationen abspielte.

3.

KOLONIALE FREMDBESTIMMUNG VOR UND WÄHREND DES NEW DEAL

KRITIK AN DER IMPERIALEN WELTORDNUNG

Die indigenen Völker haben die Mächtigen der Welt nicht erst in der Dekolonisations-Ära nach 1945 mit ihren Selbstbestimmungsforderungen konfrontiert. Bereits am Vorabend des Ersten Weltkriegs klopften ihre Wortführer an die Türen der von den Kolonialmächten dominierten Weltgemeinschaft.[1] Auf dem First Universal Races Congress an der Universität London informierten sich mehr als 2500 Besucher aus über 50 Ländern im Sommer 1911 vier Tage lang über das Problem, wie sich die Beziehungen zwischen »weißen und farbigen Völkern« freundlicher und kooperativer gestalten ließen.[2] Neben Wissenschaftlern und Schriftstellern aus Europa und Nordamerika traten bei der Veranstaltung Intellektuelle auf, die den kolonialisierten Völkern der Welt international erstmals eine Stimme liehen. Von dem in Budapest geborenen Sozialreformer Gustav Spiller initiiert, verdient das Treffen in der Kapitale des Britischen Empire als erste Veranstaltung Beachtung, bei der die prinzipielle Gleichwertigkeit aller Menschen und Völker beschworen wurde.[3] Bezeichnenderweise erteilte der Kongress rassistischen Rechtfertigungen imperialistischer Weltpolitik eine Absage und forderte, dass sich alle Völker der Erde künftig auf Augenhöhe begegnen sollten.[4] Diese antirassistische Botschaft lag quer zum Zeittrend, stand die Herrschaft des Westens über weite Teile der Welt doch in ihrem Zenit.

Der Universal Races Congress beschäftigte sich jedoch nicht nur mit der moralischen Fragwürdigkeit der kolonialen Situation, sondern auch mit der schwierigen Lage von ethnischen Minderheiten in den neu entstandenen Nationalstaaten.[5] Faktenreich referierte W. E. B. Du Bois (1868–1963) etwa über die Unterdrückung der African Americans in den USA. Du Bois hatte 1895 als erster Schwarzer an der Harvard University promoviert (mit einer Studie über den transatlantischen Sklavenhandel[6]) und dann als Universitätsdozent gearbeitet, bevor er einen wichtigen Posten in der National Association for the Advancement of Colored People übernahm. Schonungslos beschrieb er in seiner Londoner Rede, wie die African Americans im selbst ernannten »Land der Freiheit« rassistisch diskriminiert werden, um zu resümieren, dass das Ringen um die »Anerkennung als Mensch« und das Engagement für die Bürgerrechte dort eben erst begonnen habe.[7] In der gleichen Sektion wie Du Bois sprach auch ein 53 Jahre alter Arzt, der als Dr. Charles A. Eastman angekündigt worden war. Ihm eilte der Ruf voraus, der »gebildetste Indianer Nordamerikas« zu sein.[8]

Charles Eastman (1858–1939) erblickte als Dakota in der Nähe von Redwood Falls, Minnesota das Licht der Welt. Seine Kindheit verbrachte Ohiyesa, wie sein indigener Name lautete, in den Prärien Manitobas, wo er auf eine Existenz als Bisonjäger und Krieger vorbereitet wurde. Allerdings verunmöglichte der rapide Untergang der traditionellen Bisonjägerkultur und die Zwangsansiedlung der Dakota in einer Reservation ein solches Leben. In dieser Situation gab sich Ohiyesas Vater überzeugt, dass den Dakota, auch Santee Sioux genannt, nichts anderes übrig blieb, als die amerikanische Lebensweise zu akzeptieren, je schneller, desto besser für sie.[9] Wie viele andere tat sich Ohiyesa anfangs unendlich schwer mit diesem Gedanken. Er konnte keinen Sinn darin erkennen, sich an die neue Welt anzupassen. Schließlich fügte er sich jedoch in dieses Schicksal, beeindruckt von der Erklärung seines Vaters, dass er sich als »Krieger« auf der weißen Schule so bewähren könne wie auf einem Kriegspfad.[10]

Erst im Alter von 16 Jahren eingeschult, gelang Eastman ab 1874 ein phänomenaler Bildungsaufstieg. Nach der Volksschule ging er auf Colleges, darunter das berühmte in Dartmouth, und besuchte danach die Boston University, an der er 1890 die medizinische Approbation erhielt. Die erste feste Anstellung führte ihn ausgerechnet in die Pine Ridge-Reservation, wo er nur Wochen nach seinem Dienstantritt die wenigen Überlebenden des Massakers von Wounded Knee behandelte.[11] Zwischen 1902 und 1918 verfasste Charles Eastman insgesamt elf Bücher zu indianischen Themen, die nach dem Erscheinen bald in andere Sprachen übersetzt wurden. Mit diesen Publikationen schuf er sich einen Namen als einer der ersten bedeutenden indigenen Autoren Nordamerikas.[12]

In seinem Londoner Vortrag zeichnete Eastman ein historisches Panoramabild der »indigenen Nationen Nordamerikas«, für die ein demokratisches Gemeinschaftsleben ohne allmächtige Chiefs charakteristisch gewesen sei. Bestens angepasst an ihre natürliche Umwelt hätten die First Peoples den Sinn des Lebens nicht in der Anhäufung materiellen Wohlstands gesehen, sondern jahrhundertelang in Einklang mit der Natur gelebt. Mit der immer stärker in den Westen eindringenden »Zivilisation« hätten sie nie etwas anzufangen gewusst. »Die Verschmutzung der Flüsse, die Abholzung der Wälder und das Einebnen von Hügeln betrachteten sie als ein Sakrileg. Sie wollten nicht den Preis der Zivilisation zahlen«[13], hob er hervor. Beinahe vom ersten Kontakt mit den weißen »Invasoren« an habe sich die Landnahme »zerstörend« und »demoralisierend« auf die First Peoples ausgewirkt und sie in »unbeschreibliches Elend« gestürzt – durch Landraub, Krankheiten, Alkohol und schiere Gewalt. Nordamerikas Eroberung durch europäische Kolonisten und amerikanische Siedler habe im 19. Jahrhundert schließlich in der »vollständigen Unterjochung« der überlebenden Indianer geendet.[14]

Eastman scheute sich nicht, auch die Gegenwart in den Blick zu nehmen. Scharf ging er in London mit dem System der Reservationen ins Gericht, das für die besiegten American Indians eine »elende Gefängnisexistenz« eingeläutet hätte. Dort seien sie vollständig abhängig von staatlichen Lebensmittelrationen geworden. Diese aber hätten einen »pauperisierenden Effekt« in Gang gesetzt, ja ganz und gar unwürdige Zustände herbeigeführt. Allerorten sei heute eine »bettlerhafte Apathie« unter den American Indians zu beobachten. Ihr Leben gliche dem von eingesperrten Wildtieren in Zoologischen Gärten. Kurz, die Geschichte der Reservationen sei die eines nicht erkannten Misserfolgs.[15] Eastmans Ausführungen, die in der Forderung gipfelten, alle indianerfeindlichen Restriktionen in den USA aufzuheben und die Reservationen abzuschaffen, fügten sich in die antikoloniale und antirassistische Grundtendenz des Universal Races Congress ein. Und sie wiesen weit in die Zukunft.

Drei Jahre später brach der Erste Weltkrieg aus, der das Verhältnis zwischen Kolonialmächten und den kolonisierten Völkern grundlegend veränderte. Frankreich und das Britische Empire, aber auch Kanada und die USA setzten auf den Schlachtfeldern riesige Kontingente von nichtweißen Soldaten ein. Inder und Algerier kämpften in der Erwartung, dass nach dem Krieg der völkerrechtliche Status ihrer Länder angesichts ihrer Kriegsleistungen und erlittenen Opfer deutlich verbessert werde.[16] Und die Onondaga und Oneida erklärten dem Deutschen Reich sogar den Krieg, als Reaktion auf einen Vorfall, der sich im Sommer 1914 zugetragen hatte. Während der Juli-Krise hatte ein deutscher Mob in Essen irokesische Darsteller einer dort gastierenden Wildwest-Show angegriffen, bevor diese von den Deutschen als »feindliche Ausländer« interniert wurden.[17] Deswegen riefen die Oneida und Onondaga ihre jungen Männer 1918 dazu auf, in die US-Streitkräfte einzutreten und am Kampf gegen das Deutsche Reich teilzunehmen. Mit ihren spektakulären Kriegserklärungen wollten Onondaga und Oneida immer auch ihre nie aufgegebene Souveränität unterstreichen. Selbstredend erhofften sich diese beiden irokesischen Teilnationen, dass die US-Kriegsbeteiligung, welche das Ziel verfolgte, »die Welt reif für die Demokratie zu machen« (Woodrow Wilson), für die Six Nations eine Renaissance indigener Selbstbestimmung bringen werde.[18]

Am Ende des »Großen Kriegs« stieg US-Präsident Woodrow Wilson zu einem Hoffnungsträger all jener Menschen auf, die sich eine grundlegende Neuordnung der Welt wünschten. Mit seiner Rhetorik von kollektiver Sicherheit, Demokratie, freiem Handel und Selbstbestimmung der Völker weckte Wilson riesige Erwartungen, nicht nur bei Europäern, die noch nicht über einen eigenen Nationalstaat verfügten, sondern auch unter den Eliten etlicher kolonialisierter Völker.[19] So befeuerte das von ihm propagierte Selbstbestimmungsrecht der Völker, das fundamentale Recht mithin, dass jede Nation selbst über ihre politische, wirtschaftliche und kulturelle Entwicklung entscheiden darf, die Fantasie vieler Nationalisten in der kolonialen Welt – jene von Indern, Koreanern, Ägyptern, Kurden und Vietnamesen. Während Wilsons Aufenthalt auf der Pariser Friedenskonferenz überschütteten ihn diese mit Bittschriften, in denen sie die Unabhängigkeit ihrer Nationen forderten.[20] Doch Wilson weigerte sich, die Vertreter aus den Kolonien zu einem Meinungsaustausch zu empfangen, und ging nicht auf die Petitionen aus aller Welt ein. Eine allzu extensive Auslegung des Selbstbestimmungsrechts der Völker hätte nicht nur neuen Konfliktstoff für die internationalen Beziehungen bedeutet, sondern auch grundsätzlich die Machtverteilung und Grenzverläufe auf dem Globus sowie das System des internen Kolonialismus in den USA infrage gestellt.[21] Trotz aller Selbstbestimmungsrhetorik verstand sich Wilson nie als Fürsprecher der Unterdrückten dieser Welt, schon deshalb nicht, weil er die »Kolonialvölker« für unfähig hielt, sich selbst zu regieren.[22] Als Befürworter der in den Südstaaten seit 1877 etablierten Rassentrennung stellte er auch die assimilatorische US-Indianerpolitik der Vorgängerregierungen nicht grundsätzlich infrage, die doch zu »bemerkenswertem Fortschritt« unter den Indianern geführt habe, wie er 1913 in einer Rede kurz nach seinem Amtsantritt als Präsident betonte.[23]

Vor dem Hintergrund einer durch und durch imperial geprägten Welt verlagerten sich die Hoffnungen der kolonisierten Völker einen Augenblick lang auf den Völkerbund, der seine Tätigkeit im Januar

1920 aufnahm. Immerhin zählten zu den 32 Gründungsstaaten nicht nur Länder aus Europa, sondern auch mehrere süd- und mittelamerikanische Republiken, dazu China, Japan, Siam, Britisch-Indien und Liberia sowie die vier zum Britischen Empire gehörenden Dominions Kanada, Australien, Neuseeland und Südafrika. Viele eben erst unabhängig gewordene Staaten – Jugoslawien, Polen, Finnland, Estland, Lettland und Litauen etwa – traten der Genfer Friedensorganisation rasch bei.[24] Am 28. September 1923 vollzog diesen Schritt auch das Kaiserreich Abessinien – als zweiter afrikanischer Staat nach Liberia.[25] Eine neue Weltordnung gleichberechtigter Nationen schien außereuropäischen Beobachtern nicht mehr gänzlich unmöglich. In Paris, Brüssel und anderen westeuropäischen Städten machte ein »wachsender Chor kolonialkritischer Stimmen«[26] jedenfalls auf die Probleme in den Überseegebieten aufmerksam und forderte für ihre kolonial unterdrückten Länder nationale Unabhängigkeit ein.[27] All dies blieb in Nordamerika (und dort vor allem bei den Six Nations) nicht unbemerkt.

DIE SIX NATIONS VOR DEM VÖLKERBUND

Denn fast zeitgleich mit Abessinien ersuchten die irokesischen Six Nations den Völkerbund um eine Anerkennung als unabhängiger Staat. Ein Konflikt mit dem britischen Dominion Kanada stand am Anfang dieses Vorhabens. Erstmals überhaupt versuchte eine nordamerikanische First Nation damit, Souveränität und Selbstbestimmung vor der wichtigsten internationalen Organisation der damaligen Welt durchzusetzen.[28] Doch so überraschend, wie er auf den ersten Blick erscheint, war der Schritt keineswegs. Denn die im südwestlichen Ontario beheimateten Six Nations bildeten eine Art »unsichtbares Land« (Joshua Keating). Innerhalb des 1867 geschaffenen Dominion of Canada verfügten die Six Nations im Grand River-Territorium über entscheidende Voraussetzungen für eine

Staatsbildung: ein eigenes Territorium, eine permanente, wenn auch kleine Bevölkerung, ein funktionsfähiges Regierungssystem und mit der Legende vom Friedensstifter sogar über eine Gründungsmythologie. Einzig die internationale Anerkennung fehlte, nicht aber die Fähigkeit, mit anderen Staaten in Beziehung zu treten.[29] Richtig verständlich wird das irokesische Streben nach Unabhängigkeit aber erst vor der Geschichte dieser indigenen Nation.

Seit Menschengedenken siedelten die Haudenosaunee, das »Volk des Langhauses«, wie sich die Six Nations selbst nennen, in jenem weitläufigen, von Seen und Flüssen durchzogenen Waldland zwischen dem Lake Erie und dem Hudson River, das heute zu den nordöstlichen USA und dem südöstlichen Kanada gehört. Für die Irokesen, im Jahr 1500 höchstens 26 000 Menschen an der Zahl, waren nicht nur mit hölzernen Palisaden umstandene Langhaus-Siedlungen, sondern auch eine gemischte Subsistenzwirtschaft typisch. Sie lebten in semipermanenten Dörfern und betrieben einen Wanderfeldbau mit ausgeklügelten Anbautechniken und Vorratshaltung. Die gerodeten Felder rund um ihre Dörfer bestellten sie mit Mais, Bohnen und Kürbissen, den »Three Sisters«; sie zogen Obstbäume, nutzten die Gewässer zum Fischen, gingen auf die Jagd, sammelten Beeren, Wurzeln und Pilze und stellten Ahornsirup her.[30]

Schon vor der Ankunft der ersten Franzosen, Niederländer und Engländer, irgendwann zwischen 1450 und 1600, vereinigten sich Mohawk, Oneida, Onondaga, Cayuga und Seneca zur Konföderation der Five Nations, der 1722 als sechstes Mitglied auch die Tuscarora beitraten. Ihrem Selbstverständnis nach war die Konföderation eine Friedensorganisation, um die innerirokesischen Kriege zu beenden, und eine militärische Allianz, um effektiver gegen äußere Feinde zu bestehen.[31] Sie war an das »Große Gesetz des Friedens« gebunden, eine auf Wampum-Gürteln aufgezeichnete Verfassung, die den Teilnationen ein Höchstmaß an lokaler Autonomie einräumte, aber ein auf Einstimmigkeit beruhendes Entscheidungsverfahren in Angelegenheiten vorschrieb, welche die Konföderation als Ganze betrafen.[32]

Die Konsensfindung war einem Großen Rat von 50 Sachems anvertraut, die in Onondaga, dem politischen Zentrum der Konföderation, zusammentrafen und sich untereinander auf Mohawk verständigten. Mächtige Klanmütter nominierten die Sachems, die sie im Falle von Unfähigkeit oder Fehlverhalten wieder absetzen konnten. Daneben existierten auf Klanebene Frauen- wie Männerversammlungen. Während dieser Zusammenkünfte wurden Fragen entschieden, welche die unterschiedlichen Arbeitsbereiche der Geschlechter – etwa die Feldarbeit der Frauen oder die Jagd und den Handel der Männer – betrafen.[33] »Die Irokesen waren eine der wenigen Nationen auf der Erde, die sich [vor 1775, A. M.] an eine Verfassung hielten, die die freie Rede ebenso unter Schutz stellte wie die religiöse Toleranz«, hielt der Mohawk-Autor Doug George-Kanentiio mit Blick auf das ständische Europa des Ancien Régime fest. »Eine ausschließlich auf ein Geschlecht beschränkte Regierung war einfach undenkbar, und auch die Dominanz einer einzelnen Person galt als inakzeptabel [...] In der irokesischen Gesellschaft ging Autorität nicht von der Regierung aus, sondern vom Volk, genauer gesagt von den Klanen – Familienverbänden, die als soziale Einrichtung, religiöse Körperschaft und als Gerichtshof fungierten.«[34]

Während sich Frankreich und Großbritannien zwischen 1689 und 1763 vier Kriege um die Vorherrschaft in Nordamerika lieferten, gelang es der Irokesenliga mit ihrer Bevölkerung von kaum 12000 Menschen, ihre Unabhängigkeit zu bewahren – durch diplomatisches Geschick, das sie gegenüber den konkurrierenden Imperien an den Tag legte.[35] Das war eine bemerkenswerte Leistung für eine kleine, zwischen den beiden Kolonialmächten eingeklemmte Konföderation, die in dieser Zeit nur einige Tausend Krieger ins Feld schicken konnte. Erst der amerikanische Unabhängigkeitskrieg (1775–1782) brachte die Six Nations an den Rand des Untergangs. Ende 1777 ergriffen die Oneida und Tuscarora Partei für die Sache der 13 abtrünnigen Kolonien, während sich die übrigen irokesischen Nationen auf die britische Seite schlugen.[36] Mohawk, Cayuga, Seneca und Onondaga fochten einen »antikolonialen Krieg« (Colin G. Calloway) für ihre Unabhängigkeit. Denn die amerikanischen Siedler kämpften nicht nur für ihre Unabhängigkeit vom Britischen Empire, sondern auch für eine weitere Expansion in den Westen und Norden des Kontinents. Diese aber bedrohte die freie Existenz der irokesischen Nationen. Aus diesem Grund überfielen sie Gehöfte, die sich seit einigen Jahren immer tiefer in ihr Gebiet vorgeschoben hatten, und töteten die dort seit Kurzem lebenden Siedler.[37] Die Frontier im Norden wankte bedenklich.

Als ihn diese beunruhigenden Nachrichten von der Nordfront erreichten, ordnete Oberbefehlshaber George Washington 1779 einen massiven militärischen Vergeltungsschlag gegen Mohawk, Seneca, Onondaga und Cayuga an. In diesem Feldzug sollten Zündhölzer und Äxte jedoch weit wirksamere Waffen werden als Gewehre.[38] Innerhalb weniger Wochen legten die von Generalmajor John Sullivan befehligten Truppen 40 irokesische Dörfer samt ihren in Blüte stehenden Fruchtfeldern und allen ihren Vorratsspeichern in Schutt und Asche.[39] Sullivans Strategie der verbrannten Erde zielte auf nichts weniger als die vollständige Zerstörung der Lebensgrundlagen der Irokesen-Nationen, die systematische Vertreibung der früheren Bewohner und die kriegerische Eroberung ihrer Siedlungsgebiete. Tatsächlich flohen Tausende Haudenosaunee nach Norden – in Richtung der loyal gebliebenen Kolonie Québec. Um das britische Fort Niagara entstand ein riesiges Flüchtlingslager. Die Insassen hatten alles außer ihr nacktes Leben verloren und starben im Winter 1779/80 zu Hunderten einen elenden Hungertod. Dennoch nahmen irokesische Kriegshaufen als Waffenbrüder der Briten bis zum Schluss an den Kampfhandlungen teil.[40]

Als im Frühjahr 1783 der Wortlaut des Pariser Friedensvertrags bekannt wurde, war die Enttäuschung der Vertriebenen mit Händen zu greifen. Die Krone hatte deren ehemaliges Siedlungsgebiet an die USA abgetreten. An eine Rückkehr in die alte Heimat war unter diesen Umständen nicht mehr zu denken. Ende Mai 1783 traf sich der mächtige Mohawk-Chief Joseph Brant[41] mit Sir Frederick Haldimand, dem aus Yverdon am Neuenburgersee stammenden Gouverneur der Provinz Québec.[42] Brant machte dem hohen britischen Kolonialbeamten klar, dass das Pariser Friedensabkommen die Interessen der indigenen Nationen mit Füßen getreten hatte. Zuvor schon hatte der Kommandant von Fort Niagara Haldimand berichtet, dass die Haudenosaunee das Verhalten der Briten als »grausam« und »hinterlistig« werteten. Denn sie verstünden sich als ein »freies Volk«, das »keiner Macht auf dieser Erde untertan sei«. Die Haudenosaunee hätten als treue Alliierte des Königs von England, nicht als seine Untertanen am Krieg gegen die Amerikaner teilgenommen. Deshalb hätten König Georg III. und seine Regierung in Paris nicht einfach über »ihre Rechte und ihre Ländereien verfügen« können, »ohne offensichtlichen Bruch aller Gerechtigkeit und Gleichheit«[43].

Haldimand, der die Kolonie Québec nur dank irokesischer Waffenhilfe hatte halten können, setzte sich in London für territoriale Kompensation ein. Und tatsächlich fand sich die imperiale Regierung dazu bereit. Es war Joseph Brant, der einen Landstrich entlang des Grand River aussuchte. Nach langen Verhandlungen mit Haldimands Abgesandten erklärten sich die dort lebenden Mississauga-Indianer schließlich bereit, die Hälfte ihrer Jagdgründe zwischen Ontario-, Erie- und Huronsee zu verkaufen, damit auf ihnen Loyalisten und deren »Brüder von den Six Nations« angesiedelt werden konnten.[44] Am 25. Oktober 1784 unterzeichnete Gouverneur Haldimand im Namen von König Georg III. ein Dekret, das die Six Nations ermächtigte, von dem Land »Besitz zu ergreifen«, das sich in einer Breite von je sechs Meilen entlang der beiden Ufer des Grand River erstreckt, und zwar von seiner Quelle bis an den Ort, wo er sich in den Lake Erie ergießt. Dieses Grenzland zu den USA sollte die Six Nations und ihre Nachkommen, wie es in der Haldimand-Proklamation hieß, »auf alle Zeiten erfreuen«[45]. Im Grand River-Territorium ließen Brants Gefolgsleute die alte Gesellschaft und das traditionelle Regierungssystem wiederaufleben. In keinem der 17 irokesischen

Reservationen, die nach 1783 auf dem Boden der USA (New York, Wisconsin, Oklahoma) und Kanadas (Ontario, Québec) entstanden, lebten Vertreter aller sechs Nationen zusammen, sodass das Grand River-Territorium – von Buffalo Creek im Bundesstaat New York einmal abgesehen – als neues Zentrum des alten Bundes von Anfang an eine Sonderrolle einnahm.[46]

Ursprünglich umfasste das Grand River-Territorium 3800 Quadratkilometer in einem wenig besiedelten Gebiet.[47] Doch noch zu Brants Lebzeiten begannen die Landverkäufe. Heute sind davon nur mehr 190 Quadratkilometer übrig geblieben. Von Beginn an sahen sich die Six Nations als souveräne Konföderation, die lediglich weiterführte, was sie schon immer gewesen war.[48] Im dezentral organisierten Empire »voller hybrider Traditionen«[49] genossen die Six Nations anfänglich ein hohes Maß an Autonomie. Vorerst blieben die Beziehungen zwischen der imperialen Regierung in London und der Grand River-Gemeinschaft ungetrübt. Und als 1812 der zweite Britisch-Amerikanische Krieg ausbrach, zogen zahlreiche Grand River-Irokesen ein weiteres Mal für das Empire in den Krieg.[50] Erst um 1830 gab London seine bis dahin geübte irokesenfreundliche Haltung zugunsten einer Politik auf, welche darauf zielte, alle Angehörigen der First Nations in Kanada Schritt für Schritt zu entindianisieren, um diese schließlich mit der Mehrheitsgesellschaft zu verschmelzen.

1867, nach der Gründung des kanadischen Nationalstaats, erhielt die Politik der Assimilation weiteren Auftrieb. Aus dem Zusammenschluss der vier bisherigen britischen Kolonien Nova Scotia, New Brunswick, Lower Canada (Québec) und Upper Canada (Ontario) entstand am 1. Juli 1867 das Dominion Kanada, die erste sich selbstverwaltende Kolonie des Britischen Empire. Selbstverwaltend bedeutete, dass die in Ottawa residierende Regierung und das Parlament in inneren Angelegenheiten weitgehende Entscheidungskompetenz besaßen. Fortan machte London lediglich noch die kanadische Außen- und Verteidigungspolitik.[51] Als Dominion nahm Kanada am Ersten Weltkrieg teil, während dem es insgesamt 458 000 Soldaten stellte, von denen fast 60 000 fielen. Im Laufe des Konflikts übernahmen immer mehr kanadische Offiziere das Kommando über ihre Truppen, sodass eine Art nationale Armee entstand. Jedenfalls führte die massive Beteiligung am Ersten Weltkrieg und die Tatsache, dass Kanada eines der Gründungsmitglieder des Völkerbunds war, zu einer weiteren Verselbstständigung des Landes.[52] Mit dem Westminster-Statut von 1931, durch das Kanada wie die anderen Dominions einen gleichberechtigten Status mit dem Vereinigten Königreich erhielt, kam diese zu ihrem vorläufigen Abschluss.[53] Nach dem Ende des Ersten Weltkriegs befand sich Kanada somit in einer entscheidenden Phase seiner Nationalstaatsbildung, der immer auch eine gegen das Empire gerichtete antikoloniale Tendenz innewohnte.

Seit der Gründung der kanadischen Konföderation im Jahr 1867 gehörte die Indianerpolitik zu Ottawas Verantwortungsbereich. Diese baute auf britischen Gesetzen aus der Vorkonföderationszeit auf und orientierte sich stark an der Politik der Zwangsassimilation, welche die USA den First Peoples gegenüber betrieb.[54] Der 1876 verabschiedete »Indian Act« bildete das Grundlagendokument der kanadischen Indianerpolitik. Paternalistisch bis ins letzte Komma, unterstellte er die rund 100 000 Mitglieder der First Nations als Mündel dem Department of Indian Affairs.[55] Der »Indian Act« wirkte sich in Form kolonialer Fremdbestimmung aus und muss als »totale Institution«[56] Beachtung finden, die in nahezu jedem Lebensbereich wirksam wurde. Sein Hauptziel bestand darin, die als »primitiv«, »rückständig« und »inferior« angesehenen »Wilden« in die kanadische Mainstreamgesellschaft einzuschmelzen, freiwillig, wenn möglich, zwangsweise, wenn nötig.

Unter Assimilation verstanden die kanadischen Politiker und Beamten nichts anderes als eine möglichst vollständige Entindianisierung der Indigenen und eine Enttribalisierung ihrer Gesellschaften. Die Assimilation sollte durch das Verbot traditioneller Tänze und Zeremonien, aber auch durch Kindswegnahmen, den obligatorisch vorgeschriebenen Besuch von Residential Schools und die Verleihung des Wahlrechts erzwungen werden.[57] Das sogenannte »Enfranchisement« stellte jedem erwachsenen Indianer, der die staatlichen Schulen durchlaufen hatte, gut Englisch oder Französisch sprach, ohne Schulden war und als »moralisch einwandfrei« galt, die kanadische Staatsbürgerschaft in Aussicht – als Assimilationsprämie gewissermaßen.[58] Dahinter verbarg sich ein koloniales Programm, das die kanadischen First Nations zur kulturellen Auslöschung verurteilte. Duncan Campbell Scott, der Leiter des Department of Indian Affairs in Ottawa, fasste das ethnozidale Programm 1920 in ungeschminkten Worten zusammen: »Ich möchte das Indianerproblem loswerden [...] Unser Ziel ist es, so lange weiterzumachen, bis es in Kanada keinen einzigen Indianer mehr gibt, der nicht in der Gesellschaft aufgegangen ist, und es keine Indianerfrage und kein Indianerdepartement mehr gibt.«[59]

Im Unterschied zu den indigenen Bisonjägern in den Prärieprovinzen Manitoba, Saskatchewan und Alberta betrieben die Six Nations im südwestlichen Ontario seit Langem eine auskömmliche Farmwirtschaft. Sie galten als größte und wohlhabendste First Nation ganz Kanadas.[60] Doch selbst sie gerieten ins ethnozidale Räderwerk. Schon ihre Kinder unterwarfen Priester der Anglikanischen Kirche in der Mohawk Institute Residential School einem radikalen Umerziehungsprogramm. Sie sollten ihrer Herkunftskultur abspenstig gemacht werden – durch das Einpauken westlicher Bildung, die Unterweisung in der Christenlehre, militärische Disziplin, harte Arbeit auf den Feldern, familiäre Besuchsverbote und eine drastische Prügelpädagogik. Wie im übrigen Kanada misshandelte und vernachlässigte das Betreuungspersonal auch im Mohawk Institute Hunderte von irokesischen Knaben und Mädchen systematisch.[61] Die Zöglinge lebten in ständiger Furcht vor Gewalt und Strafe. Das verhasste Internat war bei ihnen als »Mush hole«, als »Pampenloch«, verschrien – nicht nur des notorisch schlechten Essens wegen.[62]

Nach dem Ersten Weltkrieg nahm der auf die Six Nations ausgeübte Assimilationsdruck eine neue Qualität an. Der Rat der Konföderation protestierte ein ums andere Mal dagegen, dass Ottawa in ihre inneren Angelegenheiten hineinregiere, ganz so, als ob es sich bei ihnen um irgendeine indianische Reservation handle. Selbstbewusst bestanden sie auf ihrer Selbstregierung und dem jahrhundertealten Ratssystem, in dem sie einen Eckpfeiler ihrer Identität und Kultur sahen.[63] Die im Rat tonangebenden »Traditionals« standen der westlichen Gesellschaft zwar ablehnend gegenüber, mochten Englisch und Französisch nicht besonders und verzichteten in ihren Häusern auf fließendes Wasser, Heizungen und Spülklosetts.[64] Doch in manch anderem glich ihr Leben dem ihrer weißen Nachbarn im südlichen Ontario.[65] Sie wehrten sich einzig dagegen, dass das Department of Indian Affairs Entscheidungen, die ihr Leben berührten, über ihre Köpfe hinweg traf.

1920 brach der seit Jahren schwelende Konflikt zwischen dem Rat in Ohsweken und der Bundesregierung so heftig aus wie nie zuvor. Ottawa setzte eine Novelle zum »Indian Act« in Kraft, die es erlaubte, die Angehörigen der First Nations auch gegen ihren Willen zu kanadischen Staatsbürgern zu erklären. Eine zweite Novelle räumte dem Department of Indian Affairs die Kompetenz ein, die alten indigenen Selbstverwaltungsgremien durch demokratisch gewählte Räte zu ersetzen. Beide Neuerungen riefen im Konföderationsrat von Ohsweken bitteren Unmut hervor, da sie die autonome Existenz der Grand River-Gemeinschaft infrage stellten. Die überwiegende Mehrheit der Six Nations-Leute jedoch wollte weder kanadische Staatsbürger werden noch auf das alte Ratssystem verzichten.[66] Als Haudenosaunee lehnten sie es ab, »Untertanen irgendeiner fremden Nation«[67] zu sein.

In dieser Situation entschied sich eine Gruppe um den Cayuga-Sachem Levi General, der als Chief Deskaheh bald internationale Bekanntheit erlangen sollte, eine Kampagne für ihre verbrieften Rechte zu starten. In einer ersten Phase bezweckte diese, den Sonderstatus des Grand River-Territoriums innerhalb Kanadas zu verteidigen, der ihnen im April 1909 von Innenminister Frank Oliver noch einmal bestätigt worden war.[68] Die Six Nations brachten ihren Protest zunächst in Ottawa vor. Ein von ihnen beauftragter Anwalt trug ihren Standpunkt einem Ausschuss des Unterhauses vor, und eine Petition legte diesen dem britischen Generalgouverneur dar. Doch mit beiden Vorstößen bissen sie auf Granit. Ottawa zeigte sich nicht bereit, das Grand River Country mit seinen bis zu 5000 Bewohnern weiter von der verschärften Assimilationspolitik auszunehmen.[69]

Im Sommer 1921 reiste Levi General als Sprecher des Konföderationsrats ein erstes Mal nach London, in die Höhle des imperialen Löwen. 1873 geboren, hatte er nie Gelegenheit gehabt, eine höhere Schule zu besuchen. Er war Farmer von Beruf. Doch der Chief des Bear-Klans beherrschte alle irokesischen Sprachen, verfügte über diplomatisches Geschick und rhetorische Fähigkeiten. 1917 zum »Deskaheh« auserkoren, besetzte er von nun an einen von 50 erblichen Sitzen im Rat der Konföderation. Als Traditionalist folgte er zwar der Langhaus-Religion, doch besaß er kein geschlossen antimodernes Weltbild.[70] Er scheute sich nicht, in Anzug und Krawatte aufzutreten, mit der Eisenbahn und dem Schiff zu reisen und Rechtsanwälte anzuheuern, um die Sache der Six Nations optimal zu vertreten. So hörte er in vielem auf den Rat des Anwalts George Decker, etwa als dieser sich dafür aussprach, den Konflikt mit Ottawa im Vereinigten Königreich weiterzuverfolgen und mit selbst ausgestellten Pässen nach London aufzubrechen. Decker verfiel auf die Idee, weil der Leiter des Department of Indian Affairs dafür gesorgt hatte, dass sie keine offiziellen Papiere ausgehändigt bekamen.[71] Durch ein Reiseverbot glaubte Duncan Campbell Scott, ihren Aufbruch verhindern zu können. Doch sie ließen sich nicht von ihrem Ansinnen abhalten.

Deskaheh und seine Begleiter wollten König Georg V. und Kolonialminister Winston Churchill die Klagen und Forderungen der Six Nations direkt vortragen, in der Hoffnung, bei ihnen als alte und »treue Alliierte« mehr Gehör zu finden als in Ottawa. Doch in der Metropole des Britischen Empire blieben ihnen die Türen zur Macht verschlossen. Der König zeigte der irokesischen Delegation die kalte Schulter, und Churchill gab lediglich zu Protokoll, dass der

Statuskonflikt eine rein innerkanadische Angelegenheit sei. Die an ihn gerichtete Eingabe ließ er dem Generalgouverneur in Ottawa zuschicken, in der Absicht, die Sache endgültig zu begraben. Unausgesprochen bedeutete Churchill den Six Nations damit, dass er sie wie die Inder als »britische Untertanen« betrachtete.[72]

Nach diesem Fehlschlag verschlechterten sich die Beziehungen zwischen Ottawa und dem Grand River-Territorium weiter. Der Rat der Konföderation befürchtete, dass die Six Nations auf Geheiß Ottawas aufgelöst werden könnten. Erstmals drohte er der kanadischen Regierung offen, den Statusstreit vor den Völkerbund zu ziehen, wenn dieser nicht bald zu seiner Zufriedenheit gelöst würde. Doch Ottawa dachte nicht an ein Nachgeben. Schließlich brachte Deskaheh im September 1922 eine klare Mehrheit im Rat dazu, die volle Unabhängigkeit und Souveränität der Six Nations anzustreben.[73] Wobei nicht alle Chiefs und Leute des Grand River Country damit einverstanden waren, insbesondere die eingefleischten Loyalisten nicht, die auch jetzt noch ihre Treue zur Krone bekundeten. Asa R. Hill, der Sekretär des Rats, hielt Deskaheh für einen »Agitator des übelsten Typs«, und der prokanadische Mohawk Frederick Ogilvie Loft verunglimpfte ihn gegenüber Premierminister William Lyon Mackenzie King gar als »Diktator«, der die ihm verliehene Macht missbrauche.[74] Dessen ungeachtet ordnete der Rat an, den Union Jack vor dem Ratsgebäude in Ohsweken einzuholen und eine eigene Six Nations-Flagge zu hissen, die dem »Hiawatha Belt« nachempfunden war[75] – ein hochsymbolischer Akt, der den Bruch mit dem Empire anzeigte, ja die Geburt eines neuen Staates annoncieren sollte.[76] Hiawatha war ein Mitbegründer der Konföderation gewesen und hatte geholfen, das »Große Gesetz des Friedens« durchzusetzen. Von Deganawidah abgesehen, dem Friedenstifter selbst, ist er die wichtigste Figur in der irokesischen Gründungslegende.[77]

Als im Dezember 1922 eine Einheit der Royal Canadian Mounted Police eine Razzia im Grand River-Territorium durchführte, um zum zweiten Mal innerhalb weniger Monate gegen illegale Schnapsbrennereien und angebliche Whiskey-Verkäufe vorzugehen, verhärtete sich die irokesische Position zusätzlich.[78] Angehörige der berittenen Polizei drangen in Häuser ein, durchsuchten diese und nahmen einzelne Verhaftungen vor. Es kam sogar zu einem kurzen Schusswechsel, bei dem die Beteiligten unverletzt blieben.[79] Angesichts dieser Eskalation war an eine friedliche Beilegung des Streits mit Kanada kaum mehr zu denken. Denn Ottawa gängelte das zwischen Brantford und Hamilton gelegene Gebiet, das sich in einem unbotmäßigen Daueraufruhr gegen das Dominion Kanada befand, wie eine Kolonialmacht. Deskaheh und seine Anhänger nahmen die Razzia der Royal Canadian Mounted Police als eine militärische Invasion wahr und mussten machtlos zusehen, wie diese durch den Bau einer Polizeistation in Ohsweken eine feindliche Präsenz in ihrem Land errichtete.[80] In ihren Augen wurde ihr Land am Grand River dadurch zu einer »besetzten Nation«[81]. Vor diesem Hintergrund entschied sich der Rat, den Statuskonflikt auf die internationale Bühne zu heben. Wie andere unterdrückte Minderheiten auf der Welt sah er in der Genfer Friedensorganisation einen überparteilichen Schiedsrichter.

Im Dezember 1922 reisten Deskaheh, George Decker und der Council-Sekretär nach Washington, D.C., um dort den niederländischen Gesandten aufzusuchen. Während der Audienz überreichten sie ihm ein wohlformuliertes Schriftstück, in dem sie sich bitter über die Ereignisse der letzten Wochen beklagten. Ihr Land sei Opfer einer kanadischen Aggression geworden, vielleicht drohe sogar ein Blutvergießen durch eine militärische Invasion.[82] In der Aussprache wies Deskaheh auf die friedlichen Beziehungen hin, welche Haudenosaunee und Niederländer im frühen 17. Jahrhundert gepflegt hätten, als Letztere im Tal des Hudson River mit Fort Nassau die erste Pelzhandelsstation gründeten. In diesem Kontext erwähnte er einen Vertrag, der 1613 mit dem »Two Row Wampum Belt« besiegelt worden sei[83] – eine Anspielung, die auf eine alternative Lesart der frühen Kontaktgeschichte zielte. Die Haudenosaunee kannten zwar keine Schrift, aber ohne historische Quellen, die von der Vergangenheit zeugten, waren sie mitnichten. Denn aus Muscheln oder Glasperlen gefertigte Wampum-Gürtel hielten die Erinnerung an wichtige Ereignisse und Ideen ihrer Geschichte über die Generationen hinweg wach, quasi in Form visueller Erinnerungshüter.[84]

Der »Two Row Wampum Belt« besteht aus zwei violetten, parallel zueinander verlaufenden Linien auf weißem Grund. Die violetten Geraden symbolisieren das Kanu der Haudenosaunee und das holländische (und im weiteren Sinn europäische) Segelschiff, also zwei Völker mit ihren unterschiedlichen Lebensweisen. Die drei weißen Linien stehen für Freundschaft, Frieden und Respekt vor der Daseinsberechtigung der beiden Völker. Deskaheh sah den »Two Row Wampum Belt« als eine Art ewigen Grundlagenvertrag zwischen der Irokesen-Konföderation und den Europäern, der eine friedliche Koexistenz zweier gleichberechtigter Nationen vorsehe, die Seite an Seite den Strom des Lebens befahren.[85] Während der Zusammenkunft wies Deskaheh außerdem darauf hin, dass die Six Nations lange schon ein »organisiertes und sich selbst regierendes Volk« seien.[86] Geschickt stellte er damit einen Bezug zur aktuellen Debatte um das Selbstbestimmungsrecht der Völker her, das 1922 zwar noch nicht den Rang geltenden Völkerrechts besaß, aber doch als Ideal und Waffe der Schwachen erstmals Bedeutung in der Nachkriegswelt erhalten hatte.[87] Höflich ersuchte die Delegation der Six Nations das Königreich der Niederlande, ihre Klagen und den Wunsch nach staatlicher Unabhängigkeit vor den Völkerbund zu bringen.[88]

Rasch brachte der Chef der Mission das bemerkenswerte Schriftstück seiner Regierung in Den Haag zur Kenntnis. Dort nahm sich Außenminister Herman Adriaan van Karnebeek der Sache an. Van Karnebeek, der 1921/22 die Völkerbundversammlung präsidiert hatte, zeigte sich vom »Selbstvertrauen, das dieser indianische Stamm gezeigt« habe, beeindruckt. Ende April 1923 leitete er die Bittschrift der Six Nations an Sir Eric Drummond, den Generalsekretär des Völkerbunds, weiter, nicht ohne zu betonen, dass damit keine Stellungnahme in der Streitsache selbst verbunden sei.[89] Dennoch war der

Schritt bedeutsam, weil die Unterstützung durch einen Mitgliedstaat zwingende Voraussetzung dafür war, dass die Gremien des Völkerbunds sich überhaupt mit einer Frage befassen konnten. London und Ottawa fühlten sich jedenfalls vor den Kopf gestoßen.

Das Foreign Office machte deutlich, es sei absolut unerwünscht, dass Den Haag eine unzufriedene Gemeinschaft denken lasse, sie könne ein »Heilmittel gegen die Regierung ihres eigenen Landes« finden, indem sie an den Völkerbund appelliere. Eine solche Praxis könnte das Königreich der Niederlande schnell selbst in die Bredouille bringen, wenn es von seinen »ostindischen Untertanen« vor dem Völkerbund beschuldigt würde.[90] Während London fürchtete, einen Präzedenzfall für nach Unabhängigkeit strebende Kolonialvölker zu schaffen, bedauerte Kanada die niederländische Initiative als unerbetene Einmischung in seine inneren Angelegenheiten. Die Behauptung, dass die Six Nations eine »politische Einheit abseits von Kanada« (»a political unit apart from Canada«) bildeten und ein »organisiertes und sich selbst regierendes Volk« wären, sei für alle, die näher mit der Sache vertraut seien, einfach nur »absurd«, hieß es in der kanadischen Stellungnahme.[91] Der ausgeübte Druck verfehlte seine Wirkung nicht. Kleinlaut bekundete Den Haag, es gut sein zu lassen und sich nicht mehr in den Streit einmischen zu wollen.[92] Doch trotz des niederländischen Meinungsumschwungs war die Unabhängigkeitsforderung der Six Nations keineswegs vom Tisch. Denn das Sekretariat hatte den zehn Mitgliedern des Völkerbundrates alle den Streitfall betreffenden Noten zu Informationszwecken zugesandt. Jetzt kam es entscheidend darauf an, ob sich ein anderer Mitgliedstaat für ihre Sache verwenden würde.

In der Zwischenzeit bereitete der Rat der Konföderation eine diplomatische Mission nach Genf vor. Die Six Nations legten eine Anleihe in Höhe von 10 000 Dollar auf, um die Kosten für die Reise und den Aufenthalt von Deskaheh decken zu können.[93] Aus Angst, als Unruhestifter verhaftet zu werden, weilte Deskaheh mehrere Monate in Rochester, New York bei seinem Freund George Decker.

Dort brachte er einen kurzen Text zu Papier, den er als Broschüre drucken ließ. Darin schilderte er auf wenigen Seiten die Geschichte des Konflikts. Die Argumentation gipfelte in der Aussage, dass Kanada im Dezember 1922 grundlos einen »Kriegsakt« gegen die Six Nations verübt habe, als es eine »feindliche Invasion in unserem Herrschaftsbereich« unternahm.[94] Deshalb bliebe nur ein Ausweg: »Ich gehe [zum Völkerbund, A. M.], weil ihre imperiale Regierung meine Bitte um Schutz meines Volkes vor der Unterwerfung durch Kanada abgelehnt hat.«[95]

Im August 1923 traf der Führer der irokesischen Unabhängigkeitsbewegung in Genf ein, bezog im Hotel des Familles Quartier und richtete dort eine Art Botschaft ein. Nur kurze Zeit von George Decker begleitet, blieb er insgesamt 16 Monate lang in der Calvinstadt und versuchte während seines Aufenthalts, die Sache der Six Nations entscheidend voranzubringen. Als Repräsentant eines Nichtmitgliedstaates konnte er allerdings nur von außen an die Gremien des Völkerbunds und an die diplomatischen Vertretungen herantreten. Eines seiner ersten Memoranden richtete er an Sir Eric Drummond, den einflussreichen Generalsekretär des Völkerbunds. Als einzig bevollmächtigter Delegierter des Konföderationsrates hob er darin hervor, dass die Six Nations einen Staat bilden, der unter den Bestimmungen des Artikels 17 der Völkerbundsatzung in die Organisation aufgenommen zu werden wünsche, um den Konflikt mit Kanada und dem Empire friedlich beizulegen. Er wiederholte die früheren Souveränitätsbehauptungen und fügte neu hinzu, dass die Six Nations im ältesten Völkerbund der Welt vereint seien. Ihr Status als unabhängiger Staat sei in mehreren Verträgen mit den früheren Kolonialmächten – den Niederlanden, Frankreich und Großbritannien – anerkannt worden, weil diese von Nation zu Nation geschlossen worden seien.[96] Doch der britische Karrierediplomat entschied sich dagegen, sich zum Anwalt einer indigenen Unabhängigkeitsforderung zu machen, und sah schon aus formalen Gründen von einer Antwort ab.[97]

Von da an verlegte Deskaheh seine Anstrengungen darauf, einen

Staat zu finden, der dafür eintrat, dass der Streitfall zwischen Kanada und den Six Nations auf die Tagesordnung der Völkerbundversammlung gesetzt werde. Am Ende fanden sich sogar vier zu einer entsprechenden Initiative bereit. Mit Irland, Panama, Estland und Persien handelte es sich allesamt um Staaten, die ein schwieriges Verhältnis zum Britischen Empire besaßen oder ihre Unabhängigkeit selbst erst vor Kurzem erlangt hatten. Am 27. September 1923 beantragten sie beim schwedischen Ministerpräsidenten Hjalmar Branting, das Anliegen der Six Nations auf die Tagesordnung der laufenden Versammlung zu setzen. Damit wollten sie einer »kleinen Nation« die Gelegenheit geben, von der Weltgemeinschaft zumindest angehört zu werden. Gönnerhaft begründeten sie ihre Unterstützung mit dem »universellen Interesse«, die »alte Rasse der indianischen Rothäute« zu bewahren.[98] Diese Entwicklung kam durchaus einem Etappensieg gleich, war die Unabhängigkeitsforderung der Six Nations dadurch doch offiziell beim Völkerbund angekommen. Allerdings wies Branting die vier Staaten darauf hin, dass die Angelegenheit nur nach einem entsprechenden Beschluss der Völkerbundversammlung vor den Rat gebracht werden könne und dass die Zeit in der zu Ende gehenden Session dafür nicht mehr ausreiche. Damit war eine allfällige Beschlussfassung in der Sache auf die nächste Völkerbundversammlung vertagt, die erst für März 1924 angesetzt war.

Unbeirrt intensivierte Deskaheh seine diplomatische Lobbyarbeit und zog eine professionelle Werbekampagne auf, mit der er die Unabhängigkeitsbewegung der Six Nations nicht nur in der Schweiz, sondern auch international bekannt machte. Rasch bildete sich in Genf ein Solidaritätsnetz um ihn.[99] Tatkräftige Hilfe erhielt er insbesondere vom Bureau international pour la Défense des Indigènes, einer Genfer Nichtregierungsorganisation, die sich seit 1908 im Engagement gegen die Sklaverei in Belgisch-Kongo und anderswo hervorgetan hatte.[100] In engem Kontakt mit der britischen Anti-Slavery Society stehend, verschrieb sich das Bureau unter der Leitung des Schriftstellers René Claparède dem Schutz der »farbigen Völker«

und arbeitete dafür, dass diesen in der Weltgemeinschaft endlich Gerechtigkeit widerfahre.[101] Es unterstützte die Unabhängigkeitsbestrebungen der Six Nations finanziell und half dabei, Kontakte zu Spitzenpolitikern zu knüpfen und öffentliche Veranstaltungen zu organisieren. So avancierte Deskaheh nicht nur in der Stadt Genf zum gefragten Vortragsredner.[102]

Im Herbst 1923 tourte der Cayuga-Chief aus Ontario durch etliche Schweizer Städte, wo er gut besuchte Vorträge hielt, meistens in das traditionelle Outfit der Plains-Indianer gekleidet, damit er wohl dem stereotypen Indianerbild des Publikums besser entsprach. Viele seiner Zuhörerinnen und Zuhörer hatten zuvor noch nie einen Indianer gesehen, geschweige denn einem bei einem Vortrag gelauscht. Sie waren bass erstaunt, dass ihm dieser in freier Rede mühelos gelang. Am 6. November trat Deskaheh in der Aula des Basler Museums für Völkerkunde auf, in einer Soirée, die von der Ortssektion des Bureau international pour la Défense des Indigènes organisiert worden war. Zunächst führte der Ethnologe Felix Speiser in die Geschichte der Irokesen ein, bevor Deskaheh selbst in englischer Sprache das Wort ergriff. Die *Basler Nachrichten* schrieben dazu in einem Artikel, der mit »Der Freiheitskampf der Irokesen« betitelt war: »Für ihn [Deskaheh, A. M.] handelt es sich nicht um blosse Fragen der Verwaltung, um ein Mehr oder Weniger von individueller Freiheit, sondern um die weitere Existenz seines Volkes, das als solches systematisch ausgerottet werden soll, gerade wie seine Rassengenossen in der Union [den USA, A. M.] als Volk schon lange fast ganz vernichtet worden sind. Der Kampf, den Deskaheh führt, ist daher ein Kampf, dessen Ausgang von der grössten Bedeutung sein wird für die gesamte Kolonialpolitik, und der daher wohl wert ist, von allen denen mit Aufmerksamkeit verfolgt, ja unterstützt zu werden, die an Gerechtigkeit gegenüber allen Menschen, auch den Nichtweissen, glauben. Denn dass Farbige a u c h Menschen sind, wirkliche Menschen mit den gleichen Gefühlen wie wir Weisse, sollte heute eigentlich nicht mehr bestritten werden können.«[103]

Während Deskaheh in Kanada inzwischen als gefährlicher Unruhestifter galt, stieg er in Europa zur Ikone der irokesischen Unabhängigkeitsbewegung auf. Geschickt wusste er seine wachsende Popularität zu nutzen. Im Dezember reiste er nach Paris, um die Mitglieder des Völkerbundrates vor dem Rathaus abzufangen. Nun in Anzug und Hut gewandet, steckte er diesen, als sie ins Tagungsgebäude eilten, schnell seine Visitenkarte zu, auf der er sich als »Chief of the Cayuga Nations, Speaker of the Council and Deputy of the Six Nations« vorstellte. Er versuchte, die Delegierten in ein Gespräch zu verwickeln – und bei einigen von ihnen hatte er auch tatsächlich Erfolg damit. Der Bericht über diese eher ungewöhnliche Aktion schaffte es bis in die *New York Times*, die herausstrich, dass sich der Cayuga-Chief in ebenso ernsthafter Weise auf dem »Kriegspfad« befände wie seine Vorfahren, welche in den nordamerikanischen Wäldern Franzosen und Briten bekämpft hätten.[104] Im Hinblick auf die allesentscheidende Völkerbundversammlung ließen die Six Nations eine nach allen Regeln der Kunst verfasste Denkschrift von 57 Seiten Länge erscheinen, die den Titel *The Redman's Appeal for Justice. The Position of the Six Nations that they Constitute an Independent State* trug. Gekonnt fassten sie darin ihre Forderungen zusammen, in einer Form, die ihre Ansprüche juristisch stringent begründete. Nach einer langen Beweisführung, in der sie sich auf alte Verträge und die »Haldimand Proclamation« beriefen, stand an zentraler Stelle, in Fettschrift hervorgehoben, zu lesen: »Sie [die Six Nations, A. M.] sind von Rechts wegen eine souveräne und unabhängige Nation oder ein Staat.«[105]

Hinter den Kulissen begann sich derweil die Ablehnungsfront gegen die Unabhängigkeitsbestrebungen der Six Nations zu formieren. Kanada stellte sich in die vorderste Reihe, tatkräftig unterstützt von der Regierung in London und begünstigt von Topoffiziellen des Völkerbunds, welche das ärgerliche Problem möglichst rasch und geräuschlos vom Tisch haben wollten.[106] Besorgt wandte sich Herbert B. Ames, der Finanzdirektor des Völkerbunds und selbst Kanadier, an den liberalen Premier William Lyon Mackenzie King. In seinem

Schreiben strich der hohe Beamte heraus, dass der Generalsekretär den Antrag der vier Mitgliedstaaten zwingend auf die Tagungsordnung der Märzsession setzen müsse, wenn Persien, Panama, Estland und Irland nicht vorher dazu gebracht werden können, ihren Antrag zurückzuziehen.[107] Auf diese Weise gewarnt, bereitete Kanada seine Entgegnung vor. Diese ließ an Eindeutigkeit nichts zu wünschen übrig. Kühl widersprach Ottawa darin der Version, dass die Six Nations einen Staat (im Sinne des Artikels 17) bildeten und eine jahrhundertealte Geschichte als »organisierte und autonome Völker« besäßen. Nie seien sie etwas anderes gewesen als »britische Untertanen«, die seit 1867 im Dominion Kanada lebten.[108] Überdies hätte Großbritannien stets alle den Six Nations gemachten Versprechungen gehalten.[109] Nicht unerwähnt blieb, dass Kanadas Politik einzig dem »Fortschritt unter den Indianern« diene, denen nach der erfolgten Assimilation ja die Staatsbürgerschaft winke.[110]

Schließlich ließ das von Labour-Politiker Ramsay MacDonald geführte Außenministerium in London den Regierungen von Panama, Persien, Irland und Estland ausrichten, dass das Empire ihr Eintreten für die irokesische Sache als »impertinente Einmischung« (»impertinent interference«) von »kleineren Mächten« in seine inneren Angelegenheiten betrachte.[111] Der so aufgebaute Druck zeitigte den gewünschten Effekt. Die vier Staaten zogen ihren Antrag zurück und versetzten der irokesischen Unabhängigkeitsforderung dadurch den Todesstoß. Das geheiligte Prinzip der Nichteinmischung in die inneren Angelegenheiten eines Mitgliedstaats[112] triumphierte über die Unabhängigkeitsforderung der Six Nations. Ein anderer Ausgang wäre in der imperialen Weltordnung der frühen 1920er Jahre auch überraschend gewesen. Denn der Völkerbund etablierte nicht bloß neue Standards der internationalen Kooperation und Friedenssicherung; er bildete auch die Machtverhältnisse ab, wie sie 1919 auf dem Globus bestanden, und spiegelte damit einen nach wie vor existierenden europäischen Dominanzanspruch über die Welt.[113] Schließlich spielten das Vereinigte Königreich und Frankreich, zwei Siegernationen des

Ersten Weltkriegs und zugleich die beiden größten Kolonialmächte jener Zeit, die erste Geige in der Genfer Organisation.[114]

Nicht einmal auf die grundsätzliche Gleichheit aller Mitgliedsnationen legte der Völkerbund Wert. Auf Betreiben der Vereinigten Staaten und Großbritanniens scheiterte Japan 1919 mit seinem »Racial Equality Proposal«, durch den die Gleichheit aller Völker und Länder, aber auch das Verbot der Rassendiskriminierung eines der grundlegenden Prinzipien der Völkerbundsatzung und des Völkerrechts geworden wäre.[115] Kurz gesagt: Gegenüber dem Kolonialismus vollzog der Völkerbund keinen Bruch. Im Gegenteil, seine Satzung rechtfertigte ihn sogar auf neue Weise, indem sie sich einer »Rhetorik von Treuhandschaft und Zivilisierungsmission«[116] verschrieb. Ausdruck davon war der Artikel 22, der davon sprach, dass die »fortgeschrittenen Nationen« die »Vormundschaft« über solche Völker übernehmen müssten, »die noch nicht imstande sind, sich unter den besonders schwierigen Bedingungen der modernen Welt selbst zu leiten«.[117] Aus dieser Haltung heraus half der Völkerbund mit, die Kolonialherrschaft über die nichtweiße Welt um einige Jahrzehnte zu verlängern.

Dennoch setzte Deskaheh den ungleichen Kampf fort, in der sich allerdings zusehends verflüchtigenden Hoffnung, die Dinge für die Six Nations vielleicht doch noch zum Besseren wenden zu können. Just in dieser Zeit ließ ihm George Decker einige von Mahatma Gandhis Schriften zukommen. Gandhis gewaltloser Widerstand gegen die britische Kolonialherrschaft in Indien glich seinem Kampf vor dem Völkerbund in manchem. Beide verfolgten als Unabhängigkeitskämpfer eine antikoloniale Agenda, beide setzten auf friedliche Mittel, und beide machten sich als Stachel im Fleisch des Empire international einen Namen. Sicherlich fühlte sich Deskaheh durch Gandhis Philosophie des gewaltlosen Widerstands und die Hartnäckigkeit der indischen Unabhängigkeitsbewegung bestärkt.[118] Den Sommer über verfasste er zusammen mit George Decker eine neue Schrift, die sie unter dem bezeichnenden Titel *The Six Nations. A Sovereign State* drucken ließen. Wiederum legten sie diese der Völkerbundversammlung vor – rechtzeitig vor ihrer nächsten Sitzung.[119] Doch das Spiel war gelaufen. Dieses Mal öffneten sich die Türen des Völkerbunds nicht einmal einen Spaltbreit.

Nur wenige Wochen später versetzte Kanada dem Unabhängigkeitsstreben der Six Nations einen weiteren Schlag, als es die Mitglieder des altehrwürdigen Rates der Konföderation für abgesetzt erklärte. Künftig sollte diese »primitive Regierungsform« durch einen »Band Council« ersetzt werden, dessen Mitglieder demokratisch gewählt waren.[120] Unter miserabler Beteiligung fand die Wahl zu seiner Neubestellung am 21. Oktober statt. Wie zu erwarten war, brachte sie eine prokanadische Mehrheit hervor. Denn aus Protest blieben die Traditionalisten dem Urnengang fern. Unter allen Umständen wollten sie am alten Regierungssystem festhalten und verziehen der Royal Canadian Mounted Police nicht, dass sie heilige Wampum-Gürtel und andere Dokumente im Ratsgebäude von Ohsweken konfisziert hatte.[121] Deskaheh büßte durch diese Entwicklung mehr als nur einen Sitz im Rat ein; er verlor auch seine Legitimation, weiterhin im Namen der Six Nations sprechen zu können.

Bitter enttäuscht über die »grausame Gleichgültigkeit«[122] der Staatengemeinschaft, kehrte er der Calvinstadt Anfang 1925 den Rücken. Mit einem Dampfer trat er die Rückreise über den Atlantik an und ging in New York nahe der Freiheitsstatue von Bord. Da er keine gültigen Reisepapiere besaß, musste ihm George Decker zunächst ein amerikanisches Transitvisum besorgen. Doch das war nichts im Vergleich zu dem, was ihm noch bevorstand. Kanada verweigerte dem Unbotmäßigen die Rückkehr in das Grand River-Territorium, indem es ihn nicht wieder ins Land einreisen ließ. Aus dem irokesischen Unabhängigkeitskämpfer war ein politischer Flüchtling geworden, dem nur das Exil blieb. Notgedrungen musste er bei Freunden in den USA Unterschlupf suchen, zuerst bei George Decker in Rochester, später bei Chief Clinton Rickard in der nahe der Niagara-Fälle gelegenen Tuscarora-Reservation.

Von einer Radiostation in Rochester zu einer Stellungnahme eingeladen, brach die aufgestaute Verbitterung am 10. März 1925 aus Deskaheh heraus. Die Leute des Grand River Country seien es gründlich leid, weiter Gerechtigkeit bei den Regierungen der »weißgesichtigen Völker« in Nordamerika und Europa zu erbetteln. Sie hätten es mit Nachdruck versucht, nur um zu erleben, dass nicht alle Völker unter dem gleichen Schutz des Völkerrechts stünden.[123] In stillem Einvernehmen würden Kanada und die USA die First Peoples vielmehr unterdrücken und auf deren vollständige Zerstörung hinarbeiten. »Die Regierungen in Washington und Ottawa haben eine stille Partnerschaft der Politik«, hielt er in einer bitterbösen Bemerkung fest. »Sie zielt darauf ab, jeden Stamm der roten Männer zu zerschlagen, um jeden Hektar ihres Territoriums zu beherrschen [...] Drüben in Ottawa nennen sie diese Politik ›Indianerförderung‹. Drüben in Washington nennen sie es ›Assimilation‹. Wir, die wir die hilflosen Opfer sind, sagen, es ist Tyrannei. Wenn es bis zum bitteren Ende gehen muss, wäre es uns lieber, wenn ihr mit euren Gewehren und Giftgasen kommt und uns auf diese Weise loswerdet.«[124] Deskahehs Radioansprache gegen koloniale Tyrannei war sein letzter öffentlicher Auftritt; sie wurde zu seinem Vermächtnis.

Eine Lungenerkrankung, die er sich im kalten Genfer Winter zugezogen hatte, machte ihm in den folgenden Wochen immer stärker zu schaffen. Sein Gesundheitszustand verschlechterte sich zusehends. Rickard ließ dies Deskahehs Angehörige jenseits der Grenze wissen, weil er mit dem Schlimmsten rechnete. Doch als sie ihn besuchen kommen wollten, um von ihm Abschied zu nehmen, wiesen US-Beamte etliche von ihnen an der Grenze zurück, mit der Begründung, dass sie keine oder zu wenig gute Englischkenntnisse besäßen.[125] Seit der restriktive »Immigration Act« in Kraft war, schützten sich die USA nicht nur vor unerwünschter Einwanderung aus Ost- und Südeuropa. Das Gesetz versetzte auch dem kleinen Grenzverkehr mit Kanada einen Schlag, was für die beidseits der künstlich gezogenen Grenze lebenden Haudenosaunee einschneidend war. Denn zwischen dem Grand River-Territorium und der Tuscarora-Reservation bestanden enge Beziehungen, nicht nur kultureller, sondern auch verwandtschaftlicher Art. Man heiratete und besuchte sich untereinander, nahm gegenseitig an Zeremonien und Tänzen teil.

Deskaheh starb am 27. Juni 1925 im Haus von Clinton Rickard. Er wurde 52 Jahre alt. Erst als Toter durfte er ins Grand River-Territorium zurückkehren. Beim Sour Spring Longhouse fand wenige Tage später eine Trauerfeier für ihn statt. Hunderte von Indigenen reisten aus Kanada und den USA an, um dem »großen Mann«[126] die letzte Ehre zu erweisen. Durch sein Engagement in Ottawa, London und Genf war Deskaheh, ohne dass dies in der Zeit selbst schon erkannt wurde, weltweit zu einem der Pioniere der indigenen Selbstbestimmungsbewegung avanciert.[127] Der Freiheitskampf der Haudenosaunee ging auch nach seinem Tod weiter. So erklärten sich die Six Nations am 19. Juni 1928 einseitig für unabhängig, in einem Dokument, das bis in die Details der amerikanischen Unabhängigkeitserklärung von 1776 nachempfunden war.[128] Kanada freilich schenkte dem Dokument nicht die geringste Beachtung, Duncan Campbell Scott wischte es – ganz in kolonialen Denkmustern gefangen – als »ein Stück Wahnsinn« vom Tisch.[129]

1933 protestierten die Six Nations in Genf ein weiteres Mal gegen die »aggressive und tyrannische Behandlung«, die sie durch Kanada erfuhren, und verlangten vom Völkerbund, dass dieser dagegen Schritte ergreife.[130] Allerdings schenkte die Genfer Organisation ihrer Sache angesichts der sich zunehmend verdüsternden Weltlage keine weitere Beachtung mehr. Dennoch blieb Deskahehs Kampf für die Souveränität indianischer Nationen innerhalb einiger indigener Gemeinschaften der USA und Kanadas unvergessen.[131] Ein halbes Jahrhundert später fühlte sich eine neue Generation von Aktivisten und Aktivistinnen durch Deskahehs Vorbild ermuntert, als sie in der Red Power-Ära die Selbstbestimmungsfrage der indigenen Nationen erneut auf das Tapet brachten. 1977 sahen der Seneca John Mohawk und der Onondaga Oren Lyons in ihm einen Vorreiter, der den »indianischen Nationen von heute« den Weg geebnet habe.[132]

UNGEWOLLTE STAATSBÜRGERSCHAFT UND FREIER GRENZÜBERTRITT

Kaum eine indigene Nation in den USA sprach in der Zwischenkriegszeit mit einer Stimme. Fast alle waren sie in zwei Gruppen gespalten. Die für sie in den USA und Kanada gebräuchlichen Bezeichnungen rührten zwar aus dem Erwartungshorizont der weißen Mehrheitsgesellschaft her, doch bildeten sie im Inneren der indigenen Nationen eine Realität ab. Einer schwindenden Zahl von »Traditionals«, die allen äußeren Widrigkeiten zum Trotz möglichst viel des kulturellen Erbes in die neue Zeit hinüberzuretten versuchten, stand eine wachsende Gruppe von »Progressives« gegenüber, die sich dem »American Way of Life« unterschiedlich stark angepasst hatten.[133] Inzwischen hatten Tausende von American Indians staatliche Schulen durchlaufen, einen Beruf erlernt und sich in ihrem Habitus den weißen Amerikanern angeglichen – in der Kleidung, im Wohnstil, in den Essgewohnheiten und selbst in der Sprache und den religiösen Überzeugungen. Allerorten signalisierte die Länge der Haare, wie man es mit der indianischen Tradition hielt.[134] Einzig alte Leute oder isoliert lebende Außenseiter trugen die Haare weiterhin lang und verweigerten sich der englischen Sprache.[135] Etliche American Indians beherrschten ihre indigene Sprache nicht mehr fließend. Häufig begegneten sie den Traditionalisten mit Argwohn und Unverständnis. In den Jahren, als es die offizielle Politik der USA war, die indigenen Kulturen auszumerzen, brauchte es einiges an psychischer Widerstandsfähigkeit und innerer Kraft, um dem permanenten Druck zu widerstehen. Kulturelle Resistenz war nicht jedermanns Sache und vorläufig bloß das Ding einer Minderheit.

Ein solcher »Traditional« war Clinton Rickard (1882–1971). Fast sein ganzes Leben verbrachte er in der kleinen, gerade einmal 25 Quadratkilometer großen Tuscarora-Reservation, die östlich der Stadt Lewiston auf dem Gebiet des Bundesstaats New York liegt. Nur ein paar Jahre lang ging er auf eine Tagesschule. Das jedoch erwies sich als glückliche Fügung. Denn so konnte ihm keine Boarding School einbläuen, sich für seine Herkunftskultur zu schämen und an ihrer statt die der Weißen anzunehmen.[136] Den Lebensunterhalt seiner vielköpfigen Familie bestritt Rickard als Farmer. Stolz trug er als einer der Ersten die Haare lang, trat zu besonderen Anlässen in indigenem Habit auf und ermunterte andere durch sein Beispiel, es ihm gleichzutun. Früh verschrieb Rickard sich dem Ziel, den Lebensstil der Ahnen zu bewahren.[137] Damit führte er einen Kampf gegen innen wie außen. Vielleicht nannten ihn seine Leute deshalb »Loud Voice«, »Laute Stimme«.[138] Rickard machte sich als »Krieger neuen Typs«[139] einen Namen und stieg, in Deskahehs Fußstapfen, in den Vereinigten Staaten der Zwischenkriegszeit zu einem Vorkämpfer indigener Selbstbestimmung auf.

Allerdings war sein Leben von inneren Widersprüchen geprägt. Als junger Mann glaubte er eine Zeit lang, die Kriegertradition seines Volks fortsetzen zu können, indem er sich freiwillig für einen Kampfeinsatz der US-Streitkräfte meldete. Unter dem Kommando von General J. Franklin Bell nahm er als Soldat von 1902 bis 1904 an der brutalen Niederschlagung der Unabhängigkeitsbewegung auf den Philippinen teil, an einem Militäreinsatz auf einem anderen Kontinent, der heute als veritabler Kolonialkrieg gilt.[140] Erst Jahre danach begriff er, dass die Vereinigten Staaten und das Britische Empire ihre Zukunft nicht auf der Unterdrückung anderer Menschen aufbauen konnten, seien es nun Filipinos, Buren oder Indianer.[141] Nicht ins Bild passt auch, dass Rickard der Presbyterianischen Kirche angehörte und darunter litt, als sein Sohn William in den 1950er Jahren zur Langhaus-Religion übertrat, um zu den spirituellen Wurzeln der Haudenosaunee zurückzukehren.[142]

Unter Clinton Rickards Engagements stachen zwei hervor: das gegen den »Indian Citizenship Act«, durch den am 2. Juni 1924 alle Indianer die US-Staatsbürgerschaft und das Wahlrecht erhielten, und jenes für einen unbehinderten Grenzübertritt zwischen Kanada und den USA. Beide Anliegen hingen eng miteinander zusammen.

Rickard war Nationalist und redete einer modernen Form indigener Souveränität das Wort. Wie andere in der Reservation betrachtete er die Tuscarora als unabhängige Nation innerhalb der Six Nations-Konföderation, fähig dazu, sich selbst zu regieren, ohne jede koloniale Bevormundung durch die an ihr Territorium grenzenden USA.[143] Denn die Tuscarora hätten innerhalb der Six Nations-Konföderation bereits vor der Gründung der Vereinigten Staaten existiert und würden sich deswegen jede Einmischung und koloniale Unterdrückung von außen verbitten. Das war bezeichnend für das Souveränitätsdenken, das in der Six Nations-Konföderation, ohnehin traditionell stark verwurzelt, mit Woodrow Wilsons Selbstbestimmungsrhetorik noch einmal Auftrieb erhalten hatte. Als der Kongress begann, den »Indian Citizenship Act« zu debattieren, lehnten Rickard, etliche andere Tuscarora und viele weitere Mitglieder der Six Nations dieses Danaergeschenk, das sie über ihre Köpfe hinweg zu Staatsbürgern der USA erklären wollte, entschieden ab.[144] Schließlich empfanden sie sich als Bürger ihrer Konföderation und pfiffen darauf, über das Wahlrecht an der politischen Willensbildung in einem ausländischen, ihnen innerlich fremd gebliebenen Nationalstaat mitzuwirken.[145]

Den »Indian Citizenship Act« betrachteten zahlreiche Mitglieder der Six Nations als erneuten Anschlag auf ihre alte, durch Verträge anerkannte Unabhängigkeit. Sie lehnten ihn als verhängnisvollen letzten Schritt auf dem Weg ab, das »Indianerproblem« ein für alle Mal dadurch lösen zu wollen, dass sie als gleichberechtigte Bürger in die US-Gesellschaft integriert wurden. Sie bestanden vielmehr darauf, ihr Recht auf Anderssein im eigenen Staat ausleben zu können. Mit der auf die Indianer ausgeweiteten Staatsbürgerschaft, mutmaßte Clinton Rickard, wollten die USA sich bloß der mit den indigenen Nationen eingegangenen Vertragsverpflichtungen entledigen. Dadurch würden die American Indians zu steuerpflichtigen Bürgern gemacht, die, nach und nach in Schulden getrieben, das übrig gebliebene Land verkaufen müssten, um schließlich in heruntergekommenen Ghettos der Industriestädte zu enden.[146] Provokativ fragte er zurück: »Wie können diese Europäer nur hier rüberkommen und uns erzählen, dass wir Bürger in unserem eigenen Land sind?«[147]

In Eingaben an den Präsidenten und den Kongress machte auch der Große Rat der Six Nations-Konföderation, der in der südlich der Stadt Syracuse gelegenen Onondaga-Reservation zusammentrat, respektvoll seinem Unmut darüber Luft, dass die USA allen Indianern ohne Unterschied die Staatsbürgerschaft verleihen wollten, und wies dieses unerbetene Geschenk höflich, aber entschieden zurück. Denn das Gesetz, ohne ihre Zustimmung geschrieben und verabschiedet, sei im Kern ein Anschlag auf die alte Souveränität der Six Nations.[148] Doch das politische Washington focht das irokesische Pochen auf dem Selbstbestimmungsrecht nicht an. Und so kam es, dass die meisten Haudenosaunee, gegen ihren Willen, Staatsbürger der USA wurden. Loud Voice indes blieb in der Sache unnachgiebig. Zeitlebens nahm er nicht an den »Wahlen des weißen Mannes« teil, da alle Tuscarora, die dies taten, nicht Chiefs oder Klanmütter werden oder bleiben konnten.[149] Unbeirrt setzte er sich für eine souveräne Existenz der Six Nations-Konföderation ein und lehrte damit die nachfolgenden Generationen, stolz auf ihre angestammte nationale Zugehörigkeit zu sein[150] – eine Saat, die jedoch erst in den Red Power-Jahren so richtig aufging.

Mehr Erfolg war ihm in einem anderen Konflikt beschieden. Niemand anderer als Deskaheh hielt ihn dazu an, sich politisch gegen eine indianerfeindliche Auslegung des »Immigration Act« zu engagieren. »Fight for the line!« – legte der Vorkämpfer indigenen Souveränitätsstrebens Loud Voice auf dem Sterbebett ans Herz.[151] Seit dem Sommer 1924 hinderten Grenzbeamte die Mitglieder kanadischer First Nations daran, wie bis anhin unkontrolliert in die USA einzureisen, schikanierten sie an den Schlagbäumen und wiesen sie immer häufiger ab. Rickard erlebte es am eigenen Leib. Am 17. Dezember 1925 überquerte er – spielend – die US-Grenze, um beim Sour Spring Longhouse an einer Gedächtniszeremonie für verstorbene Cayuga-Chiefs teilzunehmen. Als er einen Tag später jedoch in Begleitung von Job Henry, einem im Grand River-Territorium beheimateten Tuscarora, der mit einer Frau aus Rickards Reservation verheiratet war, am Übergang bei Lewiston wieder in die USA einreisen wollte, bekamen sie die Willkür des neuen Grenzregimes hautnah zu spüren.

Barsch wies der Beamte sie an, die Grenze im mehr als zwölf Kilometer entfernten Niagara Falls zu überqueren. Doch auch dort machten die Grenzwächter Schwierigkeiten. Per Telefon hatte der perfide Beamte in Lewiston die Kollegen instruiert, die Indigenen nicht einreisen zu lassen, worauf sie die beiden mit der Frage in die Enge trieben, warum in aller Welt sie hier über die Grenze wollten, obwohl man sie doch schon in Lewiston abgewiesen habe. Endlich ließen sie Rickard, der sich mit ihnen problemlos verständigen konnte, einreisen, nicht aber Job Henry, dem sie das Passieren mit der Auskunft verweigerten, dass er Analphabet sei und kaum Englisch könne. Rickard empfand diese Abweisung als »großes Unrecht«, das Rassenvorurteilen geschuldet sei.[152] Mit Einreiseverboten wie diesen und Quoten für einzelne Länder versuchten die Vereinigten Staaten seit 1924, die Vorherrschaft der »White Anglo-Saxon Protestants« in der amerikanischen Gesellschaft auf Dauer zu stellen. Unerwünschte Einwanderer aus dem südlichen und östlichen Europa, aber auch solche aus Japan, China und Indonesien hielten sie weitgehend und Letztere gar vollständig von den USA fern, bis ins Jahr 1965, als die Einwanderungspolitik eine liberalere Ausrichtung erfuhr.[153]

Ein paar Monate lang wandten die Grenzschützer den gleichermaßen restriktiven wie rassistischen »Immigration Act« auch auf Mitglieder der kanadischen First Nations an. Entlang der viele Tausende Kilometer langen Trennungslinie zwischen den USA und Kanada bekamen dies mehr als 50 indigene Gemeinschaften zu spüren.[154] Gerade für die Haudenosaunee, die zu beiden Seiten in mehr als einem Dutzend Reservationen lebten, schuf der »Immigration Act« ein gravierendes Problem. Die am Sankt Lorenz-Strom gelegene Akwesasne-Reservation, in der eine Gemeinschaft von Mohawk lebte, traf es mit am schlimmsten, da die Staatsgrenze mitten durch ihr Territorium verlief. Das neue Grenzregime schränkte ihre Alltagsmobilität auf jenem Kontinent ein, auf dem sie sich über Jahrtausende mit dem Kanu, zu Fuß oder beritten bewegt hatten, wie es ihnen beliebte. Noch dazu stellte dies eine klare Verletzung ihrer alten Vertragsrechte dar. Denn der am 19. November 1794 zwischen Großbritannien und den Vereinigten Staaten geschlossene Jay-Vertrag sagte den Indigenen das freie Passieren der amerikanisch-kanadischen Grenze ausdrücklich zu.[155] Der Friedensvertrag von Gent, durch den der zweite Britisch-Amerikanische Krieg 1814 beigelegt worden war, hatte ihnen dieses Recht noch einmal bestätigt. Ein Recht, das für die indigenen Nationen von großer alltagspraktischer Bedeutung war. Daher verwundert es nicht, dass es in der Folge zu einem der »lebendigsten Symbole im irokesischen Kampf für Souveränität« avancierte.[156]

Von Beginn an stand Clinton Rickard an der Spitze des Kampfes gegen den »Immigration Act«. Er schrieb Dutzende von Briefen an hohe Beamte und Senatoren in Washington, um sie auf das Problem aufmerksam zu machen. In Buffalo sprach er direkt bei Immigrationsbeamten vor, um gegen die gegen Job Henry verhängte Einreisesperre zu protestieren, die diesen von seiner Frau und seinen Kindern trennte. In seinen Wortmeldungen wehrte sich Rickard dagegen, dass es so etwas wie »kanadische Indianer« oder »amerikanische Indianer« gäbe, und insistierte darauf, dass die Haudenosaunee *ein* Volk seien, das hier schon lange gelebt habe, bevor die künstliche Grenze ihre Gemeinschaft durchschnitten habe. Mehr und mehr sprach er in dieser Frage auch für die Algonquin, die ihm sogar zwei ihrer Wampum-Gürtel aushändigten, um den Kampf für eine offene Grenze zu führen.[157]

Bald schon bekam der Protest gegen das ungeliebte Grenzregime eine neue Qualität. Im März 1926 verhaftete die Polizei in Philadelphia den aus der Provinz Québec stammenden Stahlarbeiter Paul

Diabo als »illegalen Ausländer«. Wie viele Mohawk gehörte Diabo zu jenen legendären »Himmelsläufern«, die in Nordamerika in schwindelerregenden Höhen Eisenbahnbrücken über Flüsse bauten oder Wolkenkratzer in den pulsierenden Großstädten zu errichten halfen. Zusammen mit seiner Frau Louise pendelte er seit 1912 regelmäßig unbehelligt zwischen der südlich von Montréal gelegenen Kahnawake-Reservation und seinen verschiedenen Arbeitsstellen in den USA, ganz ohne Pass und formale Einreiseprozeduren. Gegen die ihm nun drohende Abschiebung reichte Diabo Klage ein und berief sich dabei unter anderem auf Artikel 3 des Jay-Vertrags von 1794. Das Gericht ging auf diese Argumentation jedoch nicht ein und wies die Klage ab. Zusammen mit seiner Frau wurde er im Sommer in sein Heimatland abgeschoben.[158] Doch dann geschah etwas, womit in den USA wohl niemand gerechnet hatte.

Der Große Rat der Six Nations, aber auch seine Leute in der Kahnawake-Reservation und andere irokesische Wortführer ermunterten Paul Diabo dazu, erneut illegal in die USA einzureisen und sich dort verhaften zu lassen, um zu testen, wie es das »Land der Freiheit« mit den indianischen Vertragsrechten hielt.[159] Unerschrocken, wie er war, erklärte sich Diabo dazu bereit, im Wissen um die ihm drohende Haftstrafe. Auf diese unorthodoxe Weise strengten er und seine Unterstützer einen Musterprozess an, um eine Grundsatzentscheidung in der Frage des freien Grenzübertritts zu erzwingen. Auf Schleichwegen gelangte Diabo Ende 1926 wieder in die USA und ließ sich, als er in Philadelphia aufflog, ohne Widerstand zu leisten, ein zweites Mal in Polizeigewahrsam nehmen. Er war sich der Solidarität seiner Leute gewiss, die für seinen Anwalt Adrian Bonnelly und die Prozesskosten aufkamen. Um das Recht des freien Grenzübertritts zu verteidigen, riefen Clinton Rickard und der Mohawk David Hill aus dem Grand River-Territorium am 1. Dezember 1926 die Haudenosaunee Defense League ins Leben, die sie, um alle Indianer beidseits der Grenzen repräsentieren zu können, später in Indian Defense League of America (IDLA) umbenannten.[160]

Dieses Mal erging ein für die Indianer vorteilhaftes Verdikt. Bezirksrichter Oliver B. Dickinson sprach Paul Diabo in Trenton, New Jersey 1927 von allen Anklagepunkten frei. Ausdrücklich verwies er in seiner Begründung auf die einschlägige Bestimmung im Jay-Vertrag. Für Indianer, hieß es im Urteilsspruch, existiere die Grenze nicht, sodass sie diese, wann immer es ihnen beliebt, überqueren können. Der Immigration Service wollte sich mit diesem Richterspruch freilich nicht zufriedengeben und ging in Revision. Doch vergeblich. Ein Appellationsgericht des Bundes lehnte die Berufungsklage im März 1928 ab.[161] Damit hatten Paul Diabo und die ihn unterstützenden Haudenosaunee den Rechtsstreit gegen die USA für sich entschieden. Auf dieser Grundlage machte ein Gesetz seinen Weg durch den Kongress, das dieses Recht noch einmal in aller Form bestätigte. Auf lange Sicht kam dieser Triumph einem »bedeutenden Durchbruch«[162], ja einem Wendepunkt gleich. »Erstmals«, drückte es Clinton Rickard viele Jahre später aus, »wurde unser Standpunkt durch einen hohen US-Richter bekräftigt«.[163]

Um den Sieg zu begehen, organisierte die IDLA eine »Border Crossing«-Feier. Zum ersten Mal fand diese am 14. Juli 1928 statt. Zahlreiche Indigene aus dem östlichen Kanada und den USA waren zugegen. Unbehelligt überquerten sie die Grenze von Niagara Falls in Ontario nach Niagara Falls im Bundesstaat New York und zurück. Ansprachen wurden gehalten, es wurde getanzt, musiziert und ein Lacrosse-Spiel veranstaltet.[164] All dies begründete eine bis heute hochgehaltene Tradition; seit dieser ersten Austragung fand und findet die »Border Crossing«-Parade alljährlich statt. Der Musterprozess und das Urteil von 1928 wirkten über den Tag hinaus. Es zeigte einen Weg auf, wie die American Indians in der modernen Welt selbst unter schwierigsten Bedingungen zu ihrem Recht kommen konnten: Der Kampf gegen Unrecht musste so angelegt sein, dass die dominante Gesellschaft mit ihren eigenen Mitteln in die Schranken gewiesen wird.[165]

Fast 20 Jahre lang hatte er sein Geld als leidlich erfolgreicher Mime in Hollywood-Western verdient. Nun aber kehrte Luther Standing Bear (1868–1939) in die Pine Ridge-Reservation zurück, zufrieden über das von ihm Erreichte. Dort wollte er einen geruhsamen Lebensabend verbringen – im Kreis seines Volkes.[166] Doch was er 1931 in South Dakota antraf, entsetzte ihn über alle Maßen. Seit der Zeit, als er sich in Pine Ridge als Hilfslehrer, Ladenbesitzer, Farmer, Aushilfsprediger, Agentur-Angestellter und Darsteller in Wild West-Shows durchs Leben geschlagen hatte, hatten sich die Lebensbedingungen noch einmal verschlechtert. In seinem Buch *Land of the Spotted Eagle* (1933) hielt er dazu fest: »Die Lakota sind gegenwärtig ein trauriges, stummes und rückständiges Volk, das das Schicksal aller Unterdrückten erleidet. Heute sind sie nur noch ein zersplittertes Exemplar, eine Karikatur, wenn man so will, jener Menschen, die sie einst waren.«[167] Die Oglala Lakota würden ohne jede Initiative und fügsam bis zur Ergebenheit dahinvegetieren, sodass sie jeder Anordnung ihrer »Aufseher« Folge leisteten.[168] Selbst das Gesetz, durch das sie Bürger der USA wurden, hätte nichts an ihrem verzweifelten Zustand geändert. Nach wie vor lebten sie als »gefangenes und versklavtes Volk«[169], ihre Kinder gingen immer noch auf segregierte Schulen. Mit zur Tristesse trug bei, dass zahlreiche Oglala Lakota hungerten, weil die ihnen vertraglich zugesicherten Essensrationen unzureichend bemessen waren.[170]

Diese Beobachtungen waren für Standing Bear besonders bitter, weil er die Assimilationspolitik der USA über Jahrzehnte innerlich unterstützt hatte und selbst ein seltenes Beispiel dafür war, wie ein American Indian sich außerhalb der Reservation erfolgreich behaupten konnte. 1879 hatte er zu den ersten indigenen Kindern gehört, die von Hauptmann Richard Henry Pratt in das Internat in Carlisle, Pennsylvania geholt wurden, um sie zu »Ebenbildern der Eroberer«[171] zu formen. Dort hatte er das Beste aus dem ihm zugedachten

Schicksal gemacht und das Handwerk eines Spenglers erlernt, das ihm, als er nach fünf Jahren in die Reservation zurückkehrte, jedoch von keinerlei praktischem Nutzen war. Aus Erfahrung klug geworden, meinte Pratts ehemaliger Musterschüler 1933: Wenn er noch einmal die Chance hätte, ein Kind auf den Weg des Lebens zu schicken, dann würde er es nicht mehr dazu anhalten, sich der »Zivilisation des weißen Mannes« anzupassen, sondern es vielmehr auf den Pfad seiner Vorväter weisen und es lehren, ein »Indianer« zu sein.[172]

Aus Enttäuschung über die ausgebliebenen Erfolge entwickelte sich Luther Standing Bear in seinem letzten Lebensjahrzehnt von einem Befürworter zu einem der schärfsten Kritiker der offiziellen Assimilationspolitik. In einem Artikel über »Die Tragödie der Sioux«, den er 1931 veröffentlichte, ließ er seiner Ernüchterung freien Lauf. In Pine Ridge würden die Oglala Lakota, aus denen einst große Chiefs wie Red Cloud und Crazy Horse hervorgegangen waren, die der US-Kavallerie mit ihren Kriegern empfindliche Niederlagen beibrachten, seit Jahrzehnten in einem »Staatsgefängnis« mit einer »diktatorischen Ordnung« vegetieren, das sie in bitterster Armut halte, ihre Eigeninitiative abtöte und sie vor die Hunde gehen lasse. »Das System hat sie zerschmettert, sie sind niemand.«[173] Zwei Jahre später kam er in *Land of the Spotted Eagle* zu dem Schluss, dass die bisherige Politik der forcierten Assimilation die Probleme, die sie eigentlich beseitigen wollte, lediglich verschärft habe: »Tyrannei, Dummheit und ein Mangel an Vision brachte die Situation hervor, die jetzt als das ›Indianerproblem‹ bezeichnet wird.«[174] Schonungslos zeigte er auf, dass die Wirkung dieses internen Kolonialsystems darin bestand, die Indianer zu apathischen Schattenexistenzen zu degradieren, die ihr Schicksal kaum mehr selbst in die Hände nehmen konnten.

Luther Standing Bear schrieb seine Abrechnung mit der Indianerpolitik in der Zeit der Großen Depression nieder, welche die US-Gesellschaft in die schwerste ökonomische Krise ihrer Geschichte stürzte. Auf ihrem Höhepunkt standen 15 Millionen Amerikaner ohne Arbeit da, was einer rekordverdächtigen Arbeitslosenquote von 25 Prozent entsprach. Zehntausende verloren ihre Häuser und all ihre Ersparnisse. Gleichzeitig verwandelten heftige Sandstürme, die sogenannten »black blizzards«, die Landwirtschaftsgebiete etlicher Plains-Staaten in unwirtliche Mondlandschaften, sodass viele Farmer ihre Güter aufgeben mussten, um in Kalifornien einen Neuanfang zu versuchen. John Steinbecks Roman *The Grapes of Wrath* (1939) handelt von einer solchen Familie: Die Joads verlassen das von Staubstürmen verheerte und von Missernten geplagte Oklahoma, um auf einem vollbepackten Kleinlaster entlang der Route 66 ins »Land der blühenden Orangen« zu ziehen. Aber auch dort finden sie das erhoffte Glück nicht, weil ihre neuen Nachbarn sie übers Ohr hauen und ausbeuten.[175]

Die Große Depression vertiefte die bereits bestehenden sozialen Verwerfungen, indem sie die ethnischen Minderheiten im Land meist härter in Mitleidenschaft zog – und die First Peoples unter ihnen am schwersten. Jedenfalls standen diese 1930 ökonomisch schlechter da als ihre Eltern um 1900.[176] In ihren Reservationen lebten sie bis in den Kalten Krieg hinein weithin unsichtbar; weiße Amerikaner interessierten sich in ihrer überwiegenden Mehrheit nicht für ihre kargen Lebensrealitäten. Wenn American Indians ihre Reservationen verließen, waren sie in nahen Kleinstädten wie Farmington (New Mexico), Hardin (Montana) oder Rapid City (South Dakota) oft einem rassistischen Spießrutenlauf ausgesetzt. Diskriminierungen bei der Job- und Wohnungssuche waren Alltag, und manche Restaurants, Saloons, Läden oder Wartesäle untersagten ihnen den Zutritt, mit Schildern, auf denen geschrieben stand: »Keine Hunde oder Indianer erlaubt«[177].

Die schwere Wirtschaftskrise löste in fast allen Reservationen eine zusätzliche Welle sozialen Elends aus. Viele der dort lebenden Menschen hungerten, weil man sie als Erste entließ und als Letzte wieder einstellte. Von dem mit der Krise überforderten Staat wurden sie nicht mehr überall ausreichend versorgt. An einigen Orten war die Situation so prekär, dass das Office of Indian Affairs (OIA) 1931 das Amerikanische Rote Kreuz und die Armee anfordern musste, um diese mit ihren spärlichen Rationen zu versorgen.[178] Die soziale Wucht der Großen Depression und das zu wenig beherzte Eingreifen der Bundesregierung unter Herbert Hoover brachten 1933 den Demokraten Franklin D. Roosevelt mit einer Reformagenda an die Macht. Mit seinem New Deal leitete Roosevelt einen grundlegenden Politikwechsel ein, von dem auch die First Peoples nicht ausgenommen waren. Im Wahlkampf hatte Roosevelt versprochen, den »vergessenen Mann« in den Mittelpunkt seiner Politik zu rücken. Niemand in den USA war aber derart abgehängt wie die First Peoples, sie waren die vergessene Minderheit par excellence.[179]

Um sein Versprechen einzulösen, berief Roosevelt Harold Ickes als Innenminister und setzte John Collier als neuen Chef des OIA ein. Beide Politiker wollten die bisherige Ordnung der Dinge generalüberholen und brachten den Indian New Deal auf den Weg. Dabei taten sich John Collier und der Jurist Felix S. Cohen besonders hervor. Vor seiner Ernennung hatte sich Collier als Sozialarbeiter in New Yorker Immigrantenkreisen engagiert und sich seit 1923 als Geschäftsführer der American Indian Defense Association (AIDA) einen Namen gemacht. Sein Interesse an den First Peoples hatte eine Reise geweckt, die ihn im Herbst 1920 zum Taos-Pueblo im nördlichen New Mexico geführt hatte. Der aus Lehmsteinen gefertigte Pueblo war etliche Jahrhunderte vor dem Eindringen der spanischen Konquistadoren erbaut worden; er galt und gilt als die am längsten durchgängig bewohnte Siedlung Nordamerikas.[180] Nur Oraibi im Land der Hopi macht ihr darin den Rang streitig.

Wie viele Amerikaner und Europäer jener Zeit, darunter so bekannte wie der Ethnologe Frank Hamilton Cushing, der Kunsthistoriker Aby Warburg, der Schriftsteller D. H. Lawrence und der Psychiater C. G. Jung, war Collier von den traditionellen Pueblo-Kulturen des Südwestens fasziniert.[181] In Taos glaubte er, eine verlorene Zivilisation zu entdecken, ein »rotes Atlantis«, wie er den Pueblo anspielungsreich nannte.[182] Er bewunderte die Leute von Taos für das zähe Beharrungsvermögen, das sie über die Jahrhunderte an den Tag gelegt hatten, und für ihren ausgeprägten Gemeinschaftssinn. Er sah in ihnen eine archaische, in ihrem Bestand gefährdete Gegenwelt, einen Kontrapunkt zum zeitgenössischen Amerika mit seiner fiebrigen, oft nur auf den eigenen Vorteil bedachten Zivilisation. Unter allen Umständen wollte er etwas dafür tun, um Taos und die 18 anderen bewohnten Pueblos des Südwestens für die Nachwelt zu erhalten. Aus diesem Antrieb heraus avancierte er zum Kritiker der Assimilationspolitik, die zu dieser Zeit noch immer ganz im Zeichen der Zerstörung der indigenen Kulturen stand.[183]

Kulturellen Pluralismus befürwortend, verteidigte Collier die religiöse Freiheit der American Indians und engagierte sich gegen die Politik des OIA, die das Verbot indianischer Tänze auch bei den Hopi, Zuni und anderen Pueblo-Indianern durchsetzen wollte.[184] Dem All-Pueblo Congress riet er 1922, in seinem Kampf gegen das nach Senator Holm O. Bursum benannte Gesetz »Bursum Bill«, das die wilde Besetzung von Pueblo-Land durch 3000 weiße Siedler legalisieren wollte, eigene Fürsprecher in die Kapitale zu entsenden, um beim Kongress einen Rückzug des Gesetzes zu erwirken. Tatsächlich wurde daraufhin Pablo Abeita (1871–1940) vom Isleta-Pueblo in die Metropole im Osten geschickt, und Abeita, der in Albuquerque eine Jesuitenschule besucht hatte und in Isleta einen Gemischtwarenladen führte, erwies sich als der Situation gewachsen. Vor dem Senatsausschuss brachte er die Argumente der Pueblo-Gemeinschaften geschickt zur Geltung und nahm es in einem Wortgefecht mit Senator Bursum persönlich auf. Keck gab er diesem und den anderen Senatoren zu verstehen, dass die »Zivilisation in New Mexico bereits in voller Blüte stand, als sich die Urgroßeltern von Christoph Kolumbus noch gegenseitig ermordet und massakriert«[185] hätten.

Collier war es auch, der den bewegenden Appell des All-Pueblo Congress der Presse zuspielte und die schamlose Enteignung von Pueblo-Land damit zu einem nationalen Thema machte. »Die Pueblos«, hieß es in dem Aufruf, »existierten in einem zivilisierten

Zustand, bevor der weiße Mann nach Amerika kam. Wir haben unsere alten Bräuche bewahrt und lebten in Harmonie miteinander und mit unseren amerikanischen Mitbürgern. Dieses Gesetz wird unser Gemeinschaftsleben zerstören und uns alles rauben, was uns teuer ist, unser Land, unsere Bräuche, unsere Traditionen. Ist das amerikanische Volk willens, dies geschehen zu lassen?«[186] Dazu war der Kongress nicht bereit und versenkte die »Bursum Bill« schließlich auf dem Schrottplatz für abgehalfterte Projekte.[187] Unter Colliers Leitung begann die AIDA 1923 mit einer Kampagne, um den Taos-Leuten den Blue Lake, der ihnen als Ort ihrer Schöpfungsgeschichte heilig ist, zurückzugewinnen. 1906 hatte Präsident Theodore Roosevelt den in den Sangre de Cristo Mountains gelegenen Blue Lake und dessen Umland, ohne den Taos-Pueblo um seine Zustimmung zu fragen, dem Carson National Forest zugeschlagen und so zu einem öffentlich zugänglichen Erholungsgebiet gemacht. Touristen tummelten sich fortan an der heiligen Stätte.[188] Mit ihrem Anliegen biss die AIDA in Washington zwar auf Granit, dennoch prädestinierten all diese Engagements John Collier 1933 für den Leitungsjob im OIA, als es darum ging, die Indianerpolitik grundsätzlich neu auszurichten.

Der Indian New Deal umfasste eine ganze Serie von Programmen, die den durch die Politik des versuchten Ethnozids unterminierten und durch die Große Depression zusätzlich geschwächten First Peoples unter die Arme greifen wollten, um ihre Kulturen langfristig zu bewahren. Sie reichten von der Förderung indianischen Kunsthandwerks bis hin zu staatlichen Maßnahmen der Arbeitsbeschaffung. Innerhalb des Civilian Conservation Corps, des landesweiten Arbeitsbeschaffungsprogramms für junge Arbeitslose, existierte von Anfang an auch eine indianische Abteilung. In den neun Jahren ihrer Existenz verhalf sie 85 000 American Indians in 17 Bundesstaaten zu einer Arbeit und damit zu einem regelmäßigen Einkommen. In staatlichem Auftrag bauten indigene Arbeiter außer- und innerhalb der Reservationen Brücken, Straßen, öffentliche Gebäude und Wasserreservoire. In den von den Sandstürmen verheerten Regionen setzte man sie im Kampf gegen die Bodenerosion und in Projekten zur Wiederaufforstung von Wäldern ein.[189] Erstmals kam damit in größerem Umfang Geld in die nach wie vor armutsgeplagten Reservationen.

Den Eckstein des Indian New Deal bildete der »Indian Reorganization Act« (IRA), der am 18. Juni 1934 in Kraft trat.[190] Das Gesetz hatte der progressive Jurist Felix S. Cohen entworfen. In den parlamentarischen Mühlen war dieses zwar abgeschwächt worden, dennoch brach die schließlich verabschiedete Version mit der bisherigen Assimilationspolitik. In einer 180-Grad-Wende sollten die First Peoples mit ihren Sprachen, Lebensweisen und spirituellen Überzeugungen nun in den Reservationen gestärkt und als ethnische Minderheit bewahrt werden. Der IRA beendete vor allem die zerstörerische Landzuteilungspraxis des »Dawes Act«. Durch diese »Pulverisierungsmaschine« (Theodore Roosevelt) waren die First Peoples seit 1887 um zwei Drittel ihres Landbesitzes gebracht worden. Nun stellte der IRA Mittel zur Verfügung, damit die geschwächten Gemeinschaften einen Teil ihres verlorenen Landes zurückkaufen konnten. Den Bann für religiöse Zeremonien hob der IRA auf. Überdies ermächtigte er die »Stämme«, sich Verfassungen zu geben und eigene »tribale Regierungen« zu wählen. Allerdings handelte es sich bei diesen tribalen Regierungen nicht um Gremien, die in den Reservationen souverän handeln konnten. Sie blieben ganz dem OIA unterstellt, das in allen Fragen das letzte Wort hatte, und waren weiterhin Teil eines »kolonialen Systems«[191], wenngleich dieses durch den Einbezug indianischer Eliten eine indirekte Ausgestaltung erhielt. Kurz, der IRA erkannte zwar das Recht der First Peoples an, als distinkte Gruppe auf ihrem eigenen Land zu leben, doch bloß unter der paternalistischen Obhut des Machtzentrums in Washington, das ihre Leben nach wie vor stark bestimmte.[192]

Obschon er ihre Situation in existenziellen Punkten verbesserte, hatten viele American Indians ihre liebe Mühe und Not mit dem IRA. Sie störten sich daran, dass auch die »New Dealer« wie alle ihre Vorgänger in Washington genau zu wissen glaubten, was das Beste für sie war, und dies, ohne dass sie zuvor wirklich nach ihren Wünschen und Vorstellungen gefragt worden wären. Tatsächlich veränderte der IRA das Verhältnis zwischen Washington und den »Stämmen« nicht grundsätzlich. In seinem Kern kam er einer neuerlichen Bevormundung gleich, die überdies keine Rücksicht auf die enorme Vielfalt des indigenen Amerika nahm.[193] So war es nicht allzu überraschend, dass er keine Welle der enthusiastischen Zustimmung auslöste. In eigens abgehaltenen Urnengängen nahmen ihn zwar 181 indigene Gemeinschaften an, doch 77 Nationen verwarfen ihn. Den Quabaw in Oklahoma und den Yakama im pazifischen Nordwesten genügten ihre alten Vertragsrechte vollauf. Nichts mit dem neuen Regime zu tun haben wollten auch die irokesischen Nationen im Bundesstaat New York, die den IRA als weitere Bedrohung ihrer Souveränität betrachteten, die Crow, die das Mustang-Massaker nicht vergessen hatten, und die Navajo im Südwesten.[194]

DAS GROSSE SCHLACHTEN IN DER NAVAJO-RESERVATION

In den 1930er Jahren bildeten die Diné, das »Volk«, wie sich die Navajo selbst nennen, die bevölkerungsreichste indigene Nation in den USA; sie lebten in der Four Corner-Region in der mit Abstand größten Reservation des Landes. Dieses trockene Gebiet, das beinahe der Fläche der Republik Irland entspricht, umfasste mehr als 70 000 Quadratkilometer auf Teilen der Bundesstaaten Arizona, New Mexico und Utah. In ihrer überwiegenden Mehrzahl lebten die Navajo seit 1868, als sie nach ihrer traumatischen Zwangsumsiedlung in die Bosque Redondo-Reservation in ihre alte Heimat zurückkehren durften, von Weidewirtschaft und Maisanbau.[195] Als erfolgreiche Züchter von Schafen, Ziegen und Pferden, aber auch als Ackerbauern und Teppichweberinnen kamen sie vergleichsweise gut über die Runden. Unter den First Peoples bildeten sie damit eine Ausnahme. Denn durch die Westexpansion der USA hatten diese nicht nur einen Großteil ihres Landes eingebüßt, sie verloren während des Unterwerfungsprozesses auch ihre vormalige wirtschaftliche Unabhängigkeit.[196] Durch das Reformprogramm des Indian New Deal widerfuhr dies nun auch den Navajo.

Erst kurz im Amt, lancierte John Collier, der angetreten war, um das Leben der American Indians entscheidend zu verbessern, ein Programm, das den Viehbestand der Diné stark reduzieren sollte. Um 1932 nannten sie allein bis zu 1,3 Millionen Schafe und Ziegen ihr eigen. Dazu kamen Zehntausende von Pferden und Kühen.[197] Schon vor Colliers Amtsantritt hatten Geologen festgestellt, dass in der Navajo-Reservation ein sich Jahr um Jahr verschlimmerndes Erosionsproblem existierte, das durch das Getrampel und Grasen der immer größer werdenden Herden verursacht wurde. Eine lang anhaltende Trockenheit hatte die Erosion zusätzlich verschärft. Jedenfalls zeigten sich im Staatsauftrag arbeitende Ingenieure besorgt, dass sich immer mehr Erde, Sand und Geröll aus der Navajo-Reservation über den San Juan River und den Colorado im Lake Mead, dem Stausee vor dem Boulder-Damm, ablagerten. Nach Auffassung des OIA musste dringend etwas geschehen, wenn das Land der Navajo gerettet und die Funktionsfähigkeit des im Bau befindlichen Damms (später in Hoover-Damm umbenannt) nicht langfristig gefährdet werden sollte.[198]

Wie alle OIA-Direktoren vor ihm entschied John Collier in dieser existenziellen Frage einfach über die Köpfe der Betroffenen hinweg – autoritär und paternalistisch zugleich.[199] Denn der Indian New Deal änderte nichts daran, dass die Reservation ein »koloniales Anhängsel der amerikanischen Gesellschaft«[200] blieb. Als Indianerfreund glaubte Collier, nur zum Besten der Navajo zu handeln, als er ihnen ein einschneidendes Reduktionsprogramm für ihre Viehherden auferlegte. Bis 1952 fielen diesem mehr als eine halbe Million Schafe, Ziegen und Pferde zum Opfer – nahezu zwei Drittel des Gesamtbestands. Allein der Schafbestand brach um 350 000 Tiere ein.[201] Nichts traf dieses Hirtenvolk aber härter als der Verlust ihrer Schafe, die für sie zudem eine spirituelle Bedeutung besaßen. Die Diné betrachteten sie als »Geschenke des Heiligen Volkes«, dem es im Jenseits gefiel, dass die Herden anwuchsen.[202] Schafe brachten sie mit nichts weniger als ihren Ursprüngen als Volk in Zusammenhang (»with our sheep we were created«).[203] Für die Diné versinnbildlichten diese durch die Spanier im Südwesten eingeführten Tiere Leben, Wohlstand und Vitalität. Was die Schafe bedrohte, bedrohte auch sie und ihr Überleben.[204] Eine große Mehrheit lehnte deswegen nicht nur das Programm ab, sondern war auch von der Art abgestoßen, wie es von den Regierungsoffiziellen durchgeführt wurde. Diese scherten sich keinen Deut um lang etablierte kulturelle Muster und verletzten die natürliche Ordnung der Dinge, ohne es selbst zu wissen.[205]

Um den Plan umzusetzen, unterteilten die Mitarbeiter des OIA die Reservation in 18 Distrikte. Die vom Land der Navajo umschlossene Hopi-Reservation nahmen sie von der Maßnahme nicht aus; es deckte sich mit Distrikt 6. Die Anzahl von Schafen, Ziegen, Pferden und Kühen, die in jedem Distrikt abzutun war, bestimmten 18 zuständige Supervisoren. Die von ihnen angestellten Berechnungen, um die maximale Tragfähigkeit der Umwelt zu bestimmen, gingen von »Schaf-Einheiten« (»sheep units«) aus, gemessen am jeweiligen Futterbedarf der Tiere. Eine Ziege entsprach einer, eine Kuh vier und ein Pferd fünf Schaf-Einheiten. Anschließend erhielten die Familienoberhäupter der Navajo Weidegenehmigungen nur noch für eine begrenzte Zahl von Tieren, die anderen mussten verkauft, selbst geschlachtet oder abgegeben werden, um sie »professionell« im großen Stil töten zu lassen.[206]

Freilich prallten hier zwei Weltauffassungen aufeinander: eine moderne, die einer sozialtechnologischen Logik folgte, um ein Umweltproblem zu lösen, und eine traditionelle, für die Herdentiere Sinnbild eines vom »Heiligen Volk« so und nicht anders gewollten Lebens waren. Vor ihrem kulturellen Hintergrund konnten die Navajo den Sinn des Reduktionsprogramms schlicht nicht erfassen, geschweige denn verstehen. Vielmehr erlebten sie dieses als zweite »große Tragödie«[207] ihrer Geschichte – beinahe so traumatisch wie den »Long Walk«, während dem viele Dutzende Navajos ihr Leben verloren, als sie von der US-Armee 1864 auf einen Gewaltmarsch geschickt und danach in der Bosque Redondo-Reservation unter miserablen Bedingungen interniert worden waren.[208]

Die Aktion begann 1934 damit, dass zunächst die vom OIA als nutzlos angesehenen Ziegen massiv und auch die ersten Zehntausende Schafe »reduziert« wurden. Anfänglich setzte Collier seine Hoffnungen auf freiwilliges Mittun und auf das sich bald als falsch herausstellende Versprechen, dass in der Reservation zum Ausgleich eine Vielzahl neuer Jobs geschaffen würde.[209] Freiwillig gaben jedoch nur die wenigsten Navajo ihre Herden auf, vielmehr verkauften die meisten ihre Tiere aus einer »Mischung aus Furcht, Zwang und Notwendigkeit«[210]. Als sich 1935 zeigte, dass die Opposition verbreiteter war als angenommen, gingen Colliers Mitarbeiter immer willkürlicher gegen die Herden vor. An etlichen Orten beschlagnahmten sie die Tiere in großer Zahl und ließen sie mit Lastwagen oder Eisenbahnwaggons in Schlachthöfe verfrachten. Da aber der Preis für Schlachtvieh schon vor der Großen Depression in den Keller gesunken war, wurden die Navajo nicht einmal fair für ihre Tiere entschädigt und schon gar nicht für alle Tiere, die sie auf diese Weise verloren. Und auch hier traf das Programm die Armen weit härter als die großen Herdenbesitzer, weil diese ihre schwächeren Tiere abtun konnten, ohne damit ihre Subsistenzbasis zu gefährden.[211]

Entsetzlich war für die Diné, dass Angestellte des OIA, darunter auch Navajo, Schafe, Ziegen und Pferde zu Tausenden töteten. Sie schlachteten diese teilweise direkt auf den Gehöften oder trieben die Herden in Gehege oder enge Canyons, wo sie von angeheuerten Helfern Stück für Stück erschossen wurden. An den Schauplätzen dieser Tötungsaktionen, bei Kayenta, Piñon und Navajo Mountain etwa, ließen sie eine Unmenge blutiger Kadaver zurück, die dort verrotteten, nachdem Kojoten, Krähen und Wüstenbussarde sich über sie hergemacht hatten.[212] Beschlagnahmungen, Abtransporte und Massenschlachtungen führten regelmäßig zu herzzerreißenden Szenen. Frauen und Kinder brachen in Wehklagen aus, da und dort kam es zu Handgemengen. Um sich dem staatlichen Zugriff zu entziehen, flohen einige Navajo sogar mit ihren Herden in unwegsame Bergregionen.[213] Wer sich weigerte, der Reduktion zuzustimmen, wurde von den Regierungsoffiziellen ins Gefängnis geworfen, bis er seine Meinung geändert hatte oder seine Tiere auf den herrenlosen Gehöften getötet waren.

Von Beginn an versetzte das Reduktionsprogramm die meisten Diné in Aufruhr, und es bildete sich eine Bewegung, die sich gegen das staatlich angeordnete Schlachten ihrer Tiere auflehnte.[214] Bald war Collier in ihren Reihen als »Feind Nummer 1«[215] verschrien. Im Mai 1936 kamen nahe von Kayenta 250 Diné zusammen, nahezu alle von ihnen Männer. Doch vor ihnen ergriff Denehotso Hattie das Wort, eine nahezu blinde, schwer an Trachom erkrankte Frau, die in ihrer Rede kein gutes Haar an der Regierung ließ. Hattie zeigte mit dem Finger auf den anwesenden Superintendenten E. R. Fryer und schmähte ihn wüst. Allerdings machte sie nicht nur Collier und seine Mitarbeiter für das Desaster verantwortlich, sondern auch die zu nachgiebige Politik des Tribal Councils, der sich anfänglich mit einer begrenzten Reduktion der Herden gegen finanzielle Entschädigung einverstanden erklärt hatte.[216] Tatsächlich fühlten sich viele Frauen, die in der arbeitsteiligen Gesellschaft oft die Tiere hüteten, durch ihre Männer verraten.[217]

Über die Jahre taten Tausende von Diné ihren Protest auf den Versammlungen kund, die überall stattfanden. Unermüdlich unterschrieben sie Petitionen, die den Indian New Deal und sein Reduktionsprogramm verurteilten, oder versahen diese mit ihrem Daumenabdruck, wenn sie nicht schreiben konnten.[218] Als Anführer der Opposition tat sich Jacob C. Morgan (1879–1950) hervor, ein christlicher Navajo, der zur noch kleinen Gruppe der »new Indians«

gehörte. Er hatte zwei höhere Schulen besucht. Zu Beginn seiner Berufslaufbahn hatte er in der Navajo-Reservation als Angestellter und Dolmetscher für das OIA gearbeitet und ab 1914 Werkunterricht an der Schule in Crownpoint gegeben. Als protestantischer Missionar, der in Farmington wirkte und für kirchliche Publikationen schrieb, hatte er nicht gerade viel für traditionelle Zeremonien und Heilpraktiken übrig, doch machte er sich im Tribal Council, dem er seit 1923 angehörte, für die Interessen der kleinen Leute stark. Im Zuge der Proteste gegen das desaströse Reduktionsprogramm wurde Morgan populär, indem er die Diné ermutigte, ja nicht einzuknicken. Im Herbst 1938 erhielt er bei den Wahlen zum Tribal Council mit Abstand die meisten Stimmen und übernahm danach den Vorsitz im Gremium.[219]

Mehrere Male sammelten die Diné Geld in der Reservation, um eine Delegation nach Washington entsenden zu können, die für sie sprach. Vor dem Senatsausschuss für indianische Angelegenheiten beklagte Jacob Morgan im Frühjahr 1936, dass das Reduktionsprogramm die kleinen Besitzer besonders hart treffe, weil es ohne jede Rücksicht auf diese durchgeführt werde.[220] 13 Monate später machten sich Morgan und ein Dutzend Delegierte erneut auf den Weg in die Hauptstadt. Dort angekommen, legten sie dem Kongress einen Fünf-Punkte-Plan vor, in dem sie unter anderem wirkliche Selbstregierung und Colliers Absetzung forderten. Einer ihrer Sprecher führte aus, dass die Delegation 30 000 Navajos repräsentiere, die durch das OIA »gewissermaßen versklavt« würden. Deshalb sollte der Tribal Council der Diné künftig in allen sie betreffenden Fragen völlig autonom entscheiden und handeln können.[221] Morgan und der Vizevorsitzende Howard W. Gorman vertraten die Ansicht, dass die einzelnen Tierhalter selbst bestimmen sollten, was gut für sie sei.[222] Doch das waren Forderungen, die im Kern das gesamte System des internen Kolonialismus infrage stellten und der Zeit weit voraus waren, sodass sie selbst unter dem fortschrittlichen Präsidenten Franklin D. Roosevelt keine Chance hatten, realisiert zu werden. Vielmehr forderte Roosevelt die Navajo am 19. Juni 1941 in einem offenen Brief dazu auf, endlich mit der Regierung zusammenzuarbeiten. Um die Bodenerosion in den Griff zu bekommen, müssten sie das von ihnen geforderte Opfer erbringen.[223]

Nach dem Eintritt der USA in den Zweiten Weltkrieg ebbten die Proteste in der Reservation nicht etwa ab. Das Programm lief noch ein Jahrzehnt weiter, sodass die niedrigsten Bestände an Schafen, Ziegen, Pferden und Kühen erst 1952 gezählt wurden. Während dieser ganzen Zeit war in der amerikanischen Öffentlichkeit kein einziger Aufschrei der Empörung zu vernehmen, obgleich sich in der Navajo-Reservation eine der »verheerendsten Attacken auf die Individual- und Gruppenrechte« eines indigenen Volkes ereignete.[224] Das Reduktionsprogramm stürzte viele Navajo in bittere Armut, weil es ihre traditionelle Subsistenzbasis unterminierte und schwer schädigte. Howard W. Gorman äußerte sich 1974 in einem Interview mit den Worten: »Ich denke, dass die drastische Reduzierung der Bestände in den 1930er und 1940er Jahren eines der schlimmsten Dinge war, die den Navajos je widerfahren sind, denn sie hat sie wirtschaftlich ruiniert. Sie hat ihnen die Lebensgrundlage entzogen. Viele Navajos wurden dadurch derart ruiniert, dass sie auf Hilfsmaßnahmen angewiesen waren. Ich glaube, viele von ihnen haben sich bis heute nicht davon erholt.«[225]

KRIEGSDIENSTVERWEIGERUNG IM ZWEITEN WELTKRIEG

Kein anderer Zeitabschnitt seit Beginn der Reservationsepoche wirkte sich für die indigenen Communitys in den Vereinigten Staaten derart einschneidend aus wie der Zweite Weltkrieg.[226] Er leitete nichts weniger als eine neue Ära in der Geschichte der First Peoples ein, während der sich alte soziale Strukturen aufzulösen begannen. Bis 1941, als die USA dem Kaiserreich Japan nach dem Fliegerangriff auf Pearl Harbor den Krieg erklärten, gehörten die First Peoples überwiegend dem ländlichen Amerika an. In ihren Reservationen lebten sie ohne intensive Kontakte zu der sie umgebenden Moderne. Mit den schlechten Straßen, fehlenden Telefonanschlüssen und traditionellen Pferdegespannen glichen die Zustände in den Reservationen noch immer jenen, wie sie um die Jahrhundertwende bestanden hatten. Selbst der paternalistische Indian New Deal hatte die Reservationen ökonomisch nicht wirklich vorangebracht, weil dieser nur zeitlich befristete Arbeitsbeschaffungsprogramme initiiert hatte.[227] So lag das Durchschnittseinkommen von Diné-Männern 1939 mit 500 Dollar noch immer weit unter dem nationalen Durchschnitt von 2300 Dollar.[228]

Doch während des Zweiten Weltkrieges setzte eine zunächst behutsame, nach dessen Ende sich rasch beschleunigende Entwicklung ein, die das sogenannte Indian Country näher an die Mehrheitsgesellschaft heranrücken ließ. Auf dem immer besser ausgebauten Straßennetz fuhren nun in beide Richtungen Automobile, die es erlaubten, große Distanzen in vergleichsweise kurzer Zeit und billig zu überwinden.[229] Dadurch wurde es den meisten American Indians erstmals möglich, Jobs außerhalb der Reservationen anzunehmen und dort Erfahrungen als Lohnarbeiter im städtischen Umfeld zu machen. Tatsächlich entstand im Zweiten Weltkrieg die erste Generation urbanisierter American Indians.[230] Neben den bis zu 29 000 indianischen Soldaten, die in den US-Streitkräften dienten, arbeiteten mehr als 40 000 von ihnen – und zwar Frauen wie Männer – in der Kriegsindustrie. In Städten stellten sie Uniformen, Munition, Panzer und Jeeps für die Armee her, die auf zwei weit voneinander entfernt liegenden Kriegsschauplätzen – im Pazifik und in Nordafrika bzw. Europa – agierte.[231]

Mit der Luftschlacht über England, die im Sommer 1940 über viele Wochen tobte, war der Krieg erstmals bedrohlich nahe an die USA herangerückt. Die deutschen Bomberattacken auf englische Militärstützpunkte, Radarstationen und Städte verfolgten nichts weniger als das Ziel, eine amphibische Großoperation und eine Invasion der Britischen Inseln vorzubereiten. In dieser Situation begannen sich die USA auf eine immer wahrscheinlicher werdende Kriegsbeteiligung einzustellen. Am 20. September 1940 verabschiedete der Kongress den »Selective Training and Service Act«, der zum ersten Mal in der US-Geschichte die Wehrpflicht zu Friedenszeiten einführte.

Am 1. Oktober 1940, dem nationalen Registrierungstag, mussten sich alle wehrpflichtigen US-Bürger in Aushebungsbüros einfinden, um sich im Hinblick auf einen möglichen Kriegseinsatz erfassen zu lassen. Davon betroffen war auch der männliche Teil der insgesamt 345 000 American Indians. Erstmals rief die Regierung indigene Männer auch gegen ihren Willen zu den Waffen, anders als noch während des Ersten Weltkriegs. In jener schwierigen weltpolitischen Lage, in der das nationalsozialistische Deutschland, das faschistische Italien und das kaiserliche Japan eine radikale Neuordnung auf dem Globus anstrebten, stellte sich für sie die Frage, wie sie es mit der Loyalität zu den Vereinigten Staaten hielten. Schließlich waren sie seit 1924 deren Staatsbürger. Die American Indians leisteten der Aufforderung, sich registrieren zu lassen, in ihrer überwiegenden Mehrheit Folge.[232] Viele taten diesen Schritt aus voller Überzeugung. Nur zu bewusst war ihnen, dass die USA in der Vergangenheit großes Unrecht an ihren Völkern verübt hatten, sie aber vom Rassenwahn des nationalsozialistischen Deutschlands nichts anderes als die Versklavung zu erwarten hatten. Gerade in jüngster Zeit hatten sich die Dinge mit dem Indian New Deal etwas zum Besseren zu wenden begonnen, wenn man einmal vom großen Schlachten in der Diné-Reservation absieht.[233] Aus all diesen Gründen zeigten American Indians sich bereit, für die USA, aber auch für ihre indigene Nation und ihre Familien zu sterben.[234] Unter einem deutschen oder japanischen Besatzungsregime wollten sie keinesfalls leben.

Dabei hatte Joseph Goebbels' Propagandaministerium in Berlin die Indianer seit Jahren intensiv als Verbündete umworben. So sagte die deutsche Desinformationskampagne einen allgemeinen »Aufstand der Indianer gegen die USA« voraus, falls diese in einem Krieg gegen die Achsenmächte eingesetzt würden, und erklärte die Lakota kurzerhand zu »Ariern«.[235] Doch die First Peoples ließen sich von den nationalsozialistischen Sirenenklängen nicht täuschen, im Gegenteil. In einem symbolträchtigen Akt erklärten Hopi, Navajo, Tohono O'odham und Apache 1940, dass sie fortan auf das auch unter ihnen verbreitete Hakenkreuz-Symbol verzichten würden. In der damaligen Weltlage wollten sie dieses missverständliche Zeichen, das in ihren Kulturen Glück bedeutete, nicht mehr weiterverwenden, um damit selbst gefertigte Decken, Körbe und Töpferwaren zu verzieren.[236] Einige indigene Nationen zeichneten sogar Kriegsanleihen.[237]

Eine große Mehrheit der American Indians unterstützte Amerikas »Krieg gegen die Tyrannei« also vorbehaltslos und war bereit, ihr Leben für »Demokratie und Freiheit« zu riskieren. Dass so viele von ihnen sich an der Kriegsanstrengung beteiligten – auf den Schlachtfeldern genauso wie an der Heimatfront –, hatte nicht nur mit Patriotismus zu tun. Freilich kämpften sie durchaus auch für ihre eigenen Interessen und Belange.[238] Denn ihr Engagement für »Uncle Sam« sollte ihren Leben eine neue Richtung geben und ihnen vor allem eine bessere Zukunft erwirken: Zum einen, indem sie sich den Respekt und die Anerkennung der Mehrheitsgesellschaft erwarben, zum anderen, indem sie ökonomisch auf eigene Füße zu stehen kamen.[239] Nur wenige indigene Nationen stimmten nicht in die patriotische Pflichterfüllung ein, als sich der Kriegseintritt der USA immer unübersehbarer andeutete. Dazu gehörten die Yakama im Bundesstaat Washington, die Irokesen-Konföderation, die Seminole in Florida, ein Dorf der Tohono O'odham in Arizona und ein paar Dutzend Zuni- und Hopi-Männer im Südwesten.[240] Allerdings begründeten sie ihren Widerstand gegen Wehrpflicht und Einberufung unterschiedlich.

Die Zuni und Hopi machten religiöse Gründe geltend. Einerseits hielt ihre Spiritualität grundsätzlich nur Verteidigungskriege für akzeptabel, andererseits wollten diese Ethnien des Südwestens möglichst frei von weißen Einflüssen bleiben, weil sie diese als ruinös und verderblich erachteten. Der Rat der Zuni beantragte Freistellungen für alle jungen Männer, die in ihrer Gemeinschaft als Priester religiöse Funktionen ausübten. Die Bundesbehörden bewilligten diese Anträge. Obwohl die Hopi ähnlich argumentierten, äußerte sich ihr Widerstand in einer aktiveren Form. So versuchten sechs junge Hopi-Männer, der Einberufung in die Streitkräfte zu entgehen, indem sie sich in einer abgelegenen Hügellandschaft versteckten, was sie in den Augen der Bundesbehörden zu feigen Drückebergern machte. Ihre »Fahnenflucht« durfte keinesfalls geduldet werden. Bald wurden die flüchtigen Männer aufgespürt und von einem Gericht wegen Militärdienstverweigerung zu einem Jahr Gefängnis verurteilt. Das Urteil hielt fest, dass sie die Gewissensgründe nur vorgeschützt hätten und sich hinter diesen eine generell feindselige Haltung den USA gegenüber verberge.[241]

Die harte Strafe hielt Thomas Banyacya (1909–1999) nicht davon ab, den Militärdienst zwei weitere Male zu verweigern und dafür jeweils erneut ins Gefängnis zu gehen – insgesamt mehr als sechs Jahre lang.[242] Wie andere »Traditionals« trat er dafür ein, dass die zwölf Dörfer der Hopi »selbständige, voneinander unabhängige bäuerliche Dorfgemeinschaften«[243] blieben; wie seine Gesinnungsgefährten erkannte er den 1936 eingesetzten »Stammesrat« nicht an.[244] Daraus, dass Hopi so viel wie »friedfertiges Volk« oder »Friede, freundlich, sanft, wahrheitsliebend, standfest«[245] bedeutet, leitete er seine Lebensmaxime ab. Militärische Konflikte erachtete er nur als gerechtfertigt, wenn die Hopi sich gegen äußere Feinde zur Wehr setzen mussten, so wie 1680, als sie sich mit den Pueblo-Gemeinschaften gegen die spanische Fremdherrschaft erhoben, alle Missionsstationen zerstörten und etliche franziskanische Mönche töteten. In den Streitkräften der USA zu dienen, folglich in der Armee einer fremden Macht, und das auch noch in Asien, Afrika und Europa, kam für ihn nicht infrage.[246] Denn ein solches Engagement verstieß gegen alles, was ihm als traditionell lebendem Hopi heilig war.

Banyacya vertrat diese Haltung seit Mitte der 1930er Jahre mit der Sturheit eines Renegaten. In seinen jungen Jahren hatte er das Sherman Institute in Riverside, Kalifornien und anschließend das Bacone College in Muskogee, Oklahoma besucht. An beiden Einrichtungen hatte er sich als einer der ersten Hopi überhaupt eine westliche Bildung angeeignet, um daraufhin in seiner Reservation als Lehrer an einer Schule unter der Obhut des OIA zu unterrichten. Nach seiner Heirat war er nach Hotevilla gezogen, eine der Traditionalisten-Hochburgen. Hier geriet er unter den Einfluss von Dan Katchongva (1865–1972), der grundsätzlich alles ablehnte, was aus Washington kam. Von Katchongva angeleitet, der bei der Bundesregierung seit vielen Jahrzehnten als »Feindseliger« (»hostile«) galt, verschrieb sich Banyacya fortan ganz der traditionalistischen Sache.[247] Und durch seine Bildung war es ihm möglich, diese auf neue Weise zu vertreten.

Organisierter Widerstand gegen Registrierung und Einberufung formierte sich in zwei anderen unwegsamen Regionen: bei den Seminole in Florida und in Stoa Pitk in der Tohono O'odham-Reservation nahe der mexikanischen Grenze. Die Seminole besaßen eine lange Widerstandstradition gegen die USA und hatten sich in der ersten Hälfte des 19. Jahrhunderts mit der Waffe in der Hand gegen ihre Umsiedlung nach Oklahoma gewehrt.[248] Diese Geschichte war bei ihren Nachfahren auch hundert Jahre später nicht vergessen. Während des Zweiten Weltkriegs entzogen sich 75 Seminole der Militärdienstpflicht, indem sie sich in die unwegsamen Sümpfe der Everglades absetzten und in ihren Verstecken ausharrten, bis die Bundesbeamten es 1943 schließlich aufgaben, sie weiter aufzuspüren. Die widerspenstigen Seminole lehnten es nicht nur ab, US-Bürger zu sein, sondern betrachteten sich mit dem Land, das sie einberufen wollte, noch immer im Kriegszustand.[249]

Der vielleicht aufsehenerregendste Akt indianischen Widerstands ereignete sich viele Hunderte Kilometer weiter westlich, in der hügeligen Sonora-Wüste des südlichen Arizonas.[250] Stoa Pitk, ein von

70 bis 80 Tohono O'odham bewohntes Dorf, war das Zentrum des Aufruhrs. Dessen abgeschiedene, schwer zugängliche Lage erlaubte es der kleinen Gemeinschaft, mitten im 20. Jahrhundert weiterhin ein stark traditionell geprägtes Leben zu führen. Sie wohnten in einfachen Hütten, schliefen auf gewobenen Matten und brachten sich als Selbstversorger über die Runden, indem sie Mais, Bohnen und Kürbisse kultivierten. Unbeirrt hielten sie an ihren alten Zeremonien und Traditionen fest. Kaum einer von ihnen sprach Englisch, und obwohl das Dorf bloß 110 Kilometer westlich von Tucson entfernt lag, gab es kaum Kontakte dorthin. Viele der hier lebenden Menschen hatten keine Vorstellung von der Außenwelt.[251]

In Stoa Pitk hatte das OIA einen schweren Stand, anders als in anderen Reservationsgegenden. Beharrlich wies die Gemeinschaft alle von außen kommenden Neuerungen wie den Indian New Deal, Volkszählungen, römisch-katholische Missionare, Straßen, Brunnen, Impfungen und Boarding Schools zurück und wünschte nichts anderes, als in Ruhe gelassen zu werden. Ihr 80 Jahre alter Anführer Pia Machita lehnte den Gadsden-Kauf von 1853 ab, durch den das Gebiet südlich des Gila River ins amerikanische Staatsgebiet integriert worden war. Pi' Am Maccuddam, wie Pia Machita eigentlich hieß, betrachtete sich noch immer als mexikanischer Staatsbürger. Darüber hinaus widersetzten er und seine Leute sich jeder Form der kulturellen Anpassung.[252] Mit anderen Worten: Die Bewohner von Stoa Pitk erkannten die Souveränität der USA über sie nicht an und hofften durch passiven Widerstand, ihren traditionellen Lebensstil beibehalten zu können.

Pia Machita war es auch, der die jungen Männer des Dorfes im Frühherbst 1940 dazu anhielt, sich nicht registrieren lassen. Sie sollten nicht in den Streitkräften einer fremden Macht dienen, um einen Krieg zu führen, der nicht der ihre war. Nicht unwahrscheinlich, dass er niemals zuvor von Japan und Deutschland gehört hatte. Er wusste weder, wo diese Länder lagen, noch für welche Ziele sie den Krieg entfesselt hatten.[253] Als die stellungspflichtigen Männer die Registrierung in Stoa Pitk am 13. Oktober 1940 platzen ließen, ordneten die Bundesbehörden die Verhaftung des widerspenstigen Dorfvorstehers an. Doch als OIA-Angestellte Pia Machita und die 20 Kriegsdienstverweigerer mit gezogener Waffe festnehmen wollten, widersetzten sich die Tohono O'odham. Erst kam es zu einem Auflauf, schließlich zu einem Handgemenge. Die wütenden Tohono O'odham griffen die Bundesbeamten physisch an, nahmen ihnen die Waffen ab und jagten sie aus ihrem Dorf, sodass sie unverrichteter Dinge nach Tucson zurückkehren mussten. Daraufhin floh der renitente Chief mit den jungen Männern in die Wüste, wo sie sich monatelang dem Zugriff der Staatsmacht entzogen.[254] Für die US-Behörden handelte es sich dabei um einen Akt der Rebellion, der nicht hingenommen werden durfte, zumal ein japanischer Angriff auf die Westküste der USA unmittelbar bevorzustehen schien.[255]

Schließlich gelang es den Bundesbehörden im Mai 1941, Pia Machita und die meisten seiner Gefolgsleute festzunehmen. In Tucson wurden er und zwei andere Rädelsführer vor Gericht gestellt. Zum ersten Mal in ihrem Leben bekamen sie eine moderne Stadt zu Gesicht. An ganz andere Verhältnisse gewöhnt, zeigte sich Pia Machita verwundert darüber, dass aus den Hähnen der von den Weißen bewohnten Häuser Wasser lief und er davon so viel verbrauchen durfte, wie ihm beliebte. Von den Hotelaufzügen, die ihm Beamte zeigten, vermutete er, dass es wohl viele Maultiere brauche, um sie ganz nach oben zu ziehen.[256] Einigen US-Bürgern tat der alte Mann aufrichtig leid, als er aus der ihm vertrauten Lebenswelt gerissen wurde, in der es ihm an nichts gefehlt hatte. Dennoch verurteilte ein Richter ihn zu einer Gefängnisstrafe von 18 Monaten, die er in einer Haftanstalt in Kalifornien absitzen musste, bevor er vorzeitig entlassen wurde.

Der Fall von Pia Machita und den Kriegsdienstverweigerern aus Stoa Pitk schlug in der Presse des Bundesstaats Wellen. In einem Bericht des *Arizona Daily Star* stand über ihn und seinen Widerstand jedenfalls erstaunlich mitfühlend und in Anflügen selbstkritisch zu lesen: »Er will nicht zivilisiert werden, er will das wahre indianische

Leben der Unabhängigkeit und Selbstständigkeit leben und genießen […] Und so erzählt das Leben von Pia Machita eine kleine Geschichte der Zivilisation. Die Schwachen müssen den Starken weichen; sie müssen sogar einen guten Teil ihres Landes aufgeben und sich der Autorität des Eindringlings unterwerfen; sie müssen sich der überlegenen Macht unterwerfen […] Dieser […] Vorfall stellt somit ein Bild in Miniatur der großen Bewegung dar, die die amerikanische Zivilisation über den Kontinent trug […] Und genau hier in Tucson stehen die Häuser, in denen wir leben, auf Land, das auf diese Weise genommen wurde.«[257]

Die auf dem Columbia Plateau lebenden Yakama und die irokesischen Six Nations wiederum beriefen sich bei ihrem Protest gegen die Wehrpflicht auf ihre alten, mit den USA abgeschlossenen Verträge, und damit auf eine Souveränitätskonzeption, die Letztere bereits nach dem Ersten Weltkrieg hochgehalten hatten. Wie andere indigene Völker im Westen hatten die Yakama in ihrer Reservation, südöstlich von Seattle gelegen und 5560 Quadratkilometer groß, bis zum Zweiten Weltkrieg in selbst gewählter Isolation gelebt, mit möglichst wenigen Kontakten zur Mehrheitsgesellschaft. Ein 1859 vom Senat ratifizierter Vertrag garantierte ihnen ein hohes Maß an tribaler Souveränität, die sie nun durch den »Selective Training and Service Act« ernsthaft gefährdet sahen.[258]

Überzeugt davon, dass sie von der vom Kongress beschlossenen Wehrpflicht ausgenommen waren, verweigerten 70 junge Yakama-Männer die Registrierung und klagten gegen ihre Einberufung. Ihre Anwälte legten dar, dass sie »ansässige Ausländer« (»alien residents«) seien, welche die US-Staatsbürgerschaft abgelehnt hätten, und sie deshalb nicht in die Streitkräfte einberufen werden könnten. Zudem hätte der Vertrag von 1859 eine militärische Kooperation mit den USA und ihre Beteiligung im Militär verboten. Trotz ihrer guten Argumente entschied das Gericht unter Vorsitz von Richter Lewis B. Schwellenbach im Mai 1941 zu ihren Ungunsten. Der Urteilsspruch baute auf dem »Citizenship Act« von 1924 auf, der alle in den USA geborenen Indigenen zu US-Bürgern erklärt hatte und diese wie alle anderen auch zur Wehrpflicht verpflichtete. Da die Aussichten auf eine Revision durch die nächsthöhere Instanz gleich null tendierten, blieb den betroffenen Yakama-Männern nichts anderes übrig, als sich dem Richterspruch zu fügen.[259]

Wie die Yakama pochten auch die irokesischen Six Nations auf ihren Sonderstatus, als sie – wie schon in den 1920er Jahren – auf die mit den Vereinigten Staaten geschlossenen Verträge von Fort Stanwix (1784), Fort Harmon (1789) und Fort Canandaigua (1794) verwiesen, um die Einberufung ihrer Männer in die US-Streitkräfte als nicht rechtens anzuprangern.[260] Überdies seien sie von keiner fremden Macht je militärisch erobert worden und hätten folglich nie aufgehört, eine eigenständige Nation auf Augenhöhe mit den USA und Kanada zu sein.[261] Die Six Nations warfen den USA nichts weniger als Vertragsbruch vor, als diese bis zu 1900 irokesische Soldaten aushoben und ins Feld schickten.[262] Ihr Unmut richtete sich nicht generell dagegen, dass Irokesen sich als Freiwillige in die US-Streitkräfte meldeten. Als Drückeberger und Angsthasen wollten sie keinesfalls dastehen. Sie bestritten einzig das Recht der Bundesregierung in Washington, Irokesen gegen ihren Willen auf die Kriegsschauplätze zu entsenden. Ein solches Vorgehen würde die jahrhundertealte Souveränität der Six Nations verletzen.[263] Clinton Rickard, der Führer der Indian Defense League of America, brachte es auf den Punkt, als er festhielt: »Wir sind keine Bürger der Vereinigten Staaten, ganz gleich, was die Regierung sagt. Wir sind Bürger der Six Nations.«[264]

Aus dieser Haltung heraus verweigerten etliche Haudenosaunee den Kriegsdienst für die USA. Washington jedoch ließ die Verweigerer unerbittlich verfolgen, verurteilen und einsperren.[265] Ihren Anspruch, eine unabhängige und souveräne Nation zu sein, die ihre Männer nicht durch eine fremde Macht einberufen lassen musste, versuchten die Six Nations auch juristisch durchzusetzen. Doch der angestrengte Musterprozess, für den sich der Onondaga-Soldat Warren Eldreth Green zur Verfügung stellte, endete in einem Misserfolg. Das mit dem Fall betraute Gericht stützte im November 1941 den Standpunkt Washingtons.[266] Damit nicht noch mehr ihrer jungen Männer im Gefängnis landeten, forderten irokesische Sachems diese nach dem Kriegseintritt der USA auf, sich freiwillig zu den Waffen zu melden, auch weil die irokesische Verweigerungshaltung in der nationalen Öffentlichkeit nicht mehr besonders gut ankam.[267] Um aller Welt ihre nationale Souveränität zu demonstrieren, entschieden sich Vertreter der Six Nations wenige Monate danach jedoch zu einem ungewöhnlichen Schritt – just in dem Moment, als die Unterzeichnerstaaten des Dreimächtepaktes, die den Krieg entfesselt hatten, im Zenit ihrer Machtentfaltung standen. In Umrissen zeichnete sich in der ersten Jahreshälfte 1942 eine neue Weltordnung ab, in der selbst ernannte »Herrenvölker« das Sagen über alle anderen haben würden.[268]

Im Angesicht dieser bedrohlichen Weltlage entwarfen einige im Rat der Six Nations vertretene Sachems eine Kriegserklärung an Deutschland, Italien, Japan und deren Verbündete. Die ganze Zeit über standen sie dabei im Kontakt mit der Bundesregierung, die diesen Schritt allein schon aus propagandistischen Gründen begrüßte. Es war das Innenministerium, das aus der geplanten irokesischen Kriegserklärung an die Achse Berlin-Rom-Tokio einen nationalen Anlass und ein Medienereignis machte. Es lud eine sechsköpfige Delegation der Six Nations nach Washington ein und arrangierte für sie sogar eine Audienz im Weißen Haus.[269] Wenig später fand auf den Stufen des Kapitols eine sorgsam inszenierte Zeremonie statt, die eine Radiostation im Sendeformat »We, the People at War« ins ganze Land übertrug. Im Beisein des amerikanischen Vizepräsidenten Henry A. Wallace und mehrerer Senatoren verlas der Onondaga Jesse Lyons am 14. Juni 1942 die Erklärung: »Wir repräsentieren heute die älteste, wenn auch kleinste Demokratie der Welt. Das indianische Volk ist einhellig der Meinung, dass die Gräueltaten der Achsenmächte das Gerechtigkeitsempfinden unseres Volkes zutiefst verletzen und dass dieses gnadenlose Abschlachten von Menschen nicht länger geduldet werden kann. Heute geben wir kund, dass es die Meinung dieses Rates ist, dass die Six Nations […] den Kriegszustand zwischen unserer Konföderation der Six Nations auf der einen Seite und Deutschland, Italien, Japan und ihren Verbündeten […] auf der anderen Seite erklären.«[270]

Die Kriegserklärung der Six Nations an die Staaten des Dreimächtepaktes stellte eine Geste von hoher symbolischer Bedeutung dar. Als Teil der amerikanischen Propagandaanstrengungen bedeutete sie aller Welt, dass selbst die als besonders widerspenstig bekannte Irokesen-Konföderation Partei für die Sache der Vereinigten Staaten ergriff. Im Blätterwald sorgte dieser patriotische Positionsbezug für positive Schlagzeilen. Viele Journalisten sahen die Irokesen als »heroische Krieger«, die nun wie fast alle ihrer indianischen Brüder für die Sache des Guten kämpften. Gleichzeitig drängte die Kriegserklärung die anhaltend negative Berichterstattung über den punktuellen indigenen Widerstand gegen den »Selective Training and Service Act« in den Hintergrund.[271] Neben all dem signalisierte sie der Welt aber auch, dass Mohawk, Seneca, Cayuga, Oneida, Onondaga und Tuscarora ihren Kampf fortsetzen wollten, um als separate, souveräne Nation anerkannt zu werden.[272]

Keine andere ethnische Gruppe der amerikanischen Gesellschaft stellte bis Kriegsende einen höheren Anteil an Soldaten als die American Indians. Bis die Waffen schwiegen, fielen 500 von ihnen auf den beiden großen Kriegsschauplätzen, während 600 Verwundungen erlitten.[273] Zudem arbeiteten Zehntausende indigene Männer und Frauen für die Kriegsindustrie oder produzierten in den Reservationen Lebensmittel, in »Siegesgärten« für den Eigengebrauch, auf Feldern und Weiden für die Nation im Krieg. Doch trotz allem zur Schau gestellten Patriotismus mussten die First Peoples der U.S. Army mehr als 3300 Quadratkilometer Land für militärische Zwecke zur Verfügung stellen.[274] Für die Planungsstäbe waren die spärlich bevölkerten Reservationen abseits der Metropolen geradezu ideal, um militärische Testgelände und Internierungslager einzurichten. Davon betroffen war unter anderem die weitläufige Pine Ridge-Reservation in South Dakota.

Nachdem man den Oglala Lakota dort ganze Ländereien im Norden der Reservation zu einem Spottpreis abgeluchst hatte, entstand darauf ein riesiges Testgelände der U.S. Air Force. Auf der Badlands Bombing Range übten bald schon Kampfflugzeuge Präzisionsabwürfe und Flächenbombardements. Zuvor hatte das Militär 128 Oglala-Familien umgesiedelt, die damit nicht nur ihr Farmland und ihre Weiden verloren, sondern auch ihre Häuser und die in Frucht stehenden Felder zurücklassen mussten.[275] Um Widerstand im Keim zu ersticken, drohte ein Superintendent, dass alle von der Umsiedlung betroffenen Oglala, die sich weigerten, der Anordnung Folge zu leisten, erschossen würden.[276] Während die Oglala die Badlands Bombing Range nicht verhindern konnten, gelang dies den Tohono O'odham und dem Laguna-Pueblo. Die Tribal Councils protestierten bei Präsident Roosevelt und John Collier erfolgreich dagegen, dass auf ihrem Land militärische Testgelände eingerichtet werden. Doch das war die Ausnahme. So beschloss Washington etwa über die Köpfe der Akimel O'odham in der Gila River-Reservation sowie der Mohave- und Chemehuevi-Indianer in der Colorado River-Reservation hinweg, auf ihrem Land Internierungslager für Amerikaner japanischer Herkunft einzurichten. Ende 1942 lebten dort 25 000 japanischstämmige Amerikaner, die als Risiko für die »nationale Sicherheit« eingeschätzt wurden, in eilends errichteten Barackenlagern.[277]

Fast ungebrochen brachten die indigenen Nationen in den Vereinigten Staaten die Epoche der Weltkriege unter kolonialer Vormundschaft zu. Nach wie vor entschied eine weiße Machtelite in Washington über fast alle existenziellen Fragen, die ihr Leben in den Reservationen berührten, und letztlich darüber, was gut für sie und das Land war. Obgleich der »Indian Reorganization Act« die Macht des Office of Indian Affairs beschränkte und einige Verbesserungen brachte, blieb die über die First Peoples ausgeübte Fremdbestimmung auch unter seinem Regime ihr tägliches Los. Doch hilflos ausgeliefert waren sie der staatlichen Bevormundung zu keiner Zeit. Indigener Protest und Widerstand versiegten auch in der Epoche, als die Reservationen als reine Kolonialgebiete behandelt wurden, nie vollständig. Immer wieder fanden eigensinnige Männer und Frauen Wege, um sich gegen Washington aufzulehnen, auch wenn es sich dabei vorerst um Einzelaktionen von Unentwegten und kleinen Gruppen von Unterstützern handelte. Trotz aller schlechten Erfahrungen waren viele American Indians 1941 bereit, sich aktiv an Amerikas »Kreuzzug gegen die Barbarei« zu beteiligen. Allerdings taten sie dies nie bloß aus ökonomischen Motiven und patriotischem Pflichtgefühl, sondern auch in der Hoffnung, dass ihnen die Nachkriegszeit ein aussichtsreicheres und selbstbestimmteres Leben bringen werde. Der GI Lewis Naranjo, Bewohner des Santa Clara-Pueblo in New Mexico, umschrieb seine Motivation, für die USA in den Krieg zu ziehen, 1943 mit den Worten: »Wir tun unser Bestes, um den Krieg zu gewinnen, um genauso frei von Gefahren zu sein wie der weiße Mann. Wir kämpfen mit Onkel Sams Armee, um das Recht unseres Volkes zu verteidigen, unser eigenes Leben auf unsere eigene Weise zu leben.«[278]

Im Gegensatz zu den afroamerikanischen Soldaten dienten die American Indians in integrierten Einheiten, in denen ihre Vorgesetzten sie zumeist mit Respekt behandelten. Viele von ihnen legten in den Kämpfen große Tapferkeit an den Tag, wurden befördert, vielfach dekoriert und durften sich, als der Zweite Weltkrieg am 2. September 1945 mit der bedingungslosen Kapitulation Japans endgültig zu Ende ging, als »amerikanische Helden« fühlen.[279] Die »Code Talkers« der Navajo und Comanche, deren Sprachen dafür genutzt wurden, um wichtige Mitteilungen verschlüsselt zu übermitteln, ohne dass die Japaner die so gesendeten Nachrichten je knacken konnten, stiegen zu Ikonen der Populärkultur auf.[280] Wie die Millionen Kolonialsoldaten in den Streitkräften des Britischen Empire und der wiederhergestellten Republik Frankreich kehrten die indigenen Soldaten der USA mit großen Erwartungen an die Nachkriegszeit nach Hause zurück. Doch im beginnenden Kalten Krieg sollten diese schon bald bitter enttäuscht werden, da die Indianerpolitik eine neue, bedrohliche Wendung nahm.

4.

ERNEUTE EXISTENZBEDROHUNG IM FRÜHEN KALTEN KRIEG

GESELLSCHAFTLICHER BACKLASH UND DIE TERMINATIONSPOLITIK

Während des Pazifikkriegs kam der Marineinfanterist Ira Hayes, ein junger Akimel O'odham aus Arizona, wie Tausende andere American Indians seiner »patriotischen Pflicht« nach. Im Februar 1945 nahm er, nachdem er bereits in anderen militärischen Operationen sein Leben für die Vereinigten Staaten riskiert hatte, an der Landung amerikanischer Truppen auf der Insel Iwojima teil. Auf dem unbewohnten Eiland hatten sich starke japanische Kräfte verschanzt. Die amphibische Großoperation der amerikanischen Streitkräfte wurde durch wochenlange Bomberangriffe eingeleitet, während denen Kampfflugzeuge Unmengen von Napalmbomben auf die japanischen Stellungen niederregnen ließen, um möglichst viele von ihnen außer Gefecht zu setzen und die Moral des Feindes zu zermürben. Ira Hayes wirkte dabei mit, die strategisch bedeutsame Insel mit ihren Flugfeldern von ihren 21 000 japanischen Verteidigern zu befreien.[1] Schon am sechsten Tag erreichte eine Gruppe von Marines die Kuppe des Mount Suribachi und rammte dort als Zeichen des Sieges eine winzige US-Flagge ins Vulkangestein – und dies, obwohl die Schlacht noch ganze fünf Wochen lang toben sollte.

Nur wenig später erhielt Ira Hayes zusammen mit fünf Kameraden den Befehl, das kleine, vom Strand her kaum erkennbare Sternenbanner durch ein größeres zu ersetzen. Joe Rosenthal von Associated Press hielt den hochgradig arrangierten Augenblick mit seiner Kamera fest und schuf damit ein Bild für die Ewigkeit, das sich tief in das kollektive Gedächtnis Amerikas einbrannte.[2] Es wurde zu *dem* Symbol für beispiellosen Heldenmut in Amerikas »gutem Krieg«. Fast umgehend katapultierte die ikonische Fotografie Ira Hayes ins nationale Scheinwerferlicht und machte ihn in den USA zum berühmtesten Indianer seiner Zeit. Kurz darauf beorderte man den Fallschirmjäger und die beiden anderen überlebenden »Flagraiser« von der Front in die Heimat zurück, wo sie die Werbetrommel für eine neue Kriegsanleihe rühren mussten. Auch wurden sie ins Weiße Haus eingeladen, wo sie der neue, erst seit wenigen Tagen amtierende Präsident Harry S. Truman empfing.[3] Doch das war nur der Anfang eines Heldenkults, der Ira Hayes über Nacht ungefragt für nationale Zwecke vereinnahmte.

1923 in der Gila River-Reservation zur Welt gekommen, wuchs Hayes als Sohn indigener Baumwollfarmer in der kargen Sonora-Wüste auf, in der es schwierig war, sich mit eigener Hände Arbeit durchs Leben zu bringen. Hier ging er zur Schule, besuchte eine Zeit lang eine Boarding School und ließ sich zum Zimmermann ausbilden.[4] Eben erst erwachsen geworden, diente er für ein paar Monate im Civilian Conservation Corps und meldete sich im August 1942 zu den Waffen, obwohl ihm der Bundesstaat Arizona nach wie vor das Wahlrecht vorenthielt.[5] Mit seinem freiwilligen Eintritt in die US Army beschritt er den Weg vieler American Indians, die dadurch nicht nur der Enge der Reservationen zu entfliehen suchten, sondern auch darauf hofften, ein bisschen Geld zu verdienen, um ihren daheimgebliebenen Angehörigen ihr Los zu erleichtern. Hayes war als Soldat mutig, aber als Mensch sensibel, scheu und in sich gekehrt.[6] Still litt er darunter, dass so viele Soldaten seines Platoons gefallen waren, auch drei seiner Kameraden, mit denen er auf dem Mount Suribachi die zweite US-Flagge in Stellung gebracht hatte. Er fühlte sich schuldig, in der Hölle des Pazifikkrieges als einer der Wenigen überlebt zu haben. Das erlittene Trauma legte ihm zusätzliche Steine in den Weg, um im zivilen Leben wieder Fuß fassen zu können. Immerhin kamen in dieser erbittert geführten Schlacht, in der amerikanische Spezialeinheiten etliche japanische Widerstandsnester mit Flammenwerfern ausräucherten, knapp 20 000 japanische Soldaten und mehr als 6800 Marines ums Leben.[7]

In der Reservation, in die er nach seiner ehrenvollen Entlassung aus den Streitkräften für eine kurze Zeit zurückkehrte, kämpften seine Leute nach wie vor mit den gleichen alten Problemen: Armut, akutem Wassermangel und Rassenvorurteilen.[8] Immer wieder suchten ihn fremde Leute auf, um ihren Kriegshelden um ein Autogramm zu bitten. Rasch verfiel Hayes dem Alkohol, verlor in den folgenden Jahren einen Job nach dem anderen und kam sturzbetrunken Dutzende Male in Polizeigewahrsam. In dem Hollywood-Streifen *Sands of Iwo Jima* (1949), der mit John Wayne in der Hauptrolle besetzt war, spielte er sich selbst. Nur wenig später saß er dem Bildhauer Felix de Weldon Modell, der die legendäre Flaggenhissung in einer Monumentalskulptur verewigte, die in seinem Beisein im Herbst 1954 auf dem Nationalfriedhof Arlington nahe der Bundeshauptstadt eingeweiht wurde.[9]

Freilich verkörperte Ira Hayes, dieser Kriegsheld wider Willen, eine Zeit lang auch die Hoffnung des weißen Amerika, dass die First Peoples nach dem Zweiten Weltkrieg endlich in der amerikanischen Gesellschaft aufgehen würden.[10] Hochdekoriert, ja mit der Goldenen Ehrenmedaille des Kongresses ausgezeichnet, war er ein Symbol für die neue Rolle, welche diesen in der Nachkriegszeit zugedacht war – im Sinne endgültiger Inklusion in den Mainstream.[11] So diente Hayes dem Bureau of Indian Affairs (BIA), wie die Nachfolgeorganisation des OIA seit 1947 hieß, 1952 als prominenter Werbeträger für ein freiwilliges Umsiedlungsprogramm, das die American Indians in den Großstädten heimisch machen wollte. Nach Chicago übergesiedelt, kam er selbst mit den dortigen Verhältnissen jedoch nie zurecht. In der vibrierenden Metropole am Lake Michigan fühlte sich der Akimel O'odham zunehmend unwohl; sie blieb für ihn eine fremde Welt, ja ein Moloch. Als eine Zeitung eine Fotografie veröffentlichte, die ihn betrunken in einer Gefängniszelle zeigte, wurde ihm alles zu viel. Mittellos reiste er nach Los Angeles, wo er als Gewohnheitstrinker buchstäblich in der Gosse landete. 1954 kehrte er nach Phoenix zurück. Für den Fall, dass er sich fortan von den Städten und den dortigen Bars fernhielte, versprach ihm das BIA einen festen Job in der Gila River-Reservation.[12] Doch auch dort konnte er sich nicht mehr aus dem Sumpf ziehen, in den er geraten war. Nur wenige Monate später, am 23. Januar 1955, starb Hayes im Alter von knapp 33 Jahren in einem kaum gefüllten Bewässerungsgraben nach einer letzten durchzechten Nacht. Trotz seines Ruhms war Hayes nie mehr als eine Projektionsfläche gewesen und gerade als Spielball der Mehrheitsgesellschaft charakteristisch für die paternalistische Behandlung, die den American Indians im frühen Kalten Krieg zuteilwurde.

Die von Präsident Franklin D. Roosevelt initiierte sozialreformerische Phase der Innenpolitik ging 1945 zu Ende. Bereits während des Kriegs hatte sie deutlich an Fahrt verloren.[13] Harry S. Truman, der auf Roosevelt folgte, brach zwar nicht vollständig mit dem New Deal, doch in den beiden Amtszeiten seiner Präsidentschaft erstarkten die konservativen Kräfte im Land zusehends – auch aufgrund der beginnenden Systemkonfrontation mit der Sowjetunion. Gerade weil der aufziehende Kalte Krieg zu einer »Zeit beschleunigten wirtschaftlichen, sozialen und kulturellen Wandels«[14] geriet, setzte im Zeichen eines fiebrigen Antikommunismus eine Hetzjagd auf wirkliche und vermeintliche Kommunisten ein. Senator Joseph McCarthy aus Wisconsin witterte überall Unterwanderung und Verrat, er sah die Regierung, den Staatsdienst und den Kulturbetrieb durch eine im Verborgenen operierende »Fünfte Kolonne« unterminiert.[15] Seit 1947 die Loyalitätsprüfung für Bundesangestellte eingeführt wurde, mussten sich in öffentlichen Anhörungen viele Hunderte unter Verdacht geratene Bürgerinnen und Bürger für ihre Gesinnung rechtfertigen, mindestens 3000 von ihnen wurden aus dem Staatsdienst entlassen.[16] Mit dem populären Weltkriegsgeneral Dwight D. Eisenhower gewannen die Republikaner im Herbst 1952 erstmals seit 20 Jahren wieder eine Präsidentschaftswahl und gleich auch eine Mehrheit in den beiden Kammern des Kongresses.

Mehr und mehr schlug der gesellschaftliche Backlash auch auf die Indianerpolitik durch. Diese tendierte immer stärker dazu, mit dem Indian New Deal zu brechen. Der neue Ansatz stand nicht länger im Zeichen des kulturellen Pluralismus und einer ökonomischen Entwicklung der Reservationen, vielmehr schwang das Pendel zurück in Richtung einer staatlich erzwungenen Assimilation, nicht zuletzt deswegen, weil die Reservationsindianer vor dem Hintergrund wachsender gesellschaftlicher Konformität abermals als »unamerikanisch« galten. In den Augen vieler haftete ihrem gemeinschaftlichen Lebensstil etwas Kommunistisches und damit Anrüchiges an. In McCarthys Amerika manifestierte sich ein »Drang der ›Mittelklassegesellschaft‹, ihre eigenen Normen allgemein verbindlich zu machen und politisch-kulturelle Abweichungen vom akzeptierten Meinungsspektrum in möglichst engen Grenzen zu halten«[17]. In diesem gesellschaftlichen Klima gerieten die American Indians in den Reservationen zusehends unter Druck. Immer mehr Kongressmitglieder machten sich seit 1950 für eine endgültige Lösung des »Indianerproblems« stark. Tatsächlich geriet die bald schon »Termination« genannte Politik zur bislang letzten großen Existenzbedrohung der in Reservationen lebenden First Peoples.[18]

In der Nachkriegszeit offenbarte sich, dass die Reformen des New Deal die Lebensbedingungen der First Peoples nicht nachhaltig verbessert hatten. Durch die Arbeitsprogramme war zwar die lange vernachlässigte Infrastruktur der Reservationen – Straßen, Brücken, Verwaltungsgebäude, Wasserversorgung – auf einen besseren, wenn auch weiterhin bescheidenen Stand gebracht worden. Doch an den prekären Lebensbedingungen der American Indians und deren anhaltender Diskriminierung hatten Colliers Reformen nichts grundlegend geändert. So konnten sie in New Mexico und Arizona noch immer nicht wählen, und viele weiße Amerikaner nahmen sie als

»faul«, »schmutzig« und »primitiv« wahr, ja als »geborene Säufer«, und störten sich nicht daran, wenn sie als Bürger zweiter Klasse behandelt wurden.[19] Das blieb auch so, als sich im frühen Kalten Krieg die Massenkonsumgesellschaft entfaltete und es den meisten US-Bürgern materiell bald so gut ging wie nie zuvor.

Die allgemeine Wohlstandsentwicklung rauschte jedoch weitgehend spurlos an den Reservationen vorüber.[20] Weiterhin gehörten die American Indians in den Vereinigten Staaten zu den Ärmsten der Armen. Was die Chiefs der Blackfeet 1949 in einer Eingabe an den kommissarischen BIA-Direktor beklagten, beschrieb auch die soziale Situation etlicher anderer indigenen Nationen: »Die Blackfeet Nation ist ärmer als jede Nation in Europa, die durch den Marshallplan unterstützt wurde, ärmer als jede der Nationen, denen unsere Jungs geholfen haben, sich von der Diktatur zu befreien. Dennoch bitten wir nicht um Almosen. Wir bitten nur um eine Chance, unsere eigene Zukunft aufzubauen.«[21] In dasselbe Horn blies der 1944 gegründete National Congress of American Indians (NCAI), als er die offizielle Politik auf seiner Jahresversammlung 1947 für das Versagen an der sozialen Front scharf kritisierte: »Wir finden Zustände unter unseren amerikanischen Ureinwohnern, [zu deren Schutz und Wohlbefinden die Vereinigten Staaten sich vertraglich verpflichtet haben, A. M.], die nicht nur deplorabel, sondern eine Schande für die größte und humanitärste Nation der Welt sind.«[22]

1950 lebten 357 000 American Indians in den USA, eine deutliche Mehrheit davon in den Reservationen. Hinsichtlich Einkommen, Bildung und Assimilationsgrad unterschieden sich diese beträchtlich vom weißen Mainstream. Neben Menschen, die kaum mehr auf den ersten Blick als American Indians erkennbar waren, gab es nach wie vor eine von Reservation zu Reservation unterschiedlich große Minderheit von Traditionalisten, die sich einer Anpassung an die dominante Kultur – so gut es nur irgend ging – verweigerten. Nach dem Krieg gab es für Zehntausende von indigenen Männern und Frauen, die in den Streitkräften gedient oder in Rüstungsbetrieben gearbeitet hatten, kein einfaches Zurück mehr ins alte Reservationsleben. Viele blieben in den Städten hängen, weil sie dort bessere Aussichten besaßen. Obschon sie häufig in ghettoartigen und heruntergekommenen Stadtvierteln lebten, standen sie beinahe täglich in Kontakt mit dem weißen Amerika, dessen Werten sie sich auf Dauer nicht vollständig entziehen konnten. So verdienten sie sich ihren Lebensunterhalt in Fabriken, auf Baustellen, in Wäschereien und Restaurantküchen oder als Reinigungskräfte in Bürotürmen. Während die Zahl der Mischehen unter ihnen deutlich zunahm, schwächten sich die Beziehungen zu ihren Reservationen ab.[23]

Überdies setzte im frühen Kalten Krieg eine wahre Abwanderungswelle aus den in zumeist ländlichen Räumen gelegenen Reservationen ein.[24] Zehntausende von American Indians strömten in die Großstädte des Industriegürtels, aber auch in andere Ballungsräume des Landes. Chicago, Minneapolis, St. Paul, Detroit, Denver, Phoenix, Salt Lake City, die Bay Area von San Francisco, Los Angeles und Seattle zogen besonders viele von ihnen an. 1926 hatten lediglich 10 000 American Indians – rund drei Prozent – in Städten gelebt, 1950 waren es bereits mehr als 13 Prozent. Als Folge einer staatlich geförderten Umsiedlung, »Relocation« genannt, schnellte dieser Anteil bis 1956 auf 30 Prozent empor. Doch auch danach ging die Abwanderung aus den Reservationen weiter. 1970 lebten 40 Prozent, 1980 mehr als die Hälfte und im Jahr 2000 gar mehr als zwei Drittel aller American Indians in Städten.[25] Im Vergleich zu ihren Brüdern und Schwestern in den Reservationen hatten diese sogenannten »Urban Indians« einen besseren Zugang zu Schulbildung und zur Gesundheitsversorgung. Allerdings waren sie bei der Wohnungs- und Arbeitssuche, aber auch in Restaurants und Bars oftmals rassistischer Benachteiligung ausgesetzt. Mit der anhaltenden Binnenmigration veränderte sich auch die Berufsstruktur der American Indians: 1940 arbeitete noch jeder zweite als Farmer, 1970 waren es nur noch zwei Prozent.[26] Durch all das erlebte das indigene Amerika innerhalb von lediglich 25 Jahren einen beispiellosen Strukturwandel.[27] Mit der stürmischen Wirtschaftsentwicklung des Landes konnten die meisten Reservationen nicht Schritt halten, sodass sie ökonomisch weiter ins Hintertreffen gerieten. Doch auch hier veränderte sich das Leben. Das Auto verdrängte zunehmend das Pferd. Zeitverschoben setzte sich das Fernsehen durch, durch das die Konsumideale des weißen Amerika täglich in die indigenen Welten flimmerten.[28] Und seit den 1970er Jahren machte sich auch die amerikanische Mainstreamkultur in den Reservationen breit: von Supermärkten über Fastfood-Ketten bis hin zu Touristenläden, klimatisierten Verwaltungsgebäuden und Tankstellen. Kurz, innerhalb eines Vierteljahrhunderts veränderten sich die Verhältnisse in den Reservationen so grundlegend wie nie zuvor – und wie nie mehr seither.[29]

Unbesehen von all dem lebten die American Indians weiterhin stark fremdbestimmt. Diese Fremdbestimmung besaß viele Facetten – politische wie kulturelle, militärische wie ökonomische. Die intensivierte Rohstoffausbeutung führte in vielen Reservationen sogar zu einer neuen Form der Fremdbestimmung: der Umweltfremdbestimmung. Als Präsident Franklin D. Roosevelt am 9. Oktober 1941 den Startschuss für das geheime Manhattan-Projekt gab, das den USA als erstem Staat der Welt zur Atombombe verhelfen sollte, begann zunächst in der Navajo-Reservation die Suche nach waffenfähigem Uran. Noch im selben Jahr gab der Tribal Council der Navajo seine anfänglichen Bedenken auf und willigte ein, dass der Innenminister Abbauverträge mit dem meistbietenden Unternehmen abschließen konnte.[30] Für die allerersten Atombomben importierte die Bundesregierung das meiste dafür benötigte Uran zwar noch aus Belgisch-Kongo und Kanada,[31] doch bereits während des Kriegs lief der Abbau in der Navajo-Reservation an. Im frühen Kalten Krieg versuchte Washington zusehends, unabhängig von Uranlieferungen aus dem Ausland zu werden, und setzte verstärkt auf die Ausbeutung der im eigenen Land lagernden Vorkommen.

Am 1. August 1946, nur ein knappes Jahr nach den Atombombenabwürfen über Hiroshima und Nagasaki, setzte Präsident Truman den »Atomic Energy Act« in Kraft. Dieses Gesetz erlaubte es der Bundesregierung, alle Uranvorkommen auf dem Territorium der USA zu erforschen und die Hand auf diese zu legen, mit oder ohne Zustimmung der Eigentümer, sodass sie alles dort geförderte Uran zu einem von ihr festgelegten Preis aufkaufen konnte.[32] Fortan konnten private Bergbaufirmen im »nuklearen Westen der USA« (Sarah Alisabeth Fox) fast ohne jede Rücksicht auf die Umwelt und die hier lebenden Menschen uranhaltiges Erz aus der Erde sprengen, das die Supermacht für ihr riesiges Nuklearprogramm im Systemwettstreit mit der Sowjetunion, aber auch für den unersättlichen Energiebedarf des »American Way of Life« benötigte.

Wie überall auf dem Globus waren es auch in den Vereinigten Staaten die indigenen Völker, die während des Uranbooms am meisten unter die Räder kamen.[33] Als Washington nach 1830 damit begann, die indigenen Nationen in Reservationen zu konzentrieren, um Platz für weiße Siedler zu schaffen, lag das Atomzeitalter in weiter Ferne. Oftmals suchte das federführende Office of Indian Affairs für die Reservationen kaum fruchtbare Einöden aus, in denen eine selbst erhaltende Landwirtschaft beinahe unmöglich war.[34] Doch während des Zweiten Weltkriegs begann sich das Interesse der Bundesregierung entscheidend zu verändern. Denn ausgerechnet in diesen »Badlands« fanden sich oft die reichsten Vorkommen an Bodenschätzen, besonders lukrative auf dem wüstenhaften Colorado Plateau in der Four Corner-Region, in der Colorado, Utah, Arizona und New Mexico aneinandergrenzen. Dort befanden sich aber auch die Pueblos der Zuni, Acoma, Laguna und Hopi sowie die ausgedehnte Navajo-Reservation, die größer als der Bundesstaat West Virginia ist. Fortan gerieten die in der Four Corner-Region lagernden Uranvorkommen ins Visier der Bergbaukonzerne. Mit dem vollmundigen Entwicklungsversprechen »Wohlstand durch Jobs« zogen deren Manager die wenig informierten, nicht selten überforderten Tribal Councils über den Tisch, indem sie sich im Zusammenspiel mit dem BIA Abbaulizenzen erschlichen.[35] Meist gegen nur geringes Entgelt erlaubten ihnen diese die Ausbeutung von Kohle-, Öl- und Uranvorkommen, ohne die betroffene Bevölkerung über die damit verbundenen Gefahren für Mensch und Umwelt aufzuklären.[36]

Für viele indigene Familien im Südwesten bildete der einsetzende Uranboom allerdings eine willkommene Gelegenheit, um endlich zu einem spärlich bezahlten Job zu kommen. So fanden viele zurückgekehrte Kriegsveteranen, aber auch andere Männer in der Bergbauindustrie eine Verdienstmöglichkeit. Rückblickend räumte der Navajo George Tutt, der von 1949 an in einer von Vanadium Corporation of America betriebenen Uranmine in Colorado beschäftigt war, ein, dass er und seine Kollegen dies in der ersten Zeit als ein großes Glück empfanden: »Lohnarbeit war [nun erstmals, A. M.] in der Nähe unseres Zuhauses verfügbar. Wir sind gesegnet, dachten wir. Jobs bei der Eisenbahn fand man nur weit entfernt, etwa in Denver […] Aber für den Bergbau konnte man einfach in den nächsten Canyon gehen. Wir schätzten uns glücklich, aber uns wurde nicht gesagt, dass es uns später auf diese Weise treffen würde.«[37] Denn ohne dass die Folgen für die American Indians im Augenblick ersichtlich waren, kam im frühen Atomzeitalter ein »Laufband der Zerstörung« in Gang.[38]

Allein in den USA wurden zwischen 1950 und 1989 225 Millionen Tonnen Uran gefördert.[39] Bergbaukonzerne, aber auch die US Army richteten auf den Gebieten indianischer Reservationen in Arizona, Utah, New Mexico, North Dakota, South Dakota, Wyoming und Nevada durch den rücksichtslosen Abbau von Uran oder das Testen von Atombomben gravierende Umweltzerstörungen an und waren für schwere Gesundheitsschäden bei den dort lebenden Menschen verantwortlich. Stark unter den Umweltfolgen zu leiden hatten etwa die Eastern Shoshone und Northern Arapaho in Wyoming, die Paiute in Nevada und die Havasupai in Arizona, aber auch die Navajo, Laguna und Acoma in der Four Corner-Region sowie die Lakota der Pine Ridge-, Standing Rock- und Cheyenne River-Reservationen in den nördlichen Great Plains.[40] Die Western Shoshone wiederum, die »am meisten bombardierte Nation auf Erden«, wie Chief Raymond Yowell sein Volk einmal nannte, waren viele Jahre den gesundheitsschädigenden Auswirkungen der auf der Nevada Test Site durchgeführten Atombombenversuche ausgesetzt.[41]

Auf diesem ausgedehnten Testgelände in der Wüste nordwestlich von Las Vegas führte die Armee von 1951 bis 1992 mehr als 1050 Atomtests durch.[42] Nicht nur in Nevada, sondern auch in den Nachbarstaaten Utah und Arizona erkrankten viele Anwohner über die Jahre schwer, besonders die Menschen in den nahegelegenen indigenen Siedlungen.[43] Denn bis 1962 fanden mindestens 100 Versuche in der Atmosphäre statt, sodass der radioaktive Fallout immer wieder auf sie niederregnete. Bedenkenlos setzten Regierung, Armee und Wissenschaft die American Indians – ähnlich den Bewohnern des Bikini-Atolls – der Radioaktivität aus. Sie hatten in den zur militärischen Supermacht aufgestiegenen USA schlicht keine Priorität.

Nicht weniger sorglos ging es in den unterirdischen Uranminen zu. In den Stollen waren die Arbeitsbedingungen in der ersten Zeit denkbar schlecht. Die Betreiberfirmen ließen sie kaum je durchlüften, obgleich es dafür geeignete Ventilatoren bereits zu kaufen gab. Die Bergleute – indianische wie nichtindianische – arbeiteten ohne Gasmasken und ohne jede Schutzkleidung. Nach Sprengungen und dem Herausbrechen von Gestein schufteten sie nicht nur stundenlang in Staubwolken, sondern tranken auch das Wasser, das sie in den Stollen über Felsen rinnen sahen, und atmeten viel zu hohe Dosen von farb- und geruchlosem Radongas ein. Radon ist ein Zerfallsprodukt von Uran, das, solange es nicht aus der Erde entweichen kann, für den Menschen nicht weiter schädlich ist. Freigesetzt kann es jedoch Lungenkrebs und schwere Erkrankungen der Atemwege verursachen.[44] Obschon bereits Ende der 1940er Jahre genügend wissenschaftliche Erkenntnisse über die Gesundheitsgefahren des Uranabbaus vorlagen, sahen die Betreiberfirmen allzu lange davon ab, ihre Mitarbeiter über diese zu informieren und sie bei ihrer gefährlichen Arbeit in den Minen angemessen zu schützen, weil dies die Kosten in die Höhe getrieben hätte.[45]

Nicht minder gesundheitsschädlich war die Arbeit in den Uranmühlen, in denen das in großen Mengen herangeschaffte Erzgestein maschinell zu Sand zerkleinert wurde, bevor Säuren zum Einsatz kamen. Die so entstandene Brühe sprühte man in erhitzte Schalen, wo sie verdampfte und endlich das begehrte gelbe Pulver, »yellowcake« genannt, zurückblieb. Bis in die 1960er Jahre gehörten systematische Schutzvorkehrungen nicht zu den umgesetzten Standards, sodass die Arbeiter in den Uranmühlen giftigen Dämpfen und herumwirbelnden radioaktiven Partikeln ausgesetzt waren, die sie einatmeten und die sich an ihren Kleidern festsetzten, wodurch auch ihre Angehörigen damit in Berührung kamen.[46]

Von dieser tickenden Zeitbombe drang vorerst wenig ins Bewusstsein des weißen Amerika.[47] In den ersten Nachkriegsjahren blickten die meisten Amerikaner stolz auf die jüngste Geschichte ihres Landes zurück, das als Supermacht aus dem bislang schlimmsten Krieg der Menschheitsgeschichte hervorgegangen war. Fast niemand machte sich Gedanken darüber, dass die American Indians als unterdrückte Minderheit in einem Land lebten, das so viel auf die Freiheit seiner Bürger gab. Jedenfalls erfüllten sich die hochgemuten Erwartungen der First Peoples an die Nachkriegszeit nicht. Robert Yellowtail, der den Crow seit über 30 Jahren in unterschiedlichen Funktionen diente, meinte 1948 ernüchtert: »Wir sind die vergessenen Menschen in einem Land des Überflusses. Wir sind Gefangene im Land unserer Geburt.«[48]

HOPI-TRADITIONALISTEN IM PASSIVEN WIDERSTAND

Als bloßer Spielball der Politik Washingtons fühlten sich auch die Hopi-Traditionalisten in ihrer abgeschiedenen Reservation im nordöstlichen Arizona. Im Frühjahr 1949 wandten sich ihre traditionellen Chiefs und Ältesten deswegen an niemand Geringeren als Präsident Harry S. Truman. In einem wahrhaft bemerkenswerten Dokument beharrten sie wortreich auf ihren Rechten als »souveräne Nation«. Wie für die Six Nations stand für sie außer Zweifel, dass die Hopi eine von keiner ausländischen Macht je militärisch unterworfene Gemeinschaft bildeten und dass sie ihre Souveränität (»We are still a sovereign nation«[49]) nie preisgegeben hatten, auch 1848 nicht, als die Republik Mexiko im Vertrag von Guadalupe Hidalgo weite Teile des Südwestens samt seinen Menschen an die USA hatte abtreten müssen.[50] Ihre »heilige Erde« hätten sie vielmehr von Maasaw, dem »Großen Geist«, erhalten, um auf ihr seinen Anweisungen friedlich nachzuleben.[51] Die Hopi hätten als ein sich »selbst regierendes Volk« (»self governing people«[52]) bereits auf dem Kontinent gesiedelt, als die Ururgroßmutter von Kolumbus noch nicht geboren war, richteten sie Truman 1949 aus.[53] Restlos alle US-Gesetze seien von Washington ohne ihr Wissen und ihre Zustimmung erlassen worden. Seit vielen Jahrzehnten zwinge man sie nun schon zu Dingen, die ihren religiösen Prinzipien und selbst den Grundsätzen der US-Verfassung zuwiderlaufen.[54] So könne es nicht mehr länger weitergehen.

Selbstbewusst bestanden die Anführer der Pueblos von Hotevilla, Shungopavi und Mishongnovi in ihrem Protestschreiben darauf, sich frei und unabhängig selbst regieren und bis in alle Zukunft eigenständig über die Form ihres Regierungssystems und ihrer Gesellschaftsordnung bestimmen zu können. Unter keinen Umständen erklärten sie sich dazu bereit, Verträge mit Bergbaufirmen zu schließen, die an den Bodenschätzen interessiert seien, die unter ihrer heiligen Erde lagerten. Als souveräne Gemeinschaft seien sie fest entschlossen, ihr Land weder zu verkaufen noch zu verpachten.[55] Das Schreiben, das vermutlich Thomas Banyacya entworfen hatte, der sich in seiner Schul- und Studienzeit außerhalb der Reservation völkerrechtliche Denkfiguren angeeignet hatte, kam einer »Unabhängigkeitserklärung«[56] gleich. Doch Präsident Truman würdigte sie keiner Antwort. Zu sehr stand der selbstbewusste Souveränismus der Hopi-Traditionalisten der aus dem 19. Jahrhundert stammenden US-Doktrin entgegen, die die »Stammesindianer« in kolonialer Manie als hilfsbedürftige »Mündel der Bundesregierung« betrachtete, weil diesen alles fehle, um autonom handeln zu können.

Nach dem Zweiten Weltkrieg galten die Hopi in den USA als jenes indigene Volk, das mit am wenigsten von weißen Einflüssen berührt war. Flagstaff, die nächstgelegene größere Stadt, lag mehr als 140 Kilometer von der Hopi-Reservation entfernt, was sicher mit zu ihrer Isolation beitrug, genauso wie der Umstand, dass diese vollständig vom Land der Navajo umgeben war. Zwar hatten OIA-Beamte und christliche Missionare den Hopi seit 1890 ihre angestammte Kultur auszutreiben versucht, doch ein paar ihrer Zeremonien hatten sich erstaunlich intakt erhalten. Kein Verbot hielt sie davon ab, den Schlangentanz zu veranstalten, bei dem eine Gruppe von Maskierten zunächst unsichtbar in unterirdischen Kivas, dann auf der staubigen Plaza mit Klapperschlangen im Mund tanzte, um Maasaw um Regen und eine gute Ernte zu bitten.[57] Selbst der Pflanzstock, um Mais zu säen, war bei ihnen weiterhin in Gebrauch. 1950 lebten die vielleicht 7000 Hopi als westlichste Gruppe der Pueblo-Nationen in zwölf Dörfern, einige an Orten, die seit mehr als 500 Jahren bewohnt waren. Oraibi, Shungopavi, Walpi und die anderen Pueblos waren auf den Dächern oder am Fuß der drei Mesas angelegt, wie die spanischen Konquistadoren die steil aus dem unwirtlichen Colorado Plateau aufragenden Tafelberge nannten. Jedes der unabhängigen Dörfer genoss in der 1882 eingerichteten, mehr als 12 600 Quadratkilometer großen Reservation ein hohes Maß an Autonomie.

Diesen Gemeinschaften selbstgenügsamer Maisbauern, die in der steinigen Halbwüste des nördlichen Arizonas wahre Meister des Trockenfeldbaus[58] waren, standen Kikmongwis vor. Als Dorfvorsteher und spirituelle Führer in einer Person achteten sie darauf, dass die Hopi dem Weg folgten, der ihnen von Maasaw aufgetragen worden war. Dem Mais, der »Milch der Erde«, die sie für den Eigenbedarf benötigten, galt ihre Hauptaufmerksamkeit.[59] Die Hopi-Religion stand im Zeichen von Friedfertigkeit, Zusammenarbeit, Respekt und einem ausgeprägten Verantwortungsgefühl für den ganzen Erdball.[60] Ihre Anhänger sahen es als ihre »heilige Aufgabe« an, die Erde und alles Leben auf ihr in einem natürlichen Zustand zu bewahren und die Welt im Gleichgewicht zu halten.[61] Ihr Siedlungsgebiet betrachteten sie als spirituelles Kraftzentrum, ja als Mittelpunkt der Welt.[62]

Im spirituellen Leben der Hopis spielen düstere Endzeiterwartungen eine herausragende Rolle. Eine ihrer apokalyptischen Prophezeiungen dreht sich um einen rätselhaften »Kürbis voller Asche« (»gourd full of ashes«), der die Welt verbrühen werde, sobald er zu Boden falle.[63] Als Kikmongwis und Älteste während einer Kiva-Versammlung in Shungopavi 1946 über den Zustand der Welt diskutierten, erkannten sie, was mit dem Enigma gemeint war: die beiden Atombombenabwürfe über Hiroshima und Nagasaki im Jahr zuvor.[64] Sie deuteten den nuklearen Feuersturm über Japan mit seinen Zehntausenden von Toten als ein Zeichen dafür, dass das Ende der »vierten Welt«[65] – der gegenwärtigen – nahe sei, wenn die Menschheit weitermache wie gehabt. Auch andere Voraussagen schienen sich erst vor Kurzem erfüllt zu haben: mit den Flugzeugen die Straßen am Himmel; mit den Telefonnetzen die Spinnweben über dem Land; und mit den beiden Weltkriegen zwei große Menschheitskatastrophen.[66] Damit die Erde jedoch vor der drohenden Selbstzerstörung bewahrt werden konnte, mussten sie ihre bislang geheime Prophezeiung allen Nicht-Hopis zur Kenntnis bringen, in einem Haus aus Glimmer, weit im Osten gelegen, in dem sich die Führer der Welt treffen.[67] Dort müssten sie viermal anklopfen, bis ihnen endlich Zutritt gewährt würde.

Es war Andrew Hermequaftewa, ein Silberschmied und führendes Mitglied des Blauvogel-Klans aus Shungopavi, der diesen Auftrag von einem alten Glaubenshüter erhalten hatte. Als Hermequaftewa sein Schweigen brach, erklärten auch andere spirituelle Führer, gleichlautende Anweisungen bekommen zu haben. Längst fühlten sich die Hopi-Traditionalisten nicht mehr nur für das Überleben ihres Volkes, sondern als »Hüter des Gleichgewichts« auch für den ganzen Erdball verantwortlich. Um die Botschaft in die Außenwelt zu tragen, erwählten die spirituellen Führer, von denen einige Analphabeten waren und kein Englisch sprachen, vier Männer zu ihren Dolmetschern und Sprechern. Unter ihnen machten sich Dan Katchongva, David Monongye und Thomas Banyacya als Anwälte eines spirituell motivierten Aktivismus einen Namen.[68] Für sie war es der Beginn eines lebenslangen Engagements, das sie schließlich auch jenseits des Atlantiks bekannt machte.

Für die Hopi-Traditionalisten war die Form des passiven Widerstands typisch, eine gewaltfreie Protestform, die jede Zusammenarbeit mit der Regierung in Washington verweigerte und die Dinge ändern wollte, indem sie auf die Macht spiritueller Belehrung setzte. 1950 führte Dan Katchongva erstmals eine Delegation von Hopi nach New York, um die dort versammelten Vertreter der Vereinten Nationen über ihre düstere Prophezeiung ins Bild zu setzen. Nicht in die UNO-Versammlung vorgelassen, nutzten Katchongvas Leute ihre Reise, um einen Abstecher in den Norden des Bundesstaats New York zu machen. Dort trafen sie mit Vertretern der Irokesen-Konföderation zu einem Meinungsaustausch zusammen. Trotz aller Unterschiede kristallisierte sich heraus, dass Hopi und Haudenosaunee eine ähnlich entschiedene Auffassung von der Souveränität ihrer Nationen besaßen.[69] Sie waren sich einig, dass es künftig darum gehen müsse, ihre seit Jahrzehnten unter starkem Druck stehenden Kulturen zu revitalisieren, um die Verheerungen des früheren Assimilationsprogramms ungeschehen zu machen. Dieses Treffen markierte den Beginn einer intertribalen Bewegung, die eine stets größer werdende Zahl traditionalistischer American Indians zusammenbrachte, wodurch sich ein Netzwerk bildete, das sich bald über den gesamten Kontinent spannte. Irokesische Aktivisten wie William Rickard, Wallace Anderson und Tom Porter bestärkte das Treffen in ihrer eigenen Widerständigkeit.[70]

Die Bewegung der Hopi-Traditionalisten formierte sich just in dem Moment, als ihre alte Gesellschaft in eine existenzgefährdende Bedrängnis geriet.[71] Mit ihrer bewahrenden Haltung durften sie nicht hoffen, bei den progressiven Hopi, den »kleinen Bleistiftleuten«[72], wie sie sie verächtlich nannten, Gehör zu finden. Deshalb suchten sie außerhalb der Reservation nach Unterstützung in ihrem Kampf.[73] Seit 1956 veranstalteten die »Traditionals« gleich mehrere Zusammenkünfte, an denen auch Angehörige anderer indigener Nationen und weiße Sympathisanten teilnahmen. Auf diesen religiösen Treffen spielten Andrew Hermequaftewa und Dan Katchongva eine Schlüsselrolle. Sie plädierten für eine spirituelle Wiedergeburt der indigenen Nationen und, ohne es selbst so zu nennen, für das Recht auf kulturelle Differenz und eine friedliche Koexistenz mit der dominanten Gesellschaft.[74]

Schon in seinem Buch *The Hopi Way of Life Is the Way of Peace* hatte sich Hermequaftewa 1953 gegen jede Form amerikanischer Bevormundung verwahrt – freundlich im Ton, unnachgiebig in der Sache: »Soll der Bohanna [der Weiße, A. M.] uns seine Lebensweise aufzwingen, ohne uns zu konsultieren? Sollen unsere Kinder auf die Art des weißen Mannes erzogen werden und gar nicht auf die Art der Hopi? […] Wie können sie sicher sein, dass ihr Weg, der für uns neu ist, besser sein kann als der alte Weg der traditionellen Hopi? Uns wurde gesagt, dass wir, wenn wir irgendeine andere Lebensweise akzeptieren, dies Schwierigkeiten über uns bringen werde […] Wir glauben, dass unser Land verschwinden wird und unsere Lebensweise für diese Welt zerstört wird, wenn ihr mit der gegenwärtigen Politik weitermacht.«[75]

Hermequaftewa und Katchongva schwebte eine »postkoloniale

Beziehung«[76] zu Washington vor, in der sich US-Regierung und First Peoples auf Augenhöhe und mit gegenseitigem Respekt begegneten. Damit machten sie weit über ihre Nation hinaus Schule. Im März 1958 fand in Albuquerque ein weiteres »Indian Meeting« statt, das sich der Initiative der Hopi-Aktivisten verdankte. Der hochbetagte Katchongva konnte nicht zu dem Treffen reisen, ließ jedoch den Teilnehmern im Namen der Hopi-Nation eine Grußbotschaft zukommen, in der er die Alternativen klar benannte: »Eine große Krise ist heute über uns alle gekommen. Unser Leben als indianische Stämme ist fast zerstört worden. Vielleicht haben Sie sich bereits eingehend mit diesen lebenswichtigen Fragen beschäftigt: Ob wir immer Indianer bleiben oder Nachahmer einer weißen Kultur werden sollen. Diese große Entscheidung muss jeder von Ihnen treffen.«[77]

Wie die meisten anderen indigenen Gemeinschaften in den USA war die Hopi-Gesellschaft seit vielen Jahrzehnten zwischen »Progressives« und »Traditionals« gespalten. Die beiden Gruppen besaßen völlig unterschiedliche Zukunftsvisionen. In den Boomjahren des frühen Kalten Kriegs schrieben sich die »Progressives« wirtschaftliche Entwicklung auf die Fahnen; sie träumten von einer elektrifizierten Reservation, in der es genügend Jobs für alle gab. Sie wandelten auf dem von Washington vorgezeichneten Assimilationspfad und schickten ihre Kinder auf staatliche Schulen und Internate. Nach 1950 kam in der strukturschwachen Gegend, in der nach wie vor viele sich selbst versorgende Menschen lebten, von denen einige jedoch Silberschmuck oder Kachina-Puppen für den wachsenden Markt indianischen Kunsthandwerks herstellten, eine rasante Veränderungsdynamik in Gang. Die Truman-Administration stellte Dutzende Millionen Dollar bereit, um Straßen zu asphaltieren, Brunnen zu bohren, Häuser an Wasserleitungen und die Kanalisation anzuschließen und sie mit Strom zu versorgen, zusätzliche Tagesschulen zu bauen, Spitäler zu renovieren, Zäune zu errichten und Trainingsprogramme für Berufslaufbahnen zu finanzieren.[78] Zudem bot Washington jenen Hopi und Navajo eine finanzielle Unterstützung an, die sich bereit erklärten, ihr Glück in San Francisco, Oakland, Los Angeles oder Denver zu versuchen. Schon 1960 lebte ein Drittel aller Hopi – rund 2300 Menschen – in Städten außerhalb der Reservation.[79] All diese Bundesmaßnahmen sollten die rasche Assimilation in die dominante Gesellschaft befeuern.

Die Traditionalisten dagegen lehnten jede amerikanische »Entwicklungshilfe« ab, weil sie befürchteten, dass sich ihre Gesellschaft so noch schneller auflösen werde. Stattdessen wollten sie unbeirrt den überlieferten Hopi-Weg weitergehen und dort, wo bereits von ihm abgewichen worden war, zu ihm zurückkehren. Trotzig trugen sie ihr Haar im traditionellen Pony-Schnitt zur Schau, auch in Erinnerung an ihre 19 widerspenstigen Vorfahren, die 1895 lieber sieben Monate lang ins Alcatraz-Gefängnis gegangen waren, als ihre Kinder in Schulen und Internate zu schicken.[80] In ihren drei Hochburgen Hotevilla, Shungopavi und Mishongnovi blockierten sie eine Zeit lang nahezu alle Maßnahmen, die Washington einleitete, um die Reservation ökonomisch zu entwickeln. Unter dem Einfluss von Dan Katchongva vertrieben die Leute von Hotevilla 1966 und 1968 die Bauarbeiter, die in ihrem Dorf Strom-, Wasser- und Abwasserleitungen verlegen sollten.[81] Besonders die Elektrizität war bei ihnen als Inbegriff von noch mehr Abhängigkeit verpönt. Bis in die frühen 1970er Jahre hinein gab es in der Reservation keine privaten Telefonanschlüsse, in den Häusern der Traditionalisten kein elektrisches Licht und keine Waschmaschinen,[82] und weil sie die »heiligsten Elemente« der Hopi-Lebensweise verletze, sträubten sie sich gegen die kommerzielle Ausbeutung der Bodenschätze auf ihrem Land.[83] Allerdings lehnten sie nicht alles am »American Way of Life« gleichermaßen ab. So hatten sie nichts gegen Geländewagen mit offener Ladefläche, maschinell hergestellte Kleidung, Propangasherde, Kerosinlampen und industriell gefertigte Möbel einzuwenden. Gleiches galt für Kühlschränke und Fernseher, solange diese mittels Autobatterien betrieben wurden. Problemlos integrierten sie diese Dinge in ihre Lebenswelten genauso wie Lohnarbeit und Geld.[84]

In dem 1936 während des Indian New Deal erstmals eingesetzten Tribal Council dominierten viele Jahrzehnte die »Progressives«. Die Traditionalisten entsandten keine Delegierten in das ungeliebte Gremium und untersagten diesem jede Entscheidungsbefugnis und Autorität, im Namen der Hopi zu sprechen. Allein schon deshalb, weil jedes ihrer Dörfer seit alters her unabhängig war. Bei Bedarf arbeiteten die Dörfer zusammen, doch existierte keine übergeordnete Regierung, die ein Weisungsrecht gegenüber einzelnen Dörfern besessen hätte, wie es der Tribal Council neuerdings wie selbstverständlich für sich in Anspruch nahm.[85] Noch 1955 sprach sich die überwiegende Mehrheit in allen Dörfern dagegen aus, dass der Tribal Council als einzige legitime Vertretung der Hopi auftrat.[86] Die Traditionalisten boykottierten ihn, wo es nur ging. Dies war ihre Art zu demonstrieren, dass sie mit dieser auf »weißen Konzepten« beruhenden Institution, ja mit dieser »Marionettenregierung«, die doch nur die Wünsche des BIA erfüllte, nichts zu schaffen haben wollten.[87] Vielmehr bestanden sie auf der Souveränität der unabhängigen Hopi-Nation und stemmten sich gegen jede weitere Erosion ihrer Kultur.[88]

Die »Progressives« wiederum unterstützten die Politik der US-Regierungen in den meisten Fällen, selbst dann, als Washington Konzerne auf die Bodenschätze in der Reservation zugreifen ließ. Nach langen inneren Querelen unterschrieb der Tribal Council 1966 einen Vertrag, der eine ausgedehnte Zone in der Black Mesa an die Peabody Western Coal Company verpachtete, zu ungewöhnlich vorteilhaften Bedingungen, damit der Konzern im Norden der Reservation wie bei den Navajo Steinkohle fördern konnte.[89] Der für den Tribal Council tätige Anwalt John Sterling Boyden hatte im Hintergrund die Fäden gezogen und den Vertrag dem unvollständig besetzten Tribal Council zur Annahme empfohlen. Die große Mehrheit der Hopi war nicht über den Vertrag informiert und ein Passus in der Hopi-Verfassung einfach übergangen worden, der die Verpachtung von Hopi-Land untersagte.[90] Doch den Tribal Council scherte das nicht, sodass auf dieser prekären juristischen Grundlage in der Four Corner-Region das größte Tagebaugebiet der USA entstehen konnte.[91]

Über etliche Jahre hatten die Traditionalisten zuvor Himmel und Hölle in Bewegung gesetzt, um den Kohleabbau auf der Black Mesa zu stoppen. Dan Katchongva und die Kikmongvis von Shungopavi, Mishongnovi, Oraibi und Shipaulovi erhoben vor einem Distriktgericht in Phoenix Klage, in der sie den Vereinigten Staaten vorwarfen, zum alleinigen Vorteil von Peabody ihr altes Regierungssystem missachtet zu haben. Doch mit einer fadenscheinigen Begründung unterlagen sie vor Gericht den mächtigen Wirtschaftsinteressen.[92] Ein Berufungsgericht stützte den Entscheid der Vorinstanz mit der Begründung, dass die Kläger gar nicht klageberechtigt seien.[93] Ende Januar 1965 wandte sich Dan Katchongva direkt an Innenminister Stewart Udall. In seinem Schreiben protestierte er scharf gegen die »illegale Aktion«, die über die Köpfe der religiösen Führer hinweg und gegen die Mehrheitsmeinung der Hopi erfolgt sei. Doch Udall ignorierte den Protest, obwohl der Pachtvertrag erst nach schweren Tricksereien zustande gekommen war.[94] Jahre später stellte sich heraus, dass der Hopi-Anwalt John Sterling Boyden auch auf der Gehaltsliste von Peabody Western Coal stand; er hatte den Tribal Council über den Tisch gezogen und die Hopi skrupellos hintergangen.[95]

Nachdem die Entscheidung gefallen war, bereitete Peabody das Land auf der Black Mesa für den Abbau vor. Der Konzern holte zum großen Kahlschlag aus: Bulldozer und Kettensägen säuberten das Land von Kiefern, Wachholderbäumen und Wildblumen. Über Hunderte von Metern wurde die Erde mit Dynamit aufgesprengt.[96] Danach fraß sich ein riesiger Schaufelradbagger in den Boden und brach das »schwarze Gold« aus den Kohleflözen heraus. Nach und nach verwandelte sich die Black Mesa in eine bizarre Mondlandschaft, über der eine gewaltige, teilweise sogar aus dem Weltall sichtbare Staubglocke hing.[97] Um die geförderte Kohle in das mehr als 440 Kilometer entfernte Kraftwerk von Laughlin, Nevada zu transportieren, baute Peabody eine Pipeline durch die trockene Landschaft. Als diese schließlich betriebsbereit war, pulverisierten Spezialmaschinen die Kohlebrocken, um das Pulver mit Unmengen von Wasser aus dem Grundwasserspeicher der Reservation zu versetzen, bevor es als schwarze Brühe zur Mohave Generation Station gepumpt wurde. Auf diese Weise bezahlten die Hopi, wie die Navajo, den Tagebau mit einer drastischen Absenkung des Grundwasserspiegels.

Zuvor hatten die Peabody-Manager die Hopi-Führer beruhigt, indem sie ihnen versicherten, dass sie für den Betrieb der Pipeline lediglich eine einzige Tasse Wasser aus einem ganzen Ozean schöpfen müssten.[98] Doch bald danach musste James Kootshongsie (1916–1996), ein bekannter Schnitzer von Kachina-Puppen, erkennen, dass die Hopi auch in dieser Hinsicht hinters Licht geführt worden waren. »Bereits wenige Jahre nach dem Beginn des Kohletagebaus begannen unsere Quellen und Brunnen auszutrocknen«, beklagte er. »Wasserknappheit wurde im Hopi-Land eine Realität. Trotz all unserer Versuche, diese Entwicklung aufzuhalten, hatten wir keinen Erfolg. Wir wissen nicht mehr weiter und fragen, ob irgendjemand eine Lösung anbieten kann.«[99] Thomas Banyacya, der seit den frühen 1960er Jahren als Sprecher der »unabhängigen Hopi-Nation«[100] in Erscheinung trat, meinte zu all dem in stillem Groll: »Ihr erlasst alle Arten von Gesetzen, ohne uns zu fragen. Ihr werdet uns zu einem landlosen, heimatlosen Volk machen. Dieses Land ist das einzige, das wir haben. Dies ist das Land des Großen Geistes. Europäer können zurück in ihre Länder gehen. Aber die Native People haben keinen anderen Ort, wo sie hingehen können.«[101]

DIE RESERVATIONEN VOR IHRER AUFLÖSUNG RETTEN

In den USA des frühen Kalten Kriegs trat der indigene Aktivismus in drei Ausprägungen auf. Da war erstens die traditionalistische Bewegung. Die Traditionalisten hielten auch gegen Widerstände die

Spiritualität, Ratssysteme und Kultur der jeweiligen Nation hoch, sahen den »American Way of Life« äußerst kritisch und strebten eine gegen die USA gerichtete Eigenstaatlichkeit der indianischen Nationen an. Bei den Hopi und in der Irokesen-Konföderation war diese Haltung – wie gezeigt – besonders verwurzelt. Da war zweitens die im National Congress of American Indians (NCAI) organisierte indigene Elite, die in den bleiernen Eisenhower-Jahren vor der Aufgabe stand, die Reservation als Institution zu verteidigen. Diese indigenen Honoratioren setzten, um ihre Ziele zu erreichen, auf die Instrumente des Rechtsstaats und arbeiteten auf eine multiethnische, sich nicht mehr allein weiß definierende Gesellschaft hin, in der auch die First Peoples ihren Platz finden konnten. Drittens machten seit 1958 die Wegbereiter einer neuen Protestgeneration von sich reden, deren Aktionen des zivilen Ungehorsams den rebellischen Geist der Red Power-Jahre annoncierten.[102]

Die Gründung des NCAI markierte einen Wendepunkt in der indigenen Geschichte der USA. Nach monatelanger Vorbereitungszeit trafen sich in Denver im November 1944 gut 80 Delegierte, die 50 indigene Nationen aus 27 Bundesstaaten vertraten, um eine national agierende Organisation aus der Taufe zu heben. Professionell geführt, verlieh der bis heute existierende NCAI den First Peoples erstmals eine Stimme in den nationalen Debatten.[103] Unter den Gründern befand sich eine eindrückliche Auswahl indigener Persönlichkeiten: Rechtsanwälte, Geschäftsleute, Staats- und Bundesangestellte, Richter, Anthropologen, Mitglieder der Tribal Councils und Stammesführer.[104] Von ihrem äußeren Erscheinungsbild unterschieden sie sich, abgesehen von ihrer etwas dunkleren Hautfarbe, kaum von den Honoratioren der Mehrheitsgesellschaft. Sie waren fast ausnahmslos in Anzüge und weiße Hemden gewandet, hatten Krawatten umgebunden und trugen die Haare kurzgeschnitten. Waren anfangs fast 90 Prozent Männer, stellten 1955 Frauen mehr als die Hälfte der Mitglieder. Mit der Cherokee Ruth Muskrat Bronson (1897–1982) und der Cheyenne-Lakota Helen White Peterson (1915–

2000) als geschäftsführende Direktorinnen übten Frauen früh wichtige Leitungsfunktionen aus.[105]

Der politische Kurs des NCAI war betont gemäßigt. Seine Mitglieder beteiligten sich grundsätzlich nicht an Demonstrationen oder Besetzungsaktionen, sondern versuchten, ihre Ziele durch die Ausschöpfung aller vom US-System vorgesehenen juristischen und politischen Möglichkeiten zu erreichen. Gemäßigt war auch die Programmatik. Die Forderung nach Selbstbestimmung in den Reservationen, aber auch die nach Bürgerrechten und Respektierung der mit den USA abgeschlossenen Verträge waren und sind die Hauptthemen des NCAI.[106] Das war im frühen Kalten Krieg, der in den USA von wachsender Intoleranz gegenüber ethnischen Minderheiten geprägt war, nicht wenig. Erste Erfolge konnte der Verband 1948 bzw. 1953 feiern, als auch New Mexico, Arizona und Utah den American Indians endlich das Wahlrecht verliehen, nachdem der Verband entsprechende Klagen unterstützt hatte.[107] Anfangs spielten in ihm American Indians eine Hauptrolle, die während des New Deal für das OIA gearbeitet hatten. Der bekannteste dieser »New Dealer« war D'Arcy McNickle (1904–1977), ein vielseitig talentierter Flathead, der sich nicht nur als Romancier (*The Surrounded*, 1936) und Historiker (*They Came Here First*, 1949) betätigte, sondern sich auch als Mitarbeiter des von John Collier geführten OIA hervorgetan hatte. Zusammen mit Ruth Muskrat Bronson, Robert Yellowtail und anderen trat er dafür ein, Franklin D. Roosevelts Reformagenda zu verteidigen.[108] In der sich seit 1950 ankündigenden Terminationspolitik sah er eine Gefahr für das durch den New Deal Erreichte.

Bei der Terminationspolitik handelte es sich um ein neues Assimilationsprogramm, das in eine wohltönende Emanzipationsrhetorik verpackt war, in der den American Indians Befreiung und sozialer Aufstieg versprochen wurde. Nur ein halbes Jahr nachdem der Republikaner Dwight D. Eisenhower an die Macht gekommen war, wurde sie – politisch breit gestützt – auf den Weg gebracht. Mit der 1953 beschlossenen »House Concurrent Resolution 108« eröffnete der Kongress eine »neue Front der Indianerkriege«, um die letzten territorialen Refugien der First Peoples in den USA zu zerstören.[109] Die Terminationspolitik sah einen vollständigen Rückzug des Bundes aus den Vertragsverpflichtungen vor, die die Union während des 19. Jahrhunderts mit den indigenen Nationen eingegangen war. Fortan sollten keine Bundesgelder mehr in die Reservationen fließen, die die dortige Verwaltung und Infrastruktur, aber auch Schulen, Gesundheitsdienst und Sozialprogramme finanzierten. Und mehr noch: »Alle Reservationen sollten nun aus der Bundesaufsicht in die der Einzelstaaten übergehen, in der Erwartung, dass diese die Reservationen auflösen und sich das Land einverleiben würden.«[110]

Mit dieser Politik sollten die »Stämme« einer nach dem anderen »terminiert« werden, mit dem Ziel, noch das letzte indigene Land weißen Farmern und Ranchern zu übereignen.[111] So hätte im ländlichen Amerika bald nichts mehr an die jahrtausendealte Präsenz der First Peoples erinnert, von den Objekten in einigen regionalen Museen mal abgesehen. Doch die Gefahr blieb nicht unerkannt. Die Schriftstellerin Louise Erdrich hat der Thematik ihren mit dem Pulitzerpreis geadelten Roman *Der Nachtwächter* (2020) gewidmet. Darin erzählt die 1954 geborene Tochter einer Ojibwe und eines Deutsch-Amerikaners mit viel Empathie künstlerisch aufbereitete Episoden aus dem Leben ihres Großvaters Patrick Gourneau (1904–1989). Gourneau gehörte zur ersten Generation von American Indians, die vollständig in der Reservation aufwuchs, und war Mitglied einer Familie, die den »verzweifelten, hindernisreichen Wechsel zur Landwirtschaft« schaffte, während er selbst die Boarding Schools in Fort Totten, Haskell und Wahpeton besuchen musste.[112] 1954 zum Vorsitzenden des Tribal Council gewählt, führte er in North Dakota den Widerstand der Turtle Mountain Band of Chippewa Indians gegen die bereits beschlossene »Terminierung« ihrer Reservation und die damit verbundene Enteignung ihres Landes an.[113] »Dieses neue Vorhaben«, meinte Patrick Gourneau, »dürfte so ziemlich das Schlimmste sein, was uns Indianern passieren konnte.«[114] Und auf die

Geschichte zurückblickend, wird er im Roman mit der vielsagenden Einschätzung zitiert: »Wir haben die Pocken überlebt, die Winchester-Repetierbüchse, die Hotchkiss-Kanone, die Tuberkulose. Wir haben die Grippeepidemie von 1918 überlebt und in vier oder fünf Kriegen für die USA gekämpft. Und jetzt vernichtet uns diese Ansammlung knochentrockener Wörter.«[115]

Verstärkt wurde die für sich schon unheilvolle Wirkung der »House Concurrent Resolution 108« durch die staatlich finanzierte Umsiedlung der American Indians. Ausgestattet mit einem Einzelfahrschein und einer mickrigen Einmalunterstützung, sollten sie in die Städte gelotst werden, um dort einen dauerhaften neuen Lebensmittelpunkt zu finden. Seit 1948 siedelte das BIA auf diese Weise 35 000 American Indians nach Minneapolis, Chicago, Denver, Dallas, St. Louis, Cincinnati, Cleveland, Salt Lake City, San Francisco, Los Angeles und in andere Großstädte um. Dazu kamen Zehntausende weitere, die den Reservationen mehr oder minder freiwillig den Rücken kehrten, um in den »Zementprärien« (Stan Steiner) des Landes ihr Glück zu versuchen.[116] Erdrich lässt in ihrem Roman die Ojibwe-Frau Joyce Asiginak sagen: »Umsiedeln wollen die uns. Das heißt nichts anderes als vertreiben. Wie oft sind wir schon vertrieben worden? Unzählige Male. Dieses Mal wollen sie uns in die Städte schicken.«[117] Und dort, so lässt sich anfügen, sollten sie in der urbanen Welt bis zur Unkenntlichkeit aufgehen und dadurch als Indianer ausradiert werden.

»Termination« und »Relocation« zielten darauf, die Verbindungen der American Indians zu ihrem früheren Dasein zu kappen. In den BIA-Chefs Dyllon S. Myer (1950–1953) und Glenn L. Emmons (1953–1961) fand der erneute Entindianisierungsversuch seine beflissenen Vollstrecker. Beide waren keine unbeschriebenen Blätter. Im Krieg war Myer als Direktor der War Relocation Authority verantwortlich dafür gewesen, 120 000 an der Westküste lebende Amerikaner mit japanischen Wurzeln zu deportieren und gegen ihren Willen in zehn Lagern im Landesinnern zu internieren, in denen sie unter unwürdigen Umständen leben mussten.[118] Als neuer Chef des BIA glaubte er, dass Indianer keine »eigene legitime Kultur« besäßen und wollte diese durch die neue Politik »in das Sonnenlicht voller Unabhängigkeit« führen.[119] Der wirtschaftsfreundliche Republikaner Emmons wiederum öffnete als ehemaliger Chef der First State Bank in Gallup die angeblich zum Tode verurteilten Reservationen für private Firmen, damit diese dort im großen Stil Öl, Uran und Kohle fördern oder Holz schlagen konnten.[120] 1969 brachte es Vine Deloria Jr. auf den Punkt: »In der Praxis wird die Termination als Waffe gegen die Indianer in einem modernen Eroberungskrieg verwendet.«[121]

Über Jahre hing die Terminationspolitik wie eine »Giftwolke«[122] über den Reservationen. Nicht eine einzige indigene Nation konnte ihr etwas abgewinnen. Denn die Reservationen, im 19. Jahrhundert als Internierungszentren für »Ureinwohner« gegründet, die dem amerikanischen »Nation building« im Weg standen, waren inzwischen längst zu »Homelands« geworden. Ungeachtet dessen beschloss der Kongress bis 1960, mehr als 109 »Stämme« und kleinere Bands zu terminieren.[123] Desaströs wirkte sich die Termination etwa auf die im Vergleich gut situierten Menominee (Wisconsin) und Klamath (Oregon) aus. Beide Nationen verfügten in ihren »Homelands« über ausgedehnte Wälder und betätigten sich einigermaßen erfolgreich in der Holzwirtschaft. Ihren Leuten sicherte dies nicht nur Beschäftigung und Einkommen, sondern bescherte den Tribal Councils auch schöne Geldsummen, die sie zum Wohl der Gemeinschaften einsetzen konnten. Doch sobald mit der Termination Ernst gemacht wurde, mussten die nationseigenen Forstbetriebe und Sägewerke dichtmachen. Nicht genug damit erlaubte das BIA nun einigen US-Unternehmen, die Waldgebiete der beiden Nationen kommerziell auszubeuten, was die Menominee und Klamath in den gewollten Ruin treiben sollte.[124]

Der NCAI ließ sich indes durch die emanzipatorische Terminationspropaganda (»Set the American Indian Free«) nicht täuschen und stieg in den 1950er Jahren zur führenden indigenen Selbstverteidigungsorganisation auf. Es waren Joseph R. Garry als neu gewählter Präsident und Helen White Peterson als geschäftsführende Direktorin, die über mehrere Jahre den Kreuzzug gegen diesen neuerlichen Anschlag auf die indianische Existenz in den Vereinigten Staaten anführten. Im Februar 1954, als in Washington gerade die Anhörungen für weitere Terminationen liefen, beriefen sie im Hotel Raleigh eine »Notfallkonferenz« ein. Besorgt schrieb Garry in der Einladung: »Die meisten der anhängigen Gesetze werden, wenn sie verabschiedet würden, zum Ende unserer letzten Besitztümer auf diesem Kontinent führen und unsere Würde und Bedeutung als erste Bewohner dieses reichen Landes zerstören. Die größte Prüfung unserer Stärke und unseres Überlebenswillens als Indianer liegt nun vor uns.«[125]

Delegierte von 34 indigenen Nationen aus 21 Bundesstaaten und Alaska kamen in der Kapitale zusammen. Für einige von ihnen war es das erste Mal überhaupt, dass sie mit anderen American Indians zusammentrafen. Unterstützt durch Kirchen und Organisationen (wie die American Legion oder die Japanese American Citizen League), protestierte der NCAI laut vernehmbar gegen das Vorhaben des Kongresses.[126] Viele US-Repräsentanten und Senatoren hielten die »Stämme« für Relikte der Vergangenheit und die Reservationen für Gefängnisse, die einer erfolgreichen individuellen Entfaltung ihrer Bewohner im Wege stünden. Mehrheitlich waren die Politiker inzwischen der Ansicht, dass die Union schon viel zu viel Geld in die verarmten Sondereinrichtungen gesteckt hatte, ohne dort etwas Positives bewirkt zu haben. Daher gehörten sie alle aufgelöst.[127] Die von den NCAI-Delegierten in Washington 1954 verabschiedete »Declaration of Indian Rights« dagegen verteidigte deren Existenzberechtigung: »Einige unserer amerikanischen Mitbürger denken, dass unsere Reservationen Orte der Inhaftierung sind. Nichts könnte weiter von der Wahrheit entfernt sein. Reservationen sperren uns nicht ein. Sie sind angestammte Homelands, die wir uns zu unserem fortwährenden Gebrauch und Genuss bewahrt haben […] und ohne unsere Zustimmung dürfen sie nicht abgewickelt werden.«[128]

Durch professionelle PR-Arbeit brachte der NCAI Hunderte von Zeitungen und etliche Radio- und Fernsehstationen dazu, über diese »massive Show der vereinigten indianischen Opposition«[129] und den Inhalt der Resolution zu berichten. Ausnehmend geschickt operierte dabei der NCAI-Präsident. Mit seinen Führungsqualitäten und seiner energiegeladenen Hartnäckigkeit war Joseph Garry (1910–1975) ein Glücksfall für die Organisation. Selbst im konservativen Teil des Establishments galt der Chef der Coeur d'Alene, einer kleinen indigenen Gemeinschaft in Idaho, als untadeliger »Patriot«, da er sowohl im Zweiten Weltkrieg als auch in Korea in der US-Armee gedient hatte.[130] Jedenfalls halfen seine klugen Auftritte und intensive Lobbyarbeit als NCAI-Präsident zwischen 1953 und 1959 mit, die negativen Auswirkungen der assimilatorischen Indianerpolitik in Grenzen zu halten.[131]

Nichtsdestoweniger ging in der ersten Phase des Terminationspolitik weiteres Land in den Reservationen verloren, was die ohnehin schon hohe Arbeitslosigkeit erhöhte, zu mehr Armut beitrug und so die Verbitterung gegenüber dem weißen Amerika vertiefte. Bis 1960 büßten 13 000 von 533 000 eingeschriebenen Stammesmitgliedern ihren indianischen Status ein. Weit schlimmer für sie war jedoch, dass sie ihre bisherigen Lebenswelten verloren und ihre Identität als American Indians in eine Krise geriet.[132] Dass es nicht noch gravierender kam, war dem Aufbegehren des NCAI zu verdanken. Denn dem Verband gelang es, den Widerstand gegen die unheilvolle Politik zu koordinieren und durch überzeugende Auftritte an Hearings im Kongress, das Einreichen von Denkschriften, das Abhalten von medienwirksamen Versammlungen sowie versiertes Lobbying in Washington Sand ins Getriebe des Terminationsprozesses zu streuen. Auf diese Weise konnte er diesen verlangsamen und in einigen Fällen sogar aufhalten.[133] Keiner anderen indigenen Organisation in den USA war dies zuvor je gelungen.

Mit den Jahren entwickelte sich die Terminationspolitik in eine von ihren Promotoren nicht intendierte Richtung. Durch den Druck, den sie auf die American Indians in den Reservationen ausübte, weckte sie viele von ihnen aus ihrer Lethargie auf. Sie erkannten, dass nur dauerhafte Souveränitätsgarantien und echte Selbstbestimmung das Überleben künftiger Generationen in ihren »Homelands« sicherstellen konnte.[134] Zudem verstärkte dieser erneute Anschlag auf ihre Existenz auch die Solidaritätsbande zwischen den einzelnen indigenen Nationen und bereitete damit dem politischen Panindianismus der Red Power-Ära den Boden. Mit dem NCAI sprachen die First Peoples in einer für sie absolut zentralen Zukunftsfrage erstmals mit geeinter Stimme.[135]

VORBOTEN EINER NEUEN MILITANZ

Kaum ein Prozess veränderte die Welt nach dem Zweiten Weltkrieg so einschneidend wie das Ende der Kolonialreiche in Afrika, Asien, der Karibik und in Ozeanien, und zwar weit über die betroffenen Regionen hinaus. Die Dekolonisation bedeutete »einen radikalen Umbau der internationalen Ordnung und durch die Ächtung des Kolonialismus – und des ihn ideologisch flankierenden Rassismus – zugleich eine Umkehrung jener Normen, die bis zur Mitte des 20. Jahrhunderts lange Zeit das Verhältnis der Völker und Staaten zueinander bestimmten«[136]. Vielleicht nirgendwo sonst zeigte sich der gegenüber der imperialen Ära eingetretene Werte- und Bewusstseinswandel deutlicher als in der Resolution 1514 der Vereinten Nationen. In dieser verurteilte die UNO-Generalversammlung die koloniale Herrschaft über abhängige Völker am 14. Dezember 1960 erstmals unumwunden: »1. Die Unterwerfung von Völkern unter fremde Unterjochung, Herrschaft und Ausbeutung stellt eine Verweigerung grundlegender Menschenrechte dar, steht im Widerspruch zur Charta der Vereinten Nationen und ist ein Hindernis für die Förderung des Friedens und der Zusammenarbeit in der Welt. 2. Alle Völker haben das Recht auf Selbstbestimmung; kraft dieses

Rechts bestimmen sie frei ihren politischen Status und verfolgen frei ihre wirtschaftliche, soziale und kulturelle Entwicklung.«[137] In diesem Schlüsseldokument der Dekolonisation gab sich die Generalversammlung überzeugt, »dass alle Völker ein unveräußerliches Recht auf volle Freiheit, auf die Ausübung ihrer Souveränität und die Integrität ihres nationalen Territoriums haben«[138].

Seit dem Ende des Zweiten Weltkrieges hatten in vielen Teilen der Welt immer mehr Völker die Fesseln drückender Kolonialherrschaft abgeschüttelt und ihren völkerrechtlichen Status – wie Indien, Pakistan, Ghana, Indonesien, Tunesien oder Madagaskar – meistens selbst als souveräne Nationalstaaten bestimmt.[139] Ungeachtet der Tatsache, dass die UNO das Problem des internen Kolonialismus unter ihren Mitgliedstaaten 1960 stillschweigend überging, machte der global wirkende Trend zur indigenen Selbstermächtigung auch vor den nordamerikanischen First Peoples nicht halt. Denn die American Indians lebten auf dem Territorium der mächtigsten unter den ehemaligen weißen Siedlerrepubliken, die seit ihren Anfängen auf Eroberung, Gewalt, Landenteignung, innerem Kolonialismus und strukturellem Rassismus aufgebaut war.[140] Parallel zu den weltweiten Befreiungskämpfen in der »Dritten Welt« entwickelte sich in den USA eine neue Form des indigenen Widerstands. Mit jedem Jahr stieg unter jungen, meist gebildeten American Indians von nun an die Bereitschaft, sich für das »Recht, kulturell anders zu sein«, zu engagieren. Für jenes zentrale Recht also, vom dem NCAI-Gründer D'Arcy McNickle nur ein paar Jahre zuvor festgestellt hatte, dass der Kampf darum bislang noch gar nicht begonnen habe.[141] Eine Vorreiterrolle spielten dabei Aktivisten der Tuscarora und Mohawk.[142]

In der Region unterhalb der Niagara-Fälle verbreitete sich Anfang 1957 die Kunde, dass die New York Power Authority, einer der größten staatlichen Energieerzeuger in den USA, einen Speichersee auf dem Gebiet der Tuscarora-Reservation plane. Er war Teil eines gigantischen Flusskraftwerkprojekts in der Nähe der Niagara-Fälle, das 1961, als es seinen Betrieb aufnahm, das größte seiner Art in der westlichen Welt war.[143] Der Speichersee hätte in der Reservation nicht nur Ackerland und Häuser unter Wasser gesetzt, sondern das Land der Tuscarora durch Enteignung um ein Fünftel (ca. 5,5 Quadratkilometer) geschmälert. Bald nach Bekanntwerden der Pläne regte sich Widerstand, an dessen Spitze sich der General Council der Tuscarora stellte. Elton Greene, der Vorsitzende des Gremiums, wies ein ihm unterbreitetes Verkaufsangebot mit den Worten zurück: »Wir werden es [das Land, A. M.] nicht für 5 Millionen, 10 Millionen oder 15 Millionen verkaufen. Wenn wir etwas von unserem Land gehen lassen, dann werden die Tuscarora in wenigen Jahren auf der Straße stehen.«[144] Auch Clinton Rickard sah in dem Projekt die »größte Gefahr« für die Tuscarora: »Das Land hält uns zusammen; es macht unsere Gemeinschaft aus. Ohne unser Land sind wir nichts.«[145]

Neben Elton Greene traten im Widerstand die beiden jungen Tuscarora Wallace Anderson (1927–1985) und William Rickard (1917–1964) als Wortführer auf. Beide standen seit 1950 mit den Hopi-Traditionalisten in Kontakt. Obschon Rickard der Sohn des bekannten Chiefs Clinton Rickard war, der 1926 die Indian Defense League of America ins Leben gerufen hatte, war es Anderson, der im medialen Rampenlicht stand. Er war es, der spätere Aktivisten motivierte, in Fragen indigener Selbstbehauptung eine dezidiertere Haltung einzunehmen als bisher. Als einer der ersten Indigenen begann er, zivilen Ungehorsam zu üben, inspiriert unter anderem durch das Vorbild der afroamerikanischen Bürgerrechtsbewegung von Martin Luther King, die sich seit dem Sitzstreik von Rosa Parks am 1. Dezember 1955 in Montgomery, Alabama immer wieder in Szene zu setzen wusste.[146]

Wallace Anderson wuchs in der Tuscarora-Reservation auf; seines ungestümen Temperaments wegen nannte ihn seine Großmutter »Mad Bear« (»verrückter Bär«), ein Beiname, der ihm als Aktivist blieb. Wie viele American Indians hatte er während des Zweiten Weltkriegs gedient. Als Mitglied der Seventh Amphibious Fleet der Navy steuerte er bei den Invasionen von Saipan und Okinawa ein Landungsboot. Auch im Koreakrieg hatte er in den Streitkräften gekämpft. Bald nach seiner Entlassung bewarb er sich um ein Darlehen auf der Grundlage der »GI Bill«, mit dem er ein Haus in der Reservation bauen wollte. Doch als das Gesuch abgelehnt wurde, wandelte er sich enttäuscht über die als ungerecht empfundene Zurücksetzung zum Souveränitätsaktivisten.[147] Von 1957 an war Mad Bear Anderson zunächst in einem Steuerstreik engagiert. In der Logik der Terminationspolitik hatte der Bundesstaat New York damit begonnen, erstmals Einkommensteuern in den auf seinem Territorium liegenden Irokesenreservationen zu erheben. In den bedrängten Gemeinschaften der Mohawk, Seneca und Tuscarora kam dies nicht gut an. Anderson und der Seneca-Chief Corbett Sundown sahen darin einen Anschlag auf die Souveränität der Irokesen-Konföderation und die alten, mit den USA abgeschlossenen Verträge. Von ihnen angeführt zogen im Januar 1959 200 Haudenosaunee vor das Stadthaus von Massena und verbrannten Bußbescheide für nicht bezahlte Steuern. Die Proteste endeten schließlich nach Jahren mit einem Sieg vor dem Supreme Court.[148]

Die Gegenbewegung gegen die Teilflutung der Reservation spielte sich auf zwei Ebenen ab. Da war zum einen der Versuch des Tuscarora General Council unter Chief Elton Greene, das Projekt mittels juristischer Schritte zu verhindern. Dafür beauftragte der General Council ein Anwaltsteam, das alle rechtlichen Möglichkeiten ausschöpfte und darauf achtete, dass die Tuscarora nicht von den Vertretern und politischen Unterstützern der New York Power Authority über den Tisch gezogen wurden. Mit stillschweigender Zustimmung des General Council übten aufgebrachte Tuscarora zum anderen zivilen Ungehorsam. Mit zivilem Ungehorsam werden in der Öffentlichkeit und mit friedlichen Mitteln ausgeübte Protestaktionen bezeichnet, in denen Menschen leichte Gesetzesbrüche begehen, um auf ein Unrecht aufmerksam zu machen, in der Hoffnung, dass die Gegenpartei sich davon beeindrucken lässt und ihre Haltung ändert.[149]

An den Eingängen zu ihrem »Homeland« brachten Mad Bear Anderson, William Rickard und John Hewitt früh Warnschilder an, auf denen sie Beamte, Vermesser, Vertragspartner und Angestellte des Niagara-Kraftwerkprojekts davor warnten, die Reservation unbefugt zu betreten. Ein Bild der Aktion, welches die drei beim Montieren eines Warnschilds zeigt, schaffte es sogar in eine Lokalzeitung, was belegt, dass die Aktion kühl geplant und inszeniert war.[150] Nicht genug damit: Am 16. April 1958 gelang es Tuscarora gleich zweimal, ein Team der New York Power Authority mittels einer Autoblockade daran zu hindern, ihre Vermessungsarbeiten in der Reservation aufzunehmen. Wiederum waren Medien vor Ort. Mit selbst gemalten Schildern bewehrt, auf denen es beispielsweise hieß »Müssen Sie alles wegnehmen, was die Indianer besitzen?«, versuchten 150 friedlich demonstrierende Tuscarora ein von einem bewaffneten Polizeiaufgebot begleitetes Vermessungsteam erneut daran zu hindern, seiner Arbeit nachzugehen.[151] Es kam zu lautstarken Beschimpfungen und einem Handgemenge. Mad Bear Anderson, William Rickard und John Hewitt weigerten sich, den Weg freizugeben, und wurden daraufhin verhaftet. Abermals waren einbestellte Medienvertreter und sogar eine Fernsehstation zugegen, um über den Showdown zu berichten.[152] So platzierte der Schriftsteller Edmund Wilson beispielsweise im *New Yorker* Artikel, die mit der Sache der Tuscarora sympathisierten.[153]

Aber auch durch die Verhaftungen ließ sich der zivile Ungehorsam nicht ersticken. Die von Klanmüttern organisierten Proteste hielten unvermindert an. Mutige Tuscarora brachten am Boden liegend Lastwagen zum Stehen, rissen bereits gesetzte Markierungen aus der Erde, ließen Luft aus Firmenfahrzeugen entweichen und zerstörten Baumaterial. Im März 1959 trug Anderson den Protest nach Washington, wo rund 100 Tuscarora vor dem Weißen Haus gegen den auf ihrem Land geplanten Speichersee demonstrierten, in der flüchtigen Hoffnung, dass sie Eisenhower zu einer Unterredung bitten werde. Als der Präsident nicht reagierte, wandten sie sich mit einer Bittschrift an die Britische Gesandtschaft, in der sie die Regierung ihrer Majestät aufforderten, Druck auf die USA auszuüben, damit sich diese weiterhin an einen Vertrag von 1794 halte. Anderson sah in der Speichersee-Frage ein internationales Problem, mit dem sich auch die Gremien der UNO beschäftigen müssten.[154]

Dennoch konnte all das nicht verhindern, dass das Niagara-Kraftwerk und der Speichersee realisiert und von Präsident John F. Kennedy im April 1961 eingeweiht wurden. »Die Ungerechtigkeit hatte triumphiert«[155], schrieb Clinton Rickard in seiner Autobiografie. Allerdings hatten die Tuscarora sich teuer verkauft. Ihnen ging weit weniger Land (2,2 Quadratkilometer) verloren als ursprünglich geplant. Überdies erhielten sie eine höhere Entschädigung für die Enteignung als anfänglich angeboten. Entscheidender waren jedoch zwei andere Dinge: Die Protestaktionen halfen mit, die Six Nations und ihre Teilnationen wiederzubeleben und auf einen intransigenten Kurs zu bringen. Nicht von ungefähr erklärten sich die Six Nations 1959 ein weiteres Mal für unabhängig – darin von Mad Bear Anderson tatkräftig unterstützt.[156] Zudem zeigte die Protestkampagne der Tuscarora einen erfolgversprechenden Weg auf, wie indigene Anliegen zu einem Thema in der Mehrheitsgesellschaft gemacht werden konnten.

Mad Bear Anderson war ein Meister der medialen Selbstinszenierung, als erster indigener Aktivist hatte er die Macht der Bilder erkannt.[157] 1959 schockte der bullige Mann viele US-Bürger, als er eine kleine Miccosukee-Delegation aus Florida nach Havanna auf Kuba begleitete. Dabei handelte es sich um eine der spektakulärsten Widerstandsaktionen der Terminationsära überhaupt.[158] Von dem erst seit wenigen Monaten auf der Zuckerinsel regierenden Fidel Castro ersehnten sich die Miccosukee nichts weniger, als dass er deren Bemühungen gegenüber der US-Regierung unterstützte, in den Everglades endlich eine Reservation zu bekommen. Anderson erträumte sich vom kubanischen Revolutionsführer sogar, dass er die staatliche Unabhängigkeit und volle Souveränität aller First Nations anerkennen und ihren »Befreiungskampf« in der UNO-Generalversammlung unterstützen würde. Tatsächlich erkannte das revolutionäre Kuba die Souveränität der Six Nations an, ohne der Konföderation damit allerdings den Weg zum unabhängigen Staat zu ebnen.[159] Bald nach dem Besuch kam ein Prozess in Gang, durch den die Miccosukee von Washington als »Tribe« offiziell anerkannt wurden und dieser im Inneren des »Sonnenschein-Staats« zu einer Reservation kam.[160]

Die amerikanische Öffentlichkeit hielt derweil nichts von der unkonventionellen Kuba-Reise der Miccosukee, die dem Revolutionsführer der Nachbarinsel huldigten, um Hilfe für ihre Anliegen in den USA zu erhalten. Für das konservative Meinungsspektrum grenzte das fast schon an Landesverrat. Aber auch NCAI-Präsident Joseph Garry lehnte den »Publicity-Gag, an ausländische Nationen zu appellieren, um Angelegenheiten der amerikanischen Indianer zu regeln«[161], empört ab. Garry hielt die UNO nicht für das geeignete Forum, um inneramerikanische »Indianerfragen« zu verhandeln.[162] Die junge, von den globalen Befreiungskämpfen der »farbigen Völker« inspirierte Generation indigener Aktivisten sah dies in den kommenden Jahren hingegen ganz anders. Für sie war Deskahehs pionierhafter Gang vor den Völkerbund ein nachahmenswertes Modell. 1974, nur 15 Jahre später, entstand mit dem International Indian Treaty Council (IITC) eine Organisation, die diese erfolgversprechende Vorgehensweise systematisch verfolgen sollte, um von der Weltbühne aus zusätzlichen Druck auf die USA auszuüben.

DIE KONFERENZ VON CHICAGO (1961)

In der unmittelbaren Vorgeschichte der Red Power-Ära spielten die seit 1956 zuerst in Colorado Springs, dann in Boulder jährlich durchgeführten Sommerworkshops für indigene Studierende eine beachtliche Rolle. Und das obwohl die sechs Wochen dauernden Fortbildungskurse, in denen indigene Gegenwartsprobleme aufgegriffen wurden, weit unspektakulärer abliefen als die medienwirksamen

Proteste der Tuscarora und Miccosukee. Auf längere Sicht jedoch erwiesen sich diese Sommerschulen als wirkungsmächtiger, trugen sie doch entscheidend zur politischen Bewusstwerdung der neuen Aktivistengeneration bei. Für den Historiker Paul McKenzie-Jones besitzen sie sogar eine Bedeutung als Wiege der Red Power-Bewegung.[163] D'Arcy McNickle vom NCAI und der an der Universität Chicago lehrende progressive Kulturanthropologe Sol Tax (1907–1995) waren es, welche die »Workshops on Indian Affairs« ins Leben riefen. Schon früh dachte McNickle darüber nach, wie die junge Generation, die nach dem Krieg so zahlreich wie nie zuvor an Colleges und Universitäten studierte, am besten auf Führungsaufgaben in den Gemeinschaften vorbereitet werden konnte.

Sol Tax wiederum, der aus einer jüdischen Familie stammte und ein Spezialist für die Kulturen der mittel- und nordamerikanischen First Peoples war, hatte sich einen Namen als führender Vertreter eines neuen Forschungsansatzes gemacht: der sogenannten »Action Anthropology«, die er als partizipative Form der Ethnologie definierte. Tax und sein Kreis wollten indigene Kulturen nicht länger nur aus der Distanz beobachten, beschreiben und analysieren. Gerade als Wissenschaftler wollten sie sich engagiert auf die Seite der unterdrückten First Peoples stellen und ihnen durch kritisches Wissen unter die Arme greifen, damit sie ihre Gegenwartsprobleme besser durchblickten und – auf diese Weise ermächtigt – den politischen Kampf aufnehmen konnten.[164] Zu Tax' Schülern gehörte mit Robert K. Thomas (1925–1991) auch ein junger Cherokee, der an den Workshops schon bald eine Schlüsselfunktion als Dozent wahrnahm. Wie McNickle und Tax glaubte Thomas, dass die Sozialwissenschaften dabei helfen konnten, indigene Lebenswelten zu entkolonialisieren, daher brachte er bei den Sommerschulen stets die neuesten sozialwissenschaftlichen Konzepte in die Diskussionen ein. Eines, das besagte, dass die USA die First Peoples seit ihrer Gründung in das stählerne Gehäuse eines »internen Kolonialismus« gezwängt hätten, in dem sie sich bis heute bewegen müssten, erwies sich als besonders folgenreich.[165] Dadurch wurde Thomas für viele der jungen Studierenden zu einem entscheidenden Ideengeber und intellektuellen Spurentreter. Nur wenig älter als sie, war er ihnen ein Vorbild an Gelehrsamkeit und intellektueller Brillanz.[166]

Thomas, der sich aus beengten Verhältnissen bis zum Universitätsdozenten emporgearbeitet hatte, fiel es leicht, seinen lernbegierigen Studierenden zu vermitteln, dass sie in einem gemeinsamen Überlebenskampf gegen eine ebenso anmaßende wie gefräßige Zivilisation stünden, die sie kulturell auszulöschen trachtete. Es sei mitnichten so, dass sie gesellschaftlich nur reüssieren könnten, wenn sie sich – wie offiziell erwünscht – zu anspruchslosen »Imitationen des weißen Mannes« entwickelten.[167] Mit diesen Ansichten stand er nicht allein da. Auch die anderen Dozenten vermittelten den indigenen Studentinnen und Studenten ein kritisches Wissen über Kolonialismus, Rassismus und die US-Geschichte. Bei all dem ging es darum, ihnen ein neues Selbstbewusstsein als First Americans zu verleihen. Dabei an die »Schule der Rebellen« (Charles King) von Franz Boas und Ruth Benedict anknüpfend, lehrten sie sie, dass keine Kultur der anderen überlegen und Rassismus reine Idiotie sei.[168]

Früh fiel der Dozentin Rosalie Wax auf, dass die Mehrheit der teilnehmenden Studierenden unfähig war, sich als American Indians oder aber als Weiße zu definieren, weil sie die US-Gesellschaft von frühester Jugend an gezwungen hatte, in zwei Welten zu leben, und sie dadurch zwischen Stuhl und Bank gefallen waren. Manche von ihnen litten sogar unter Selbsthass, andere an einem Minderwertigkeitskomplex.[169] Vielfach zum ersten Mal überhaupt vernahmen sie in den Kursen, dass die First Peoples Nordamerikas ebenso vielfältige wie wertvolle Kulturen hervorgebracht hatten, die sich nicht vor den anderen auf der Welt verstecken mussten.[170] Bei vielen zeigten die Bemühungen den gewünschten Erfolg, sicher auch begünstigt durch das antikolonialistische Klima der Zeit. McNickle ließ seinen alten Freund John Collier im Januar 1963 jedenfalls wissen, dass viele der Workshop-Teilnehmenden eine neue indigene Identität gewonnen hätten und nun besser verstünden, wo ihr Platz in der amerikanischen Gesellschaft sei.[171]

Der folgenreichste Workshop fand im Sommer 1961 statt. Er brachte junge American Indians aus 15 Bundesstaaten zusammen, darunter Clyde Warrior (Ponca), Karen Rickard (Tuscarora), Mel Thom (Paiute), Bernadine Eschief (Shoshone Bannock), Herbert Blatchford (Diné) und Shirley Hill Witt (Mohawk), die bald schon als Red Power-Pioniere von sich reden machen sollten. Vom 13. bis zum 20. Juni trafen die jungen Studierenden sich in Chicago, um dort an der vom NCAI einberufenen, wiederum von Sol Tax angeregten American Indian Chicago Conference teilzunehmen. Die Konferenz an der Universität Chicago wuchs sich zum bis dahin größten intertribalen Treffen in der US-Geschichte aus. Gut 700 American Indians aus knapp 90 indigenen Nationen fanden sich ein, vereint in dem Ziel, Auswege aus der bleiernen Terminationsära zu finden. Die Teilnehmenden repräsentierten einen Querschnitt des indigenen Amerika: Menschen aus den Reservationen waren ebenso vertreten wie urbane American Indians, Assimilierte ebenso wie Traditionalisten und junge Aktivisten.[172]

Eine Woche lang tauschten sie Gegenwartsdiagnosen aus und dachten intensiv über ihre Zukunft in den Vereinigten Staaten nach. Der Zeitpunkt dafür war günstig, hatte doch Senator John F. Kennedy kurz vor seiner Wahl zum US-Präsidenten angekündigt, einen »scharfen Bruch« mit der Indianerpolitik seines Vorgängers einleiten zu wollen.[173] Verdiente NCAI-Leute wie D'Arcy McNickle, Helen White Peterson und Clarence Wesley, die sich zum Teil schon seit Jahrzehnten für indigene Belange einsetzten, leiteten die Sitzungen, bestimmten die Agenda und nahmen großen Einfluss auf den am Ende beschlossenen Forderungskatalog. Schon im Vorfeld hatte McNickle eine mehr als 30 Seiten umfassende »Declaration of Indian Purpose« entworfen, welche die Versammlung schließlich am 20. Juni, mit kleinen Ergänzungen versehen, verabschiedete. Die Erklärung war in einem wenig aufrührerischen und verstörend patriotischen Grundton verfasst. Sie setzte mit einem staatsbürgerlichen Bekenntnis der American Indians zu ihrem »geliebten Land«, den USA, ein, das sie wie »alle anderen loyalen Bürger« mit ihrem Leben, Eigentum und ihrer heiligen Ehre verteidigen würden, wenn es nötig sei. Denn: »Wir sind, wie alle anderen wahren Amerikaner, unerschütterlich in unserem absoluten Glauben an die Weisheit und Gerechtigkeit unserer amerikanischen Regierungsform.«[174]

Erst nach diesem patriotischen Bekenntnis kritisierte die Erklärung das, was in den Jahren der Terminationspolitik geschehen war. Sanft, aber dennoch unmissverständlich forderte sie ein rasches Ende des Terminationsregimes und als Zukunftsgarantie, ohne es selbst so zu nennen, eine Form von Autonomie innerhalb der USA: »Wir, das indianische Volk, müssen auf demokratische Weise von hohen Prinzipien und Gesetzen regiert werden und das Recht haben, unsere eigene Lebensweise zu wählen. Da unsere indianische Kultur langsam von der amerikanischen Gesellschaft absorbiert wird, glauben wir, dass wir die Verantwortung haben, unser wertvolles Erbe zu bewahren; wir erkennen an, dass bestimmte Veränderungen unvermeidlich sind. Wir glauben, dass die Indianer für die Anpassung sorgen und so frei und in Würde zu einem besseren Leben in erzieherischer, wirtschaftlicher und geistiger Hinsicht voranschreiten sollten.«[175]

Nichts wäre an dieser Stelle naheliegender gewesen, als sich auf die UNO-Resolution 1514 zu beziehen, die nur wenige Monate zuvor anerkannt hatte, dass alle Völker ein Recht besäßen, selbst über ihren politischen Status und ihre soziale und wirtschaftliche Entwicklung zu bestimmen. Doch davon war in der Erklärung nirgends die Rede. Selbst das unterschiedlich auslegbare Selbstbestimmungsrecht fand sich als Terminus nicht explizit in ihr. Konkret forderte die »Declaration of Indian Purpose« lediglich die Garantie einer freien Religions- und Kulturausübung, vor allem aber bessere Bildungs-, Gesundheits- und Wohnungsprogramme für die Menschen in den Reservationen sowie Maßnahmen zur Arbeitsbeschaffung. Dazu sollte der Staat die in die Metropolen Umgesiedelten stärker unterstützen und sie durch Jobtrainings gezielter auf den Arbeitsmarkt vorbereiten.

In der Erklärung flackerte der Geist des Indian New Deal wieder auf. An einer Stelle fand sich die an die neue Administration von Präsident Kennedy gerichtete Hoffnung: »Wir GLAUBEN an die Zukunft eines größeren Amerikas, eines Amerikas, das wir als Erste geliebt haben, in dem Leben, Freiheit und das Streben nach Glück eine Realität sein werden. In einer solchen Zukunft, in der Indianer und alle anderen Amerikaner zusammenarbeiten, wird ein kulturelles Klima geschaffen werden, in dem die Indianer als Mitglieder einer freien Gesellschaft wachsen und sich entwickeln können.«[176] Zwar verlangte die Erklärung eine Mitbeteiligung der First Peoples bei der Ausformulierung eines neuen Politikansatzes, weswegen sie zügig dem neuen Mann im Weißen Haus vorgelegt wurde, der im Sommer 1962 dann tatsächlich 32 Teilnehmer der Konferenz zu einem Gedankenaustausch empfing. Doch sie war so zahnlos formuliert, dass sie schon in Chicago bei vielen zumeist jungen American Indians auf herbe Kritik stieß.

Vor Ort war auch der kämpferisch gesinnte Tuscarora William Rickard. Dieser gab sich überzeugt davon, dass es in der Indianerpolitik einen gänzlich anderen Kurs brauche. Wie sein berühmter Vater war er der Ansicht, dass die Six Nations von den USA und Kanada als souveräne Nation anerkannt werden müssten, so wie dies Italien mit San Marino tue.[177] Als D'Arcy McNickle die »Declaration of Indian Purpose« verlas, ärgerte sich Rickard maßlos. Es sei einfach falsch, dass alle American Indians US-Bürger seien, nicht wenige Irokesen hätten das Staatsbürgerschaftsgesetz von 1924 schließlich nie anerkannt.[178] Fern des Konferenzgeschehens diskutierten Rickard und die jungen Aktivisten sich die Köpfe heiß. Sie waren sich einig, dass Souveränität, Selbstbestimmung, Selbstregierung, Vertragsrechte und kulturelle Bewahrung die Grundpfeiler eines neuen Politikansatzes sein mussten. Um diese Ziele durchzusetzen, schlossen sie Aktionen des zivilen Ungehorsams nicht aus. Anders als die NCAI-Mitglieder, die sich dem Grundsatz verschrieben hatten, dass American Indians nicht auf die Straße gehen, um für ihre Anliegen zu demonstrieren, waren die »new Indians« (Stan Steiner) von Beginn an bereit, Risiken einzugehen. Selbst wenn das bedeutete, geltendes Gesetz zu brechen, indem sie Straßen blockierten, Fischfangverbote missachteten oder Bundeseigentum besetzten.[179]

Die NCAI-Mitglieder, darunter viele Repräsentanten der Tribal Councils, erschienen ihnen als viel zu regierungshörig und kompromissbereit. Wenig schmeichelhaft belächelten sie diese als »Äpfel«[180], die außen rot, innen aber weiß seien, oder verunglimpften sie als »Uncle Tomahawks«, als kreuzbrave Pseudo-Indianer, die, wie Mel Thom es ausdrückte, bloß »herumfuchtelten, Resolutionen verabschiedeten und den Leuten Kopfschmuck aufsetzten«, aber keine wirklich starken Positionen in der Sache vertraten.[181] »Uncle Tomahawk« spielte natürlich auf die alles erduldende, stets zur Vergebung bereite Hauptfigur in Harriet Beecher Stowes berühmtem Roman *Onkel Toms Hütte* (1852) an. Unter keinen Umständen wollten die Jungen solche lammfrommen Pappkameraden werden, die sich mit der Dominanz des weißen Amerikas abfanden, sich durch BIA-Jobs kaufen ließen und nur das zu sagen wagten, was die Regierung hören wollte.[182] Denn so wie die Reservationen vor sich hindämmerten, seien sie Teil eines gut geölten kolonialen Systems und das BIA nichts anderes als ein Kolonialamt.[183] Das waren rebellische Töne, die eine neue Zeit ankündigten. Und tatsächlich entwickelte sich dieses Treffen der Jungen in Chicago zu einem Sprungbrett für die Militanz der Red Power-Ära. Nur wenige Wochen später hoben die Dissidenten von Chicago den National Indian Youth Council (NIYC) aus der Taufe – die erste Red Power-Organisation.

5.

DIE RED POWER-JAHRE

DER SOUNDTRACK DES GESELLSCHAFTLICHEN UMBRUCHS

Die 1960er Jahre gerieten in Amerika zu einer Dekade gesellschaftlicher Umbrüche, nach denen vieles anders war als in der Zeit davor. Heute gelten sie als ein rebellisches Jahrzehnt. Es war geprägt durch Jugend- und Studentenproteste, den Emanzipationskampf der African Americans, schwere Rassenunruhen (wie die in Detroit, bei denen im Juli 1967 43 Menschen ihr Leben verloren), das Aufkommen alternativer Lebensstile, Demonstrationen gegen den Vietnamkrieg, die zweite Frauenbewegung, etliche Morde an charismatischen Hoffnungsträgern und einen behutsam einsetzenden Wertewandel. Trotz aller Umbrüche trat das konservative Amerika jedoch nicht einfach von der Bühne ab. Wo es nur ging, stemmte es sich gegen den beschleunigten sozialen Wandel und besonders gegen Lyndon B. Johnsons sozialpolitische Reformagenda der »Great Society«.[1] Mit Barry S. Goldwater bewarb sich 1964 ein weit rechts stehender Senator aus Arizona um die Präsidentschaft, der nicht nur an das »gute alte Amerika« glaubte, sondern auch einen Rechtsruck in der »Grand Old Party« einleitete, dessen Folgen sich erst Jahre später richtig zeigen sollten.[2] Zwar verlor der ultrakonservative Republikaner die Wahl deutlich, aber als Ganze präsentierte sich die Gesellschaft zerrissen.

In den Metropolen der Ost- und Westküste etablierte sich eine vibrierende Gegenkultur. Schriftsteller, Intellektuelle und Studenten, aber auch Schauspieler und Musiker, darunter auffallend viele Frauen, begehrten gegen die Segregation in den Südstaaten auf, protestierten gegen den Vietnamkrieg und übten scharfe Systemkritik an der Gegenwartsgesellschaft und ihren bürgerlichen Normen.[3] Nichts anderes als eine neue, bessere Gesellschaft sehnten sie sich herbei. Im Herbst 1963 schrieb der 22 Jahre alte Bob Dylan einen emblematischen Song. Mit seismografischem Gespür nannte er ihn *The Times They Are a-Changin'*. In einer der Strophen hieß es: »Kommt, Mütter und Väter / überall im Land, / und kritisiert nicht, / was ihr nicht verstehen könnt. / Eure Söhne und eure Töchter / sind jenseits eures Kommandos. / Euer alter Weg / altert rapide. / Bitte verlasst den neuen Weg, / wenn ihr schon keine Hand reichen mögt, / denn die Zeiten ändern sich.«[4] Nur ein Jahr später brachte Sam Cooke die Ballade *A Change Is Gonna Come* heraus, in der der afroamerikanische Sänger die Hoffnung beschwor, dass der Rassismus in den USA endlich überwunden werde.[5] Das Stück wurde zu einer Hymne der afroamerikanischen Bürgerrechtsbewegung.

Nicht oft trat die populäre Musik in den USA so politisch auf wie in den turbulenten »Sixties«. Seit Woody Guthrie und Pete Seeger galt die Folkmusik als eine engagierte, linksorientierte Kunstform, zu deren Repertoire Protestsongs gegen Unterdrückung, Diskriminierung, Krieg und jede andere Form von gesellschaftlicher Ungerechtigkeit gehörten. Meist nur durch eine akustische Gitarre und zuweilen durch eine Mundharmonika begleitet, zielte der damalige Folk auf Gesellschaftskritik. Etliche Folkmusiker ergriffen Partei für Außenseiter und die Anliegen ethnischer Minderheiten. Als sich am 28. August 1963 anlässlich des Marschs auf Washington rund 250 000 friedlich protestierende Menschen vor dem Lincoln Memorial einfanden, improvisierte der Bürgerrechtler Martin Luther King auf dieser größten politischen Demonstration, die Amerika bis zu diesem Zeitpunkt je gesehen hatte, nicht nur seine legendäre »I have a dream«-Rede. Bezeichnenderweise trugen auch die jungen Folkmusiker Joan Baez und Bob Dylan mehrere Songs vor, darunter einen über den Mord an dem Bürgerrechtler Medgar Evers in Mississippi und die Hymne *We Shall Overcome*.[6]

Baez und Dylan waren aber nur die bekanntesten Exponenten einer hochkreativen Folkszene, die sich im New Yorker Künstlerviertel Greenwich Village, an der Westseite Manhattans gelegen, etabliert hatte.[7] In dem legendären Szeneviertel lebte auch Peter La Farge (1931–1965), der es sich unter anderem zur Aufgabe machte, die Öffentlichkeit kritisch mit indigenen Sichtweisen auf Geschichte und Gegenwart der USA zu konfrontieren, mit provokativen Themen, die in der Breite der amerikanischen Gesellschaft bislang nie eine nennenswerte Rolle gespielt hatten. Denn für viele Mitglieder der Mehrheitsgesellschaft waren die kaum sichtbaren First Peoples von keinerlei Bedeutung, und das an ihnen verübte Unrecht verdrängt oder vergessen. Peter La Farge war der erste indigene Musiker, der mit seinen Songs gegen die ungerechte Behandlung der American Indians durch das weiße Amerika protestierte.[8] Doch bald schon folgten den von ihm gelegten Spuren weitere indigene Folksänger und Rockmusiker: Buffy Sainte-Marie, Willie Dunn, A. Paul Ortega, Floyd Westerman, John Trudell und Jesse Ed Davis zum Beispiel, aber auch Bands wie XIT, Redbone, Blackfoot und Kashtin.[9]

Peter La Farge kam in New York als Sohn eines Anthropologen und Schriftstellers zur Welt, der für seinen Roman *Laughing Boy* 1930 den Pulitzerpreis gewonnen hatte. In eine angesehene Familie von Gelehrten und Künstlern hineingeboren, floss über die Vorfahren seiner Mutter, die aus New England stammte, auch Narragansett-Blut in seinen Adern. Einen Teil seiner Kindheit verbrachte er auf einer Ranch in Colorado und einige Zeit auch in Santa Fe, wo er enge, für ihn Augen öffnende Beziehungen zu den Hopi Tewa pflegte. Mit seinem Vater teilte La Farge eine Faszination für die Kulturen der First Peoples. Während des Koreakriegs leistete er Militärdienst in der Navy, in einem Konflikt, den er später nur noch als sinnlos ansah. Zurückgekehrt hielt er sich zunächst als professioneller Rodeoreiter über Wasser, bis er schwer verunfallte und fast ein Bein verlor. Danach begann er in Chicago eine Ausbildung als Schauspieler und startete schließlich in Greenwich Village eine Karriere als Singer-Songwriter.[10]

Während ihm der erfahrene Cisco Houston zeigte, wie er Songs schreiben und singen musste, zog La Farge mit Dave Van Ronk, Pete Seeger, Ramblin' Jack Elliott, Bob Dylan und anderen um die Häuserblocks.[11] Erste Auftritte in verrauchten Kellern folgten. Seiner Zeit weit voraus fühlte er sich durch die ignorante Geschichtsvergessenheit des weißen Amerikas, wie sie sich etwa in den populären Hollywoodwestern auslebte, existenziell herausgefordert. Zwischen 1962 und seinem Tod veröffentlichte La Farge mehrere Alben, die die Leidensgeschichte der First Peoples während der amerikanischen Kontinentalexpansion thematisierten. Für die mittleren Jahre des Kalten Krieges, während denen die meisten Amerikaner nicht einmal einen Anflug historischen Unrechtsbewusstsein kannten, war dies ziemlich ungewöhnlich. Seine bekanntesten Alben hießen *As Long As the Grass Shall Grow* (1963) und *On the Warpath* (1965). Die Aufnahmen zeugten von einem fundierten historischen Wissen und sparten auch kontroverse Themen der Gegenwart nicht aus.[12]

Auf La Farges Alben finden sich Songs über den 1813 im Kampf gefallenen Shawnee-Chief Tecumseh und den »Trail of Tears«, auf dem 1838/39 mindestens 4000 Cherokee – und damit rund ein Viertel dieses indigenen Volks – durch Zwangsumsiedlungen unter der Aufsicht der US-Armee umkamen. Mit seinem Lied *The Crimson Parson* (1965) über das schauerliche Sand Creek-Massaker, während dem Milizen des Colorado-Territoriums 1864 bis zu 200 friedliche Cheyenne und Arapaho niedergemetzelt hatten, packte La Farge ein weiteres heißes Eisen an.[13] Schonungslos korrigierte die Ballade die Meistererzählung vom heroischen »Winning of the West«, in der das Blutbad am Sand Creek zu einem glorreichen Sieg der Kavallerie in einer regulären Schlacht weichgespült war.[14] Couragiert prangerte er in *Radioactive Eskimo* die radioaktive Verstrahlung von Inuit in Alaska an. Darin war von verstrahltem Karibufleisch, schmutzigem

Regen und strahlengeschädigten Inuit-Frauen die Rede, die ihre Kinder nicht mehr stillen können und stattdessen auf Milchkonserven angewiesen sind.[15]

Wohl durch Zeitungsberichte hatte er erfahren, dass die mächtige Atomenergiekommission unter Federführung von Edward Teller seit 1958 plante, einen Hafen in der Nähe der Inuit-Siedlung Point Hope an der Tschuktschensee herauszusprengen – durch sechs thermonukleare Explosionen. Der Tiefseehafen sollte dazu dienen, in den drei eisfreien Sommermonaten riesige Mengen von in Alaska abgebauter Kohle zu verschiffen. So stellten Teller und seine Mitstreiter sich die wirtschaftliche Entwicklung des neuen Bundesstaats im hohen Norden vor. Die unabsehbaren Umweltschäden, die durch die Sprengungen entstanden wären, nahmen sie als Preis des Fortschritts billigend in Kauf. Nur durch massiven Protest von Inuit, kritischen Wissenschaftlern und Umweltschützern gelang es 1962, den monströsen und auch wirtschaftlich wenig sinnvollen Hafen zu verhindern – die erste erfolgreiche Widerstandsaktion gegen ein Großprojekt des Atomestablishments.[16]

Doch noch im gleichen Jahr erlaubte die Kennedy-Administration, dass am Cape Thompson im nordwestlichen Alaska Hunderte Tonnen von Nuklearabfällen im Freien ausgebracht wurden, um zu erforschen, wie sich Radioaktivität in der arktischen Umwelt verbreitet und was für Folgen sich daraus für Menschen, Tiere und Ökosysteme ergeben. Inmitten des traditionellen Jagdgebiets der Inupiat lagen die Abladeplätze – 40 Kilometer von Point Hope entfernt, einer Siedlung mit 700 Einwohnern. Nach einiger Zeit lagerte man die kontaminierte Erde in unmarkierten Gruben ein, und selbst nach dem Ende des Freilandversuchs informierte niemand die dort lebenden Inuit darüber, was für Gefahren von den nuklearen Müllhalden ausgingen. 1992, als das Geheimexperiment durch die Recherchen von Dan O'Neill öffentlich wurde, wiesen die betroffenen Inupiat-Gemeinschaften eine erhöhte Krebsrate auf.[17] La Farges visionärer Song *Radioactive Eskimo* hatte einen sehr realen Hintergrund. Nach der Kuba-Krise brauchte es einigen Mut, über solche Themen zu singen, den La Farge auch in *Take Back Your Atom Bomb* an den Tag legte.[18] Zwischen den Zeilen kritisierte er darin die überirdischen Atomtests in den USA und forderte die US-Regierung auf, den stark betroffenen First Peoples Land, Wasser und Himmel vollständig sauber zurückzugeben. Auch seine bekannteste Komposition, ein Song über das traurige Leben des Marines Ira Hayes, den Regierungsoffizielle zuerst ungefragt zum Helden gemacht hatten, bevor sie ihm schnöde die kalte Schulter zeigten, ergriff für einen Besiegten der Geschichte Partei.[19]

La Farge war ein talentierter Songwriter, sang allerdings mit einer vergleichsweise monotonen Stimme, sodass seine textlastigen Konzerte in Clubs und Parks nicht durchweg zu begeistern wussten. Ein Massenpublikum erreichte er mit seiner Musik nie. Lediglich in alternativen, gesellschaftskritischen Kreisen eilte ihm der Ruf als ein Geheimtipp voraus. Dies änderte sich 1964, als einer der ganz Großen in der Unterhaltungsbranche seine besten Protestsongs coverte und in musikalisch aufgepeppten Versionen auf den Markt brachte. Auf Johnny Cashs Konzeptalbum *Bitter Tears: Ballads of the American Indian* stammten fünf von acht Titeln aus La Farges Feder: *As Long As the Grass Shall Grow*, *Custer*, *The Ballad of Ira Hayes*, *Drums* und *White Girl*.[20] Bei der Produktion des Albums arbeitete der Countrystar eng mit dem kreativen, aber wenig erfolgreichen Folksänger aus New York zusammen und ließ ihn fairerweise an den Einnahmen teilhaben.[21]

Im Klima des Kalten Krieges galten einige der Songs auf *Bitter Tears* als so brisant, dass die Bosse von Columbia Records Cash davon abrieten, das Album aufzunehmen. Sie befürchteten, dass ihr Star einen dauerhaften Reputationsschaden erleiden könnte. Cash setzte sich jedoch über die Bedenken hinweg und wollte die neuere Geschichte unbedingt aus indianischer Perspektive erzählen, nicht zuletzt deshalb, weil er glaubte, dass auch in ihm etwas Cherokee-Blut fließe. Freilich empfanden viele das Album als Provokation.

Und tatsächlich verärgerte er damit einen Teil seiner weißen Fangemeinde, und einige Radiostationen boykottierten die Songs aufgrund ihrer unverhohlenen Kritik an den USA.[22] Nichtsdestotrotz erreichte das Album Platz 3 der Country-Charts und half mit, die Thematik im Land bekannter zu machen.[23] Doch nur ein Jahr später starb La Farge im Alter von erst 34 Jahren – wahrscheinlich an einer Überdosis Drogen[24] –, und schon bald geriet er in Vergessenheit. Was nichts daran ändert, dass er nicht nur der erste politisch engagierte Singer-Songwriter indigener Herkunft war, sondern auch auf einzigartige Weise zum Folk-Revival in den frühen Sixties beitrug.[25]

1962 stieß auch die 21 Jahre alte Buffy Sainte-Marie zur Folkszene in Greenwich Village und begann auf Bob Dylans Empfehlung hin im Gaslight aufzutreten. Sainte-Marie war in der ärmlichen Piapot-Reservation in der kanadischen Provinz Saskatchewan als Tochter eines Cree-Paars zur Welt gekommen. Unter nicht mehr vollständig klärbaren Umständen gaben diese sie jedoch bald nach ihrer Geburt zur Adoption frei.[26] Daraufhin wuchs sie in New England in einer weißen Mittelstandsfamilie auf, in der einzig die angepasst lebende Adoptivmutter Mi'kmaq-Vorfahren besaß. Sainte-Marie war aller Wahrscheinlichkeit nach ein Opfer der von Kanada jahrzehntelang verfolgten Assimilationspolitik, die indigene Kinder ihren als inferior angesehenen Herkunftskulturen entriss und sie diesen ganz entfremden wollte, um ihnen ein vermeintlich besseres Leben in der Gesellschaft zu ermöglichen.[27] Die Adoption entwurzelte Sainte-Marie kulturell und beraubte sie der Möglichkeit, die Cree-Sprache zu erlernen und in den Traditionen der Piapot aufzuwachsen. Das Pianospielen brachte sie sich selbst bei, was für sie ein existenzieller Rettungsring war, wie die Musik überhaupt. Denn in ihrer neuen Familie erlebte sie keine behütete Kindheit. Ihr älterer Stiefbruder und ein in der Nachbarschaft lebender Verwandter missbrauchten sie über Jahre sexuell.[28]

In den Kleinstädten New Englands, in denen sie aufwuchs, war sie nie mehr als eine geduldete Außenseiterin. Auch hier blieben Indianer so gut wie unsichtbar – selbst im Schulunterricht – und waren höchstens als exotische Ausstellungsstücke im Naturkundemuseum von Boston zu finden, wo einige der Indianerreplika gleich neben den Dinosauriern ausgestellt waren. Den Besuchern vermittelten sie die Botschaft, dass es sich auch im Fall der First Peoples um eine »ausgestorbene Rasse« handelte. Das empörte Sainte-Marie schon in jungen Jahren. Dennoch, und obwohl sie sich ihrer indigenen Herkunft bewusst war, wusste sie als Teenager nicht, was dies genau bedeutete. Ihre Mutter ermunterte sie jedoch dazu, es herauszufinden, auch wenn sie selbst kaum je über ihre eigene Mi'kmaq-Herkunft redete. So knüpfte Sainte-Marie während ihrer Pubertät enge Bande zum einzig anderen American Indian in Wakefield und begann auf der Suche nach der ihr vorenthaltenen Tradition erste indianische Gemeinschaften aufzusuchen.[29]

Sie schlug sich durch das Schulcurriculum, absolvierte die Highschool und schrieb sich im Herbst 1959 an der Universität von Massachusetts in Amherst ein, wo sie Weltreligionen und östliche Philosophie studierte. Irgendwann belegte sie auch einen der damals noch seltenen Kurse, die indianische Themen behandelten. Dafür arbeitete sie sich tief in die Literatur ein, eignete sich ein kritisches Wissen über das Jahrhundert nach der Gründung der Vereinigten Staaten an und begann, die Behandlung der First Peoples durch die Siedlerrepublik als Ausdruck systematischer staatlicher Misshandlung zu deuten.[30] Parallel dazu verfolgte sie ihre Singer-Songwriter-Karriere, verbesserte ihr Gitarrenspiel und trat im universitären Umfeld als Solokünstlerin auf. Fast all ihre frühen Songs hatten eine politische Botschaft – sie wollte nichts weniger als die Gesellschaft verändern und die Welt zu einer besseren machen. Früh schon war sie überzeugt, dass ein starker Protestsong von drei Minuten Dauer dafür weit geeigneter ist als ein 400 Seiten umfassendes Lehrbuch, von einer wissenschaftlichen Abhandlung ganz zu schweigen.[31] Sie besaß ein beachtliches poetisches und musikalisches Talent und darüber hinaus ein besonderes Timbre in ihrer Stimme, in der der einflussreiche Musikkritiker Robert Shelton von der *New York Times* Echos von Edith Piaf und Anne Sylvestre zu vernehmen meinte.[32]

Nach dem Abschluss ihres Studiums zog sie nach New York City, wo sie in der pulsierenden Folk-Community als einzige Frau neben Joan Baez bald ihren Durchbruch erlebte. Viele Kollegen, darunter Bob Dylan und Pete Seeger, waren beeindruckt von der jungen Cree-Musikerin, die in indianische Outfits gekleidet und mit langem, offen getragenem Haar eine einzigartige Bühnenausstrahlung entwickelte. Umgekehrt bewunderte Sainte-Marie besonders Peter La Farge dafür, mit welcher Unerschütterlichkeit er sich künstlerisch für die Belange der First Peoples einsetzte. Nach einem ihrer Auftritte schrieb Robert Shelton, dass Sainte-Marie »eines der vielversprechendsten neuen Talente in der Folkszene«[33] sei. Dieses Lob trug ihr einen Plattenvertrag bei Vanguard Records ein, dem Label, bei dem auch Joan Baez unter Vertrag stand. 1964 erschien ihr Debütalbum *It's My Way*. Unter den 13 Songs stachen musikalisch und thematisch vier hervor: *Now That the Buffalo's Gone*, eine hintergründige Ballade über die Ungerechtigkeit der amerikanischen Indianerpolitik; *Cod'ine* als düstere Warnung vor Medikamentenmissbrauch; *Universal Soldier* als Antikriegshymne, die vor dem Hintergrund des eskalierenden Vietnamkriegs in der Version des schottischen Sängers Donovan zum Welthit avancierte; und schließlich der *Incest Song*, in dem sie ihre eigenen Missbrauchserfahrungen verarbeitete.[34]

In diesen Eigenkompositionen fasste sie heiße Eisen an, in der Absicht, mit ihnen zur kritischen Gegenwartsaufklärung beizutragen. *Now That the Buffalo's Gone* gilt als »erster moderner indianischer Protestsong«[35]. Als erster, wie hinzuzufügen bleibt, der nicht von Peter La Farge stammte. Darin zeichnet Sainte-Marie ein zum Nachdenken anregendes Bild des Unrechts, das den First Peoples während der Kontinentalexpansion der USA zuteil wurde. Die Kernverse des Songs lauten: »Oh, in Büchern und Liedern steht geschrieben, / dass wir misshandelt wurden, man uns Unrecht antat […] / Wenn ein Krieg zwischen Nationen verloren ist, / bezahlt, wie wir wissen, der

Verlierer die Kosten. / Aber selbst als Deutschland euch in die Hände fiel, / überlegen Sie, liebe Dame, lieber Herr, / Sie ließen ihnen ihren Stolz und Sie ließen ihnen ihr Land. / Und was habt ihr diesen [den First Peoples, A. M.] angetan?«[36] Nicht genug damit wies sie auf die verstörende Tatsache hin, dass der Landraub selbst »jetzt, wo die Büffel nicht mehr da sind«, andauerte. Etwa in der Seneca-Reservation durch den im Bau befindlichen Kinzua-Damm, der nur deswegen verwirklicht werden konnte, weil die Vereinigten Staaten einen der ältesten Verträge mit einer indianischen Nation brachen.[37]

It's My Way war ein starkes Debüt. Danach rief das *Billboard Magazine* die 23 Jahre alte Buffy Sainte-Marie zur »besten neuen Künstlerin von 1964«[38] aus. Zwar war das Album kommerziell weit weniger erfolgreich als *Bitter Tears* von Johnny Cash, dennoch machte es die junge Sängerin in progressiven Kreisen bekannt und ermöglichte es ihr, fortan von ihrer Kunst zu leben.[39] Bald folgte eine zweite Platte, die ausschließlich aus Coverversionen bestand, und schon 1966 mit *Little Wheel Spin and Spin* eine dritte, auf der erneut Eigenkompositionen zu unterschiedlichen Themen versammelt waren. Der brisanteste und mit seinen 6:43 Minuten weitaus längste Song war die alternative Geschichtslektion *My Country 'Tis of Thy People You're Dying*[40] (»Mein Land, es sind deine Leute, an denen du stirbst«), von dem Sainte-Marie später sagen sollte, »dass das amerikanische Volk keine faire Chance hatte, die wahre Geschichte der amerikanischen Indianer zu erfahren. Sie kennen auch nicht den Zustand der Armut, in dem sich die Indianer jetzt befinden, und wie es dazu kam. Ich versuche, die Seite der Geschichte zu erzählen, die in den Geschichtsbüchern ausgelassen ist, die nur in den Dokumenten, den Archiven und in den Erinnerungen der Indianer selbst zu finden ist«[41].

Die verdrängten Seiten der Geschichte zu erzählen erforderte intensive Recherchen, was mit ein Grund dafür war, dass Sainte-Marie viele Wochen an diesem außergewöhnlichen Songtext schrieb. Schließlich rechnete sie schonungslos mit den historischen Lebenslügen der Amerikaner ab, »dieser Nation von Blutegeln, die dieses Land eroberte« und die sich dabei für die »Größten« und »Tapfersten«, die »Kühnsten« und »Besten« hielten. Im Text kritisierte sie die in den 1960er Jahren weitverbreitete Auffassung, dass die Geschichte Nordamerikas erst begann, als Kolumbus' Schiffe 1492 ihre Segel setzten, und es die gottgewollte Mission der USA sei, den Kontinent in Besitz zu nehmen. Hart ins Gericht ging sie auch mit der seit 1880 verfolgten Politik der Zwangsassimilation, die indianische Kinder systematisch aus ihren Familien herausriss, um sie in Bildungseinrichtungen zu lehren, ihre Traditionen und Sprachen zu verachten. Zum Entsetzen vieler konservativer Amerikaner warf sie die Frage auf: »Und doch, wo ist in ihren Geschichtsbüchern die Erzählung / vom Völkermord, der für die Geburt dieses Landes grundlegend ist, / von den Predigern, die gelogen haben, wie die Bill of Rights gescheitert ist? […] / Und die Stämme wurden ausgelöscht, und die Geschichtsbücher zensiert. / Hundert Jahre ihrer Staatsmänner haben das Gefühl, dass es auf diese Weise besser ist.«[42]

Buffy Sainte-Maries Herz gehörte voll und ganz den First Peoples, den »Verwundeten«, »Verlierern«, »Ausgeraubten« und jenen »Eroberten«, die zwischen Los Angeles und New York alle Angriffe und Zumutungen überlebt hatten.[43] 1966 war die Vehemenz (»the genocide basic to this country's birth«), mit der sie die blutige Nationswerdung der USA über indigenen Gräberfeldern und Schädelstätten anklagte, ganz und gar neuartig. Die Singer-Songwriterin gehörte zu den ersten American Indians überhaupt, die den erst 1944 durch den polnischen Juristen Raphael Lemkin geprägten Begriff »Genozid« verwendete, um die Gewalt zu benennen, welche die First Peoples während der Westexpansion der USA und nach 1880 in den Umerziehungsinternaten erlitten hatten.[44] Zusammen mit dem frühen Red Power-Aktivisten Clyde Warrior, der bereits im Dezember 1964 zu Papier gebracht hatte, dass er die Nase gründlich voll habe von all den Paukern, Gottesmännern und Pseudowissenschaftlern, die an der indianischen Jugend einen »sozialen und kulturellen Genozid«[45] verübt hätten, begründete Sainte-Marie einen widerständigen Sprachgebrauch, der dann ab den frühen 1970er Jahren unter American Indians verstärkt Verwendung fand.[46]

Der Song brachte der Sängerin jede Menge Ärger ein, sicher auch deshalb, weil sie mit Clyde Warrior (1939–1968) und Mel Thom (1938–1984), zwei Exponenten des National Indian Youth Council, näher bekannt war. Auf einer gemeinsamen Reise durch Oklahoma stießen Warrior, Thom und Sainte-Marie auf Schilder mit der Aufschrift »No Indians«, wenn Mieter gesucht wurden, und in einem Restaurant bekamen sie Plastikbesteck vorgesetzt, während die weißen Besucher mit richtigen Gabeln und Messern aßen.[47] Bei Konzerten, auf denen sie *My Country 'Tis of Thy People You're Dying*, *Now That the Buffalo's Gone* oder *Universal Soldier* vortrug, kam es vor, dass aufgebrachte »Patrioten« ihr Eintrittsgeld zurückforderten, weil sie die »Eine Nation unter Gott« in den Dreck gezogen sahen.[48]

In dieser Zeit trat Sainte-Marie als gefeierter Star auf der ganzen Welt auf, doch nach 1966 brachen die Zahlen ihrer Plattenverkäufe ein. Immer weniger Radiosender spielten ihre Lieder, von denen nur die wenigsten eigentliche Protestsongs waren. Lange erklärte sich Sainte-Marie das Phänomen so, dass sie mit ihrer Musik schlicht den sich verändernden Geschmack des Publikums nicht mehr traf. Erst als der Kalte Krieg sich dem Ende zuneigte, erfuhr sie den wahren Grund. Während eines Radiointerviews entschuldigte sich der Moderator dafür, dass er zwischen 1966 und 1974 ihre Songs nicht aufgelegt habe. Er zeigte der überraschten Sainte-Marie ein Schreiben mit dem offiziellen Briefkopf des Weißen Hauses, das den Sender dazu anhielt, auf ihre Lieder zu verzichten, da deren politisch unerwünschte, ja subversive Botschaft es verdiente, unterdrückt zu werden. Wie sich herausstellte, stand Sainte-Maries Name im Amerika der Präsidenten Lyndon B. Johnson und Richard Nixon auf einer »schwarzen Liste« von Künstlern, deren Musik als gefährlich galt, weil sie neue Bürgerproteste anheizen könnte. Zeitweise überwachte sogar die Bundespolizei FBI die Sängerin und legte eine Kartei über sie an.[49]

Peter La Farges und Buffy Sainte-Maries Protestsongs, aber auch Johnny Cashs *Bitter Tears*-Balladen waren Interventionen ins Zeitgeschehen. Sie müssen als Vorboten einer neuen Ära indigenen Aktivismus' Beachtung finden. Auf künstlerische Weise ermunterten sie eine wachsende Zahl von American Indians, ihr Schicksal selbst in die Hand zu nehmen, indem sie zwischen den Zeilen dazu aufriefen, den fortgesetzten Ungerechtigkeiten weit entschiedener entgegenzutreten als bislang. Das war die Lehre aus der Tragödie, die sich am Allegheny River in Pennsylvania abspielte, wo sich in den frühen 1960er Jahren der Kinzua-Staudamm im Bau befand. Im höheren nationalen Interesse sollte nicht weniger als ein Drittel der Reservationsfläche – über 40 Quadratkilometer Seneca-Land – unwiederbringlich unter Wasser gesetzt werden. Alle drei Künstler sangen wortreich gegen das Projekt an, das eine Verletzung eines der ältesten Verträge darstellte, den die junge Republik 1794 mit einer indigenen Nation abgeschlossen hatte. Voller Ironie hieß es bei Cash: »Und ein Vertrag wurde unterzeichnet, / der versprach Frieden mit den USA / und die Rechte der Indianer dazu, / George Washington gab seine Unterschrift, die Regierung ihre Hand darauf. / Sie sagten, dass dies nun und für immer indianisches Land sei, / so lange der Mond aufgeht und die Flüsse fließen, / so lange die Sonne scheint und so lange das Gras wächst.«[50]

GEFLUTETES LAND

Als John F. Kennedy am 20. Januar 1961 sein Amt als 35. Präsident der USA antrat, glaubten viele Amerikaner, dass der charismatische Politiker nicht nur für gesellschaftlichen Aufbruch und mutige Reformen stand, sondern mit ihm auch ein neuer Wind in die Indianerpolitik einziehen würde. Denn im Wahlkampf hatte er einen scharfen

Bruch mit der Terminationspolitik der Eisenhower-Administration angekündigt und in Aussicht gestellt, dass die Bundesregierung unter seiner Führung künftig mehr Geld in die Hand nehmen werde, um den Reservationen unter die Arme zu greifen. Doch all diesen vollmundigen Ankündigungen zum Trotz war Kennedy als Präsident nicht mehr dazu bereit, mit der Terminationspolitik zu brechen. In seiner kurzen Amtszeit wurden mehrere »Stämme« terminiert, darunter die Ponca, Menominee, Catawba und Klamath.[51] Schon in seinem ersten Jahr als Präsident entschied sich Kennedy dazu, den Bau des umstrittenen Kinzua-Staudamms nicht zu stoppen. Die Sorge um sein Image war ihm wichtiger als die Seneca und die Einhaltung eines alten Vertrags.[52] Sichtlich enttäuscht bemerkte Clinton Rickard, der altgediente Aktivist: »Für einen Politiker, der behauptete, ein Freund der unterdrückten Völker zu sein, zeigte diese Haltung sein wahres Gesicht. Während des Ersten Weltkriegs hörten wir ständig, dass es ein unmoralischer Akt von Deutschland sei, die Vertragszusicherungen an Belgien zu verletzen […] Aber jetzt dachte man, es sei für die Vereinigten Staaten in Ordnung, dass sie einen indianischen Vertrag jederzeit als einen ›Fetzen Papier‹ betrachten könnten, wenn sie dies wollten. Schließlich waren wir ja nur Indianer, und die Regierung hatte uns jahrhundertelang herumgestoßen.«[53]

Bereits in der Zeit des New Deal beschlossen, war die Kinzua-Talsperre eines der großen zivilen Infrastrukturprojekte in den USA. Um Pittsburgh vor weiteren Hochwassern wie dem von 1936 zu schützen und für die boomende Region gewaltige Mengen an Elektrizität zu erzeugen, sollte der Allegheny River bei Warren, Pennsylvania gestaut werden und flussaufwärts ein riesiger Stausee entstehen. Das U.S. Army Corps of Engineers plante das Projekt von Beginn weg so, dass die in der Allegany-Reservation ansässigen Seneca über 40 Quadratkilometer ihres Landes verlieren mussten. Um nationale Interessen zu wahren, waren Wirtschaftskreise von Pittsburgh und ihre politischen Unterstützer bereit, mehrere Reservationsdörfer im Stausee untergehen zu lassen und die dort lebenden

Menschen umzusiedeln.[54] Es kümmerte sie nicht, dass das Flusstal nur ein Bruchteil jenes Gebiets war, das die Seneca bis zur Gründung der USA über Jahrhunderte als westlicher Vorposten der Irokesenliga genutzt hatten, und sie es 1794 im Vertrag von Canandaigua von der jungen Siedlerrepublik auf ewige Zeiten zugesprochen erhalten hatten. »Seit ich ein Mädchen war«, erinnerte sich Lena Snow 1964, »wurde mir gesagt, dass die Seneca das Land so lange haben werden, wie die Sonne scheint und der Fluss fließt. Nun, ich habe sie nicht damit aufhören gesehen.«[55]

Um 1960 zählte die Seneca Nation 4300 Angehörige, die in der Cattaraugus- und der Allegany-Reservation lebten, beide südlich des Lake Erie im Bundesstaat New York gelegen. In einem schmalen Streifen erstreckte sich die Allegany-Reservation über fast 50 Kilometer entlang des gleichnamigen Flusses, in einem atemberaubend schönen Tal, dessen Hänge von dichten Wäldern bestanden waren. Die Reservation umfasste knapp 120 Quadratkilometer Fläche, auf der 1800 Seneca lebten, in bescheidenen Häusern, manche von ihnen ohne Sanitäranlagen und Elektrizität.[56] Die meisten Seneca gingen einem einfachen Beruf nach. Um ihre Einkünfte aufzubessern, waren sie auf Jagd, Fischfang und Holzschlag angewiesen. Wie alle First Peoples fühlten sich auch die Seneca engstens mit dem Land ihrer Ahnen verbunden. Dort befanden sich nicht nur ihre Häuser, sondern auch ihre Jagd- und Fischgründe, ihr Gemeindehaus, ihre Ritualorte, Begräbnisstätten, Schulen und selbst Kirchen, für diejenigen unter ihnen, die als Christen zum Schöpfer beteten. Im Tal des Allegheny lebten sie zudem in der Nähe der letzten Ruhestätte von Chief Cornplanter (ca. 1735–1836), der den Seneca nach der Unabhängigkeit der USA ein Stück Land gesichert hatte, auf dem sie als kleines Volk überleben konnten.[57]

All das scherte Bundesregierung und Kongress 160 Jahre später nicht mehr. Überzeugt von der Bedeutung des Staudammprojekts, enteigneten sie die Seneca im Allegheny-Tal kurzerhand. Doch diese sahen ihrer Enteignung nicht tatenlos zu und versuchten, sie mit allen Mitteln zu verhindern, die ihnen der Rechtsstaat bot. So trat eine Delegation unter Chief Cornelius V. Seneca 1957 vor einem Ausschuss des Repräsentantenhauses auf, um den Standpunkt der Seneca darzulegen.[58] Mit Arthur Morgan, dem ersten Direktor der Tennessee Valley Authority, engagierten sie sogar einen national bekannten Fachmann, der ein Alternativprojekt ausarbeitete, das nicht nur technisch realisierbar, sondern auch günstiger war.[59] Überdies klagten sie bis zum Supreme Court, um das Projekt zu Fall zu bringen. Doch alle Gerichtsinstanzen stützten den Standpunkt von Regierung und Kongress. Die Urteile argumentierten, dass es nicht illegal sei, wenn Washington bei Projekten von nationaler Bedeutung früher eingegangene Verträge mit indianischen Nationen unilateral kündige oder darin enthaltene Bestimmungen außer Kraft setze.[60] So kam der Vertragsbruch zu einer höheren juristischen Rechtfertigung. Die Vereinigten Staaten würden sich an indianischem Land wie in einem Supermarkt bedienen, kommentierte der Seneca Dennis Bowen Sr. den Vorgang aus der Rückschau.[61]

Im Oktober 1960 setzten die Arbeiten für das umstrittene Bauwerk ein, die fünf Jahre in Anspruch nahmen. Zuweilen protestierten kleine Seneca-Gruppen gegen das Unvermeidliche.[62] Das Schlimmste stand ihnen jedoch erst noch bevor. Als der Damm fertig war, mussten Hunderte von ihnen neun Siedlungen für immer verlassen und dabei zusehen, wie ihre Häuser, das Gemeindezentrum und Kirchen eingeäschert wurden, Bulldozer walzten Bäume und Sträucher nieder. Auf Friedhöfen exhumierten Arbeiter menschliche Überreste, darunter die Gebeine von Cornplanter, um sie andernorts wieder zu bestatten.[63] Dann kamen die Fluten und setzten im September 1966 ihren einstigen Lebensraum metertief unter Wasser. Den so entstandenen Stausee nannten die Seneca bloß »Lake Perfidy«[64]. Fast 700 von ihnen zwang der Staat dazu, in den neuen Dörfern Jimersontown und Steamburg Wohnsitz zu nehmen. Ihre modernen Häuser verfügten nun zwar über Wasser, Toiletten und Elektrizität, aber den Zwangsumgesiedelten fehlte ihr früheres Leben, ihre alten Nachbarn und die Wälder. Insbesondere die Alten kamen schlecht mit der neuen Situation zurecht; nicht wenige von ihnen starben traumatisiert.[65] Schließlich erhielten die Seneca unter Präsident Lyndon B. Johnson 15 Millionen Dollar als Entschädigung und Hilfe für den Neustart der arg gebeutelten Gemeinschaft zugesprochen.[66]

Über Jahre hatte eine breite Koalition aus NCAI, religiösen Organisationen, liberalen Zeitungen wie der *New York Times* und der *Washington Post*, der ehemaligen First Lady Eleanor Roosevelt und etlichen Künstlern die Seneca in ihren Protesten gegen den Staudamm unterstützt. Doch diese Regenbogenallianz focht einen aussichtslosen Kampf, gab es doch gegen Washington und den Staat New York kein Durchkommen. Diese bittere Niederlage erklärt sich mit dem Vorrang wirtschaftlicher Interessen über die alten Vertragsrechte und dem ständig wachsenden Energiebedarf der US-Gesellschaft, hatte aber auch mit der globalen Blockkonfrontation zu tun. Während des Kalten Kriegs wollte sich die westliche Supermacht bei Großprojekten, die ihren nationalen Interessen, ungebremstem Wirtschaftswachstum und überhaupt dem »American Way of Life« dienten, kein Nachgeben leisten. Das wäre von der antikommunistischen Mehrheit im Land als Zeichen der Schwäche aufgefasst worden.[67] Überdies fügte sich die Kinzua-Talsperre in die Terminationsära ein, indem sie die Fundamente der Seneca-Nation weiter unterminierte und sie dem Ende näherbrachte.[68]

Bezeichnenderweise waren die Seneca mitnichten die einzigen First Peoples, die im Amerika des frühen Kalten Kriegs diese Erfahrung machten. Eine Reihe von anderen indigenen Nationen erlitt das gleiche Schicksal, vor allem solche im Mittleren Westen. 1944 stellte der Kongress eine riesige Geldsumme bereit, um innerhalb der folgenden 20 Jahre den Missouri, den längsten Fluss des Landes, zu regulieren, zur Stromerzeugung zu nutzen und durch künstliche Seen ein gigantisches Bewässerungssystem entstehen zu lassen, das den ständig wachsenden Wasserbedarf der Städte und der Landwirtschaft in Dürrezeiten sichern sollte. Der sogenannte Pick-Sloan-Plan sah die Konstruktion von nicht weniger als 112 Dämmen vor, darunter fünf der damals weltgrößten Anlagen mit riesigen Stauseen: Garrison in North Dakota sowie Oahe, Big Bend, Fort Randall und Gavins Point in South Dakota. Hauptnutznießer der Missouri-Regulierung waren Städter und Landwirte, bald auch Campinggäste, Wassersportler und Angler.[69] Von Beginn weg beanspruchte der Pick-Sloan-Plan überdurchschnittlich viel Reservationsland. Denn auf die dort lebenden American Indians brauchten Planer und Politiker im frühen Kalten Krieg keine allzu große Rücksicht zu nehmen. Sie waren leichter und auch kostengünstiger umzusiedeln als weiße Grundstückbesitzer. Selbst das BIA machte in dieser Zeit keine grundsätzlichen Einwände geltend und verteidigte die vertraglich garantierten Landrechte der Lakota, Dakota, Nakota, Mandan, Arikara und Hidatsa nicht. Kein anderes Bauvorhaben jener Zeit fügte indigenem Land mehr Schaden zu als dieses Mammutprojekt.[70]

Bis 1966 wurde der Pick-Sloan-Plan des U.S. Army Corps of Engineers fast unverändert umgesetzt. Dafür enteigneten die Vereinigten Staaten 1420 Quadratkilometer Boden in den Reservationen Fort Berthold, Cheyenne River, Standing Rock, Lower Brulé, Rosebud, Santee Sioux, Crow Creek und Yankton Sioux. 900 indigene Familien mit mehr als 3500 Mitgliedern mussten den Fluten weichen.[71] Durch die Enteignungen verloren zahlreiche indigene Gemeinschaften entlang des Missouri Häuser und Grundstücke, Auenwälder, Jagdreviere und Äcker, heilige Stätten und die spirituelle Verbindung zum Land ihrer Ahnen. Dass sie die fruchtbaren Flussniederungen nicht mehr nutzen konnten, in denen sie einen selbst versorgenden Ackerbau betrieben und Jagd auf wilde Tiere machten, zerstörte das Rückgrat ihrer ökonomischen Existenz. »Wir gingen nie in den Laden, um Dinge zu kaufen«, erinnerte sich die Yankton Sioux Ramona O'Connor 2002 an ihre Jugend am Lauf des Missouri. »Wir hatten alles, was wir benötigten.«[72] Und Robert Cournoyer, Vizepräsident der Yankton Sioux, klagte: »Unser ganzer Lebensstil kollabierte.«[73]

Kein Zweifel, der durch den Pick-Sloan-Plan erzwungene soziale und kulturelle Wandel berührte fast alle Dimensionen indigenen Lebens. Von einem Moment auf den anderen katapultierte er die Gemeinschaften von einer alten Selbstversorgungsökonomie in die kapitalistische Geldwirtschaft. Indem er historisch gewachsene Dörfer der Vernichtung preisgab und ihre Einwohner an neue Siedlungsplätze verpflanzte, zerrüttete er Gemeinschaften und veränderte das indigene Alltagsleben komplett. Bitter war überdies, dass der Staat die American Indians für die erlittenen Landverluste weniger üppig entschädigte als weiße Grundbesitzer – aus dem einzigen Grund, um die Kosten möglichst niedrig zu halten.[74]

Am härtesten traf der Pick-Sloan-Plan die Three Affiliated Tribes – die Mandan, Arikara und Hidatsa in der Fort Berthold-Reservation. Jahrhundertelang hatten diese in Dörfern am »Big Muddy« gelebt, um als Ackerbauern Handel mit den büffeljagenden Plains-Nationen zu treiben. Sie waren eng mit dem Fluss verbunden und lebten mit und aus ihm. 1954 war endgültig Schluss damit. 80 Prozent aller Mandan, Arikara und Hidatsa, 325 Familien mit bis zu 1800 Menschen, mussten ihr Zuhause räumen. Neun ihrer Siedlungen gingen in den Fluten unter. Alles in allem schmolz das Territorium der Three Affiliated Tribes um ein Viertel, was 90 Prozent ihres Agrarlands entsprach.[75] In der Reservation gab es keine andere Arbeit. In Scharen zogen die Enteigneten in die Kleinstadt Parshall, wo ihnen die mehrheitlich aus Norwegen eingewanderte Bevölkerung zunehmend hasserfüllt begegnete. Den Vertriebenen blieb dort bloß ein Dasein in sozialer Not und kultureller Entwurzelung am Rand der Stadtgesellschaft; nicht wenige ertränkten ihren Kummer in Alkohol und versoffen so das wenige Geld, das sie als Entschädigung für ihr Land erhalten hatten.[76] Von Emotionen überwältigt, hatte sich George Gillette, der Vorsitzende der Three Affiliated Tribes, am 20. Mai 1948 bei der Vertragsunterzeichnung in Washington gefragt: »Mein Herz ist sehr schwer. Was wird aus unserem Volk werden?«[77]

Wie später beim Bau des Kinzua-Staudamms spielten sich entlang des Missouri etliche solcher Tragödien ab. Viele American Indians erlebten die Unnachgiebigkeit, mit der die Staudämme vom weißen Amerika durchgedrückt wurden, den Verlust der alten Siedlungsplätze und ihre unfreiwillige Umsiedlung als traumatisch.[78] Doch das traurige Powerplay des Staates hielt auch Lehren für die Zukunft bereit. Denn in den 1960er Jahren sahen besser informierte und politisch bewusstere American Indians das staatliche Vorgehen bei diesen gigantischen Infrastrukturvorhaben nicht mehr nur als zutiefst ungerecht an. Vermehrt deuteten sie die extreme Fremdbestimmung über ihr Leben nun als eine Fortsetzung dessen, was die weißen Eroberer seit ihrer Ankunft in Nordamerika getan hatten: ungebeten Land zu besetzen, es den indigenen Nutzern für ein Butterbrot abzuluchsen und deren Recht auf ein selbstbestimmtes Leben in den Dreck zu treten.[79] In diesem Prozess erwachenden Widerstandsgeistes spielten die Leute vom NIYC eine Schlüsselrolle. So beschrieb Mel Thom 1964 das U. S. Army Corps of Engineers, deren Ingenieure die Staudämme planten und ihren Bau leiteten, als eine Unterdrückungsmaschine in einem »modernen Indianerkrieg«, die American Indians nicht mehr wie im 19. Jahrhundert einfach massakriere, sondern sie in den Fluten von riesigen Stauseen untergehen lasse.[80]

Die Rücksichtslosigkeit, mit der Regierung und Kongress Hunderte von American Indians entlang des Missouri und im Allegheny-Tal ins Unglück stürzten, sahen Mel Thom und seine Mitstreiter als ultimativen Beweis dafür an, dass die ältere Generation indigener Ratsmitglieder gegenüber den weißen Machteliten viel zu zahnlos auftrat und eklatant darin versagte, wirklichen Widerstand gegen die ständigen Übergriffe auf die Reservationen und die dort lebenden Menschen zu organisieren.[81] Mit einem auf Selbstbestimmung zielenden Politikansatz und neuen, den Konflikt nicht scheuenden Protestmethoden sollten die Entscheidungsträger künftig daran gehindert werden, sich noch einmal an den indigenen »Homelands« zu vergreifen.[82] Diese kämpferische Haltung setzte den Ton für eine neue Zeit, für die Clyde Warrior und Mel Thom vom NIYC im November 1966 den Slogan »Red Power« prägten – auf einem Plakat im

Rahmen einer Parade, die aus Anlass des Jahreskongresses des NCAI durch die Straßen von Oklahoma City führte.[83]

Der geniale Slogan verdankte sich freilich einer Parallelbildung. Nur wenige Monate zuvor hatte der afroamerikanische Aktivist Stokely Carmichael (1941–1998) mit »Black Power« das auf Befreiung zielende Programm des radikalen Flügels der schwarzen Bürgerrechtsbewegung auf den Punkt gebracht. Carmichaels Leute hatten sich gerade mit den gemäßigten Kräften um den Bürgerrechtler Martin Luther King über den richtigen Weg künftigen Widerstands zerstritten. Die »Black Power«-Bewegung gab sich überzeugt, dass Kings Philosophie der Gewaltfreiheit den »institutionellen Rassismus« in den USA nicht überwinden werde, und trat weit militanter und kompromissloser auf als die Hauptströmung der Bürgerrechtsbewegung.[84] Wie »Black Power« stand »Red Power« im Zeichen einer doppelten Frontstellung: Einerseits markierte der Slogan Distanz zur weißen Mehrheitsgesellschaft und ihrer zerstörerischen Indianerpolitik, andererseits grenzte er sich vom moderaten Kurs des NCAI ab, der in den Augen der jungen Rebellen viel zu zahm agierte. Damit tat sich innerhalb des indigenen Aktivismus endgültig eine Kluft zwischen alter und junger Generation auf. Irritiert fragte selbst Vine Deloria Jr., der damalige NCAI-Direktor, wie sich das »Red Power«-Plakat bloß in ihre Parade verirrt hatte.[85] Denn »Red Power« fiel mit konfrontativen Protestmethoden und radikalen Zielen in eins.

DIE KÄMPFENDE GENERATION IM FISCHKRIEG

»Der ergebene, stumm-verzweifelte, allzeit betrogene Indianer«, diagnostizierte der Soziologe René König 1973, »hat jetzt Platz gemacht einem neuen Typ, der seine Bedürfnisse ausspricht, seine Forderungen stellt und sie auch durchzusetzen versteht […] Entscheidend war und ist bei der Haltung der neuen Indianer die *radikale Ablehnung aller Anpassung an die weiße Welt*«[86]. Anfänglich traf diese Beobachtung auf niemanden mehr zu als auf die Aktivisten und Aktivistinnen des NIYC. Im August 1961 in Gallup, New Mexico ins Leben gerufen, war der NIYC die erste Organisation der Red Power-Ära. Zu seinen Gründern zählten die Dissidenten von Chicago, die durch den kritischen Anthropologen Robert K. Thomas in den Sommerworkshops politisiert worden waren. Mel Thom, Clyde Warrior, Herbert Blatchford und Hank Adams, aber auch Karen Rickard, Bernadine Eschief und Shirley Hill Witt bildeten in den ersten Jahren die Kerngruppe des NIYC. Fast ausnahmslos waren sie in Reservationen groß geworden und hatten nach der Volksschule an Colleges studiert. Neben dem intellektuellen Zuschnitt ihrer Mitglieder stach bei der neuen Organisation die panindianische Ausrichtung ins Auge.[87] Sichtlich stolz auf ihr indigenes Erbe, sahen sich seine Gründer und Gründerinnen aber auch als Angehörige einer »kämpfenden Generation, die im Kommen ist«[88].

Mit Verve engagierten sich seine Mitglieder dafür, dass die First Peoples ohne jede Anfeindung von außen kulturell anders sein durften.[89] Kompromisslos lehnten sie die desaströse Terminations- und Umsiedlungspolitik der Bundesregierung ab und setzten sich für kulturelle Bewahrung, eine möglichst weitgehende Selbstbestimmung, die Vertragsrechte und eine staatliche Armutsbekämpfung in den Reservationen ein.[90] Systematisch verbreiteten sie diese Ideen durch ihr Verbandsblatt *American Before Columbus*, dessen erste Nummer im Herbst 1963 erschien. In einer Kolumne griff Mel Thom, der erste Präsident des NIYC, die Indianerpolitik der Vereinigten Staaten scharf an: »Heute ist indianisches Leben bedroht durch Armut, Assimilation und Termination [...] Wir sind es leid, niedergedrückt und unten gehalten zu werden. Wir sind es leid, dass Experten Entscheidungen für uns treffen [...] Wir wollen einfach Indianer sein. Wir wollen, dass unsere Rechte als Amerikas Ureinwohner respektiert werden und unser Recht, ein Volk zu bleiben, geschützt wird.«[91]

Ein paar Nummern später äußerte sich Clyde Warrior in Anlehnung an das, was er bei Robert K. Thomas gelernt hatte, noch weit kritischer über die fortdauernde koloniale Unterdrückung der First Peoples: »Dieses System, unter dem die Indianer leben, eine entsetzliche Kombination aus Kolonialismus, Segregation und Diskriminierung, besteht seit über 100 Jahren. Das Resultat ist, dass die Indianer nicht nur ungebildet und verarmt, hilflos und ohne Hoffnung, untereinander gespalten, sondern auch verwirrt und unglaublich bedroht sind [...] Amerika kann es sich nicht leisten, ein System des repressiven internen Kolonialismus fortzusetzen, das Parallelen zur sowjetischen Behandlung seiner nationalen Minderheiten aufweist [...] Wenn dieses System fortgesetzt wird, werden die Indianer als Volk zerstört werden [...] Die koloniale Herrschaft und der Betrug an den indianischen Gemeinschaften dürfen nicht fortgesetzt werden.«[92]

Im Unterschied zu vielen anderen antikolonialen Befreiungsbewegungen auf der Welt verzichtete der NIYC jedoch auf den Einsatz physischer Gewalt. Nie versuchte er, seinen Anliegen durch bewaffnete Rebellion, Attentate, Terroranschläge oder Hungerstreiks Gehör zu verschaffen. Der NIYC setzte, als er den Protest auf Straßen und Plätze trug, auf friedliche Protestformen – ähnlich der indischen Unabhängigkeitsbewegung von Mahatma Gandhi und Martin Luther Kings Proteststrategie. Ohne es selbst so zu nennen, war die Organisation auf eine Art zivilen Ungehorsam aus. »Ziviler Ungehorsam«, so der Philosoph Jürgen Habermas, »ist ein moralisch begründeter Protest, dem nicht nur private Glaubensüberzeugungen oder Eigeninteressen zugrunde liegen dürfen; er ist ein öffentlicher Akt, der in der Regel angekündigt ist und von der Polizei in seinem Ablauf kalkuliert werden kann; er schließt die vorsätzliche Verletzung einzelner Rechtsnormen ein, ohne den Gehorsam gegenüber der Rechtsordnung im Ganzen zu affizieren; er verlangt die Bereitschaft, für die rechtlichen Folgen der Normverletzung einzustehen; die Regelverletzung, in der sich ziviler Ungehorsam äußert, hat ausschließlich symbolischen Charakter – daraus ergibt sich schon die Begrenzung auf gewaltfreie Mittel des Protests.«[93]

Dadurch unterschied sich die neue Proteststrategie des NIYC

maßgeblich von der Arbeitsweise des NCAI. Seit ihrer Gründung im Jahr 1944 hatte diese die prekäre Situation der First Peoples mit strikt legalen Mitteln (wie professioneller Lobbyarbeit in den Parlamenten, Petitionen an Behörden und Gerichtsklagen) zu verbessern versucht, überzeugt davon, dass Indianer grundsätzlich nicht auf die Straße gehen sollten, um für ihre Anliegen zu demonstrieren. Was die Aktionsformen betraf, ließ sich der NIYC dagegen stark von den Sit-ins und Freedom Rides des Student Nonviolent Coordinating Committee (SNCC) inspirieren, von provokativen, aber gewaltlosen Taktiken des Massenprotests, der sich in aller Öffentlichkeit abspielte.[94] Der SNCC, im April 1960 ins Leben gerufen, organisierte gebildete African Americans, die den Jungen ein größeres Gewicht in der von Martin Luther King angeführten Bürgerrechtsbewegung verleihen wollten. Der Organisation schwebte eine »partizipatorische Demokratie« und die Selbstermächtigung aller African Americans vor, durch die sie gleichberechtigt und selbstbestimmt in der US-Gesellschaft leben konnten.[95]

Seit vier afroamerikanische Studenten 1960 in einer segregierten Imbissbude von Greenboro, North Carolina vorsätzlich im »falschen Sektor« Platz nahmen, um auf das Unrecht der Rassentrennung aufmerksam zu machen, kam es im Süden der USA zu Dutzenden ähnlichen Aktionen.[96] Nach und nach führten die Sit-ins zusammen mit Freedom Rides, Kampagnen zur Wählerregistrierung und den Märschen nach Washington, Birmingham und Selma zu einem Gesinnungswandel im Kongress. Regelmäßig lösten diese gewaltlosen Proteste rabiate, von Kameras eingefangene Gegenreaktionen weißer Rassisten aus, so etwa in Birmingham, Alabama, wo Polizeichef Bull Connor Wasserfontänen aus Druckschläuchen und Schäferhunde gegen friedliche African Americans einsetzen ließ, die für ihre Grundrechte auf die Straße gegangen waren. Das vernichtende Medienecho, das die Gewaltexzesse gegen friedliche Demonstranten im In- und Ausland auslösten, half mit, den »Civil Rights Act« von 1964 durchzusetzen, der die institutionalisierte Rassentrennung im Süden schließlich verbot.[97] All das entging den gut über das Zeitgeschehen unterrichteten Leuten vom NIYC nicht.

Trotz ähnlicher Protestformen verfolgten die afroamerikanische Bürgerrechtsbewegung und der NIYC jedoch keineswegs die gleiche inhaltliche Agenda. Während die African Americans als Bürger in die US-Gesellschaft hineindrängten und um Gleichberechtigung kämpften, ging es den NIYC-Aktivisten darum, die Souveränität der First Peoples wiederherzustellen. Während Erstere für ihre Individualrechte kämpften, verteidigte der NIYC die Sonderexistenz der indigenen Nationen.[98] »Anstatt sich in die amerikanische Gesellschaft zu integrieren«, hat der Historiker Bradley G. Shreve den Unterschied einmal erklärt, »versuchten sie, die Kultur der Ureinwohner zu bewahren; anstatt sich auf soziale Gleichheit zu fokussieren, wollten sie, dass die tribalen Gemeinschaften souverän blieben und sich selbst regierten; und anstatt ihre Zeit und Ressourcen dazu zu verwenden, das Wahlrecht zu erlangen, konzentrierten sie sich darauf, die Vertragsrechte zu wahren.«[99]

Ein erstes Betätigungsfeld fand der NIYC im pazifischen Nordwesten der Vereinigten Staaten. Der Grund dafür war einfach: An der nördlichen Pazifikküste der USA standen die Vertragsrechte der dortigen First Peoples auf dem Spiel; diese waren dort in eine Auseinandersetzung verwickelt, deren Ausgang für alle indigenen Nationen in den USA von exemplarischer Bedeutung war. Von 1964 an engagierte sich der NIYC deshalb fast ein Jahrzehnt lang in dem im Bundesstaat Washington ausgetragenen Fischkrieg, in dem Puyallup, Nisqually, Muckleshoot und andere indigene Gruppen das ihnen vertraglich zugesicherte Recht verteidigten, im Puget Sound und in den sich in den lang gezogenen Meeresarm ergießenden Flüssen weiterhin uneingeschränkt fischen zu können. Nach dem Krieg fühlte sich der Bundesstaat Washington nicht mehr an alte Vertragszusagen gebunden und weichte diese zum Schaden der indigenen Fischervölker immer stärker auf.

Seit Menschengedenken gründete die Kultur der Puget Sound-Indianer auf dem Fischfang. In den Buchten und Flüssen des pazifischen Nordwestens gab es Lachse, Forellen, Austern und Muscheln in Hülle und Fülle. Selbst nach dem Zweiten Weltkrieg hing das Leben der dortigen First Peoples entscheidend von den Lachsen ab, die in den Oberläufen ihrer Flüsse zur Welt kamen und durch den Puget Sound in den offenen Pazifik schwammen bis hinauf in die Gewässer vor Alaska, um schließlich den langen Rückweg anzutreten und an den Orten ihrer Geburt zu laichen. Die Lachsläufe bestimmten den indigenen Jahreszyklus und bildeten das Rückgrat ihrer Selbstversorgungswirtschaft.[100] Für die indigenen Fischer, die am Puget Sound lebten, waren Lachse und Forellen weit wichtiger noch als das Land, das sie bis zur Ankunft der Siedler bewohnten. Bei den weißen Invasoren verhielt sich dies anfänglich genau umgekehrt. In den 1854/55 geschlossenen Verträgen von Medicine Creek, Point Elliott und Point No Point täuschte Isaac Stevens, der erste Gouverneur des Washington-Territoriums, die indigenen Communitys und zwang sie, ihr Land fast vollständig gegen einen lausigen Preis an die USA abzutreten. Fortan sollten sie auf einem Bruchteil ihres einstigen Lebensraums in einigen Reservationen leben. Da die neuen Herren kaum an Fisch interessiert waren, garantierte eine Klausel den First Peoples, dass sie an »allen üblichen und gewohnten Plätzen und Stellen« inner- und außerhalb ihrer Reservationen weiterhin uneingeschränkt fischen konnten.[101]

Um ihren alten Lebensstil in die neue Zeit hinüberzuretten, war diese Bestimmung existenziell wichtig. Denn eine mittelgroße Nisqually-Familie beispielsweise benötigte etwa 500 ausgewachsene Lachse, um gut durch das Jahr zu kommen. Im Unterschied zu den meisten anderen First Peoples auf amerikanischem Staatsgebiet waren die indigenen Gemeinschaften rund um den Puget Sound für ihr Überleben nicht auf Lebensmittellieferungen durch die Bundesregierung angewiesen. Über Jahrzehnte sicherten die üppigen Lachsläufe und die sonstigen Gaben der Natur ihre Existenz.[102] Erst nach 1945 nahm die Zahl der wandernden Lachse im Puget Sound und den davor liegenden pazifischen Gewässern bedrohlich ab. Gründe dafür waren der Fischfang durch Armadas von Trawlern und die immer beliebter werdende Sportfischerei, aber auch das Ausbringen von Pestiziden in der Landwirtschaft, der Bau von Kraftwerken, die wilde Müllentsorgung, die Verklappung von giftigen Industrieabfällen und der intensive Holzschlag in den waldreichen Flusstälern, der den Boden erodieren ließ.[103] Die Fangmengen gingen immer stärker zurück, wofür Fischindustrie und Sportfischer absurderweise die Indianer verantwortlich machten. Denn im Vergleich zum kommerziellen Fischfang (81,3 Prozent) und der Sportfischerei (12,2 Prozent) gingen zwischen 1958 und 1967 höchstens 6,5 Prozent der gesamten Fangmenge auf das Konto indigener Fischer.[104]

Angesichts der dramatisch schwindenden Bestände sah sich der Bundesstaat Washington seit den frühen 1950er Jahren gezwungen, Schutzmaßnahmen für den Lachs und andere Fischarten zu erlassen. Allerdings beschlossen seine Politiker keine schärferen Umweltgesetze und begrenzten auch die Fangquoten für die kommerzielle Fischerei nicht. Im Fahrwasser der Terminationspolitik sahen sie sich vielmehr dazu ermächtigt, die um den Puget Sound lebenden American Indians der einzelstaatlichen Hoheit und damit den Fischereiverordnungen des Bundesstaats zu unterstellen. Wie alle anderen Bürger sollten sie künftig Lizenzen erwerben müssen und bloß in den staatlich festgelegten Zeiten im Puget Sound und in den in ihn mündenden Flüssen fischen dürfen.[105] Freilich verstießen diese neuen gesetzlichen Regelungen nicht nur gegen die Verträge von 1854/55, sondern stellten auch das Fortleben der First Peoples ernsthaft infrage. Denn der Fischfang bildete noch immer das Rückgrat ihrer ökonomischen und kulturellen Existenz.

Einzelne Fischer wie Billy Frank Jr. (Nisqually) und Robert Satiacum (Puyallup) hielten sich nicht an die neuen Fischereivorschriften. Beide kannten sie die Vertragsbestimmung von Medicine Creek und waren sich bewusst, dass, wenn sie den Lachs und die Regenbogenforelle verlören, dies auch das Ende ihrer Gemeinschaften und ihrer alten Lebensweise bedeutete.[106] Meist im Schutz der Nacht fischten sie in den Gewässern, wie es ihre Vorfahren viele Jahrhunderte lang getan hatten. Etliche Sportfischer, denen sie dabei auffielen, beschimpften sie übel oder versuchten gar, sie mit Steinwürfen von ihrem »illegalen« Treiben abzuhalten.[107] Als Wildhüter auftauchten, bestraften oder verhafteten sie Frank, Satiacum und andere wie Strauchdiebe, bevor Gerichte sie wegen »Wilderei« nicht nur ein Mal zu ein paar Tagen Gefängnis verurteilten. Seit er 1945 erstmals verhaftet wurde, kam allein Frank bis 1974 wegen »illegalen Fischens« mehr als 50 Mal mit dem Gesetz in Konflikt.[108]

Ab 1963 eskalierte die Situation zunehmend. Nun ging die Polizei dazu über, Boote, Netze und den frischen Fang zu beschlagnahmen, in der Hoffnung, das Problem auf diese Weise beenden zu können. Doch die Puget Sound-Indianer ließen sich nicht kleinkriegen. In den Augen vieler ihrer weißen Nachbarn galten sie deshalb als uneinsichtige, selbstsüchtige, gewaltbereite Hinterwäldler, die man endlich zur Räson bringen musste.[109]Immer unnachgiebiger versuchte der Bundesstaat, seine Hoheit über die Indianer am Puget Sound auszuweiten, ganz in der Logik der nationalen Terminationspolitik. Eine richterliche Verfügung, die den Nisqually im Januar 1964 verbot, mit Netzen im gleichnamigen Fluss zu fischen, ließ den Konflikt schließlich offen ausbrechen. Als Nisqually bei Frank's Landing trotzdem ihre Netze auswarfen, schritt die Polizei ein und verhaftete gleich mehrere indigene »Gesetzesbrecher«.[110]

Als Reaktion darauf formierte sich vor Ort Anfang 1964 die Survival of American Indians Association (SAIA). In dieser Organisation waren anfänglich Janet und Donald McCloud, Billy Frank Jr. sowie Al und Maiselle Bridges führend aktiv. Janet McCloud (1934–2003), eine Tulalip, amtete als erste Vorsitzende und etablierte sich rasch als »respektierte Anführerin« und »eloquentes Sprachrohr«[111] der zum Widerstand entschlossenen Indigenen. Um ihre verbrieften Vertragsrechte zu verteidigen, schreckten die SAIA-Leute auch vor zivilem Ungehorsam nicht zurück. In aller Öffentlichkeit missachteten sie die neu erlassenen Fischereivorschriften und ließen sich festnehmen.[112] Schon im Dezember 1963 hatte Janet McCloud einen Marsch durch Olympia, die Hauptstadt des Bundesstaats Washington, organisiert, dessen Teilnehmer für die indigenen Vertragsrechte demonstrierten. Worauf die Staatspolizei mit rabiaten Methoden reagierte, indem sie den Protestzug mit Wasserwerfern auseinandertrieb und einzelne Demonstranten in Gewahrsam nahm.[113]

Im anhebenden Fischkrieg wurden immer wieder neue Flüsse zu Schauplätzen indigener Protestaktionen. Regelmäßig riefen diese Behörden und Polizei auf den Plan, welche die neuen Fischereivorschriften mit der ganzen Macht des Staats durchzusetzen versuchten. Da indigene Fischerinnen und Fischer die Flüsse weiterhin zu ihrer Subsistenzsicherung nutzten, kam es über die Jahre zu unzähligen Festnahmen und Anklagen. Bald wurde es nötig, einen Rechtsbeistand zu engagieren. Dafür sicherten die Leute von der SAIA sich die Dienste des afroamerikanischen Anwalts Jack Tanner, welcher der Regionalsektion der National Association for the Advancement of Colored People in Tacoma vorstand. In den kommenden Jahren verteidigte Tanner etliche American Indians, gegen die der Staat wegen Fish-ins Strafverfahren eingeleitet hatte. Früh trat die SAIA auch an den NIYC heran, um sich dessen Unterstützung zu versichern.[114] Mehr als jemals zuvor gehörte es in der Red Power-Zeit zur indigenen Proteststrategie, sich überregional und intertribal zu vernetzen, um dadurch die Erfolgsaussichten in den Konflikten vor Ort zu erhöhen.

Vonseiten des NIYC war es Hank Adams (1943–2020), der sich der Sache mit Haut und Haaren verschrieb. Eigentlich war dieser Assiniboine-Sioux in der Fort Peck-Reservation von Montana beheimatet. Einen Teil seiner Jugend brachte er jedoch in der Quinault-Reservation zu, die auf der Olympic-Halbinsel im Bundesstaat Washington an den Pazifik grenzt und nicht weit entfernt vom Puget Sound liegt. Adams, der als einer der einflussreichsten Red Power-Aktivisten überhaupt gilt, obwohl er bis heute weit weniger bekannt ist als manch anderer Protagonist der Bewegung, zog im Fischkrieg die Fäden.[115] Wie sein Kollege Bruce Wilkie, ein Makah von der Olympic-Halbinsel, hatte er einen persönlichen Bezug zu den in der Gegend lebenden First Peoples. Denn bevor er 1961 die Moclips Highschool abschloss, hatte er sein Brot in der Quinault-Reservation als Lachsfischer und Sammler von Venusmuscheln verdient.[116]

Mit Bruce Wilkie fasste Adams den Plan, den regionalen Konflikt ins nationale Scheinwerferlicht zu rücken. Eine solche Strategie drängte sich auf, weil die First Peoples mit ihren Anliegen in der Öffentlichkeit der damaligen Zeit kaum sichtbar waren, weder im Gliedstaat noch auf nationaler Ebene. Nun begann der NIYC einen Kampf um Aufmerksamkeit.[117] Adams fand dafür einen erfolgversprechenden Weg. 1963 hatte er auf der dritten Jahresversammlung in Fort Duchesne, Utah den Schauspieler Marlon Brando kennengelernt.[118] Durch seine Hauptrollen in Filmen wie *Endstation Sehnsucht* (1951), *Viva Zapata!* (1952) und *Meuterei auf der Bounty* (1962) war Brando zum viel bewunderten Weltstar avanciert. Anders als die meisten Hollywood-Größen jener Zeit scheute er sich nicht, gegen den Mainstream zu schwimmen. Im Amerika des Kalten Krieges galt Brando als rebellischer Geist. Er ergriff Partei für Underdogs und ethnische Minderheiten und machte sich keine Sorgen, wie der Drehbuchautor Dalton Trumbo und andere Filmleute, die kommunistischer Sympathien verdächtigt wurden, auf einer »schwarzen Liste« zu landen, die ihnen die Berufsausübung verunmöglichte oder erschwerte. Schon im Spätsommer 1963 hatte Brando am legendären Marsch auf Washington teilgenommen, als einer der wenigen prominenten weißen Amerikaner unter zahlreichen afroamerikanischen Künstlern. Nur vier Monate später war der Filmstar zu einer Strategiesitzung in Denver eingeladen, während der er seine Hilfe anbot, um die Sache der First Peoples entscheidend voranzubringen.[119]

Tatsächlich wollte der NIYC 1964 erstmals Aufsehen in der nationalen Öffentlichkeit erregen. Es fehlte bloß ein geeigneter Anlass. Als daher die SAIA anfragte, ob der NIYC sie in ihrem Kampf unterstützen würde, sagte die Organisation ihre Hilfe sofort zu.[120] In der Folge bereiteten Mel Thom, Bruce Wilkie und Hank Adams die Protestaktion generalstabsmäßig vor. Adams fragte Marlon Brando an, ob er sich in einem Fish-in engagieren würde, um gegen die Verletzung indigener Vertragsrechte zu protestieren, und der Superstar ließ sich nicht zweimal bitten. Um die Macht der Bilder wissend, luden die NIYC-Leute auf den 2. März 1964 zahlreiche Medienvertreter an den Puyallup River ein, wo die Aktion nahe der Hafenstadt Tacoma über die Bühne gehen sollte. Gleichzeitig machten sie in indigenen Kreisen landesweit für das Fish-in Werbung, sodass etliche Zeitungen schon im Vorfeld über die geplante Protestaktion berichteten.[121]

Wie in geheimer Regie fanden sich an besagtem Tag Hunderte von American Indians ein, aus der Gegend selbst, aber auch von weither angereiste, begleitet von einem Tross von Medienleuten. Wie vom NIYC erhofft, mischten sich Wildhüter und Polizisten unter die Menge. Bereits bevor das eigentliche Spektakel losging, zückten einige Indigene ihre Fotoapparate und schossen Bilder von den am Ufer wartenden Behördenvertretern, was diese verärgerte.[122] Am meisten Aufmerksamkeit zog selbstredend Marlon Brando auf sich. Es galt als Sensation, dass er sich auf die Seite der Puget Sound-Indianer stellte und ihr Recht zu fischen verteidigte. Als Robert Satiacum, John J. Yaryan, ein Priester der Episkopalkirche, und er in einem Boot auf den Fluss hinaus ruderten und ein Netz auslegten, verfolgten Hunderte von Augenpaaren die bis ins Detail orchestrierte Gesetzesübertretung. Die Filmkameras begannen zu surren, die Fotokameras klickten unablässig – und hielten so den Moment fest, als Brando einen vorher bereitgelegten Fisch aus dem Netz zog. Die Aktion bekam weiteren Schwung, als die Polizei Brando und Yaryan »illegalen Fischens« wegen verhaftete und sie zu ihrer Dienststelle in Tacoma abführte.[123] Dort verhörte sie ein Staatsanwalt zwei Stunden lang, ließ sie aber wieder frei, ohne Anklage zu erheben. Er erkannte wohl, dass es sich um eine Show handelte, die den Staat herausfordern sollte, und er wollte Brando nicht zum Märtyrer machen.[124] Auch eine ganze Reihe von American Indians, die von Booten aus gefischt hatten, wurde in Gewahrsam genommen. Doch freilich produzierte insbesondere Brandos Festnahme die gewünschten Schlagzeilen, weit über den Bundesstaat Washington hinaus. Fortan war das Thema der indigenen Vertragsrechte kein regionales mehr.

Anderntags zogen mehrere Tausend Demonstranten vor das State Capitol in Olympia. An der größten intertribalen Protestkundgebung der bisherigen Geschichte führte eine Gruppe von Makah traditionelle Tänze auf. Neben Marlon Brando richteten junge NIYC-Aktivisten das Wort an die Menge. Hank Adams verlas eine Protesterklärung und stellte Forderungen an die Staatsregierung. Im Namen der Organisatoren verlangte er, dass diese die Vertragsrechte wieder respektieren und damit aufhören solle, unschuldige indigene Fischer zu verhaften, die von ihrem Fang lebten.[125] Daran schloss sich eine mitreißende Rede von Clyde Warrior an, der nach außen vielleicht auffälligsten Führungsfigur des NIYC. In seiner Ansprache hob der junge Ponca hervor, dass das gestrige Fish-in und die heutige Kundgebung den »Beginn einer neuen Ära in der Geschichte der American Indians« markiere. Unter starkem Beifall kündigte er an, dass sich diese nicht mehr zahm im Hintergrund halten, sondern sich fortan beherzt für ihre Ziele engagieren würden. Das Recht zu fischen sei ein »Geschenk des Schöpfers« und stehe als solches über jedem Bundes- und Staatsrecht. Dies infrage zu stellen sei eine Vertragsverletzung, die als »Krebsgeschwür« zu verurteilen sei. Und auch Warrior verlangte, dass Bund und Gliedstaaten den tribalen Gemeinschaften mit mehr Respekt begegneten.[126] Mit Fug und Recht lässt sich sagen, dass Clyde Warrior am 3. März 1964 in Olympia die erste öffentliche Rede im Red Power-Geist hielt.

Unmittelbare Folgen zeitigten die ersten Fish-ins und die Demonstration in Olympia allerdings nicht. Zwar empfing der demokratische Gouverneur Albert Rosellini die Führungsriege des NIYC zu einem mehrstündigen Meinungsaustausch, doch außer schönen Lippenbekenntnissen sprang für die First Peoples dabei nichts heraus.[127] Rosellini fühlte sich ganz der Fischindustrie und den Sportfischern verpflichtet.

Tatsächlich hielt der Kampf um die Vertragsrechte im pazifischen Nordwesten noch etliche Jahre an. Aktivisten und Aktivistinnen versuchten weiterhin, möglichst spektakuläre Bilder zu produzieren. Dabei halfen ihnen Prominente wie der afroamerikanische Comedian Dick Gregory und die Sängerin Buffy Sainte-Marie, die an den Puget Sound reisten, um sich mit dem Kampf der indigenen Fischer zu solidarisieren.[128] Mit dem neuen SAIA-Chef Hank Adams, der 1968 die Leitung übernahm, dokumentierte die Regisseurin Carol Burns den indigenen Widerstand in einem Film, der 1971 unter dem Titel *As Long as the Rivers Run* herauskam.[129] Dem Zweck, die Öffentlichkeit zu sensibilisieren, diente im Sommer 1970 auch ein am Puyallup River errichtetes Protestcamp, in dem 30 indigene Frauen, Männer und Kinder wochenlang ausharrten. Die Aktion, die von Ramona Bennett, Bob Satiacum und Hank Adams organisiert worden war, bildete ein »Schlüsselereignis in der Geschichte der Fish Wars«[130]. Mit Gewehren bewaffnete American Indians sicherten Anfang September das Ufer, damit indigene Fischer ihre Netze ungehindert auslegen konnten. Sie zeigten sich zu allem entschlossen, als Polizeikräfte anrückten. Von einer Brücke aus rief Bennett in Richtung der Ordnungskräfte: »Wir sind bewaffnet und vorbereitet, unsere Rechte mit unseren Leben zu bezahlen. Wenn irgendjemand Hand an das Netz legt, wird er erschossen werden.«[131]

Als einige Beamte trotz dieser Warnung versuchten, ein im Fluss ausgelegtes Netz an Land zu ziehen, gaben die Indianer vier Warnschüsse ins Wasser ab. Ein Molotowcocktail flog durch die Luft, Holzschwellen der nahen Gleise wurden in Brand gesteckt. Daraufhin gingen die Polizisten zum koordinierten Angriff über. Sie verschossen Tränengas-Granaten und knüppelten mit Schlagstöcken brutal auf die Indianer ein, bis diese zu Boden gingen. Die American Indians wehrten sich so gut es ging, zumeist mit bloßen Fäusten, weil sie vor dem Einsatz ihrer Schusswaffen dann doch zurückschreckten. Aber in dem ungleichen Kampf hatten sie keine Chance. In Handschellen gelegt wurden sie von den Polizisten in Untersuchungshaft genommen. Am Ende räumte die Polizei das Lager, bevor ein Bulldozer es niederwalzte. Wie durch ein Wunder gab es in diesem gefährlichen Showdown keine Schwerverletzten, dafür nahm die Polizei mehr als 60 Festnahmen vor.[132] Presse und Fernsehen berichteten ausführlich über die Aktion, auf diese Weise bekamen viele unbeteiligte Amerikaner mit, wie die Sicherheitskräfte den indigenen Protest gewaltsam erstickten.[133] An der Westküste kam dieses Vorgehen im Spätsommer 1970 nicht mehr sonderlich gut an.

Der Fischkrieg am Puget Sound löste einen umfassenden indigenen Widerstand im Nordwesten der USA aus.[134] Als Nächstes begannen sich indigene Fischer zu wehren, die entlang des Columbia River lebten. Auch in Oregon und Idaho kam es zu Protestaktionen. Der Gliedstaat Washington verhängte weiterhin Bußen, zog Boote und Netze ein, zerstörte diese und ließ unbelehrbare Fischer und ihre Unterstützer ins Gefängnis werfen. Die Anwälte Jack Tanner und Alvin J. Ziontz übernahmen die Verteidigung der Angeklagten, und alarmiert durch Berichte in den Medien solidarisierten sich kirchliche Kreise und Mitglieder von linken Splitterorganisationen mit dem Kampf der indigenen Fischer, der mehrfach vor Gerichten landete. Nachdem der Oberste Gerichtshof des Staates Washington die indigenen Fischereirechte im Jahr 1957 vollumfänglich gestützt hatte, erklärte es der U.S. Supreme Court 1968 für rechtens, dass der Bundesstaat im Interesse des Fischschutzes den Reservationsindianern die gleichen Fangvorschriften mache wie den übrigen Bürgern.[135] Doch dabei blieb es nicht.

Der Fischkrieg endete mit der sogenannten Boldt-Entscheidung vom 12. Februar 1974, einem Meilenstein in der Geschichte indigenen Widerstands. Die SAIA hatte den Stein ins Rollen gebracht, als sie im Februar 1971 forderte, dass das US-Justizministerium gegen den Staat Washington wegen fortgesetzter Vertragsverletzung klagen müsse. Nach der robusten Polizeiaktion am Puyallup River, während der die

Nation um Haaresbreite an einem Blutbad vorbeigeschrammt war, war der Augenblick günstig. Tatsächlich reichte das US-Justizministerium noch im selben Jahr Klage gegen den Gliedstaat ein, um klären zu lassen, wer eigentlich das Sagen in der Frage des indigenen Fischens hatte. Der Klage der Bundesregierung schlossen sich 14 indigene Nationen an, darunter die Puyallup, Nisqually, Muckleshoot, Makah, Quinault, Lummi und Yakama. Schließlich entschied ein Bundesbezirksgericht in Tacoma, das unter dem Vorsitz von Richter George H. Boldt tagte, zugunsten der indigenen Nationen. Boldt urteilte nicht nur, dass die Verträge von 1854/55 nach wie vor Gültigkeit besäßen, sondern auch, dass den indigenen Fischern deshalb die Hälfte der jährlichen Fangmenge im Bundesstaat zustünde. Das Urteil war ein großer Sieg für die indigene Protestbewegung und strahlte weit ins Land hinaus, umso mehr als der Supreme Court es im Jahr 1979 für verfassungsmäßig erklärte. Zuvor hatten die weißen Berufs- und Sportfischer, die über den unerwarteten Ausgang äußerst aufgebracht gewesen waren, das Urteil durch alle Instanzen erfolgslos angefochten.[136]

IM WINDSCHATTEN VON 1968

Während den 1960er Jahren gerieten die Vereinigten Staaten in den Strudel eines kulturellen »Bürgerkriegs«.[137] Im »geteilten Amerika« (Maurice Isserman, Michael Kazin) stellten soziale Bewegungen alte Gewissheiten infrage, während in den Metropolen New York, Los Angeles und San Francisco eine Gegenkultur mit alternativen Orientierungen aufblühte. So lautstark wie nie zuvor protestierte eine aufsteigende Friedensbewegung gegen den entfesselten Krieg in Vietnam, der von konservativen Kreisen als »patriotische Pflicht« verteidigt wurde. Die Hippies feierten 1967 ihren »Summer of Love«, und im Frühjahr darauf erlebte das gesellschaftskritische Musical *Hair*, das den alternativen Lebensstil der Blumenkinder verklärte, am Broadway seine Uraufführung. Betty Friedan und feministische Gruppen setzten sich für die vollständige Gleichberechtigung der Frauen in allen privaten und gesellschaftlichen Belangen ein. Und erstmals verschaffte sich die Schwulenbewegung, die sich nach einer brutalen Polizeirazzia in der New Yorker Christopher Street formierte, Gehör. Neben der militanten Black Power-Bewegung, die die African Americans zum bewaffneten Widerstand gegen ihre soziale Unterdrückung und ökonomische Ausbeutung aufrief, trat auch die Red Power-Bewegung vermehrt ins Rampenlicht.[138] Überall in den Vereinigten Staaten machten sich soziale Unrast, kultureller Aufbruch und politischer Protest bemerkbar, genauso wie rohe Polizeigewalt und konservative Gegenwehr. 1968 erschütterte Amerika in seinen Grundfesten. Mit dem Republikaner Richard Nixon gewann im Herbst 1968 allerdings ein Hardliner die Präsidentschaftswahlen, der versprach, »Recht und Ordnung wiederherzustellen«.[139]

Im Windschatten der gesellschaftlichen Umbrüche breitete sich eine »gewachsene indianische Militanz«[140] über das Land aus. Seit den Fish-ins erkannten immer mehr American Indians, dass ihre prekären Lebensbedingungen in den Reservationen und städtischen Ghettos mit den Nachwirkungen ihrer kolonialen Unterwerfung zu tun hatten. Vielen von ihnen wurde bewusst, dass ihre Gemeinschaften jahrhundertelang unabhängige Nationen gewesen waren, die sich selbst versorgt hatten. Unter vielen der jüngeren American Indians ging diese Erkenntnis mit einer wachsenden Bereitschaft einher, sich für einen radikalen Wandel zu engagieren, um den einstigen Status ihrer Nationen wiederherzustellen und die vom Untergang bedrohten Kulturen zu revitalisieren.[141] Ein zuweilen übersehenes Ereignis an der kanadischen Grenze wirkte im Herbst 1968 wie ein Katalysator: die Blockade der südöstlich von Montréal gelegenen Cornwall-Massena-Brücke, die die kanadische Provinz Ontario über den Sankt Lorenz-Strom mit dem Bundesstaat New York verbindet.[142] Der Grenzübergang war als Teil des Sankt Lorenz-Seeweg-Projekts entstanden, das das Herzland Nordamerikas über ein ausgeklügeltes System von neuen Kanälen, Schleusen und Stauseen seit 1959 mit dem Atlantik verband, sodass hochseetaugliche Frachter fortan bis nach Duluth in Minnesota fahren konnten. Die am Sankt Lorenz-Strom liegenden Akwesasne- und Caughnawaga-Reservationen mussten mit den Auswirkungen zurechtkommen. Denn Kanada enteignete einmal mehr Reservationsland und ließ ganze Familien umsiedeln, damit das Projekt realisiert werden konnte.[143] In kurzer Abfolge erlebten auch diese Gemeinschaften das »Trauma tribalen Landverlustes«[144].

Im Herbst 1968 begann Ottawa, eine Maut für die Benutzung der Brücke und Zölle auf Waren, Haushaltsgeräte und Lebensmittel zu erheben, die einen Wert von fünf Dollar überschritten. Für die Mohawk, die im Akwesasne-Territorium lebten, waren diese neuen Abgaben schmerzhaft, denn ihre Reservationen lagen beidseits der Grenze: ein Teil in den USA, der andere in Kanada. Der Zufahrtsweg in den jeweils anderen Teil führte über die Cornwall-Massena-Brücke, die auf Reservationsland errichtet worden war. Der kleine Grenzverkehr war für die Mohawk lebenswichtig, weil über den Sankt Lorenz-Fluss hinweg familiäre Bande bestanden und er ihnen erlaubte, dort billig einzukaufen, wo sie wollten. Den Protest koordinierte der College-Direktor Ernest Benedict (1918–2011), ein einflussreicher Mohawk-Elder, der 1948 schon gegen die Termination der irokesischen Nationen gekämpft hatte. Damals hatte er Senator Arthur Watkins aus Utah an den Kopf geworfen, dass die Indianer in den USA genug von all der Armut, Krankheit und Vernachlässigung hätten, genauso wie von den gebrochenen Versprechen und der Ignoranz der US-Regierung.[145] Deskaheh war sein erklärtes Vorbild, und wie dieser empfand Benedict sich stets als Bürger der Six Nations. Anders als der Vorkämpfer der indigenen Selbstbestimmungsbewegung hatte er jedoch an der St. Lawrence Universität in Canton, New York Anthropologie studiert.[146]

Wie schon die Indian Defense League of America mehr als 40 Jahre zuvor, beriefen sich Ernest Benedict und die Akwesasne-Leute in ihren Protestschreiben an die kanadische Regierung auf den Jay-Vertrag von 1794, der den Indianern das freie und uneingeschränkte Passieren der Grenze zusicherte. Für die Nachkommen der Mohawk und aller anderen First Nations, die schon in der Gegend gelebt hatten, als es weder die USA noch Kanada gab, stellte die künstliche Linie nach wie vor ein »Symbol des Kolonialismus«[147] dar, das ihren Lebensraum zerschnitt. Als Ottawa keine Anstalten machte, die Indianer von den neuen Maut- und Zollbestimmungen auszunehmen, schritten diese zur Tat. Über Wochen wurde die Aktion im Haus von Ernest Benedict, der auf der Cornwall-Insel lebte, vorbereitet.[148] Dabei spielte neben Benedict der junge Aktivist Mike Kanentakeron Mitchell eine Hauptrolle.

Am Morgen des 18. Dezembers fuhr eine Karawane von zwei Dutzend Autos, in denen knapp 100 Mohawk saßen, auf die Cornwall-Massena-Brücke und stellte diese auf den Fahrspuren des internationalen Grenzübergangs ab. In klirrender Kälte setzten sich viele Mohawk, darunter Frauen und Teenager, mitten auf die Straße, sodass es stundenlang kein Durchkommen gab. Als die Polizei die Fahrzeuge abschleppen lassen wollte, hakten sich die Protestierenden unter, um durch eine Menschenkette zu verhindern, dass die Abschleppwagen an die Fahrzeuge herankamen. An einigen Autos waren Schilder angebracht, auf denen zu lesen stand: »Dies ist eine indianische Reservation, kein Betreten.«[149] Von Stunde zu Stunde lud sich die Atmosphäre stärker auf. Die Polizei wusste lange nicht, wie sie auf den zivilen Ungehorsam reagieren sollte. Ihre Aufforderungen, die Straße freizugeben, stießen bei den Protestierenden auf taube Ohren. Die Aktivistin Kahn-Tineta Horn forderte ihre Mitstreiter und Mitstreiterinnen zum Durchhalten auf: »Die ganze Welt schaut auf uns […] Werden wir aufgeben oder werden wir einen Aufruf an unsere Brüder und Schwestern in ganz Nordamerika aussenden, uns zu Hilfe zu eilen?«[150] Am späten Nachmittag beschlossen die Polizisten, dem ungesetzlichen Treiben ein Ende zu bereiten, trugen die Protestierenden, die sich weigerten, aufzustehen, einen nach dem anderen weg, nahmen 41 von ihnen fest und eröffneten Strafverfahren gegen sie. Wie von den Organisatoren erhofft, produzierte die spektakuläre Blockade der Brücke erstmals in der Red Power-Ära nicht nur ein nationales, sondern auch ein internationales Medienecho – das mehrheitlich zugunsten der Mohawk ausfiel.

Nur ein paar Wochen später, im Februar 1969, besetzten Akwesasne-Leute die Brücke ein zweites Mal, weil Ottawa nicht eingelenkt hatte. Dabei agierten sie gegen den Willen des gewählten Tribal Council, der nichts mit den neuen Protestmethoden zu tun haben wollte. Dessen Mitglieder galten bei den Protestierenden wiederum als »Marionetten«. Die Szenerie ähnelte weitgehend der der ersten Blockade. Die Mohawk traten selbstbewusst und entschlossen auf, Benedict, Mitchell und mehrere Frauen verwickelten die Polizisten in Gespräche, vermieden persönliche Beleidigungen und machten deutlich, dass sich diese auf Reservationsland befänden, wo sie das Sagen hätten. Die Sicherheitskräfte versuchten lange erfolglos, die Straße zu räumen; es kam zu kleineren Rempeleien und etlichen Festnahmen. Als die Situation zu eskalieren drohte, brach Benedict – auf der Ladefläche eines Abschleppwagens stehend – die Aktion, die als gewaltlose Demonstration geplant worden war, kurzerhand ab, da niemand verletzt werden sollte.[151]

Eine Filmcrew unter Mike Mitchell bannte die zweite Blockade auf Zelluloid. Denn zu dieser Zeit studierte Mitchell, ein Mohawk von der Cornwall-Insel, am National Film Board of Canada in Montréal. Von einem seiner Lehrer beauftragt, einen Film über ein indigenes Alltagsproblem zu drehen, verfügte er nicht nur über das nötige Equipment, sondern auch über das dafür notwendige Können. So entstand eine 36 Minuten dauernde Dokumentation über die Protestaktion. 1969 wurde sie unter dem Titel *You Are in Indian Land*[152] veröffentlicht. Es war der erste von einem nordamerikanischen Indigenen gedrehte Film überhaupt, eine anwaltschaftliche Dokumentation, die über die Jahre ein Millionenpublikum rund um die Welt erreichte. Mitchell hielt sich als Regisseur nicht einfach nur im

Hintergrund, sondern kam als einer der Anführer der Aktion selbst prominent im Film vor. Das hatte es so zuvor noch nicht gegeben. Inhaltlich prangerte die Dokumentation den Vertragsbruch durch die kanadische Regierung an und unterstrich, dass die Mohawk weder kanadische noch amerikanische Staatsbürger sein wollten und in ihrer Reservation selbstbestimmt und ungehindert durch die Regierungen der beiden Staaten zu leben wünschten.

Nach Monaten gab Ottawa endlich nach und ließ für die Leute von Akwesasne eine eigene, abgabenfreie Spur am Grenzübergang einrichten.[153] Obwohl sich die beiden Blockaden auf der kanadischen Seite der Grenze abgespielt hatten, blieb der Erfolg der rebellischen Mohawk in den Vereinigten Staaten nicht unbemerkt und bestärkte weitere American Indians darin, ihr Schicksal selbst in die Hand zu nehmen.[154] Dazu trugen auch zwei Projekte bei, die aus den Protesten an der Cornwall-Massena-Brücke erwuchsen. Ende 1968 kam an Benedicts Küchentisch die Idee auf, eine journalistische Stimme der Mohawk zu schaffen und ein Publikationsorgan ins Leben zu rufen. Die Zeitschrift erhielt den Namen *Akwesasne Notes*. Unerschrocken trat sie für die Rechte und Freiheiten der First Peoples in Nordamerika ein und avancierte in der Red Power-Ära zur wichtigsten Nachrichtenquelle für Indigene in Kanada und den USA.[155] Die Redaktion bestand fast vollständig aus Mohawk; zu Beginn war Jerry Gambill, ein in die Nation adoptierter weißer Kanadier, federführend; Beiträge kamen unter anderem von Gelehrten wie John Mohawk und Doug George-Kanentiio. Die *Akwesasne Notes* erschienen sechs- bis achtmal pro Jahr, und schon nach wenigen Jahren zirkulierten sie in einer Auflage von 50 000 Exemplaren. Bald war die Zeitschrift in nahezu jeder indigenen Gemeinschaft verbreitet, sogar bei Powwows lag sie aus.[156] Sie berichtete nicht bloß über lokale Ereignisse, sondern lieh in den 30 Jahren ihrer Existenz allen unterdrückten indigenen Völkern in den Amerikas eine Stimme, selbst den Maya in Guatemala oder den Mapuche in Peru.[157]

Im gleichen Winter reaktivierten Ernest Benedict und Jerry Gambill die White Roots of Peace. Diese in den 1930er Jahren von Ray Fadden ins Leben gerufene Organisation bestand vornehmlich aus Mitgliedern der Mohawk Nation: aus traditionsbewussten Elders, Intellektuellen, Musikern und Tänzern. Von 1968 bis 1977 suchten sie zahlreiche Reservationen, städtische Kulturzentren, Schulen, Colleges und Gefängnisse auf, um dort für eine Revitalisierung der indigenen Kulturen und eine Wiedergeburt indigener Souveränität zu werben.[158] Die White Roots of Peace vermittelten zwar in erster Linie irokesische Kulturinhalte, doch als Wanderuniversität, ja als eine Art reisende Selbstermächtigungs-Schule war es ihnen ein zentrales Anliegen, überall zum Revival der indigenen Kulturen beizutragen.[159] Nach Jahrzehnten der kulturellen Zerstörung wollten sie durch das Wiederanknüpfen an indigene Traditionen und altes Wissen die Selbstkompetenz, Autonomie und Selbstbestimmung aller First Peoples in Nordamerika stärken und ihr Publikum durch ihr Vorbild dazu ermuntern, sich stolz zu den verschütteten Wurzeln zu bekennen. Die White Roots of Peace hatten einigen Erfolg damit und beförderten die im Gang befindliche indigene Renaissance mit.

Ein Mitglied der Wandertruppe war der Folksinger Willie Dunn (1941–2013), ein Mi'kmaq aus Restigouche in der kanadischen Provinz Québec, der auch als Filmemacher von sich reden machte. 1968 schuf er zu seiner *Ballad of Crowfoot* das erste indigene Musikvideo in Nordamerika überhaupt.[160] In seinem fast acht Minuten langen Protestsong wird die Biografie von Crowfoot (ca. 1821–1890), dem legendären Chief der Siksika Blackfoot, zum Spiegel, um das Leid zu thematisieren, das die weißen Eroberer über die indigenen Völker der Great Plains brachten, als sie die Prärien in mit Stacheldraht umzäunte Weiden verwandelten, auf denen sich bald Massen von Rindern tummelten, die als invasive Spezies die Büffel ersetzten, genauso wie die weißen Siedler die First Peoples. Aus Dunns Protestballade sprechen Wut und Trauer über die Abschlachtung der Bisonherden, den erlittenen Hunger, die eingeschleppten Krankheiten, den Landverlust, den grassierenden Alkoholismus, die christliche Mission und letztlich über den Untergang einer ganzen Kultur. Allen Versprechungen zum Trotz wendete sich das Los der First Nations auch nach ihrer kolonialen Unterwerfung durch Kanada nicht zum Besseren, denn: »Eine Nation ist seitdem schnell gewachsen, / Aber für den Ureinwohner ist alles gleich. / Da sind immer noch die Härten, da ist immer noch der Schmerz [...] Da ist immer noch das Heucheln und immer noch der Hass. / War das in den Verträgen, war das unser Schicksal? / Wir sind alle unglückliche Schachfiguren im Spiel der Regierung.«[161] Schiere Verzweiflung über das geschehene Unrecht blieb jedoch nicht Dunns letztes Wort. Zwischen den Zeilen forderte er die Mitglieder der First Nations dazu auf, sich gegen die drückenden Verhältnisse aufzulehnen, ja diese nicht länger als gegeben hinzunehmen. Fast beschwörend heißt es im Refrain: »Crowfoot, Crowfoot, warum die Tränen? / Du warst ein tapferer Mann viele Jahre lang. / Warum Tränen und warum Sorgen? / Eine bessere Zukunft beginnt vielleicht schon morgen.«[162] Mit dieser Botschaft erreichte er in den USA auch die Anhänger und Anhängerinnen der sich formierenden Red Power-Bewegung.

Etliche American Indians zeigten sich jedenfalls von den Botschaften der White Roots of Peace elektrisiert. Während ihren Aufführungen vermittelten diese einen neuen Stolz auf die alten indigenen Kulturen, die das weiße Amerika systematisch herabgewürdigt und zu zerstören versucht hatte. An Kaliforniens Universitäten, an denen der »Befreiungskampf der farbigen Völker« auf der Welt schon zuvor große Sympathien genoss, wirkten die White Roots of Peace wie eine Aufforderung zur Tat. Im Frühjahr 1969 traten sie an der University of California in Berkeley auf, in einem Kurs, den der Dozent Jack D. Forbes (1934–2011), ein Powhatan-Lenni Lenape, über »Indianische Befreiung« anbot. Dort wurde die politisch engagierte Studentin LaNada Boyer, eine Shoshone-Bannock, auf die Truppe aufmerksam. Boyer gehörte zu den ersten Indigenen, die in Berkeley studierten, und setzte sich vor Ort als Pionierin zusammen mit anderen People of Colors für die Einrichtung von Ethnic Studies ein.[163]

Richard Oakes (1942–1972), auch er ein Mohawk aus dem Akwesasne-Territorium, vermittelte die Truppe im Herbst 1969 an das neue Native American Studies Department am San Francisco State College. Oakes belegte dort bei dem Anthropologen Luis Kemnitzer einen der ersten Kurse über »Native American Heritage«.[164] Wie für andere seiner Mitstudierenden wurde der Auftritt der White Roots of Peace für ihn zu einem Schlüsselerlebnis.[165] Nur wenige Wochen danach machte der charismatische Student als einer der Anführer der Alcatraz-Besetzung von sich reden.

DIE ÜBERNAHME DER ALCATRAZ-INSEL

Am frühen Morgen des 20. November 1969 bestiegen im Hafen des Küstenortes Sausalito, der an der Bucht von San Francisco liegt, 89 American Indians drei Boote. Unter ihnen befanden sich 30 Frauen und ein halbes Dutzend Kinder. Ohne von der Küstenwache bemerkt zu werden, ließen sie sich durch die nachtschwarzen Gewässer auf die nahegelegene Alcatraz-Insel schippern. Dort angelandet nahmen die jungen American Indians die von der Regierung seit 1963 aufgegebene Gefängnisinsel in Besitz, indem sie sich auf das spätmittelalterliche europäische Entdeckerrecht (»doctrine of discovery«) beriefen. Damit hatten seit 1492 schon die spanischen, portugiesischen und französischen, später auch die englischen und amerikanischen Invasoren die Inbesitznahme von Nord- und Südamerika gerechtfertigt. Die Gruppe war unbewaffnet und nannte sich selbst Indians of All Tribes. Mit der satirischen Umkehrung der Eroberungsgeschichte begann eine 19 Monate währende Protestaktion, die im Land selbst, aber auch darüber hinaus Schlagzeilen produzierte und auf eine neuartige Weise auf das bittere Los der First Peoples in den USA aufmerksam machte.[166] Dabei spielte den Besetzern und Besetzerinnen ein schrecklicher Zufall in die Hände.

Fast zeitgleich mit der Aktion verbreitete eine kleine Washingtoner Nachrichtenagentur die Meldung, dass US-Soldaten am 16. März 1968 504 Zivilisten des vietnamesischen Dorfes My Lai kaltblütig ermordet und dabei selbst Babys und Kinder nicht verschont hatten. Die Enthüllung dieses schweren Kriegsverbrechens, dessen wahre Natur Regierung und Militär viele Monate lang verschleiert hatten, war für viele Amerikaner ein veritabler Schock. Das Massaker entwickelte sich zu einem Wendepunkt in der öffentlichen Wahrnehmung des Vietnamkriegs. Ende 1969 verband sich die Kritik am »imperialistischen Krieg gegen das vietnamesische Volk« mit einer nie dagewesenen Sympathiewelle für die American Indians. Nach Ansicht vieler linker und liberaler Amerikaner waren diese schon im 19. Jahrhundert unverschuldet in die Fänge des »US-Imperialismus« geraten und hatten damals ein ähnlich tragisches Schicksal erlitten wie die Vietnamesen in der Gegenwart. Die veränderte Stimmung in Teilen der Öffentlichkeit trug mit dazu bei, dass eine militärische Beendigung der Alcatraz-Besetzung für das Weiße Haus von Anfang an als politisch riskant galt und keine reale Option war.[167]

Die Besetzung kam keineswegs aus dem Nichts. Vielmehr kulminierten in ihr Entwicklungen, die Jahre zurücklagen. In der Westküstenmetropole San Francisco, die seit dem »Summer of Love« (1967) als liberalste Stadt der USA galt, lebten rund 40 000 American Indians aus allen Teilen der USA. Bereits während des Zweiten Weltkriegs waren die ersten von ihnen dort gestrandet, um in der Armee zu dienen oder in der Rüstungsindustrie zu arbeiten. Seit 1952 wurden San Francisco und die Bay Area für weitere Tausende zu einer der Endstationen des Relocation-Programms, das die American Indians aus ihren Reservationen wegholte, um sie in großen Städten in den Mainstream einzuschmelzen. Wie andernorts lebten die Umgesiedelten meist als Underdogs in ärmlichen Verhältnissen, vergessen und enttäuscht in einer fremden und für sie oft auch befremdlichen Welt. Das war der Nährboden, auf dem eine junge, wütende Generation von entwurzelten American Indians heranwuchs, die keine eindeutige kulturelle Identität mehr besaßen und über keine politische

Stimme verfügten.[168] Ihre Enttäuschung und Wut drückten sich im März 1964 in einer ersten Protestaktion aus.

Die Idee dazu hatte die Sozialarbeiterin Belva Cottier (1920–2000), eine Lakota aus der Rosebud Indian-Reservation in South Dakota. Cottier lebte bereits seit 20 Jahren in der Bay Area, in die sie im Krieg gezogen war, um ihrem Ehemann Allen näher zu sein, der in der US Navy Dienst tat. Eines Morgens las sie in der Zeitung, dass die Bundesregierung nicht wusste, wie sie die Alcatraz-Insel, auf der sie bis März 1963 ein Hochsicherheitsgefängnis betrieben hatte, künftig nutzen wollte. Gleichzeitig erinnerte sie sich vage an einen Artikel des Vertrags von Fort Laramie (1868), der vorsah, dass die Lakota von den Vereinigten Staaten aufgegebenes Land zurückfordern konnten. Begleitet von einem Cousin überprüfte sie dies in einer Bibliothek und brachte zudem in Erfahrung, dass auf Alcatraz seit 1873 etliche American Indians inhaftiert gewesen waren. Während den Recherchen wurde den beiden bewusst, dass das Eiland mit seinem stillgelegten Gefängnis gerade im Kontext von Eroberung, Unterwerfung und Assimilation der First Peoples eine nicht zu unterschätzende Symbolik besaß.[169] Vor der spanischen Landnahme (1769) hatten rund um die Bucht von San Francisco die Ohlone, das »westliche Volk«, in festen Dörfern gelebt.

Bald machten sich Belva Cottier und ihre Mitstreiter an die Planung einer Besetzung und teilten den Leuten vom San Francisco American Indian Center ihre Absichten mit. Am 4. März 1964 war es schließlich so weit. Fünf Lakota aus der Bay Area – Richard McKenzie, Allen Cottier, Mark Martinez, Walter Means und Garfield Spotted Elk – setzten in einem Boot nach Alcatraz über und forderten das Eiland von den USA zurück, indem sie der Regierung 47 Cents pro Acre anboten. Bereits nach vier Stunden brachen sie die Aktion ab, in der Absicht, ihr Recht vor Gericht einzuklagen, was aber scheiterte.[170] Die regionale Presse, die zuvor darüber ins Bild gesetzt worden war, machte sich über die Kurzeitbesetzung lustig. Der *San Francisco Examiner* wertete sie als »verrückten Indianerüberfall«[171].

Dennoch blieb die Erinnerung an die Aktion unter den American Indians der Bay Area lebendig. Dann, im Herbst 1969, fiel die Idee, sich des symbolträchtigen Eilands zu bemächtigen, gesellschaftlich auf einen fruchtbareren Boden. Unabhängig voneinander erwogen indigene Studenten und Studentinnen in Berkeley und San Francisco, aber auch eine Gruppe um den Ojibwe Adam Nordwall, der in der Bay Area-Community aktiv war, eine neuerliche Invasion des »Felsens«.[172]

Am 9. November wurde der zweite Versuch, sich der Alcatraz-Insel zu bemächtigen, unternommen. Doch schlecht organisiert scheiterte dieser bereits nach 19 Stunden, obwohl der Mohawk Richard Oakes und ein paar Mitstreiter sich von einem Boot aus in die kalten Fluten gestürzt und die Insel schwimmend erreicht hatten. Aber auch dieses Mal ließen sich die »Urban Indians« durch den Fehlschlag nicht entmutigen. Schließlich glückte am 20. November ein besser organisierter dritter Landungsversuch. Allen äußeren Widrigkeiten zum Trotz errichteten die Besetzer auf der Insel 19 Monate lang eine panindianische Gemeinschaft, die alle nordamerikanischen First Peoples gleichermaßen im Blick hatte.[173]

Schnell wandten sich die Besetzer mit einer Proklamation an den »großen Weißen Vater und sein ganzes Volk«. Oakes hatte das Dokument bereits am 9. November ein erstes Mal vor einem auf dem Pier wartenden Journalisten verlesen. Mit satirischen Mitteln sprachen sie darin das Unrecht der europäischen Landnahme in Nordamerika und die lumpige, fast entschädigungslose Enteignung der First Peoples an. In Umkehr der realen Geschichte hieß es darin: »Wir, die indigenen Amerikaner, fordern das Land, das als Alcatraz-Insel bekannt ist, wieder zurück, im Namen aller American Indians und durch Entdeckerrecht. Wir wünschen, fair und ehrenhaft in unseren Beziehungen zu den kaukasischen [euroamerikanischen, A. M.] Einwohnern dieses Landes zu sein, und bieten hiermit folgenden Vertrag an: Wir werden die Alcatraz-Insel für 24 Dollar in Glasperlen und roter Kleidung kaufen, nach einem Präzedenzfall, der vor etwa 300 Jahren durch den Kauf einer ähnlichen Insel durch den weißen Mann geschaffen wurde. Wir wissen, dass 24 Dollar an Handelsgütern für diese 16 Acres mehr sind, als beim Verkauf der Manhattan-Insel gezahlt wurde, aber wir wissen auch, dass der Wert des Landes im Laufe der Jahre gestiegen ist. Unser Angebot von 1,24 Dollar pro Acre ist höher als die 47 Cents pro Acre, die der weiße Mann jetzt den Indianern in Kalifornien für ihr Land zahlte [...] Wir werden den Bewohnern dieser Insel einen Teil dieses Landes als ihr eigenes abgeben, das treuhänderisch vom American Indian Government gehalten wird, solange die Sonne aufgeht und die Flüsse zum Meer fließen, und das vom Bureau of Caucasian Affairs (BCA) verwaltet wird. Wir werden die Bewohner ferner in die richtige Lebensweise einweisen. Wir werden ihnen unsere Religion, unsere Erziehung, unsere Lebensweise anbieten, um ihnen zu helfen, unsere Zivilisationsstufe zu erreichen, und sie und all ihre weißen Brüder so aus ihrem wilden und unglücklichen Zustand zu erheben.«[174]

Die Proklamation nahm die kolonialistische Arroganz der euroamerikanischen Eroberer und die historische Ignoranz ihrer Nachfahren auf die Schippe – auf humorvolle und gebildete Weise zugleich. Sie trat für die Anerkennung indigener Souveränität ein und forderte von Washington, dass auf der Insel eine Universität für Native American Studies, ein Zentrum für Ökologie und ein Museum zur Geschichte der First Peoples eingerichtet werde. Letzteres sollte die Licht- und Schattenseiten indigener Geschichte thematisieren und die vielen kulturellen Beiträge der First Peoples an die Welt würdigen. In einem anderen Teil des Museums sollten die nackten Tatsachen dokumentiert werden, die der »weiße Mann« den American Indians angetan hatte, als er ihr Land und ihre Leben nahm: nämlich »Krankheit, Alkohol, Armut und kulturelle Verwüstung (durch alte Blechdosen, Stacheldraht, Gummireifen und Plastikbehälter etc.)«[175]. Die Alcatraz-Proklamation, wohl von Adam Nordwall[176] (* 1929) entworfen, war ein Glanzstück politischer Protestrhetorik. Ihre Bedeutung lag darin, dass sie sich zwischen den Zeilen für die eigenmächtige Rückgewinnung von unfreiwillig abgetretenem Land starkmachte, ja einer Rückgabe von enteignetem Territorium durch eine Wiederbesetzung das Wort redete.[177] Bezeichnenderweise zeigen die bekanntesten Fotos der Inselbesetzung Aufschriften an ehemaligen Gefängnistrakten, die die Botschaft »Indian Land« oder »Indian Property« in die Welt aussandten. Etwas Derartiges hatte es noch nicht gegeben.

Bei der Besetzergemeinschaft handelte es sich um eine wild zusammengewürfelte Truppe, in der American Indians dominierten, die seit Jahren in der Bay Area lebten. Es engagierten sich aber auch Leute, die von weither anreisten, um ihre Solidarität zu bezeugen und zumindest ein paar Tage auf der Insel zu verbringen. Die Besetzer und Besetzerinnen gehörten der jüngeren Generation an, verfügten über eine überdurchschnittliche Bildung und hatten zuvor meistens in Städten gelebt. Etliche von ihnen, etwa LaNada Boyer, Stella Leach, Grace Thorpe, Richard Oakes, John Trudell und Adam Nordwall waren Kinder des staatlichen Relocation-Programms.[178] Aus eigenem Erleben kannten sie die existenziellen Probleme, die sich durch die Umsiedlung aus Reservationen in die Städte ergaben und die dadurch verschärft wurden, dass die Behörden die American Indians dort fast vollständig sich selbst überließen.[179]

Auf der wellenumtosten, wenig gastlichen Insel herrschte ein ständiges Kommen und Gehen. Selbst die Leute des harten Kerns setzten regelmäßig auf das Festland über, um Vorlesungen zu besuchen, wieder einmal richtig zu schlafen oder sich in ihren Wohnungen zu duschen. Vor allem an den Wochenenden trafen Dutzende von Besucherinnen und Besucher ein, die oft nur kurz blieben. Hin und wieder ließen sich bekannte Aktivisten wie Thomas Banyacya (Hopi), Wallace Mad Bear Anderson (Tuscarora) und Vine Deloria Jr. (Standing Rock Sioux) auf der Insel blicken, während jüngere Leute wie Wilma Mankiller (Cherokee) und Dennis Banks (Ojibwe) hier erste Erfahrungen mit gewaltlosem Widerstand machten. Obwohl die Presse in ihrer Berichterstattung das Bild zeichnete, dass

Richard Oakes, bis er nach dem tragischen Unfalltod seiner Tochter Yvonne die Inselgemeinschaft verließ, der »Bürgermeister von Alcatraz« und damit der unangefochtene Anführer sei, war die panindigene Gemeinschaft von Anfang an basisdemokratisch organisiert. Ein gewählter Rat aus sieben Mitgliedern, in den periodisch neue Gesichter einzogen, traf die Entscheidungen.[180] Er war allerdings mehr Koordinationsgremium denn Regierung, da die Besetzer und Besetzerinnen den Entscheiden zustimmen mussten.

Kaum hatten die jungen American Indians Besitz von der ehemaligen Gefängnisinsel genommen, stellten sich ihnen Alltagsprobleme. Gerade bei deren Lösung durften sie nicht versagen, schließlich wollte die Gemeinschaft den Beweis antreten, dass sie ein kleines Protestdorf selbstbestimmt über längere Zeit und auch unter schwierigsten Bedingungen aufrechterhalten konnten. So gab es auf der Insel beispielsweise keine Elektrizität, kein fließendes Wasser und keine Duschen. Es wurden eine Gemeinschaftsküche, eine Schule und eine Krankenstation ins Leben gerufen. Feste Equipen übernahmen das Kochen, das Unterrichten, die Pflege von Erkrankten oder die Beseitigung des Mülls. In diesen Bereichen engagierten sich überdurchschnittlich viele Frauen, deren stille, bis heute kaum wahrgenommene Hintergrundarbeit für die Bewältigung des Inselalltags absolut zentral war.[181] Nur dadurch war es dem harten Kern möglich, mehr als eineinhalb Jahre lang auf dem Eiland auszuharren.

Im stillgelegten Gefängnistrakt suchten sich Besetzer und Besetzerinnen geeignete Zellen, in denen sie ihre bescheidenen Schlafplätze einrichteten. Gleichzeitig mussten sie die Versorgung mit Trinkwasser, Lebensmitteln, Brennmaterialien und warmer Kleidung sicherstellen. Im eben anbrechenden Winter musste die Frage beantwortet werden, wie sie sich am besten gegen die Kälte schützen konnten. Die Inselgemeinschaft entschied sich für Elektroheizer, die mit Strom aus Generatoren betrieben wurden, für die wiederum etliche Flaschen mit Butangas angelandet werden mussten.[182] Aus all dem ist ersichtlich, dass die Besetzergemeinschaft maßgeblich von der logistischen

Unterstützung durch eine permanente Festlandscrew abhing, in der Adam Nordwall den Ton angab. Die von ihm angeführte Truppe warb Spendengelder ein, kaufte die auf der Insel benötigten Güter ein und ließ den Nachschub wie auch die Scharen von Besuchern mit Booten auf die besetzte Insel bringen.

Nicht genug damit löste die Besetzung des »Felsens« durch American Indians eine nie gesehene Sympathie- und Solidaritätswelle aus, die bis weit in das liberale Spektrum der US-Gesellschaft hineinreichte. Bei der Unterstützungscrew auf dem Festland gingen nicht nur zahlreiche Geldspenden aus dem ganzen Land ein, sondern auch Zuwendungen aus dem Showbusiness. Die angesagte Rockband Creedance Clearwater Revival, die nur wenige Monate zuvor in Woodstock aufgetreten war und mit ihrem dritten Album *Green River* weit oben in den Charts stand, spendete den Besetzern 15 000 Dollar, um damit ein eigenes Boot zu kaufen. Ein besonderes Engagement legte die Cree-Sängerin Buffy Sainte-Marie an den Tag. Zusammen mit der Folksängerin Malvina Reynolds trat sie am 12. Dezember 1969 bei einem Benefizkonzert in San Francisco auf und unterstützte die Inselgemeinschaft mit den Einnahmen.[183] Später schenkte Sainte-Marie den Leuten von Alcatraz zudem 400 dringend benötigte Kanister mit Trinkwasser und suchte Alcatraz selbst auf.[184] Hollywood-Stars wie Marlon Brando, Anthony Quinn und Jane Fonda, aber auch Ethel Kennedy, die Witwe des ermordeten politischen Hoffnungsträgers Robert Kennedy, statteten den Inselbesetzern ebenfalls Kurzbesuche ab und zeigten dadurch ihre Sympathie. Jane Fonda hatte, weil sie etwas für die jahrhundertelang unterdrückten First Peoples tun wollte, ein paar Generatoren zur Stromerzeugung mit im Gepäck.[185] Und Anthony Quinn hob vor versammelter Presse hervor, dass die American Indians jedes Recht zu dieser Besetzung besäßen. Überdies meinte er: »Alcatraz ist ein kleiner Preis für all die Sünden, die wir begingen, und all die Demütigungen, die wir den Indianern zufügten.«[186]

Gewiss fiel die Besetzung von Alcatraz nach dem globalen Protestjahr 1968 in eine günstige Zeit der Unrast und des kulturellen Aufbruchs. Dass die Übernahme des »Felsens« jedoch weltweit Nachrichten produzierte, hatte auch mit der professionell aufgezogenen Medienarbeit zu tun. Für sie war der erst 23 Jahre alte John Trudell (1946–2015), der Sohn eines Dakota-Vaters und einer Mexikanerin, verantwortlich. Seine Kindheit hatte Trudell in der Santee Sioux-Reservation im Norden Nebraskas zugebracht, in einer kinderreichen Familie, die am Existenzminimum lebte. Nachdem er die Highschool abgebrochen hatte, ging er 1963 wie andere Amerikaner, die nicht auf Rosen gebettet waren, zur US Navy, in der Hoffnung, den Militärdienst als soziales Sprungbrett benutzen zu können. In den Küstengewässern vor Vietnam diente er vier Jahre lang auf einem Kriegsschiff, dessen Aufgabe darin bestand, abgeschossene Kampfpiloten zu bergen. Nach seiner ehrenvollen Entlassung ließ sich Trudell in San Bernardino im Süden Kaliforniens nieder, wo er sich mit Gelegenheitsjobs über die Runden brachte und nebenher an einem College Rundfunkwissenschaften studierte.[187]

John Trudells Stunde schlug mit der Besetzung von Alcatraz. Erstmals hörte er durch Freunde an der University of California in Berkeley von ihr. Trudell war überzeugt, dass ihm diese Aktion ermöglichen werde, an seine indigenen Wurzeln anzuknüpfen, und schloss sich ihr Ende November an.[188] Neben Richard Oakes entwickelte sich der 23-Jährige zum Gesicht von Alcatraz, drängte dadurch jedoch andere für die Besetzung wichtige Figuren wie Adam Nordwall und LaNada Boyer in den Hintergrund.[189] Fast aus dem Nichts zog Trudell Radio Free Alcatraz auf. Der Name war geschickt an Radio Free Europe angelehnt, mit dem die USA seit 1950 die sowjetisch dominierten Gesellschaften in Osteuropa mit Informationen aus dem »freien Westen« versorgten.[190] Die Macher des Campusradio in Berkeley stellten Trudell und seinem Team einen Kurzwellensender zur Verfügung, der es ihnen erlaubte, eigene Sendungen zu produzieren. Auf der Frequenz des Campusradios KPFA-FM in Berkeley strahlte Radio Free Alcatraz vom 22. Dezember 1969 an jeweils am frühen

Abend ein halbstündiges Programm aus – fünfmal die Woche. Auf diese Weise schafften sie es, die indigene Sicht der Dinge in die Öffentlichkeit einzuspeisen, was einem Quantensprung in den medialen Selbstermächtigungsstrategien der First Peoples gleichkam.[191]

Wenn Radio Free Alcatraz auf Sendung ging, erklang als eine Art Erkennungshymne stets Buffy Sainte-Maries ikonischer Protestsong *Now That the Buffalo's Gone.*[192] Danach folgten Tagesnachrichten von der Insel und längere Einzelinterviews mit Besetzern und Besetzerinnen, die Trudell nach ihren Lebenswegen und persönlichen Zielen befragte. Der gemeinsamen Sache wegen hatten einige der Interviewten ihr Studium unterbrochen und andere wie Grace Thorpe gar ihr ganzes Leben in Arizona hinter sich gelassen. Radio Free Alcatraz stellte die Inselgemeinschaft und ihre politisch-kulturellen Aspirationen in den Mittelpunkt. Es gab den Underdog-Erfahrungen eine Stimme im Äther und versorgte die Zuhörerschaft aus erster Hand mit Informationen über die angestrebte Landzurückgewinnung und die Absicht, auf der Insel indigene Bildungs- und Kultureinrichtungen zu schaffen.[193] So wollte Radio Free Alcatraz das öffentliche Bild der Besetzung positiv prägen.

Aus dem gleichen Grund fiel auch LaNada Boyer als Presseverantwortlicher ein entscheidender Job zu. Denn die schreibgewandte Studentin verfasste nicht nur fast alle Medienmitteilungen, sondern trat selbst vor Fernsehkameras, um den Sendern Interviews zur Lage auf der Insel zu geben.[194] Boyer betonte, dass die aktuelle Besetzung von Alcatraz in einer langen Kontinuität indigenen Widerstands stehe, die bereits in der Zeit der europäischen Landnahme begonnen habe.[195] Und tatsächlich: Im Gegensatz zu 1964, als die lokale Presse abschätzig über die kurze Protestaktion auf dem »Felsen« berichtet hatte, fiel das Echo bei den in San Francisco erscheinenden Zeitungen dieses Mal durchaus wohlwollend aus.[196] In der *New York Times* und der *Washington Post* erschienen mehrere Artikel, die verständnisvoll über die unbewaffnete Besetzung von Alcatraz berichteten, auch weil die indigenen Aktivistinnen und Aktivisten die Eroberung des Kontinents mit satirischen Mitteln umgekehrt hatten.[197] Das war deshalb so bemerkenswert, weil die Presse lange Jahrzehnte – neben Wildwest-Shows, Romanen und Filmwestern – eine Schlüsselrolle dabei gespielt hatte, die mit der Kontinentalexpansion der USA verbundene Verdrängung, Dezimierung und Unterwerfung der First Peoples schönzureden.[198]

Jetzt rückte die mediale Berichterstattung über die Besetzung die Notlage der American Indians erstmals ins Bewusstsein der amerikanischen Öffentlichkeit, die seit dem »Civil Rights Act« (1964) zumindest in Teilen gelernt hatte, empathischer auf die Anliegen ihrer ethnischen Minderheiten zu reagieren.[199] Es war die Zeit, als mit *Little Big Man* und *Soldier Blue* zwei Western in die Kinos kamen, die zum ersten Mal ungeschönt von der exzessiven Brutalität erzählten, mit der US-Soldaten nach 1864 friedliche Indianerdörfer niedergemacht und die dort lebenden Menschen wahllos massakriert hatten.[200] 1970 avancierte zudem Dee Browns Buch *Bury My Heart at Wounded Knee. An Indian History of the American West* zum weltweiten Bestseller. Darin erzählte er die Geschichte der USA zwischen 1860 und 1890 auf eine neue Weise – schonungslos und aus indigener Perspektive.[201]

Dass eine neue Zeit angebrochen war, zeigte sich auch darin, wie die hohe Politik in Washington auf die Besetzung der Alcatraz-Insel reagierte. Anders als von Richard Nixon zu erwarten war, ließ seine Administration das Eiland nicht gewaltsam räumen. Stattdessen saß er die Krise aus, in der Hoffnung, Besetzer und Besetzerinnen zu zermürben und zum Aufgeben bewegen zu können. Dabei hatte Nixon im Wahlkampf noch versprochen, sich nicht vor Straßenkämpfern wegzuducken und eisern durchzugreifen, wenn politische Desperados Ruhe und Ordnung störten.[202] Weshalb er sich in diesem Fall anders entschied, lässt sich nicht restlos erklären. Sicherlich aber hätte ein Einsatz von Nationalgarde und Polizeikräften zu Toten geführt, die wohl weitere Unruhen im Land ausgelöst hätten. Und seine Regierung konnte es sich, nachdem das fürchterliche Ausmaß des

Massakers in My Lai bekannt geworden war, kaum leisten, den Tod friedlich protestierender American Indians und ihrer Sympathisanten in Kauf zu nehmen. Das hätte die Stimmung im Land vollends kippen lassen. Mit einem wachsenden indigenen Aktivismus konfrontiert, entschied sich der Präsident vielmehr dazu, mit der Terminationspolitik zu brechen und in der Indianerpolitik neue Wege zu beschreiten, und zwar solche, die bereits sein demokratischer Amtsvorgänger angedacht hatte.[203]

In seiner »Special Message« an den Kongress hatte Lyndon B. Johnson am 6. März 1968 so schonungslos über die soziale Lage der American Indians gesprochen wie kein anderer Präsident vor ihm.[204] Ganz gleich, ob diese in Reservationen oder in Städten leben würden, gehörten sie zu den am meisten abgehängten, ja »vergessenen Amerikanern«. Ihre Lebenserwartung, ihr Bildungsniveau, ihr Einkommen, ihr Lebensstandard und ihre Wohnverhältnisse lägen weit unter dem nationalen Durchschnitt, dafür seien ihre Arbeitslosen- und Analphabetenraten weit höher. »Keine aufgeklärte Nation, keine verantwortliche Regierung, kein progressives Volk«, hieß es in Johnsons Verlautbarung, »kann untätig dasitzen und zulassen, dass diese schockierende Situation anhält.«[205] Daher sprach Johnson sich für eine deutliche Aufstockung der Bundeshilfen an American Indians aus und plädierte für einen anderen Politikansatz: »Ich schlage ein neues Ziel für unsere Indianerprogramme vor: Ein Ziel, das die alte Debatte über die ›Termination‹ der Indianerprogramme beendet und Selbstbestimmung fördert. Ein Ziel, das alte Haltungen des Paternalismus überwindet und partnerschaftliche Selbsthilfe befördert.«[206] Johnson plädierte für eine »maximale Wahl für die American Indians, die sich in Programmen der Selbsthilfe, der Selbstentwicklung und der Selbstbestimmung ausdrückten«[207].

Die Alcatraz-Insel war noch fest in den Händen der Indians of All Tribes, da wandte sich Richard Nixon am 8. Juli 1970 an den Kongress. In seiner »Special Message on Indian Affairs« standen bemerkenswerte Sätze, die einem historischen Schuldeingeständnis gleichkamen: »Die ersten Amerikaner – die Indianer – sind die am meisten benachteiligte und isolierte Minderheitengruppe in unserer Nation. Auf praktisch jeder Messskala – Beschäftigung, Einkommen, Bildung, Gesundheit – rangiert die Lage des indianischen Volkes am unteren Ende. Dieser Zustand ist das Erbe von Jahrhunderten der Ungerechtigkeit. Seit dem ersten Kontakt mit europäischen Siedlern wurden die amerikanischen Indianer unterdrückt und brutalisiert, ihres angestammten Landes beraubt und ihnen Möglichkeiten verwehrt, ihr eigenes Schicksal zu bestimmen [...] Aber die Geschichte der Indianer in Amerika ist mehr als die Aufzeichnung der häufigen Aggressionen des weißen Mannes, der gebrochenen Vereinbarungen, der zeitweiligen Reue und des anhaltenden Scheiterns. Es ist auch eine Aufzeichnung der Ausdauer, des Überlebens, der Anpassung und der Kreativität angesichts überwältigender Hindernisse [...] Es ist an der Zeit, entschieden mit der Vergangenheit zu brechen und die Voraussetzung für eine neue Ära zu schaffen, in der die indianische Zukunft von indianischen Gesetzen und indianischen Entscheidungen bestimmt wird.«[208] Tatsächlich leitete Nixons bahnbrechende Adresse das Ende der Terminationspolitik ein, die seit 1953 so viel Leid über die First Peoples gebracht hatte.[209]

Die Nixon-Administration ließ es nicht bei schönen Worten bewenden. Im Dezember 1970 gab sie dem Taos-Pueblo in New Mexico den in den Sangre de Cristo Mountains gelegenen Blue Lake und 194 Quadratkilometer seines Umlandes zurück. 1906 hatte sich die US-Regierung See und Land widerrechtlich angeeignet. Mit der Rückgabe beendete Nixon einen 64 Jahre währenden Kampf der Leute von Taos. Bereits 1965 hatte sich die Indian Claims Commission mit den Klagen des Taos-Pueblos beschäftigt und diesen als Entschädigung für die widerrechtliche Enteignung eine beträchtliche Dollarsumme geboten. Doch die im Taos-Pueblo lebenden Menschen lehnten das Angebot ab. Stattdessen beharrten sie auf der Rückgabe des ihnen heiligen Bergsees, von dem sie glauben, dass in ihm die Seelen ihrer Ahnen ruhen. Eine von Paul J. Bernal und Juan de Jesus Romero angeführte Bewegung bewog die Bundesregierung schließlich zum Umdenken.[210] »Es war das erste und bedeutsame Zeichen«, meinte Vine Deloria Jr. später, »dass man die Ausübung indianischer Religionen gleichrangig neben christliche Zeremonien stellte.«[211]

Ein Jahr danach setzte Nixon den »Alaska Native Claims Settlement Act« (ANCSA) in Kraft. Dabei handelte es sich um eine der größten Landanspruchsregelungen in der Geschichte der Vereinigten Staaten. Der ANCSA räumte den dort lebenden First Peoples das Recht ein, 178 000 Quadratkilometer öffentliches Land – etwa ein Neuntel der Gesamtfläche Alaskas – auszuwählen und unter US-Treuhandverwaltung zurückzuerhalten. Außerdem bekamen sie als Abfindung für ihren ursprünglichen Besitzanspruch auf ganz Alaska 962,5 Millionen Dollar ausbezahlt.[212] Unter dem republikanischen Präsidenten erhielten auch die Diné, Yakama, Washoe und indigene Nationen in Oregon Landzuweisungen.[213] 1973 brach der Kongress dann endgültig mit der Terminationspolitik, als er die 1954 liquidierte Menominee Nation wieder anerkannte und das frühere Rechtsverhältnis zwischen ihr und den USA restaurierte.[214]

Was Alcatraz anging, blieb die Nixon-Administration jedoch hart. Trotz der Verhandlungen, in die sie mit den Besetzern eintrat, war sie zu keinem Eigentumstransfer bereit. Sie fürchtete einen Präzedenzfall. Letztlich verfehlten die Aktivisten also ihr Ziel einer »Rückgabe indianischen Landes«, wie sie sie in der berühmten Deklaration vom 31. Mai 1970 kunstfertig eingefordert hatten.[215] Am 11. Juni 1971 landeten zwei Dutzend schwer bewaffnete Bundesmarshals auf Alcatraz. Ohne Gegenwehr nahmen sie die verbliebenen 15 American Indians – sechs Männer, vier Frauen und fünf Kinder – in Gewahrsam und schafften sie auf Booten der Küstenwache aufs Festland.[216] Trotz dieses Rückschlags verpuffte der inszenierte Akt zivilen Ungehorsams auf dem »Felsen« nicht folgenlos. Denn er half mit, eine neue Politik auf den Weg zu bringen, die den American Indians mit mehr Respekt begegnete, und sensibilisierte Teile der Öffentlichkeit für deren Dringlichkeit. Zudem geriet die Insel-Besetzung in der Bucht von San Francisco zum Fanal einer neuen Bewegung, die sich eine »Rückeroberung des Kontinents« und die »Unabhängigkeit von den USA« auf die Fahnen schrieb.[217] »Alcatraz gab mir das Gefühl, dass alles möglich sei«[218], fing Wilma Mankiller die Stimmung ein und sprach damit vielen jungen Red Power-Aktivisten und Aktivistinnen aus dem Herzen.

Tatsächlich trat Alcatraz eine beispiellose Besetzungswelle von Bundesgebäuden, regierungseigenem Land, ehemaligen Armeegeländen und Gedenkstätten los. Während am 16. März 1970 der Versuch scheiterte, das frühere Immigrationszentrum auf Ellis Island im Hafengebiet von New York in Besitz zu nehmen, besetzten indigene Aktivisten und Aktivistinnen in den kommenden Jahren widerrechtlich etliche BIA-Büros, das Gerichtsgebäude in Custer, South Dakota und Stanley Island im Sankt Lorenz-Strom, aber auch das ausgemusterte Fort Lawton bei Seattle und Erinnerungsorte wie den Nachbau des Pilgerväter-Schiffs *Mayflower II* im Hafen von Plymouth, Massachusetts.[219] Alcatraz war auch deshalb bedeutsam, weil sich durch die Besetzung die Gestalt des indigenen Aktivismus selbst veränderte. Von regionalen Protestaktionen einzelner indigener Nationen wandelte er sich zunehmend zu einem zivilen Ungehorsam, der im Zeichen intertribaler Solidarität stand.[220] So bildet Alcatraz das Auftaktereignis zum panindianischen Aktivismus, wie er für die Red Power-Ära der 1970er Jahre typisch war.[221] Regelmäßig arbeiteten von nun an Angehörige unterschiedlicher indigener Nationen zusammen, um gemeinsam für ein Anliegen zu kämpfen, selbst solche, die keinen direkten Bezug zu der Gegend hatten, in der die Protestaktion stattfand.

»WRITING BACK«

»Niemals zuvor in der Geschichte dieses Landes existierte eine so allgemeine, wissenschaftliche und staatliche Aufmerksamkeit für indianische Angelegenheiten wie während der letzten Jahre. Als Folge davon gab es noch nie so viele Herausforderungen, aber auch Möglichkeiten für das indianische Volk«, stand in einem Aufruf zu lesen, der sich an indigene Wissenschaftler, Studierende, Stammesführer und Freunde richtete. Von einem Komitee unter der Leitung des Anthropologen Alfonso Ortiz (San Juan-Pueblo) lanciert, lud das Schreiben zur ersten Versammlung indigener Wissenschaftler ein, die Ende März 1970 an der Princeton University über die Bühne ging.[222] An vier Tagen diskutierten gut 200 American Indians über die Stellung der First Peoples innerhalb der amerikanischen Gesellschaft und ihres Bildungssystems. Sie gingen davon aus, dass es bisher kaum eine wirkliche indigene Repräsentation in den höchsten Sphären der Gesellschaft gab, dort also, wo geforscht und gelehrt wird, ökonomische Entscheidungen gefällt oder politische Ziele formuliert werden.[223] Die beinahe vollständig versammelte indigene Bildungselite machte sich für eine neue akademische Disziplin stark und sprach sich für die Einführung von Native American Studies-Programmen an Universitäten und Colleges aus. Denn nur dieses Studienfach könne sichtbar machen, dass die First Peoples trotz aller historischen Traumata, die sie erlitten hatten, die »Erben eines riesigen Vermächtnisses an Wissen über diesen Kontinent« sind, das bislang nahezu gänzlich ignoriert worden sei.[224] Kurz, nur eine bessere Bildung weise den Weg zur individuellen Emanzipation der American Indians.

An der Konferenz in Princeton beteiligten sich auch zwei indigene Autoren der jungen Generation. Im Unterschied zur Mehrheit der Teilnehmer konnten der Romancier N. Scott Momaday und der Essayist Vine Deloria Jr. als bereits in der Literaturszene etablierte Größen gelten. Momaday hatte zwei Jahre zuvor den viel beachteten Roman *House Made of Dawn* veröffentlicht und 1969 dafür als erster American Indian überhaupt den prestigeträchtigen Pulitzerpreis in der Kategorie Fiktion gewonnen. Erstmals wurde damit einem indigenen Schriftsteller die Anerkennung des literarischen Establishments zuteil.[225] Die Hauptfigur des autobiografisch gefärbten Romans, der zwischen 1945 bis 1952 im Südwesten spielt, ist der junge Jemez Pueblo-Indianer Abel. Abel, der aus dem Kriegsdienst entlassen in seine Reservation in New Mexico zurückkehrt, ist hin- und hergerissen zwischen der weißen Welt und seiner indigenen Herkunftskultur. Wie in etlichen anderen Büchern aus der Feder indigener Autorinnen und Autoren, die nach ihm erschienen, ist es die Suche nach den eigenen Wurzeln, die im Mittelpunkt dieses großen Romans steht.[226]

Mit diesem fiktionalen Text brachte N. Scott Momaday (* 1934) die »Native American Renaissance« (Kenneth Lincoln) ins Rollen, jene Welle indigener Literaturproduktion, die bis heute ungebrochen anhält.[227] Sowohl die englische Sprache als auch die Schriftlichkeit waren ursprünglich koloniale Herrschaftsinstrumente gewesen. Seit dem späten 19. Jahrhundert aber machten sich indigene Autorinnen und Autoren das Englische und die schriftliche Tradition aktiv zu eigen, formten sie nach ihrem Gutdünken und verwendeten sie zunehmend für ihre Zwecke.[228] Doch erst mit dem erstarkenden indigenen Aktivismus erlebten ihre Dichtungen den Durchbruch. In einem gewandelten kulturellen Umfeld begann sich das amerikanische Lesepublikum für indigene Marginalisierungserfahrungen und indigene Selbstbehauptung zu interessieren.[229] Mit *Custer Died for Your Sins. An Indian Manifesto* landete Vine Deloria Jr. 1969 einen nationalen Bestseller, der darauf zielte, das bittere Schicksal von »Amerikas gefangenen Völkern« während den »ersten 300 Jahren der weißen Okkupation« und die »andere Seite« der Geschichte ins allgemeine Bewusstsein zu heben.[230] Das Buch inspirierte Generationen und besitzt heute den Status eines Klassikers.

Von Anfang an machte Vine Deloria Jr. zu seinem Markenzeichen, was in der postkolonialen Theorie »Writing Back«[231] genannt wird. Belesen und selbstbewusst argumentierend standen seine frühen Bücher im Zeichen eines »gegendiskursiven Schreibens«[232]. Nicht nur unterminierten seine Texte euroamerikanische Sichtweisen auf »die Indianer«, sondern prangerten auch den Landraub und die fortgesetzten Vertragsbrüche durch die US-Regierung an und schreckten nicht davor zurück, den zerstörerischen »American Way of Life« zu kritisieren.[233] So halfen Delorias Bücher mit, bislang marginalisiertes indigenes Wissen in die hegemoniale Kultur einzuspeisen.[234] Zugleich plädierten sie für »tribale Souveränität« und machten sich für einen Politikwechsel stark, der die indigenen Nationen in Unabhängigkeit und Freiheit entließ. Daher verwundert es nicht, dass seine Bücher im rechten Meinungsspektrum bald schon als Angriffe eines »wütenden jungen Indianers« auf Amerikas Geschichte und Gegenwart galten.[235] Doch bei genauem Hinsehen handelte es sich bei ihnen stets um gut unterrichtete und klarsichtige Interventionen ins Zeitgeschehen.

Vine Deloria Jr. wurde in eine Familie von Standing Rock Sioux hineingeboren, in deren Stammbaum sich Chiefs und Medizinleute, aber schon im späten 19. Jahrhundert auch protestantische Geistliche finden. Seine jungen Jahre brachte er in der Pine Ridge-Reservation in South Dakota zu. Dort wuchs er als Sohn eines Priesters und Missionars der Episkopalkirche auf und besuchte die Reservationsschule. Sein Vater Vine Deloria Sr. bekehrte in South Dakota viele Lakota zum Christentum.[236] Die Anthropologin Ella Cara Deloria (1889–1971) war seine Tante. Als Forschungsmitarbeiterin des unorthodoxen Anthropologen Franz Boas entschlüsselte sie die Dakota-Kultur mittels subtiler Sprachanalysen; sie war der Auffassung, dass man, wenn man richtig über die Indianer sprechen wolle, aufhören müsse, nur in der Vergangenheit über sie zu schreiben.[237] Wie Ella Clara Deloria lebte auch ihr Neffe in zwei Welten – weitgehend problemlos, verglichen mit anderen American Indians seiner Generation. Zum Schlüsselerlebnis geriet ihm ein Besuch am Wounded

Knee Creek, jenem tristen Ort, an dem die 7. Kavallerie 1890 an die 300 friedliche Lakota ermordet hatte. »Das Massaker war vielen älteren Reservationsleuten noch lebhaft im Gedächtnis, aber es war schwierig, jemanden zu finden, der darüber sprechen wollte«[238], erinnerte er sich am 8. März 1970 in der *New York Times* an seine Visite. Der Text machte Furore, weil er darin die für viele Leser verstörende Ansicht vertrat: »Es scheint vielen Indianern einfach so, dass dieser Kontinent viel besser dran war, als wir ihn geführt haben.«[239]

In Delorias Werdegang deutete zunächst wenig auf dessen spätere Rolle als »indigener Visionär«[240] hin. Von 1954 an diente er zwei Jahre in der Navy. Auf den Spuren seines Großvaters und Vaters begann er danach, am Luther-Seminar in Rock Island, Illinois protestantische Theologie zu studieren. Noch schloss er nicht aus, selbst Geistlicher zu werden. Das Studium brachte er 1963 mit einem Bachelor-Abschluss erfolgreich zu Ende. Anschließend verschlug es ihn nach Washington, D.C. Am Hauptsitz des NCAI arbeitete er von 1964 bis 1967 als Direktor des ältesten indigenen Interessenverbandes in den USA. Doch im Alter von 34 Jahren gab er seine Direktorenstelle auf, um an der Universität Colorado ein Rechtsstudium in Angriff zu nehmen, wohl in der Absicht, den bedrängten First Peoples später juristisch unter die Arme greifen zu können. Sukzessive wandelte er sich zu einem rebellischen Geist mit einem äußerst breiten disziplinären Horizont,[241] dem der Ruf vorauseilte, der »Rousseau der neuen Indianer«[242] zu sein. Seit den frühen 1970er Jahren stieg er zur einflussreichsten intellektuellen Stimme des indianischen Amerikas auf.

Selbst kein Aktivist in der engeren Bedeutung des Wortes, zog Deloria es stets vor, sich schreibend in die Red Power-Bewegung einzubringen. Nach *Custer Died for Your Sins* veröffentlichte er in rascher Folge drei weitere Werke: *We Talk, You Listen* (1970), *God Is Red* (1973) und *Behind the Trail of Broken Treaties* (1974). Diese vier Bücher bilden zusammen Delorias »Red-Power-Tetralogie«[243]. Ungeachtet dessen, dass er insgesamt mehr als 25 Bücher schrieb oder herausgab, waren es diese vier frühen Essaybände, die sein Renommee als Autor begründeten. Delorias Denken spielte sich in einem transdisziplinären Universum ab, in dem sich Theologie, Anthropologie, Recht, Geschichte, Ökologie und Gesellschaftskritik vereinten. Seine Antithesen verpackte er häufig humorvoll und steigerte dadurch deren Wirkung, weil sie auf diese Weise weniger aggressiv wirkten. Dabei kreiste sein frühes Denken um fünf Themen: die Kritik an Geschichte und Gegenwart des amerikanischen Imperiums; die Infragestellung westlichen Denkens und des Christentums; der Aufschrei gegen die durch den »American Way of Life« hervorgerufene Umweltzerstörung; das Plädoyer für mehr indigene Spiritualität und die Renaissance der indigenen Kulturen; und schließlich der Ruf nach einer umfassenden Souveränität der tribalen Nationen.

Schon im *Custer*-Buch sprach Deloria vielen aus dem Herzen, als er festhielt, dass die USA im Prinzip seit ihrer Gründung eine »militant imperialistische Weltmacht« gewesen seien, die nach »Kontrolle über schwächere Nationen« gestrebt habe, zunächst in Nordamerika, seit dem Spanisch-Amerikanischen Krieg (1898) aber auch verstärkt in anderen Teilen des Globus: »Als die Vereinigten Staaten durch diesen Kontinent marschierten, schufen sie ein Imperium durch äußere Eroberungskriege, so wie es England und Frankreich in Indien und Afrika taten. Sicherlich war der Krieg mit Mexiko imperialistisch, nicht mehr oder weniger als die Kriege gegen die Sioux, Apache, Ute und Yakima. In jedem Fall war das Ziel identisch: Land. […] Seit der Gründung der Republik hat es keine Zeit gegeben, in der die Motive dieses Landes unschuldig waren.«[244] Unter die Räder der imperialen Republik gerieten als Erste die American Indians. Um den Siedlermassen den Weg zu bereiten, sei Washington ihnen gegenüber selbst vor völkermörderischen Praktiken nicht zurückgeschreckt: »Die Siedler, die an diesen Ufern ankamen, sahen ein virtuelles Paradies, das von den Werken des Menschen unberührt war. Sie schwärmten von der Aussicht, das Land nach ihren eigenen Vorstellungen zu entwickeln. So wurde eine Politik des Genozids befürwortet, die das Land von den ursprünglichen Bewohnern säubern sollte, um Platz für Städte, Farmen, Fabriken und Autobahnen zu schaffen. Das war der Fortschritt.«[245]

Da Völkermord, Landraub und gebrochene Verträge unvergessen seien, gebe es keinen »Stamm«, der nicht vor Verbitterung über die Behandlung brenne, die ihm eine »erklärtermaßen christliche Nation« zugefügt habe.[246] In den christlichen Glaubensboten sah er imperiale Werkzeuge, die unfähig waren, die Indianer als gleichberechtige Andere anzuerkennen oder wenigstens ihre Spiritualität zu tolerieren: »Man hat von den Missionaren gesagt, dass sie, als sie landeten, nur das Buch und wir das Land hatten.« Doch »jetzt haben wir das Buch und sie haben das Land. Ein alter Indianer erzählte mir einmal, dass die Missionare, als sie ankamen, auf ihre Knie fielen und beteten. Dann standen sie auf, fielen über die Indianer her und machten Beute.«[247] Als Seelenfänger seien sie darauf aus gewesen, jeden einzelnen Indianer vor der ewigen Verdammnis zu retten. Doch dafür hätten sie in Kauf genommen, indianische Gemeinschaften zu erschüttern.[248] Zwischen 1870 und 1930 hätten die Missionare dann in den Reservationen für »Rekordernten roter Seelen« gesorgt und der kulturellen Auslöschung der First Peoples entgegengearbeitet.[249] Oft wurden sie dabei von der »Blüte der tribalen Führer«[250] unterstützt, hielt Deloria durchaus selbstkritisch fest, der ja ebenfalls der Sohn eines christlichen Missionars war.

Überaus kenntnisreich arbeitete er in *God Is Red* die Unterschiede zwischen den spirituellen Systemen der First Peoples und dem Christentum heraus. So vertrat er die Meinung, dass der westliche Mensch, wenn er nur offen genug wäre, viel von »tribalen Religionen« lernen könnte. Denn in den »Stammesreligionen« gäbe es keine universale Wahrheit, keine Todesfurcht, keine von der Gemeinschaft abgelöste Erlösung, keine Ketzerei, aber auch keine Mission und keine göttliche Aufforderung, sich die Erde untertan zu machen und die Natur auszubeuten.[251] Neben den Gottesmännern und den selbstherrlichen BIA-Beamten waren ihm die Heerscharen von Anthropologen, die alljährlich im Sommer über die Reservationen herfielen, um »Feldstudien« zu betreiben, und die Archäologen, die überall im Land alte indianische Wohn- und Grabstätten ausgruben, ein Dorn im Auge. Letzteren warf er »Grabschändung«, Störung der Totenruhe und systematischen Kunstraub vor. Er gab sich überzeugt, dass sie den First Peoples nicht helfen würden, wenn sie alte Gräber öffneten und die gefundenen Skelette und Beigaben in Museen zur Schau stellten oder – schlimmer noch – auf Schwarzmärkten verhökerten.[252] So forderte Deloria das weiße Amerika zwischen den Zeilen zu wirklichem Respekt vor den alten indigenen Kulturen auf.

Die »weiße Dominanz über den Kontinent«[253] hatte für Deloria bloß düstere Auswirkungen gezeitigt, besonders auf die einst nur wenig berührte Umwelt. Er gehörte zu den ersten Intellektuellen, die über die akute Ökokrise in den USA und ihre Ursachen nachdachten. 1969 hatte er in der Industriestadt Cleveland ein Gespräch mit einem Weißen geführt, dessen Grundhaltung ihn in *We Talk, You Listen* zu einer ironischen Nachfrage bewog: »Er sagte, es tue ihm wirklich leid, was mit den Indianern geschehen sei, aber es gebe gute Gründe dafür. Der Kontinent musste entwickelt werden, und er fühlte, dass die Indianer im Weg gestanden seien und deshalb entfernt werden mussten. Schließlich, bemerkte er, was haben Sie mit dem Land gemacht, als sie es hatten? Ich verstand ihn erst später, als ich entdeckte, dass der Cuyahoga, der durch Cleveland fließt, brennbar ist. Es werden so viele brennbare Schadstoffe in den Fluss gekippt, dass die Bewohner im Sommer besondere Vorkehrungen treffen müssen, um zu verhindern, dass der Fluss versehentlich in Brand gerät. Nachdem ich das Argument meines nicht-indianischen Freundes überprüft hatte, entschied ich, dass er wahrscheinlich recht hatte. Die Weißen hatten das Land besser genutzt. Wie viele Indianer hätten sich vorstellen können, einen brennbaren Fluss zu schaffen?«[254]

Tatsächlich war der Cuyahoga, der bei Cleveland in den Lake Erie mündet, seit 1868 mehrfach in Brand geraten, da die anliegenden Industriebetriebe ihre ölhaltigen, leicht entflammbaren Abwässer in ihn leiteten.[255] Der brennende Cuyahoga war für Deloria ein Symbol für die außer Kontrolle geratene industrielle Zivilisation, ja ein Symptom für die ihr eigene »totale Missachtung der natürlichen Welt«[256]. Innerhalb weniger Jahrzehnte, beklagte er, sei die nordamerikanische Wildnis in ein »artifizielles Universum« von Wolkenkratzern, Highways, U-Bahnen, Fabriken, Schnellimbissen, Footballstadien und Staudämmen verwandelt worden. Bloß auf schnellen Profit bedacht, hätte sich der »Stadtmensch« die Natur immer hemmungsloser untertan gemacht, sie rücksichtslos ausgebeutet und allerorten massiv geschädigt. Der amerikanische Umgang mit der Umwelt sei einfach nur »obszön«[257]: »Die Erde wird schlicht als eine weitere Ware betrachtet, die für zusätzliche Vorstädte und Superhighways genutzt wird. Pflanzen- und Tierwelt werden nach Lust und Laune der industriellen Entwicklung unterworfen. Flüsse sind nicht mehr als vermüllte Flächen, welche die Gebiete der Großstädte voneinander trennen. In vielen Gegenden sind sie offene Kloaken, die Millionen Tonnen an Abfall ableiten, die von den städtischen Verbrauchern entsorgt werden.«[258] Noch zu seinen Lebzeiten werde die amerikanische Gesellschaft den Tag verfluchen, »an dem der weiße Mann auf diesem Kontinent gelandet ist, weil letztlich alles im Nichts enden wird«[259]. Wenn die Umwelt weiter derart ungehemmt verwüstet und geschändet werde, dann werde am Ende der unheilvollen Entwicklung die »Zerstörung des Planeten Erde« und die »totale Auslöschung der menschlichen Rasse« stehen.[260]

Bereits vor dem Club of Rome und dessen *Grenzen des Wachstums*-Bericht (1972) gehörte Deloria Jr. zu den frühen Warnern vor einer ökologischen Katastrophe planetarischen Ausmaßes. Doch ein bloßer Weltuntergangsphilosoph war er nicht. In *We Talk, You Listen* findet sich eine Utopie skizziert, um das Verhängnis einer »ökologischen Zerstörung«[261] aufzuhalten. So plädierte er für einen radikalen gesellschaftlichen und ökonomischen Systemwechsel: Das weiße Amerika müsse seine »Dollar jagende Zivilisation« aufgeben und ein grundsätzlich achtsameres Verhältnis zur Natur entwickeln.[262] Es müsse vom indianischen Vorbild lernen und im eigenen Interesse nachhaltig, das heißt auf einer neuen antikapitalistischen Basis zu leben beginnen: »Eine Neuorientierung würde bedeuten, dass das öffentliche Interesse, ja das Interesse am Überleben der Menschheit als Gattung, Vorrang vor wirtschaftlichen Sonderinteressen haben muss.«[263]

Mit einem beherzten Kampf gegen die Gewässer- und Luftverschmutzung allein sei es bei Weitem nicht getan. Dringend nottue ein ökologischer Landnutzungsplan für die ganze Nation: Um Nordamerika zu renaturieren, sollten die nördlichen Great Plains und der Missouri als erster Schritt möglichst wieder in ihren ursprünglichen Zustand versetzt und die alte, inzwischen fast verschwundene Tierwelt – Bisons, Gabelböcke und Antilopen – neu angesiedelt werden. Bergbau und Tourismus dagegen sollten in den Plains zunächst auf ein Minimum reduziert und schließlich ganz verboten werden.[264] Nach ähnlichem Muster sei im Fernen Westen und Osten der USA zu verfahren. Auch dort solle die ursprüngliche Wildnis wiedererstehen. Alles Land, das nicht unmittelbar für die Landwirtschaft benötigt werde, müsse wieder aufgeforstet werden. In den Bundesstaaten Wisconsin, Ohio, Michigan, New York, New Jersey und Pennsylvania könnten auf diese Weise riesige Flächen neuer Wälder entstehen. Überall in den USA müsse der ruinöse Kohletagebau, der ganze Landstriche verheere, aufgegeben und die von ihm verursachten Verwüstungen behoben werden. Nur wenn es gelinge, einen substanziellen Anteil des Landes in seinen ursprünglichen Zustand zurückzuversetzen und die weißen Amerikaner zu einer naturnahen, ja zu einer »totalen indianischen Lebensweise« zu bewegen, könne das Überleben aller Menschen gesichert werden.[265]

Neben dieser Öko-Utopie eines »re-indianisierten Amerika«[266] war Delorias bedeutendster Beitrag zur Red Power-Bewegung sein Plädoyer für tribale Souveränität und echte Selbstbestimmung. Die »Stämme« sah er keineswegs als Relikte der Vergangenheit an. In erneuerter Gestalt als indigene Nationen hielt er sie vielmehr für absolut zukunftstauglich. Schon im *Custer*-Buch hatte er humorvoll verklausuliert gemeint, dass die American Indians in den Reservationen nichts dringender benötigten als ein »kulturelles Lasst-uns-in-Ruhe-Abkommen«, das es ihnen erlaube, »frei von willkürlicher Belästigung« die wesentlichen Entscheidungen für ihre Existenz selbst zu fällen.[267] 1974, auf dem Höhepunkt der Red Power-Bewegung, legte er Wert auf die Feststellung, dass die First Peoples einen »400 Jahre langen Kampf für ihre Freiheit« geführt hätten und nicht bloß eine »weitere inländische Minderheitengruppe« bilden, wie das weiße Amerika annehme.[268] In *Behind the Trail of Broken Treaties* beschrieb er die »Stämme« als souveräne Gemeinschaften auf der Suche nach Unabhängigkeit und völkerrechtlicher Anerkennung, ja als »weiterhin fest entschlossen, ihre Ansprüche auf nationale Unabhängigkeit auf der Weltbühne zu erheben«[269]. Deloria Jr. ging es wesentlich darum, das »System des inneren Kolonialismus« zu überwinden und die jahrhundertealte Souveränität als Kernelement künftiger Beziehungen zwischen den indigenen Nationen und den USA wiederherzustellen.[270]

Dieses Anliegen begründete er zum einen historisch, indem er das Entdeckerrecht und damit die traditionelle Rechtfertigung der USA, weshalb die Indianer nach 1783 »zu einheimischen Untertanen« der neuen Republik und die »Stämme« zu »inländischen abhängigen Nationen« geworden seien, für unsinnig erklärte.[271] Stattdessen hob er hervor, dass die vorkoloniale Souveränität der tribalen Nationen trotz aller Eroberung und kolonialen Unterdrückung durch die Union nie erloschen sei.[272] Bis 1871 hätten die Vereinigten Staaten die »Stämme« als vertragsfähige Partner behandelt und mit den indigenen Nationen 370 Verträge geschlossen. Dadurch hätten sie auf Augenhöhe mit ihnen verkehrt.[273] Mit Blick auf die erst jüngst dekolonisierte Staatenwelt der Gegenwart erinnerte er zum anderen daran, dass in der Weltgemeinschaft auch flächenmäßig kleine Staaten mit geringer Bevölkerungszahl existierten. Beides seien Argumente für eine Unabhängigkeit der indigenen Nationen: »Seit dem Ende des Zweiten Weltkriegs hat die weltweite Bewegung zur Dekolonisation eine Vielzahl neuer kleiner Nationen hervorgebracht, die in den internationalen Beziehungen einen vollwertigen Status erlangt haben, einschließlich des begehrtesten Zeichens moderner Souveränität: der Mitgliedschaft in den Vereinten Nationen.«[274]

Findig fügte er diesem unbestreitbaren Argument die Idee hinzu: Würde man die Landfläche der vier größten Sioux-Reservationen in South Dakota (Standing Rock, Cheyenne River, Rosebud und Pine Ridge) zu einem einzigen Territorium verschmelzen, entstünde eine flächenmäßig größere Nation als das seit 1948 unabhängige Israel. Und in einer ebenso gewagten wie verblüffenden Analogie warf er die Frage auf: »Wenn die Vereinigten Staaten sich an der Schaffung Israels als nationales Heimatland für die Juden beteiligen können, als Teilkompensation für den von Hitler während des Zweiten Weltkriegs an ihnen begangenen Völkermord, warum sind die Vereinigten Staaten unfähig, die Sioux Nation als souverän über ihr Land in South Dakota anzuerkennen, als Teilkompensation für den in Wounded Knee und anderen Massakern an ihr begangenen Genozid?«[275] Deloria Jr. entwickelte also starke Argumente für eine Unabhängigkeit indigener Nationen, selbstredend voraussetzend, dass sich deren Mitglieder eine solche überhaupt wünschten.

In Delorias gegendiskursivem Schreiben spiegelten sich nicht nur die rebellischen 1970er Jahre, es beförderte auch den Prozess, in dem sich Jahrhunderte kolonialer Frustration in einen politischen Aktivismus verwandelten. Freilich half dabei mit, dass der Dakota-Sänger Floyd Westerman (1936–2007) nur kurz nach dem Erscheinen von *Custer Died for Your Sins* eine kongeniale Langspielplatte gleichen Namens herausbrachte. Darin setzte der stimmgewaltige »Krieger mit der Gitarre«, wie ihn manche seiner Fans nannten, einige von Delorias Antithesen musikalisch für ein breites Publikum um. Im Titelsong hieß es: »Für die Wahrheit, die ihr in den Schmutz gezogen habt, / Für die Leben, die ihr auf dem Gewissen habt, / Für das Gute, das ihr preisgebt, / Für alles, das wir verloren haben, / Custer starb für eure Sünden. / Jetzt beginnt eine neue Zeit.«[276] Und auf *They*

Didn't Listen, einem der besten Songs auf dem Album, wunderte sich Westerman über die grenzenlose Gier der weißen Goldgräber, die des schnellen Gewinns wegen die natürlichen Lebensgrundlagen zerstören und alle diesbezüglichen Warnungen in den Wind schlagen, weil sie nicht zuhören, weil sie einfach nicht zuhören wollen.[277]

Als intellektueller Stichwortgeber wurde Vine Deloria Jr. für die Red Power-Bewegung gleich bedeutsam wie der Philosoph Herbert Marcuse mit seinen Schriften für die linken Studenten in den USA und in der Bundesrepublik Deutschland. Schon in *Custer Died For Your Sins* hatte er betont, dass der Kampf für Selbstbestimmung vorab intellektuell zu führen sei, wenn er mit Aussicht auf Erfolg geführt werden soll: »Es ist also von entscheidender Bedeutung, dass das indianische Volk die intellektuelle Arena als diejenige wählt, in der es Krieg führen will. Die Vergangenheit hat gezeigt, dass das indianische Volk immer über die Absichten des weißen Mannes getäuscht worden ist. Immer haben wir über irrelevante Themen diskutiert, während er das Land genommen hat. Nie haben wir uns die Zeit genommen, die Voraussetzungen zu untersuchen, unter denen er operiert, damit wir ihn so manipulieren können, wie er uns manipuliert hat.«[278] In der Red Power-Ära und der Zeit danach drängten immer mehr American Indians in diese intellektuelle Arena: Robert K. Thomas und Jack D. Forbes etwa, aber auch Lehman L. Brightman, John Mohawk, Leslie Marmon Silko, Walter L. Echo-Hawk, Doug George-Kanentiio und Simon J. Ortiz, um nur einige wenige zu erwähnen. Keiner von diesen erreichte jedoch Delorias Reputation und Strahlkraft. Bis heute gilt der Autor des *Custer*-Kultbuchs als der herausragende indigene Denker Amerikas, ja als einer der großen Intellektuellen der USA des späten 20. Jahrhunderts überhaupt.[279] Seine Agenda indianischer Emanzipation und Befreiung ließ seit den frühen 1970er Jahren viele American Indians von einer besseren Zukunft träumen.[280] Und als rebellischer Geist stieß er selbst in der militantesten Red Power-Organisation auf Interesse.

IM MILITANTEN WIDERSTAND

Mary Ellen Moore (1954–2013) war kein Gründungsmitglied des American Indian Movement (AIM) und als junge Aktivistin, die 1972/73 am »Trail of Broken Treaties« und an der Besetzung von Wounded Knee teilnahm, gehörte sie nicht der Führungsriege an. In dieser tummelten sich charismatische Männer wie Dennis Banks, Russell Means und John Trudell, welche die Medien als »zornige Indianerkrieger« porträtierten und damit zu Ikonen des neuen indigenen Widerstands stilisierten. Trotzdem wies Mary Ellen Moores Lebenslauf Elemente auf, die sich in den Biografien vieler AIM-Leute finden. Als Brulé Lakota geboren, wuchs sie in der Rosebud-Reservation in zerrütteten Verhältnissen auf, bitterarm, kulturell entwurzelt und ohne inneren Kompass. Bill Moore, ihr Vater, war mehrheitlich weißer Herkunft; er verließ Mary Ellens Mutter, als sie mit ihr schwanger war.[281] Es waren die assimilierte Mutter und, was sehr typisch war, die Großeltern, die sie aufzogen.

In der Rosebud-Reservation lebte die Familie an »Orten ohne jede Hoffnung«, stets nur in bescheidenen Hütten ohne elektrisches Licht, Bad, fließendes Wasser und Auto.[282] Es gab kaum Jobs und eine erschreckend hohe Arbeitslosigkeit, auch deshalb, weil viele amerikanische Gewerbetreibende in den Kleinstädten außerhalb der Reservation kaum Indianer einstellten. In South Dakota, wo das Leben eines Indianers grundsätzlich nicht viel wert war, grassierte ein offener Rassismus.[283] Als die Mutter zum zweiten Mal heiratete, holte sie einen Alkoholiker ins Haus, der die Kinder vernachlässigte. Die Großmutter war zwar eine liebevolle Person, doch als Katholikin erzog sie Mary als Weiße, weil sie meinte, dass diese nur so ein glückliches Leben führen könne. Schon sie selbst hatte eine Missionsschule besucht, auf der ihr eingetrichtert worden war, ihre »primitive« Sioux-Kultur hinter sich zu lassen, für die sich ein moderner Mensch schämen müsse.[284] Sie unterhielt sich nur auf Englisch mit ihrer Enkelin, und so lernte Moore nie die Sioux-Sprache. Sie ging auf die St. Francis-Internatsschule, wo Jesuitenpater in der dortigen Knabenabteilung und Nonnen in jener der Mädchen ein harsches Regiment führten, indem sie die ihnen anvertrauten Kinder drillten und, wenn sie sich renitent zeigten, verbal herunterputzten und körperlich züchtigten. In diesem trostlosen Schulalltag lernte Moore kaum etwas fürs Leben und erfuhr stattdessen viel Intoleranz und Ungerechtigkeit. Denn noch in den 1960er Jahren ging es in St. Francis darum, die Indianerkinder zu »Karikaturen der Weißen« zu erziehen. »Auf mich wirkte das so schlimm, dass ich gegen jeden Weißen […] Hass und Misstrauen empfand«[285], schreibt Moore in ihrer Autobiografie.

Nachdem einer der Pater einen Jungen vor der versammelten Klasse bloßgestellt hatte, weil er sich nur radebrechend auf Englisch auszudrücken verstand, ging Moore aus Protest vorzeitig von St. Francis ab. Monatelang lebte sie ziellos vor sich hin: Sie hing mit jungen Männern ab, klaute, stand kurz davor, Alkoholikerin zu werden und erlebte sexuelle Übergriffe. Doch in dem Moment, als ihr Leben vollends auf die abschüssige Bahn zu geraten drohte, machte sie eine Erfahrung, die ihrem Leben eine neue Richtung gab: Im Sommer 1971 wohnte die 17-Jährige einem traditionellen Sonnentanz bei. Als Zuschauerin fielen ihr ein paar junge Männer mit langen Zöpfen auf, die nach indianischer Art gekleidet waren. Darunter befand sich auch Leonard Crow Dog (1942–2021), der nie auf eine staatliche Schule gegangen war und kein Englisch sprach. Stattdessen hatten Medizinmänner Leonard Crow Dog, den spirituellen Führer des AIM, unterwiesen und in die Lakota-Spiritualität und ihre Rituale eingeführt. Moore fragte einen der Anwesenden, wer der Mann sei und ob dessen Haartracht echt sei. Schließlich war es zu dieser Zeit in der Reservation »noch ziemlich ungewöhnlich, das Haar lang zu tragen«, beschrieb sie den Hintergrund ihrer Frage später. »Da bemerkte ich, dass die jungen Männer fast alle lange Haare hatten, einige mit Adlerfedern drin. Alle trugen bebänderte Hemden. Sie sahen völlig anders aus und wirkten nicht so gedemütigt, wie ich es aus dem Reservat kannte. Auch bewegten sie sich anders, zuversichtlich und selbstsicher, die Mädchen ebenso wie die Jungen.«[286]

Nicht nur der stolze Habitus der AIM-Aktivisten beindruckte die junge Frau. Auch das, was einer ihrer Redner sagte, gefiel ihr: »Er sprach über Völkermord und Souveränität, über Stammesführer, die einen Ausverkauf betreiben und in den Arsch kriechen – in den Arsch des weißen Mannes [...] Er sprach darüber, dass man das Erntedankfest nicht feiern sollte, weil das bedeuten würde, seinen eigenen Untergang zu feiern. Er sagte, dass die Weißen, die unser Land gestohlen und uns dreihundert Jahre lang massakriert haben, jetzt nicht zu uns kommen und sagen könnten: ›Feiert das Erntedankfest, kommt rein, auf ein Stückchen Truthahn.‹ Er hatte sich in eine umgekehrte amerikanische Flagge gehüllt und erzählte uns, dass jeder Stern in dieser Fahne einen Staat darstelle, der den Indianern gestohlen worden war.«[287]

Selbstbewusst erteilte das AIM dem permanenten Opfersein eine Absage und arbeitete auf eine umfassende Renaissance der First Peoples hin. Wie andere American Indians erfasste Moore intuitiv, dass die AIM-Leute dabei waren, die Dinge zu verändern, und es genau dieses Aufbegehren war, das sie brauchten, um ihrem ziellosen Leben zu entfliehen.[288] Bald darauf schloss auch sie sich der Organisation an, begeistert über deren Versuch, an eine große Vergangenheit anzuknüpfen, und angetan von einer Militanz, die unter den weißen Amerikanern erstmals seit langer Zeit Furcht vor Indianern verbreitete. Damit war sie kein Einzelfall, da die systemkritische AIM-Botschaft unter vielen nach dem Krieg geborenen American Indians und den wenigen verbliebenen Traditionalisten in den Reservationen auf offene Ohren stieß.

Das Akronym AIM war geschickt gewählt, ist es doch das englische Wort für »Ziel«. Damit führte die Bewegung den Veränderungswillen bereits in ihrem Namen. Eigentlich hatten die Gründer die Vereinigung Concerned Indian Americans nennen wollen, bis einem von ihnen auffiel, dass über die Abkürzung CIA eine unerwünschte

Verwechslungsgefahr mit dem berüchtigten Auslandsgeheimdienst der USA bestand.[289] Als treibende Kräfte der AIM-Gründung taten sich im Sommer 1968 urbane Ojibwe aus Minneapolis, Minnesota hervor. Sie kamen aus dem Elendsviertel der Stadt und hatten bislang ein unstetes Leben geführt. George Mitchell (1936–2015), Dennis Banks (1937–2017) und Clyde Bellecourt (1936–2022) profilierten sich als frühe Anführer, zu den Gründern gehörten jedoch auch Eddie Benton-Banai (1931–2020), Patricia Bellanger und Mary Jane Wilson. Mitchell und Banks waren auf die gleiche Boarding School gegangen, während Bellecourt die High School abgebrochen hatte. Wegen kleiner Diebstahls- und Einbruchsdelikte wurde er zu einer Haftstrafe verurteilt, die er im Stillwater State-Gefängnis absitzen musste. Dort lernte er Dennis Banks und Eddie Benton-Banai kennen. Zusammen mit anderen indigenen Häftlingen beschäftigten sie sich in ihren Freistunden intensiv mit der Geschichte und Kultur der First Peoples. Sie liehen sich Bücher aus der Gefängnisbibliothek aus und diskutierten über das, was sie gelesen hatten. Nach und nach lernten sie, die First Peoples und sich selbst mit anderen Augen zu sehen, und begannen, sich ohne Wenn und Aber zu ihrer indigenen Herkunftskultur zu bekennen. Aus diesen Diskussionsrunden gingen sie als wiedererweckte Ojibwe hervor – und als solche riefen sie schließlich das AIM ins Leben.[290]

Gründer und erste Anhänger waren über Diskriminierung und Polizeigewalt frustriert, die sie in Minneapolis fast täglich erlebten. Sie zeigten sich empört über die Massen von Arbeitslosen in ihrer Community, über die zum Himmel schreienden Wohnverhältnisse in ihren Nachbarschaften und die rassistische Benachteiligung, die sie bei der Jobsuche und in der Freizeit erfuhren. Sie fühlten sich von der Relocation-Politik mit ihren hochtrabenden Versprechen verraten und wünschten das »weiße System« zum Teufel. Kurz gesagt: Das AIM begann seine Existenz »als Gegenkraft zu den Übeln der Umsiedlung, Verzweiflung, Orientierungslosigkeit, Trunkenheit und Gewalt, die das düstere Indianerghetto von Minneapolis plagten«[291].

George Mitchell brachte es auf den Punkt: »Das weiße System wird sich ändern müssen, egal wie drastisch das ist.«[292]

In seinem konfrontativen Aktivismus erinnerte das AIM an die Black Panther Party, die 1966 gegründete Organisation des auf Sezession bedachten afroamerikanischen Nationalismus.[293] Ähnlich wie die Black Panthers schickte das AIM in Minneapolis rote Bérets tragende Mitglieder aus, die die Polizei bei ihren Patrouillen und ihren häufigen Razzien in Bars beobachteten. Verstöße zeichneten sie mit Kameras und Kassettenrecordern auf.[294] Wie den Black Panthers ging es dem AIM um eine umfassende Form von Selbstverteidigung, was für seine Mitglieder nicht nur bedeutete, sich gegen rassistische Polizeiwillkür zur Wehr zu setzen, sondern auch, ihr Schicksal in die eigenen Hände zu nehmen, um ihre Lebensverhältnisse zu verbessern. In einer Art praktischer Sozialarbeit begleiteten sie betrunkene American Indians nach Hause, bevor sie im Suff das Gesetz brachen und deswegen ins Gefängnis kamen, wo überdurchschnittlich viele von ihnen einsaßen. Zuweilen gelang es ihnen sogar, den Polizeifunk abzuhören und verhaftete Indigene über ihre Rechte aufzuklären.[295]

Den frühen AIM-Aktivisten schwebte jedoch weit mehr vor. Sie wollten den American Indians zu einem neuen ethnischen Selbstbewusstsein verhelfen.[296] Nicht von ungefähr hefteten sie sich Buttons mit Aufdrucken wie »Indian Power«, »Indian Pride« und »Red Power« an ihre Kluft.[297] Mehr und mehr sahen sie es als unumgänglich an, ihre Kinder vor den verderblichen Einflüssen des »weißen Systems« zu bewahren, ja sie im Respekt gegenüber ihren angestammten Kulturen großzuziehen. Aus dieser pädagogischen Einstellung heraus riefen sie 1971 in Minneapolis und 1972 in St. Paul die beiden ersten Survival Schools ins Leben. Die Heart of the Earth School und das Red School House sollten es indigenen Kindern künftig ermöglichen, »niemals zu vergessen, wer sie sind« (Patricia Bellanger).[298] Dazu bestimmt, die ungeliebten Boarding Schools zu ersetzen, entstanden in den 1970er Jahren landesweit insgesamt 16 dieser neuen Institutionen.[299]

In den Survival Schools engagierten sich zahlreiche indigene Lehrerinnen und Lehrer, die nie den nationalen Bekanntheitsgrad der AIM-Führungsriege erlangten. Doch dieser auf den ersten Blick wenig spektakuläre Community-Aktivismus half mit, dass nicht mehr so viele indigene Mädchen und Jungen ihre Schulzeit als traumatisch erlebten. Die Survival Schools entwickelten sich zu wirkungsmächtigen Horten gegen die kulturelle Unterdrückung von indigenen Kindern und trugen dazu bei, dass indigene Sprachen und Kulturtraditionen an die jüngeren Generationen weitergegeben werden konnten.[300] Erst seit jüngerer Zeit ist bekannt, dass in diesem Community-Aktivismus sich gerade Frauen (wie zum Beispiel Patricia Bellanger, Laura Waterman Wittstock und Madonna Thunder Hawk) hervortaten – als administrative Leiterinnen, Lehrerinnen, Erzieherinnen, Bewahrerinnen kultureller Traditionen und, was besonders wichtig war, als Rollenvorbilder.[301]

Nach einem guten Jahr schlossen sich mit Russell Means (1939–2012) und John Trudell zwei fähige Leader dem AIM an, welche der Organisation eine nationale Ausrichtung gaben. Trudell hatte seine Sporen als Aktivist in Alcatraz verdient, Means, ein Oglala Lakota aus Pine Ridge, hatte in Cleveland eine Zeit lang das Indian Center geleitet. Auch er war nicht auf der Sonnenseite des Lebens geboren. Sein Vater war ein Gewohnheitstrinker, sodass er eine schwierige Kindheit erlebte. Oft schwänzte er den Schulunterricht und begann, kleine Gegenstände zu klauen. Als junger Erwachsener dealte er, brachte sich mit Gelegenheitsjobs als Bauarbeiter, Tanzlehrer und Türsteher über die Runden und hatte zeitweise selbst ein Alkohol- und Drogenproblem. In seinen Zwanzigern zeugte er mit zwei Frauen – einer Lakota und einer Hopi – vier Kinder. Mehrfach verhaftete ihn die Polizei wegen Diebstahls, Trunkenheit und Tätlichkeiten.[302]

So gab das AIM auch dem Leben dieses blendend aussehenden Tunichtguts eine radikal neue Wendung, bis hinein in seinen Habitus. Wie die anderen AIM-Gründer legte sich Russell Means seinen indianischen Look, der ihn bald zum meistfotografierten Indianer seiner Zeit machte, erst in den späten 1960er Jahren zu. Das offizielle Klassenfoto der San Leandro High School zeigte ihn 1956 noch in schwarzem Anzug, mit Fliege und akkurat geschnittenen kurzen Haaren.[303] Erst die Begegnung mit Dennis Banks und Clyde Warrior machte ihn zu jenem »indianischen Krieger«, als der er in den 1970er Jahren national bekannt wurde: »Wenn Dennis und Clyde jeden Tag für ihr Volk arbeiten konnten«, beschrieb er seine äußere und innere Wandlung in seiner Autobiografie, »dann konnte ich das auch [...] Jetzt gab es einen Weg, ein *wirklicher* Indianer zu sein, und das AIM hatte ihn mir gezeigt – ich würde mich nicht länger damit abfinden, ›innerhalb des Systems zu arbeiten‹. Nie wieder würde ich die Anerkennung der weißen Gesellschaft zu weißen Bedingungen suchen. Stattdessen würde ich, wie Clyde und Dennis und die anderen im AIM, dem weißen Mann so lange ins Gesicht sehen, bis er mir und meinem Volk das gibt, was uns zusteht [...] Zum ersten Mal kannte ich den Zweck meines Lebens und den Weg, den ich gehen muss, um ihn zu erfüllen. Im Alter von 30 Jahren wurde ich ein Vollzeit-Indianer.«[304]

Schnell machte Means im AIM Karriere. Als erster nationaler Direktor führte er die Organisation auf einen systemkritischen Pfad. Er gab sich überzeugt, dass das AIM entweder einen »großen Sieg« oder aber eine »große Niederlage« bräuchte, um seine Sache in den USA wirklich voranzubringen.[305] Zusammen mit den anderen AIM-Führern hielt er Ausschau nach einer passenden Gelegenheit dazu – und fand sie im Rahmen der groß angelegten 350-Jahrfeiern, die im Spätherbst 1970 überall in den USA geplant waren, um an die mythisch überhöhte Landung der »Pilgerväter« am Plymouth-Felsen zu erinnern. Die populäre, in Schulbüchern kolportierte Gründungslegende besagt, dass »friedliche Indianer« unter Massasoit (eigentlich: Sachem Ousamequin) die puritanischen Glaubensflüchtlinge 1620 in der »Neuen Welt« willkommen geheißen, sie in der »Wildnis« überleben gelehrt und ein erstes Erntedankfest mit ihnen begangen hätten, um den weißen Siedlern anschließend Amerika zu überlassen, damit sie durch ihrer Hände Arbeit ein »neues Jerusalem« erschaffen konnten. Aus indigener Sicht stellte dieses uninformierte Weißwasch-Narrativ freilich einen einzigen Skandal dar: Amerikas billige Selbstexkulpation für das an den First Peoples seit dem frühen 17. Jahrhundert begangene Unrecht.[306]

Erstmals landesweit für Furore sorgte das bis dahin wenig bekannte AIM am 26. November 1970, als eine von Dennis Banks, Russell Means, John Trudell und Floyd Westerman angeführte Gruppe von Aktivisten die 350-Jahrfeierlichkeiten in Plymouth, Massachusetts massiv zu stören vermochte.[307] Von den Wampanoag-Organisatoren vor Ort war dies so nicht geplant, hatten sie doch dazu aufgerufen, den ersten »nationalen Tag der Trauer« auf eine würdevolle Weise zu begehen.[308] Die Protestveranstaltung begann am Mittag vor der Bronzestatue von Massasoit auf einer Erhebung, von der man den Hafen übersah, in dem ein Nachbau der *Mayflower* vor Anker lag. Verschiedene Redner ergriffen das Wort, darunter Russell Means und Dennis Banks. Die Landung der »Pilgerväter« nannte Banks den »größten Landraub der Geschichte«[309]. Unbesehen davon avancierte allerdings Frank Wamsutta James (1923–2001), Chief der Wampanoag, zum heimlichen Star des Anlasses.

Als erster American Indian überhaupt hatte James in Boston am angesehenen New England Conservatory klassische Musik studiert. Danach hatte er selbst als talentierter Trompeter keine feste Anstellung in einem Symphonieorchester finden können. Die Mitglieder der klassischen Ensembles waren damals ausschließlich weiß. Notgedrungen unterrichtete er von 1948 an als Musiklehrer an verschiedenen Schulen. Zeitlebens engagierte sich James dafür, dass den Wampanoag in Massachusetts mehr Gerechtigkeit widerfahre. Schmerzlich war ihm bewusst, dass Massachusetts den indianischen Rechtsstatus der Wampanoag bereits um 1870 aufgehoben und ihre Reservationen den Städten von Gay Head und Mashpee zugeschlagen hatte, mit der Auswirkung, dass die Entwurzelten verarmten.

Stolz auf seine Herkunft, rief er deshalb 1970 mit einigen Weggefährten die United American Indians of New England ins Leben.[310]

Vor rund 300 American Indians hielt James am 26. November 1970 jene eindrucksvolle Rede, die er – vom republikanischen Gouverneur Francis W. Sargent eingeladen – ursprünglich am offiziellen Festakt hätte halten sollen. Doch als er seinen Text den Organisatoren vorlegte, damit sie dessen Aussagen in ihre Presseerklärung einbauen konnten, befanden sie, dass die Rede nicht der Thanksgiving-Tradition folge und viel zu »hetzerisch« ausgefallen sei, sodass sie nicht in den Rahmen des staatlichen Gedenkanlasses passe. Stattdessen legten sie James nahe, eine von ihnen aufgesetzte Version zu verlesen, welche gegen die historische Wahrheit die stets freundlichen Beziehungen zwischen Wampanoag und weißen Siedlern herausstrich. In seinem Stolz gekränkt, lehnte James dies kategorisch ab. Der Affront kam einer indirekten Ausladung gleich. Daraufhin organisierten er und andere American Indians aus den New England-Staaten eine Gegenveranstaltung, zu der sie unter anderen die AIM-Leute einluden.[311]

Tatsächlich stimmte James' unterdrückte Rede nicht in die geschichtsvergessene Selbstbeweihräucherung des weißen Amerikas ein und sprach die unangenehme historische Wahrheit aus. So hätte die Landung der »Pilgerväter« für die Wampanoag den Auftakt zu einer entbehrungsreichen Zeit markiert, die gepflastert war von Grausamkeiten, Landraub, Kulturverlust und Diskriminierung. In ihrem Überlegenheitsdünkel hätten die Puritaner die Wampanoag und später alle American Indians zu »wilden, leseunkundigen, unzivilisierten Tieren« erklärt und ihnen damit ihr Menschsein abgesprochen.[312] Vor der Massasoit-Statue räumte er ein, dass »wir, die Nachkommen dieses großen Sachem« zu lange ein »stilles Volk« waren, jetzt aber als bewusste American Indians wieder Forderungen stellen würden: »Was geschehen ist, kann nicht geändert werden, aber heute müssen wir auf ein menschlicheres Amerika hinarbeiten, auf ein indianischeres Amerika, in dem der Mensch und die Natur wieder wichtig sind; wo die indianischen Werte von Ehre, Wahrheit und Brüderlichkeit vorherrschen.«[313] Nach James' eindrücklicher Rede nahm die Veranstaltung eine von den regionalen Organisatoren so nicht gewünschte Wendung, verliehen ihr die AIM-Aktivisten doch einen »deutlich militanten Anstrich«[314].

Trommeln schlagend und Schilder mit sich führend zogen sie in Richtung Hafen. Auf Banks' Idee hin stürmten sie die am Kai vertäute *Mayflower II* und besetzten das originalgetreu nachgebaute Segelschiff. Mehrere Aktivisten kletterten die Masten hinauf und rissen englische und amerikanische Flaggen herunter. Banks hielt vom Ausguck am Mast eine aufwiegelnde Rede. Danach begannen die Besetzer auf dem Deck platzierte Holzfiguren von »Pilgervätern« ins Meer zu werfen. Einige von ihnen schlugen vor, das Schiff abzufackeln, was Banks, der nicht so weit gehen wollte, zu verhindern wusste. Nach zwei Stunden tauchte die Polizei auf und zwang die AIM-Leute, das Schiff freizugeben. Unbehelligt zogen sie in Richtung Strand ab, wo sie den Plymouth-Felsen mit Sand zuschütteten, während Means einem Pulk von Reportern den Sinn der Aktion erklärte. Wieder vom Sand befreit, übergossen John Trudell und andere dieses unscheinbar kleine Nationalheiligtum der USA in der Nacht mit roter Farbe.[315]

Bereits am Nachmittag waren AIM-Leute im nachgebauten Dorf der Plymouth Plantation aufgetaucht, wo Weiße in historische Kostüme gewandet die ersten Jahre nach der Landnahme für das entzückte Publikum nachspielten. Einer der anwesenden Schauspieler forderte die AIM-Leute auf, doch Platz zu nehmen und mit ihnen zusammen – wie einst die Wampanoag – einen Truthahn zu verspeisen. Zutiefst angewidert meinte Banks nur, dass sie »diese Scheiße nicht essen würden«. Stattdessen warfen sie ein paar Tische um, auf denen die Platten mit dem Festessen bereitstanden. Etliche Schüsseln, Gläser und Flaschen gingen zu Bruch.[316] »Wir hatten Geschichte gemacht«[317], kommentierte Dennis Banks ihren Protestausflug nach Plymouth später in seiner Autobiografie. Mit ihrer Randale schaffte es das AIM erstmals in die nationalen Nachrichten. Doch das eigentlich Historische war, dass der von Frank Wamsutta James angeregte und am 26. November 1970 durchgeführte »Tag der nationalen Trauer« sich als Tradition etablierte, die seither alljährlich begangen wird.

Vor ihrer Störaktion in Plymouth hatten AIM-Aktivisten bereits an einer anderen Besetzung mit hoher Symbolkraft teilgenommen – an der des Mount Rushmore National Memorials in South Dakota. Von 1927 bis 1941 in eine Felswand der Black Hills gesprengt, zeigt das weltbekannte Monumentaldenkmal die Häupter der Präsidenten George Washington, Thomas Jefferson, Abraham Lincoln und Theodore Roosevelt. Jedes der Kolossalporträts ist 18 Meter hoch und sechs Meter breit. Das Denkmal, das alljährlich Hunderttausende von Schaulustigen nach South Dakota lockt, war stets mehr als eine bloße Touristenattraktion. Sein Schöpfer, der Bildhauer Gutzon Borglum, stand eine Zeit lang dem Ku Klux Klan nahe, war ein überzeugter weißer Suprematist und hatte zuvor bereits das Stone Mountain Memorial außerhalb Atlantas ersonnen, das die drei Hauptanführer der Konföderierten Staaten von Amerika – Jefferson Davis, Robert E. Lee und Thomas »Stonewall« Jackson – in einem riesigen Flachrelief verherrlicht. Ungebrochen glaubte Borglum an den Vorrang der »weißen Rasse« und an Amerikas historische Mission, sich über den ganzen Kontinent auszubreiten.[318]

In der Bauphase galten die vier für das Mount Rushmore National Monument ausgewählten Präsidenten als die vier bedeutendsten Amerikas. Sie versinnbildlichten Gründung (George Washington), Expansion (Thomas Jefferson), Zusammenhalt (Abraham Lincoln) und Bewahrung (Theodore Roosevelt) der Nation und standen für die Bezwingung und Eroberung des Westens durch die »amerikanische Zivilisation«. Freilich war dieses auch als »Schrein der Demokratie« bekannte Nationaldenkmal ein Monument des weißen Amerikas. Borglum sah nichts Unangemessenes darin, »vier weiße Wächter« ausgerechnet in den Black Hills zu verewigen, und lehnte eine Idee von Luther Standing Bear ab, dort zusammen mit den vier Präsidenten auch den Lakota-Helden Crazy Horse zu ehren.[319] An der markanten Erhebung der »Six Grandfathers« realisiert, die den Lakota, Cheyenne und Arapaho wie die gesamten Black Hills heilig sind, entstand das Mount Rushmore National Memorial auf geraubtem Grund, wenn man sich an den zweiten Vertrag von Fort Laramie hält, in dem die Vereinigten Staaten den Lakota 1868 eine riesige Reservation mitsamt den Black Hills (eigentlich: Paha Sapa) ausdrücklich zum »absoluten und ungestörten Gebrauch« überantwortet hatten.[320] Ein Großteil der Lakota stand dem Monument deswegen stets äußerst ablehnend gegenüber. Sie sahen und sehen in ihm eine »Entweihung ihrer heiligen Berge« und erkennen sich – wenn überhaupt – im noch weit monumentaler angelegten Crazy Horse Memorial wieder, das seit 1948 nur 15 Kilometer vom Mount Rushmore entfernt entsteht.[321]

Die erste indigene Besetzung des Mount Rushmore National Memorials begann am 24. August 1970 und zog sich bis weit in den Herbst hinein. Ursprünglich ging die Aktion von einer Gruppe um den Oglala Lakota Leo Wilcox aus, der im Tribal Council der Pine Ridge-Reservation wirkte. Vor zahlreichen Touristen forderte Wilcox' Protestgruppe im Amphitheater des Mount Rushmore-Parks, dass Washington den Lakota endlich das weitläufige Testgelände der Air Force – die Badlands Bombing Range – zurückgeben müsse, das sie während des Zweiten Weltkriegs aus der Pine Ridge-Reservation herausgeschnitten hatte. Die Gruppe errichtete ein Lager in der Nähe des Denkmals und hielt täglich Mahnwachen ab, bei denen gebetet, getanzt, Protestschilder hochgehalten und Touristen aufgeklärt wurden.[322] Um ihrer Forderung nach einer Landrückgabe mehr Nachdruck zu verleihen, ersuchten Wilcox' Leute die United Native Americans, die Indians of all Tribes und das AIM um Hilfe. Deren Mitglieder ließen sich nicht zweimal bitten und reisten zum Teil von weither an, um an der Protestaktion in den Black Hills teilzunehmen. Ende August fanden sich auf diese Weise unter anderem Aktivisten wie Lehman L. Brightman, John Trudell, Dennis Banks und Russell Means ein, durch die sich Zielsetzung, Rhetorik und Dynamik des Black Hills-Protestes verschärften. Als Anführer der ersten Besetzung trat Lehman L. Brightman (1930–2017), ein Mitglied der Cheyenne River Sioux, ins Rampenlicht.

Brightman war Dozent an der University of California in Berkeley und hatte 1969 mitgeholfen, ein Native American Studies-Programm an seiner Universität einzurichten – das erste in den Vereinigten Staaten überhaupt. Neben seiner universitären Tätigkeit engagierte er sich als Aktivist in der indigenen Selbstbestimmungsbewegung. 1968 hatte er zusammen mit LaNada Boyer die United Native Americans ins Leben gerufen, welche die Besetzung von Alcatraz unterstützten.[323] Brightman war umfassend gebildet und galt selbst Russell Means mit seinem großen Ego als einer der »jungen Löwen der indianischen Welt«[324]. Bei einer Aussprache brachte er Wallace McCaw, den Leiter der Parkverwaltung, in Verlegenheit, da er mehr über Hintergründe und Symbolik des Mount Rushmore National Memorials wusste als dieser. Brightman ließ kein gutes Haar an der Indianerpolitik der vier im Mount Rushmore verewigten »Nationalhelden«. Auf ihre Weise, so Brightman, hätten alle vier zur Eroberung und Kolonisierung des Westens beigetragen und so der Verdrängung, Dezimierung, Enteignung und Zwangsassimilation der First Peoples Vorschub geleistet. Mit seiner alternativen Geschichtslektion klärte Brightman seine Mitstreiter über ein wichtiges Stück der Vergangenheit auf, das selbst einem Mann wie Russell Means so nicht bewusst war.[325]

Wiederum waren es die Leute des AIM, die dem friedlichen Protest eine ursprünglich nicht geplante Wendung gaben. Einige Dutzend Protestierende, darunter Russell Means, Dennis Banks, John Trudell und Madonna Gilbert, stiegen nach Brightmans Rede spontan zu den Präsidentenköpfen hinauf, errichteten ein Protestcamp und schufen mit der spektakulären Aktion erneut ein nationales Medienereignis.[326] Die Bilder der indigenen Aktivisten, die in luftiger Höhe auf den Präsidentenköpfen herumspazierten oder ein mit dem riesigen Schriftzug »Crazy Horse Monument, Indian Power« versehenes weißes Tuch vor Lincolns Stirn hängten, hatten einen so hohen Nachrichtenwert, dass zahlreiche Zeitungsreporter und Fernsehteams anreisten, um von der »Übernahme des Monuments« zu berichten.[327] Unter Brightmans Einfluss forderte die wachsende Zahl von Besetzern nun nicht mehr nur die Rückgabe der Badlands Bombing Range, sondern die der ganzen Black Hills. In einer Presseerklärung protestierten sie gegen die Verletzung des Vertrags von Fort Laramie, gegen die »Entweihung«, die ihre »heiligen Berge« durch das Monumentaldenkmal erfahren hatten, und überzeugten die Parkverwaltung davon, künftig keine Ansichtskarten mehr zu verkaufen, auf denen Tote des Massakers von Wounded Knee zu sehen waren.

Mitten in der Touristensaison an keiner Eskalation interessiert, bei der Menschen zu Schaden kommen konnten, ließ die Parkverwaltung die Besetzer wochenlang gewähren, überzeugt davon, dass die bald einsetzende kalte Jahreszeit der Aktion von selbst ein Ende bereiten werde. Selbst als Sympathisanten im Schutz der Dunkelheit Zelte, Lebensmittel, Schlafsäcke und Wasser den Berg hinauftrugen, drückte sie beide Augen zu. Sie schritt auch nicht ein, als die Besetzer mit Äxten einige geschützte Bäume fällten, um damit Feuer zu entzünden. Die größte Sorge der Parkverwaltung war, dass diese die Präsidentenköpfe mit roter Farbe übergießen oder sie gar durch Sprengungen schwer beschädigen könnten.[328] Doch derlei hatten die Besetzer nicht im Sinn. Von einem Felsvorsprung aus brüllte Russell Means wiederholt Ansagen ins Tal hinunter. So erinnerte er die Besucherinnen und Besucher an das siebte Gebot, dass man nicht stehlen solle, und fügte den zehn ein elftes Gebot hinzu: »Du sollst Verträge einhalten.«[329] Nach einer Woche gab Brightman dem Fernsehsender NBC ein Interview. Vor laufender Kamera beschied er dem Reporter, dass die Indianer es leid seien, den Weißen eine Wange hinzuhalten und als Lohn für ihre duldsame Haltung stets neue Schläge einzustecken. Auf dem Mount Rushmore seien »neue Krieger« am Werk, die, indem sie sichtbar Widerstand leisteten, die widerrechtlich enteigneten Black Hills vollumfänglich zurückforderten.[330] Doch aller Durchhalteparolen zum Trotz setzten sich die AIM-Führer einer nach dem anderen ab. Je kälter es wurde, desto mehr blutete das Protestcamp aus. Einzig ein paar Unentwegte hielten bis in den Dezember hinein die Stellung, bis schließlich auch sie der Eiseskälte wichen.

Am 6. Juni 1971 aber kehrte eine Gruppe um Russell Means an den Mount Rushmore zurück. Mit genauen Instruktionen von Leonard Crow Dog versehen, wie sie ihrem Protest eine spirituelle Dimension geben konnten, stiegen sie den Berghang hinauf, um das Terrain hinter den Präsidentenköpfen erneut zu besetzen. Dieses Mal brachten sie Baseballschläger mit, um sich notfalls verteidigen zu können. In einer Presseerklärung hatten sie verlauten lassen, dass sie sich gegen eine gewaltsame Räumung des Protestcamps zur Wehr setzen würden. Als sie dann allerdings oben waren, warteten dort bereits Rangers auf sie, die sie aufforderten, unverzüglich wieder ins Tal hinabzusteigen. Es entspann sich ein hitziger Wortwechsel. Die AIM-Leute entgegneten den Rangers, dass sie »ihren Berg« nicht eher verlassen würden, bis die Regierung die Bestimmungen des Vertrags von Fort Laramie einhalte. Daraufhin informierten die Rangers die Protestgruppe darüber, dass bereits ein Trupp von Polizisten und Nationalgardisten im Anmarsch sei und sie getötet werden könnten, wenn sie ihrer Anweisung nicht Folge leisteten. Die Gruppe war sich uneins: Einige stiegen ins Tal hinunter, andere entschlossen sich zum Bleiben, darunter Peggy Bellecourt, Madonna Gilbert und weitere Frauen, aber auch Clyde Bellecourt und Russell Means.[331]

Als die Sicherheitskräfte die Anhöhe erreichten, fackelten sie nicht lange. Sie ergriffen die Aktivisten, drückten sie zu Boden, legten sie in Handschellen und begannen, sie unsanft den Berg hinunterzuschleifen. Unten angekommen, teilte die Polizei Russell Means, dessen Bruder Ted sowie Clyde und Charlie Bellecourt mit, dass sie verhaftet seien. Die Polizei fuhr die vier ins nahegelegene Rapid City, wo man sie des Landfriedensbruchs bezichtigte. Gewieft beriefen sich die vier wiederum auf den Vertrag von Fort Laramie und verteidigten die kurzzeitige Besetzung des Denkmals mit dem Argument, dass sie keinen Landfriedensbruch auf eigenem Grund und Boden begehen könnten.[332] Da sie sich noch nichts Gravierendes hatten zuschulden kommen lassen, verzichtete der zuständige Bundesrichter letztlich auf eine Anklageerhebung und ließ die AIM-Leute ziehen.

Mit ihrem konfrontativen, Gewalt nicht grundsätzlich ausschließenden Proteststil erreichte das AIM im Sommer 1971 nationale Bekanntheit. Gleichzeitig geriet die Organisation dadurch aber auch zunehmend ins Fadenkreuz des FBI, das begann, ihre Anführer zu überwachen.[333] Früh zeigte sich zudem, dass die AIM-Aktivisten längst nicht unter allen American Indians in den Reservationen als »Helden« und Freiheitskämpfer galten. Diejenigen, die sich mit den Verhältnissen arrangiert hatten oder von diesen gar profitierten, sahen in ihnen vielmehr »Aufrührer« und »Unruhestifter« und waren überzeugt, dass sie der indianischen Sache mit ihren militanten Aktionen mehr schadeten als nützten.[334]

Die Traditionalisten hingegen, die unter schwierigsten Bedingungen versucht hatten, möglichst viel vom alten Lebensstil der First Peoples zu bewahren, waren die natürlichen Verbündeten des AIM. Dies zeigte sich besonders deutlich im August 1972, als AIM-Leute auf dem Crow Dog-Anwesen in der Rosebud-Reservation mit einer Schar Lakota einen Sonnentanz abhielten – eine religiöse Zeremonie, die Leonard Crow Dog hier wieder zum Leben erweckt hatte. »Merkwürdig war es mitanzusehen, wie sich Männer der Prüfung des Sonnentanzes unterzogen, die aus Stämmen kamen, bei denen dieses Ritual niemals praktiziert worden war. Ich spürte, dass sie damit auf ihre Art sagen wollten: Ich bin wieder Indianer«[335], hielt Mary Ellen Moore den Moment fest.

In seiner Autobiografie beschreibt Dennis Banks eindringlich, wie er als Ojibwe noch nach der Gründung des AIM eine große innere Leere empfand, die er erst füllen konnte, als ihn der alte Henry Crow Dog in der Pine Ridge-Reservation mit der Spiritualität und den Zeremonien der Lakota vertraut machte. Banks sprach für viele Aktivisten, als er meinte: »Wir hatten eine Bewegung, wir hatten eine Agenda, und wir breiteten uns aus […] aber in meinem Herzen wusste ich, dass etwas fehlte, etwas, das im Zentrum dessen stehen sollte, was wir tun. Irgendwo in mir und auch in der AIM gab es eine Leerstelle. Mir wurde klar, dass die AIM eine spirituelle Grundlage brauchte. Spiritualität ist das Herz und die Seele des indianischen Lebens, aber wir AIM-Leute waren in weißen Schulen aufgewachsen, hatten in den indianischen Ghettos der Großstädte gelebt, hatten im Gefängnis gesessen. Wir wussten nicht, woran wir glauben sollten oder wie wir das Heilige finden konnten.«[336]

Der Sonnentanz in Crow Dog's Paradise geriet im Sommer 1972 für so manches AIM-Mitglied zu einem spirituellen Erweckungserlebnis. Während dieser Zusammenkunft kam die Idee auf, eine Protestkarawane nach Washington zu organisieren, um in der Hauptstadt auf die Notlage der First Peoples aufmerksam zu machen – ähnlich dem legendären Marsch auf Washington, mit dem die afroamerikanische Bürgerrechtsbewegung im Spätsommer 1963 erfolgreich für ihre Anliegen demonstriert hatte.[337] Es war Robert Burnette, ein früherer Tribal Chairman der Rosebud-Reservation, der die Idee als Erster formulierte, obwohl er selbst kein AIM-Mann war. Dennis Banks beschrieb die Geburt des Projekts mit den Worten: »Wir sprachen über unseren Mangel an Macht, unsere Unfähigkeit, unser Leben selbst in die Hand zu nehmen, und darüber, dass das Bureau of Indian Affairs in Washington, D. C. immer noch über unser Leben bestimmt. Wir spürten, dass etwas getan werden musste, etwas Großes, um uns aus der Gewalt der Regierung zu befreien.«[338]

Konkrete Gestalt nahm die Idee eines »großen indianischen Marschs nach Washington«[339] nach dem gewaltsamen Tod von Richard Oakes an. Am 20. September 1972 streckte ein aufgebrachter Rancher den Alcatraz-Veteranen im kalifornischen Sonoma County kaltblütig mit einem Revolverschuss nieder und verletzte ihn tödlich. Oakes war zwei indigenen Jugendlichen zu Hilfe geeilt und hatte sie standhaft gegen die falsche Anschuldigung verteidigt, Pferde gestohlen zu haben.[340] Doch anstatt des Mordes angeklagt zu werden, kam der weiße Täter auf freien Fuß, mit der mehr als zweifelhaften Begründung, dass er den aggressiven Indianer aus reiner Notwehr erschossen habe.[341] Im Sommer 1972 schien es noch immer so, dass weiße Rassisten Indianer, ohne dafür juristisch belangt zu werden, umbringen konnten. Dieses Versagen der Justiz löste bei vielen American Indians Bitterkeit und Zorn aus und wirkte wie ein Weckruf.[342] Schließlich kamen mehrere indigene Organisationen überein, sich am 30. September im New Albany Hotel in Denver zu treffen, um einen großen panindianischen Protestzug durch die Vereinigten Staaten zu planen.[343]

ZERPLATZTE TRÄUME: DER »TRAIL OF BROKEN TREATIES«

Tatsächlich reisten nicht nur Delegierte der kanadischen National Indian Brotherhood und des National Indian Youth Council, sondern auch des American Indian Movement, der Survival of American Indians Association und der American Indian Commission on Alcohol and Drug Abuse in die am Fuß der Rocky Mountains gelegene Stadt. Im New Albany Hotel vereinbarten sie, in den Wochen vor den im November 1972 anstehenden Präsidentschaftswahlen einen »Trail of Broken Treaties«, einen »Pfad der gebrochenen Verträge«, durch das ganze Land nach Washington zu unternehmen, um damit Gerechtigkeit einzufordern.[344] Mit einem solchen »Pan American Native Quest for Justice« glaubten sie, die Aufmerksamkeit der Nation während des Wahlkampfs auch auf die Anliegen der First Peoples lenken zu können. Die Aussichten dafür standen nicht schlecht. Um die Präsidentschaft bewarben sich Amtsinhaber Richard Nixon und der Demokrat George McGovern – ein progressiver Senator aus South Dakota, der sich schon 1966 für ein Ende der Terminationspolitik ausgesprochen

1 Delegierte des First Universal Races Congress in London, 1911

2 Chief Deskaheh vor dem Palais d'Athénée in Genf, 1923

3 Tuscarora-Aktivisten während einer Protestaktion in ihrer Reservation, 1958

4 Marlon Brando und Bob Satiacum beim »illegalen Fischen« im Puyallup, 1964

5 Aktivisten des NIYC mit Red Power-Slogan in Oklahoma City, 1966

6 Essensausgabe während der Besetzung von Alcatraz Island, 1969–1971

7 American Indians schützen das besetzte BIA-Gebäude in Washington D. C., 1972

8 Zwei »neue Krieger« während der Besetzung von Wounded Knee, 1973

9 Navajo demonstrieren in Farmington, New Mexico für mehr Rechte, 1974

10 Ankunft von indigenen Delegierten an der NGO-Konferenz in Genf, 1977

11 Winona LaDuke auf einer Veranstaltung gegen Atomwaffen in New York, 1979

12 Indigener Protestmarsch in San Francisco am Columbus Day, 1992

13 Centennial Ride zum Gedenken an das Massaker von Wounded Knee, 1990

hatte und in der Indianerpolitik für eine Rückkehr zum New Deal warb.[345] Die Idee war, beiden Kandidaten in der Woche vor der Wahl eine Liste von Forderungen zur Stellungnahme zu unterbreiten, in der Hoffnung, dass der gewählte Präsident sie in konkrete Reformen ummünzen würde.[346] »Wir hofften«, brachte es Dennis Banks auf den Punkt, »dass wir nach unserer Ankunft in Washington beide Präsidentschaftskandidaten davon überzeugen könnten, sich für die Unabhängigkeit der amerikanischen Indianer einzusetzen«[347].

Der »Trail of Broken Treaties« war ein »all-indianisches Projekt«[348], in dem auch Leute führende Rollen innehatten, die wie Robert Burnette, Reuben Snake, Hank Adams, Sid Mills, LaVonna Weller oder Ramona Bennett keine AIM-Mitglieder waren. Während der organisatorischen Vorbereitung der Aktion zogen unter anderem Hank Adams und Ramona Bennett die Fäden.[349] Bereits am 6. Oktober, nach nur einer Woche der Vorbereitung, startete die Protestaktion von Seattle, San Francisco und Los Angeles aus. Drei Konvois aus Autos, Pick-ups, Campern und Schulbussen brachen zu einer mehrwöchigen Durchquerung des Kontinents auf und steuerten dabei bewusst viele Reservationen an, um dort für ihr Unternehmen zu werben. Sie machten auch an Erinnerungsorten wie dem Schlachtfeld von Little Bighorn oder der Stadt Mankato halt, in der Ende Dezember 1862 während der größten Massenhinrichtung der US-Geschichte 38 Dakota wegen ihrer Beteiligung an einem Aufstand in Minnesota öffentlich gehängt worden waren.[350] Immer mehr American Indians schlossen sich den Karawanen an – und eine Zeit lang sah es tatsächlich so aus, als ob der Traum der Organisatoren wahr werden würde, die »größte Zahl von Indianern«[351] der Geschichte in Marsch zu setzen.

Am verabredeten Treffpunkt in St. Paul, Minnesota, wo sich die Karawanen vereinigten, trafen am 22. Oktober 600 Aktivistinnen und Aktivisten ein. Diese Zahl blieb unter den anfänglichen Erwartungen, obschon sie auf der letzten Wegstrecke in die Hauptstadt noch um ein paar hundert anwuchs. Immerhin aber repräsentierten die Teilnehmer bis zu 30 indigene Nationen. Unter ihnen befanden sich zahlreiche Leute aus Reservationen, aber auch American Indians, die in Städten lebten.[352] In den im nahegelegenen Minneapolis durchgeführten Workshops diskutierten die Teilnehmer vier Tage lang darüber, wie das Los ihrer Communitys endlich wirklich verbessert werden könnte. Schließlich einigten sie sich auf die sogenannten »Twenty Points«, die den Forderungskatalog des »Trails of Broken Treaties« enthielten, den Hank Adams, jener wohl »wichtigste Indianer«[353] (Vine Deloria Jr.) in den Red Power-Jahren, in einem Hotelzimmer entworfen hatte.[354]

Die »Twenty Points« orientierten sich an den alten »Tagen der Freiheit«[355], bevor die amerikanische Siedlerrepublik die First Peoples unterworfen und in koloniale Abhängigkeit gebracht hatte. Wie selbstverständlich gingen sie davon aus, dass die indigenen Nationen vor ihrer Eroberung die »erforderlichen Eigenschaften souveräner, unabhängiger Staaten nach damaligem Völkerrecht«[356] besessen hatten. Von Washington forderten sie nichts weniger, als diese einstige Souveränität wiederzustellen. Erstmals seit 1871 sollten sie von Washington als eigenständige, sich selbst bestimmende Nationen anerkannt werden, sodass sie auf gleicher Augenhöhe mit den USA in geregelte, nach Bedarf neu zu verhandelnde Vertragsbeziehungen eintreten konnten. Durch die Rückgabe von 440 000 Quadratkilometer Land sollten die indigenen »Homelands« vergrößert und nachhaltig gestärkt werden.[357] Punkt 14 verlangte die Auflösung des ungeliebten Bureau of Indians Affairs bis zum 4. Juli 1976, bis zu jenem Datum also, an dem sich die Unabhängigkeit der Vereinigten Staaten von Amerika zum 200. Mal jährte. Überdies forderte Punkt 20, dass die materiellen Lebensbedingungen in den Reservationen nachhaltig verbessert würden.[358] Die »Twenty Points« verdienen als wichtigstes Grundlagendokument der Red Power-Ära Beachtung. Es wollte mit der bisherigen Geschichte kolonialer Fremdbestimmung endgültig brechen und die Beziehungen zwischen indigenen Nationen und den Vereinigten Staaten auf eine gänzlich neue Grundlage stellen. In den »Twenty Points« verdichteten sich die Hoffnungen und Erwartungen der jungen Protestgeneration. Und Hank Adams und seine Mitstreiter planten, sie dem neu gewählten Präsidenten im Weißen Haus zu überreichen, in der Hoffnung, dass diese zur Grundlage für eine beherzte Reformpolitik werden würden.

Am späten Nachmittag des 1. November 1972 trafen die ersten, von der langen Reise müden American Indians in Washington, D. C. ein. Augenblicklich zeigte sich, dass sie in der Hauptstadt keine begeisterten Menschenmassen empfingen und sich in der Woche vor der Wahl kaum Politiker dort aufhielten, weil diese in ihren Wahlkreisen beschäftigt waren. Auf Wahlkampftouren im Land befanden sich auch die beiden Präsidentschaftsanwärter. Das wirklich Frustrierende aber war, dass sich einige Zusagen für Übernachtungsräume und Küchen in Nichts auflösten. Einzig zwei kleine Kirchengemeinden hielten Wort, stellten den erschöpften American Indians allerdings völlig ungeeignete und zu kleine Untergeschossräume zur Verfügung. So verbrachten die Protestler die erste Nacht eng nebeneinander in Schlafsäcken liegend oder lediglich in Decken gehüllt, in Räumlichkeiten mit nur wenigen Toiletten und ohne Duschgelegenheiten.[359]

Das Organisationsteam unter der Leitung von Robert Burnette hatte den Aufenthalt der 800 Menschen, die sich kein Hotelzimmer und keine Restaurantbesuche leisten konnten, wenig professionell vorbereitet. Die erbärmliche Unterbringung erklärte sich aber auch damit, dass ein ranghoher Beamter des Innenministeriums das BIA entgegen der sonst üblichen Praxis anwies, den Leuten der Protestkarawane jegliche Unterstützung in der Hauptstadt zu versagen. Wie andere Regierungsmitarbeiter sah Harrison Loesch, wie der Mann hieß, im »Trail of Broken Treaties« eine weitere üble Propagandaaktion des AIM, die darauf aus war, der Nixon-Administration im Schlussspurt des Wahlkampfs zu schaden.[360] Er zeigte sich blind dafür, dass sich der Zug diszipliniert und würdevoll durchs Land bewegt hatte und viele Teilnehmende dem AIM gar nicht angehörten.

Erst die alltagspraktischen Schwierigkeiten, vor die sich die American Indians in der Hauptstadt gestellt sahen, radikalisierten den bislang friedlichen Protest. Und dazu trug sicherlich auch Loeschs Anweisung bei.[361]

Zu all dem kam hinzu, dass sich ein Großteil des vorgesehenen Programms nicht wie geplant durchführen ließ. Unterredungen mit den Präsidentschaftskandidaten kamen ebenso nicht zustande wie erhoffte Treffen mit Spitzenpolitikern beider Parteien. Auch eine Dauerparade rund um das Weiße Haus blieb ein unrealisierter Plan, genauso wie es sich als unmöglich erwies, Tipis und Schwitzhütten im West Potomoc Park aufzustellen und eine Veranstaltung vor dem Washington Monument durchzuführen. Zudem versagte die Parkverwaltung des Nationalfriedhofs Kundgebungen auf dem Gelände in Arlington und vor dem Iwo Jima Memorial, wo man des traurigen Schicksals von Ira Hayes gedenken wollte. Die nationale Öffentlichkeit ließ sich so nicht erreichen. Schließlich taten die American Indians des »Trail of Broken Treaties« etwas, das sie zuvor gar nicht geplant hatten. Verärgert und wohl um den Erfolg der ganzen Aktion fürchtend, zogen Hunderte von ihnen am 2. November vor das Hauptquartier des BIA, das nur wenige Blocks vom Weißen Haus entfernt lag, und betraten das Gebäude an der Constitution Avenue in der Hoffnung, eine Lösung für ihre logistischen Probleme zu finden.[362]

Nach Stunden der Ungewissheit, in denen ihre Anführer unter anderem mit Louis R. Bruce, dem indigenen Chef der Behörde, sprachen, entschieden sie sich zu bleiben. Aktivisten und Aktivistinnen verbarrikadierten sich in dem weitläufigen Gebäudekomplex, indem sie Schreibpulte, Stühle und Aktenschränke vor Türen und wichtige Durchgänge rückten, und verwandelten sich so in Besetzer eines staatlichen Gebäudes. Zuvor hatte ein Spitzenbeamter des Innenministeriums ihre höflich vorgetragene Anfrage, ob sie im großen Auditorium schlafen und die Küche in der Mensa benutzen könnten, süffisant mit der Bemerkung quittiert, dass das BIA doch nicht im Beherbergungsgewerbe tätig sei, und ihnen gedroht, sie kurzerhand rausschmeißen zu lassen, wenn sie es dennoch versuchten.[363] Inzwischen traf vor dem Gebäude ein Sonderkommando der Polizei ein, während auf dem Dach des benachbarten Innenministeriums Scharfschützen in Stellung gingen. Die Behörde bot den Eindringlingen alternative Unterkünfte an und forderte sie auf, die BIA-Zentrale zu verlassen. Doch Besetzerinnen und Besetzer verlangten, mit Abgesandten von Präsident Nixon direkt verhandeln zu können.[364] Als Verhandlungsführer war Hank Adams designiert, der von seinem Wesen her »mehr Taktiker als Brandstifter«[365] war. Gleichzeitig schickten sie Telegramme an die UNO, die verlangten, dass sie die »Indianerrechte in den USA« bei ihrer nächsten Zusammenkunft ernsthaft diskutieren lasse.[366]

Doch die Bundesregierung weigerte sich kategorisch, auf die Verhandlungsangebote einzugehen. Kurz vor der Wahl wollte sie den Eindruck vermeiden, dass sie sich mitten in der Hauptstadt von wütenden Indianern erpressen ließ. Unter seinen Mitarbeitern ließ Nixon keinen Zweifel daran, dass er die »gottverdammten Indianer aus der Stadt raushaben«[367] wollte. Wie schon bei der Besetzung der Alcatraz-Insel schreckte seine Administration jedoch vor einer gewaltsamen Räumung zurück.[368]

Dies drang allerdings nicht nach außen, sodass in der BIA-Zentrale stets Unklarheit über die Absichten der Bundesregierung herrschte. Besetzer und Besetzerinnen wähnten sich die ganze Zeit über in einem »tödlichen Ausnahmezustand«[369] und befürchteten das Schlimmste. Leicht bewaffnete Wachen sicherten inzwischen die Eingänge, ließen aber Beamte, die sich nach Feierabend noch im Gebäude befanden, abziehen, da sie nicht auf eine Geiselnahme aus waren. Bald stellte die Polizei ein erstes Ultimatum, das die Besetzergemeinschaft ungenutzt verstreichen ließ. Im Inneren richteten derweil Hunderte von American Indians ihre Schlafplätze ein, während im vierten Stock eine Irokesische Botschaft ihren Platz fand, gefolgt von anderen Gruppen wie den Sioux und den Leuten von der Nordwestküste, die es ihnen gleichtaten.[370] Viele zeigten sich empört über die feinen Teppichböden, die Polstermöbel, das fließende Wasser und die Toiletten, über eine Ausstattung mithin, die weit komfortabler war als die, die sie von ihren schäbigen Behausungen und Mietwohnungen kannten.[371]

Nicht viel später begannen einige der Eindringlinge die Aktenschränke zu durchwühlen und Dokumente zu studieren. Ein Konflikt entbrannte darüber, wie man mit den Akten verfahren sollte, die all die administrativen Übel dokumentierten, die das Office of Indian Affairs seit 1825 Generationen von American Indians angetan hatte. Die Militanten unter ihnen wollten sie zerstören, weil sie alles abgrundtief hassten, was mit der Arbeit dieser Behörde zu tun hatte. Die Besonnenen dagegen wollten die Papiere möglichst vollständig übernehmen, weil diese auch die indigenen Ansprüche gegenüber dem Staat dokumentierten. Letztere schmuggelten gleich stapelweise Regierungsunterlagen aus dem Gebäude heraus und verwahrten sie an einem geheimen Ort, bis sie auf Hank Adams Vermittlung hin schließlich nach Wochen dem BIA zurückerstattet wurden.[372]

An der Fassade des besetzten Hauses brachten die Aktivisten ein Banner mit der Aufschrift »Native American Embassy« an.[373] Symbolisch geschickt widmeten sie das »Kolonialamt« so in eine Indianische Botschaft in der Hauptstadt der Vereinigten Staaten um. Währenddessen versorgten kirchliche Gruppen und andere Sympathisanten die Besetzer mit Nahrungsmitteln und Geldspenden. Die Tage zogen zäh dahin. Endlose Diskussionsrunden fanden statt, aber auch etliche, mit Trommeln unterlegte Zeremonien. Sie hielten Pressekonferenzen ab und empfingen Besucher wie den Black Power-Aktivisten Stokely Carmichael. Irgendwann lösten die lähmende Ungewissheit darüber, wie die Regierung auf die Besetzung reagieren würde, und die wachsende Erschöpfung eine »wilde Welle der Gewalt gegen das Gebäude«, ja eine eigentliche »Zerstörungsorgie«[374] aus. Aus Frustration besprühten viele Besetzerinnen und Besetzer Wände mit Slogans, schlitzten Polstersessel auf, zerschnitten Bilder, zertrümmerten Toiletten und warfen Fensterscheiben ein. In etlichen Büros warfen sie Aktenschränke um, sodass Unmengen von Papieren herumlagen. Selbst Töpferwaren und andere Zeugnisse indianischer Handwerkskunst blieben nicht verschont.[375] Unterschiedslos richtete sich die Wut nun gegen alles, was mit dem »Kolonialamt« in Zusammenhang gebracht wurde. Diesen Akten des Vandalismus schlossen sich freilich nicht alle an, viele, darunter Hank Adams, Frank Boots oder Ramona Bennett, zeigten sich schockiert darüber.[376]

Die Besetzergemeinschaft war uneins darüber, wie sie ohne Gesichtsverlust aus der Sache herauskommen konnten. Mit jedem neuen Ultimatum der Polizei, das Gebäude zu räumen, stieg die Anspannung. Die Gefahr eines Blutbads war real. Einige Besetzer funktionierten abgebrochene Stuhlbeine zu Schlagstöcken um, stellten aus Besenstielen und Scheren Behelfsspeere her und trugen in ihren Gesichtern Kriegsbemalung auf. Andere platzierten Schreibmaschinen auf die Fenstersimse und schwere Gegenstände auf die Treppenabsätze, um sie, wenn es zu einem Entsetzungsversuch kommen sollte, auf die Polizisten hinunterfallen zu lassen. Einige Radikale zeigten sich gar zum Äußersten bereit und stellten Dutzende von Molotowcocktails her. Die Brandflaschen reihten sie auf den Stiegen des Treppenhauses auf und verbanden sie untereinander mit Zündschnüren.[377] Es blieb nicht bei einer reinen Drohkulisse.

Als die Situation zum Zerreißen angespannt war, entschloss sich eine kleine Gruppe dazu, das Gebäude samt den Insassen in die Luft zu sprengen. Eine entsprechende, durch ein Megafon verstärkte Ankündigung hallte durch die Gänge und Stockwerke und alarmierte Männer, Frauen und Kinder. Wild gestikulierend hielt Russell Means auf der ersten Etage eine Ansprache, die er mit dem anspielungsreichen Satz »It's a good day to die« beendete. Kurz darauf entzündete er ein Streichholz und legte es an die Zündschnur, die umgehend Feuer fing. Ein Raunen ging durch die Menge. Der Onondaga Chief William Lazore, der irokesische Glaubenshüter Oren Lyons und der Radiojournalist Frank Ray Harjo bewahrten jedoch einen kühlen Kopf und traten die lodernde Zündschnur mit ihren Schuhspitzen aus. Wütend beschimpfte Lyons Means: »Das kannst du nicht tun. Du kannst nicht Leute töten und all die Akten zerstören. Das ist nur eine Schlacht, nicht der Krieg.«[378] Ein Vorfall, der allerdings erst 30 Jahre nach der Besetzung des BIA-Gebäudes bekannt wurde. Es war die Aktivistin Suzan Shown Harjo, die ihn in der Tageszeitung *Indian Country Today* öffentlich machte. Harjo arbeitete seinerzeit als Journalistin für den Radiosender WBAI in New York, der die erste indigene Nachrichtensendung des Landes ausstrahlte. Vor Ort war sie Augenzeugin von Means' eigenmächtiger Entscheidung, die den Tod Dutzender seiner Brüder und Schwestern in Kauf nahm.

Nach sechs langen Tagen war es schließlich ein Kompromiss, der die Besetzung unblutig beendete – am Tag der Präsidentschaftswahl. Eine neunköpfige Delegation, angeführt von Hank Adams, handelte ihn mit Nixons Unterhändlern aus.[379] Für den Fall, dass sie das Gebäude bis zum 9. November verlassen würden, stellten diese den Besetzern in Aussicht, werde eine Taskforce die »Twenty Points« prüfen und gegebenenfalls darauf aufbauende Reformen vorschlagen. Überdies garantierten sie allen Besetzern und Besetzerinnen Straffreiheit und erklärten sich bereit, diesen 66 000 Dollar auszubezahlen, damit alle beteiligten American Indians auf Staatskosten die Heimreise im Bus oder in der Eisenbahn antreten konnten. Innerhalb weniger Stunden verließen die Aktivistinnen und Aktivisten daraufhin die arg in Mitleidenschaft gezogene BIA-Zentrale – nicht ohne auf einer Tafel im Auditorium eine Inschrift zu hinterlassen: »Gentlemen: Wir entschuldigen uns nicht für den Ruin oder die sogenannte Zerstörung dieses Mausoleums. Denn wenn man etwas Neues aufbauen will, muss man zuerst das Alte zerstören. Dies ist der Beginn einer neuen Ära für das Volk der Native Americans. Wenn sich die Geschichte an unsere Bemühungen hier erinnert, werden unsere Nachfahren mit Stolz darauf blicken, dass ihr Volk für den Widerstand gegen die Tyrannei, die Ungerechtigkeit und die grobe Ineffizienz dieser Abteilung einer korrupten und dekadenten Regierung verantwortlich war. Native American Embassy.«[380]

Die Besetzung der BIA-Zentrale führte zu einer Verhärtung der Fronten, vor allem deshalb, weil die Nixon-Administration sich Wochen später weigerte, die »Twenty Points« als Grundlage für Reformen zu akzeptieren.[381] Vielmehr stellte die Regierung den »Trail of Broken Treaties« und die Ereignisse in der Hauptstadt so dar, dass ein paar eingefleischte Revolutionäre eine Gruppe argloser Indianer zu unvernünftigen Forderungen und Vandalismus verleitet hätten.[382] Tatsächlich hatte der indigene Aktivismus eine neue Qualität erreicht: Das Spielerische, das noch die Übernahme der Alcatraz-Insel charakterisiert hatte, war unter dem Einfluss des AIM tödlichem Ernst und latenter Gewaltbereitschaft gewichen. Entsprechend fiel die Sicht auf das Ereignis geteilt aus. Während sich die konservative National Tribal Chairmen's Association etwa von der aus dem Ruder gelaufenen Besetzung des BIA-Gebäudes distanzierte, sahen die AIM-Anführer in ihr die »größte Machtdemonstration unseres Volkes seit hundert Jahren«, ja einen »Sieg«, der es ihnen erlaubt hätte, die Hauptstadt erhobenen Hauptes zu verlassen.[383] Überwiegend fassungslos reagierte das weiße Amerika auf die angerichteten Schäden. Einige Kommentatoren bauschten sie gar zur schlimmsten Verwüstung auf, die Washington seit den von britischen Truppen im August 1814 gelegten Bränden erlitten habe.[384]

In der öffentlichen Wahrnehmung überlagerten die Bilder der Zerstörung die Kernanliegen des »Trail of Broken Treaties.« Fortan reagierte die Regierung auf Protestaktionen, die von der AIM ausgingen, repressiv. Gleichzeitig verstärkte sie die geheimdienstliche Überwachung.[385] Die verschiedenen indigenen Verbände wiederum taten sich in der Folgezeit schwer damit, weiter eng zusammenzuarbeiten. Die aufgebrochenen Differenzen über den richtigen Protestweg schrieben die Spannungen fort, die sich bereits im BIA-Gebäude zwischen Radikalen und Moderaten aufgetan hatten. Denn längst nicht alle Aktivisten zeigten sich bereit, Russell Means zu folgen, der meinte, dass die Zeit gekommen sei, in der »wir ein paar indianische Märtyrer brauchen«[386]. Eine große Allianz zwischen allen Organisationen, einschließlich des NCAI, wie sie Vine Deloria Jr. noch zu Beginn des Jahres 1972 vorgeschlagen hatte, um die gemeinsame Sache mit vereinten Kräften voranzubringen, rückte in weite Ferne.[387]

DIE KONFRONTATION BEI WOUNDED KNEE

Seit dem ausgehenden 19. Jahrhundert war die in der Südwestecke des Bundesstaats South Dakota gelegene Pine Ridge-Reservation das Zuhause der Oglala Lakota, die der Großen Sioux Nation angehören. Ihre sich über annährend 8400 Quadratkilometer erstreckende, von rund 11 300 Menschen bewohnte Reservation glich um 1970 einem Notstandsgebiet – immer noch, als hätte es den New Deal nie gegeben. Die sozialen Zustände erinnerten an die Entwicklungsländer des globalen Südens.[388] Bittere Armut prägte das Leben der Menschen, die Wirtschaft lag am Boden. Von einer wenig ertragreichen Landwirtschaft, einer kleinen Schuhfabrik und der Reservationsverwaltung einmal abgesehen, gab es um 1970 kaum Jobs, sodass die Arbeitslosenquote konstant über 50 Prozent lag und das jährliche Pro-Kopf-Einkommen zu den allerniedrigsten in den USA gehörte.[389]

Nur durch spärliche staatliche Sozialhilfeleistungen oder kirchliche Zuwendungen kamen viele Oglala überhaupt über die Runden. Ihre Existenzsorgen ertränkten viele von ihnen in Starkbier (Hurricane High Gravity Lager) und harten Spirituosen, die sie sich im berüchtigten Weiler White Clay in Nebraska besorgten.[390] Maßloses Trinken und kalorienreiche Ernährung trugen zu Fettleibigkeit bei und ließen viele an Diabetes erkranken. Dazu kamen prekäre Wohnverhältnisse (etwa in Wellblechhütten, Baracken und vor sich hin rostenden Bussen), eine sehr hohe Kindersterblichkeit und überdurchschnittliche Suizidraten.[391] All diese Belastungen sorgten dafür, dass die durchschnittliche Lebenserwartung für Männer deutlich unter 50 Jahren lag. Zudem waren die meisten Oglala Lakota nicht als Wähler registriert und konnten sich so weder an den Präsidentschafts- noch an den Kongresswahlen beteiligen.[392]

In Rapid City, Gordon und anderen Grenzstädten zu Pine Ridge sahen sie sich überdies offener rassistischer Diskriminierung ausgesetzt. An etlichen Läden, Saloons und Restaurants prangten Schilder mit der Aufschrift »No Dogs and Indians Allowed«.[393] Regelmäßig wurden Indianer von jungen weißen Männern erniedrigt, verprügelt und verletzt. Für große Empörung in den Reservationen sorgte im Februar 1972 der gewaltsame Tod von Raymond Yellow Thunder (1920–1972). Yellow Thunder war ein Oglala Lakota und stammte aus Porcupine. Sein Geld verdiente er sich als Cowboy auf Ranches im nördlichen Nebraska. Der Enkel des legendären Oglala Chiefs American Horse war als »ruhiger, hart arbeitender Mann ohne Feinde«[394] bekannt, der sich zwischendurch betrank. An einem Wochenende kehrte er nicht wie gewöhnlich nach Porcupine zu seiner Familie zurück. Schließlich wurde er am 20. Februar 1972 in Gordon von zwei Jungen tot in einem alten Pick-up aufgefunden, der auf einem Gebrauchtwagenplatz abgestellt war.

Es stellte sich heraus, dass vier weiße Männer und eine Frau ihn acht Tage vorher angetrunken aufgegabelt hatten. Aus Spaß schlugen die Männer den Wehrlosen und flößten ihm weiteren Schnaps ein, sodass er sich kaum mehr auf den Beinen halten konnte. Grob schmissen sie ihn in den Kofferraum ihres Wagens und fuhren ihn sinnlos in der Stadt herum. Schließlich hielten sie vor dem Clubhaus des Veteranenvereins American Legion, in dem gerade eine Tanzveranstaltung stattfand. Vor grölendem Publikum musste Raymond Yellow Thunder fast nackt tanzen. Nach der Demütigung stießen die vier Männer ihn in die Winternacht hinaus und verpassten ihm vor dem Lokal eine neuerliche Abreibung. Dann ließen sie vorerst von ihm ab, und Yellow Thunder torkelte desorientiert in der Eiseskälte durch die Straßen von Gordon. Auf der Polizeistation bat er um eine Zelle, damit er dort die Nacht verbringen konnte. Doch die Polizisten wiesen ihn ab und schickten ihn fort, zurück in die Winternacht hinaus. Als die fünf ihn erneut antrafen, packten sie ihn in ihren Wagen und fuhren ihn zu dem Gebrauchtwagenplatz, wo Yellow Thunder in dem Pick-up stark unterkühlt seinen schweren Kopfverletzungen erlag. Die Täter wurden von der Polizei rasch gefasst. Doch genauso rasch kamen sie gegen Kaution wieder frei.[395]

Bedeutende Teile der weißen Gesellschaft in Nebraska und South Dakota sahen die Indianer ihrer Region als Freiwild an. Immer wieder kam es zu derartigen gewalttätigen Übergriffen und zuweilen auch zu Morden – die von der Justiz jedoch nicht verfolgt oder nur leicht geahndet wurden.[396] Diese Kultur machte es für die Familie von Yellow Thunder schwierig, Unterstützung vom BIA, dem FBI, der lokalen Polizei und dem Tribal Council in der Pine Ridge-Reservation zu bekommen. Für die Gerichtsverhandlung befürchtete sie das Schlimmste. Deshalb bat sie schließlich das AIM um Hilfe. Daraufhin reisten etliche AIM-Leute nach Gordon, organisierten in der Hoffnung auf eine gerechte Strafe Protestmärsche, an denen sich Hunderte von American Indians beteiligten, und boykottierten drei Tage lang die Geschäfte der Stadt.[397]

Letztlich führte der so erzeugte Druck immerhin zu einem Teilerfolg: Dieses Mal ging der Prozess für die Täter nicht straffrei aus. Drei von ihnen wurden wegen Totschlags zu Gefängnisstrafen verurteilt, während der vierte, der mit der Staatsanwaltschaft kooperiert hatte, wegen Freiheitsberaubung belangt wurde.[398] Außerdem sollte eine Menschenrechtskommission Vorschläge erarbeiten, wie dem antiindianischen Rassismus in der Region beizukommen wäre.[399] Diese leidlich erfolgreiche Protestaktion machte das AIM in der Region erst so richtig bekannt. Manche Lakota fühlten, dass sie rassistische Übergriffe und koloniale Fremdbestimmung nicht mehr einfach klaglos zu erdulden hatten, sondern ihr Schicksal selbst in die Hand nehmen mussten, wenn sich etwas ändern sollte. Daraufhin bildeten sich erste lokale AIM-Gruppen, und es dauerte nicht lange, bis traditionelle Chiefs und ihre Anhänger die nationale AIM-Führung in einem internen Oglala-Konflikt um Beistand baten. Dabei ging es um nicht weniger, als das korrupte Polizeiregime zu stürzen, das Richard »Dick« Wilson (1936–1990) seit seiner Wahl zum Tribal Chairman in Pine Ridge errichtet hatte.

In den 1970er Jahren zeigte sich die Pine Ridge-Reservation politisch tief gespalten. Wie in so manch anderer Reservation standen sich zwei verfeindete Fraktionen gegenüber: selbst ernannte Progressive auf der einen und die Traditionalisten auf der anderen Seite. Sie bevorzugten verschiedene Politikstile und hatten unterschiedliche Visionen für die Zukunft. Während die Progressiven die Reservation im Einklang mit den Vorgaben des BIA auch gegen interne Widerstände entwickeln wollten, schwebte den Traditionalisten vor, möglichst viel von ihrer alten Kultur zu bewahren. Letztere favorisierten konsensuale Entscheidungen im großen Kreis. Seit dem Frühjahr 1972 eskalierte der schon lange schwelende Konflikt, als sich der rechtsgerichtete Tribal Chairman Dick Wilson als Politiker mit autoritären Zügen entpuppte. Bei Traditionalisten und AIM-Sympathisanten gleichermaßen unpopulär, stieß seine Amtsführung von Beginn an auf Ablehnung. Oft ließ Wilson seine Projekte lediglich von dem fünfköpfigen Exekutivausschuss absegnen, nicht aber von den 18 gewählten Mitgliedern des Tribal Councils. Eigenmächtig feuerte er Leute der Reservationsverwaltung, um die so frei gewordenen Jobs Verwandten und Freunden zuzuschanzen. Kritikern hielt er entgegen, dass die Verfassung der Oglala Nepotismus ja nicht ausdrücklich verbiete.[400]

Wilson beabsichtigte, den in Pine Ridge verbotenen Verkauf von Alkohol wieder zuzulassen, und hatte nichts dagegen einzuwenden, dass die BIA-Agentur Reservationsland gegen geringe Entgelte an weiße Rancher verpachtete. Nach wenigen Monaten erließ er ein Versammlungsverbot für Gruppen von über drei Personen. Zum Schutz seines Regimes baute er mit zweckentfremdetem Geld einen paramilitärischen Trupp auf, die berüchtigten Guardians of the Oglala Nation, kurz GOON genannt, die mit Gewehren und Schlagstöcken bewaffnet waren. Hauptzweck der Miliz war es, das AIM von der Reservation fernzuhalten und dessen Anhänger in Pine Ridge einzuschüchtern. Die Anführer des AIM hielt Wilson für professionelle Unruhestifter und verunglimpfte sie bei jeder sich bietenden Gelegenheit als kommunistische Aufrührer. Dave Long, den Vizevorsitzenden des Tribal Council, feuerte er kurzerhand, als er erfuhr, dass er mit der Bewegung sympathisierte. Den »Trail of Broken Treaties« verurteilte er. Schließlich verbot er dem AIM jede Tätigkeit in der Reservation und drohte, dass er Russell Means seine Zöpfe eigenhändig abschneiden werde, wenn er ihn in Pine Ridge zu fassen bekäme. Wilson, ein bulliger Mann mit Bürstenhaarschnitt, der oft eine Sonnenbrille trug, agierte zunehmend wie ein Gangsterboss.[401] Seine Gegner sahen in ihm eine »Art Diktator« und eine »Marionette des BIA«; sie verachteten ihn als »übelsten Stammesvorsteher« in den USA.[402]

Pedro Bissonette (1944–1973), ein in der Reservation aufgewachsener Traditionalist, der wie viele andere Lakota auch Katholik war,[403] tat sich im Widerstand gegen Wilsons Regime besonders auffällig hervor. Stahlarbeiter von Beruf, machte er als junger Mann als Boxer von sich reden.[404] Zusammen mit ähnlich denkenden Freunden rief er 1972 die Oglala Sioux Civil Rights Organization (OSCRO) ins Leben. Diese Graswurzelorganisation lehnte sich gegen Wilsons Herrschaft, die Bevormundung durch das BIA und die wachsende Zahl von FBI-Agenten in Pine Ridge auf.[405] Eine Beruhigung der Lage konnten die Anhänger der OSCRO sich nur unter der Bedingung vorstellen, dass der umstrittene Tribal Chairman seiner fortgesetzten Machtmissbräuche wegen rasch seines Amts enthoben würde. Aber Wilson war willens, sein Amt – koste es, was es wolle – zu verteidigen. Am 23. Februar 1973 ließ er keine Diskussion über das gegen ihn beantragte Impeachment-Verfahren zu. Mit Drohungen und Tricks beendete er dieses, bevor es richtig begonnen hatte. Am Tag darauf führte Bissonette eine Protestkundgebung vor dem Sitz des Tribal Council an. Inzwischen hatte Wilson Bundesmarshals angefordert, auf dem Dach »seines« Regierungsgebäudes ein Maschinengewehr postieren sowie Türen und Fenster mit Sandsäcken verbarrikadieren lassen.[406] Auf diese Weise trieb er die OSCRO endgültig in die Arme des AIM.

Die heftigen Zusammenstöße zwischen indigenen Demonstranten und der Staatsmacht, die sich zehn Tage zuvor in Custer zugetragen hatten, verschärften die Spannungen in Pine Ridge zusätzlich. Am 4. Februar wurde in Custer Anklage gegen Darld Schmitz erhoben, der den Lakota Wesley Bad Heart Bull mit Messerstichen tödlich verletzt hatte. AIM-Leute reisten an, um Sarah Bad Heart Bull, der Mutter des Getöteten, in ihrer Suche nach Gerechtigkeit beizustehen. Sie hofften auf eine Mordanklage. Doch abermals sollte sich der weiße Täter nur wegen Totschlags verantworten müssen. Dennis Banks und Russell Means stellten den zuständigen Distriktrichter aufgebracht zur Rede und machten ihrem Ärger lautstark Luft. Als Sarah Bad Heart Bull den Richter zu sprechen wünschte, verwehrte ihr die Polizei den Zutritt. Beamte versetzten ihr mit Schlagstöcken ein paar Hiebe und nahmen sie wegen Landfriedensbruchs fest.[407] Entfesselt knüppelten behelmte Polizisten auf American Indians ein, die daraufhin mit aller Macht in das Gerichtsgebäude drängten. Aus einem Handgemenge entwickelte sich eine wüste Keilerei, und aus der Keilerei ein Aufruhr.

Die Demonstranten warfen zwei Einsatzwagen der Polizei um, schlugen Fensterscheiben von Läden ein und plünderten Geschäfte. Ein paar von ihnen schmissen selbst gebastelte Brandsätze durch die Fenster des Gerichts und in den gegenüberliegenden Sitz der Handelskammer. Beide Gebäude fingen sofort Feuer und brannten nieder. Diese Form der »Gesetzlosigkeit« erstickte die Polizei mit Tränengas und nahm 35 Verhaftungen vor. Obwohl Russell Means und Dennis Banks selbst nichts mit den verübten Sachbeschädigungen, Plünderungen und Brandstiftungen zu tun hatten, wurden sie wegen Aufruhrs angeklagt und später auch verurteilt.[408] All dies ebnete den Weg für den dramatischsten Showdown der gesamten Red Power-Ära.

In der aufgeheizten Situation baten die OSCRO das AIM um Hilfe. Am 26. Februar trafen sich die Wilson-Gegner, darunter traditionelle Chiefs wie Edgar Red Cloud, Tom Bad Cobb, Jake Kills Enemy, Iron Cloud und Frank Fools Crow, in der Calico Community Hall mit der nationalen AIM-Spitze. Empörte Oglala diskutierten mit Russell Means, Dennis Banks und Clyde Bellecourt über die Krise in der Reservation und Auswege aus ihr. Frustration und Zorn waren mit Händen zu greifen.[409] Dennoch waren die Chiefs lange unentschieden, wie sie sich positionieren sollten – bis zwei Frauen sich kämpferisch zu Wort meldeten.[410]

Ellen Moves Camp und Gladys Bissonette plädierten für sehr viel drastischere Maßnahmen. Bissonette führte unter anderem aus: »Seit vielen Jahren haben wir keinen Krieg mehr geführt, keine Schlacht mehr geschlagen, und wir haben vergessen, wie man kämpft.«[411] Damit schlug sie die Zuhörerschaft in den Bann und überzeugte die Chiefs, dass die Zeit des Handelns gekommen war.[412] Einige schlugen vor, das schwer gesicherte Gebäude des Tribal Council in Pine Ridge zu stürmen, was aber verworfen wurde, weil ein solcher Angriff einem Selbstmordkommando gleichkam.[413] Es war wohl Pedro Bissonette, der die Möglichkeit aufwarf, in Wounded Knee gegen das korrupte Wilson-Regime zu demonstrieren. Dort sollte in einer symbolischen Konfrontation auf Wilsons Willkürregime und zugleich auf die anhaltende Verletzung des Vertrags von Fort Laramie (1868) durch die USA aufmerksam gemacht werden.[414]

Wounded Knee ist bis heute ein Symbol für die entfesselte Gewalt, welche die First Peoples unter US-Herrschaft erlitten. Die Stätte war der Schauplatz eines schweren Massakers, das die 7. Kavallerie am 29. Dezember 1890 an Minneconjou Lakota verübte, die unter ihrem Chief Big Foot auf dem Weg zu einem Geistertanz waren. Mindestens 270 von ihnen, darunter 170 Frauen und Kinder, metzelten die Kavalleristen in einem fürchterlichen Blutbad nieder. Etliche Soldaten feierten ihre Schandtat als Rache für die vernichtende Niederlage, die Krieger der Lakota, Cheyenne und Arapaho der von Oberstleutnant George Armstrong angeführten Reiterei am 25. Juni 1876 bei Little Bighorn zugefügt hatten.[415] Während die Plains-Krieger die 7. Kavallerie bei Greasy Grass jedoch in einer offenen Feldschlacht besiegt hatten, handelte es sich bei der Konfrontation von 1890 um eine »Gräueltat, einen Verrat und eine menschliche Katastrophe«[416], ja um ein genozidales Massaker. In der Pine Ridge Reservation war das unvergessen. Nach 1970 war Wounded Knee durch Dee Browns Bestseller *Bury My Heart at Wounded Knee* und den Hit *We Were All Wounded at Wounded Knee* der indigenen Rockband Redbone, den sie 1973 allerdings nur in Großbritannien, nicht aber in den USA veröffentlichen konnte, in Nordamerika zu einem geläufigen Begriff geworden.[417]

Nur einen Tag nach dem Treffen von Calico brach ein Konvoi von 50 Wagen mit 200 Aktivisten und Aktivistinnen zum Weiler Wounded Knee auf. An der Aktion beteiligten sich zahlreiche Oglala und etliche AIM-Aktivisten, Männer wie Frauen, die zumeist der jüngeren und mittleren Generation angehörten. Doch auch der 76 Jahre alte Chief Frank Fools Crow schloss sich an. Während der 71 Tage dauernden Besetzung fiel ihm mehrere Male eine Schlüsselrolle zu. Abends angekommen, nahmen die American Indians zunächst die wenigen Gebäude in Besitz und erklärten zwölf dort lebende Weiße zu »Kriegsgefangenen«. Sie plünderten den Handelsposten und kamen so zu Lebensmitteln, einigen zusätzlichen Jagdgewehren und Munition, die sie über die ersten Tage brachten. Den Besetzern war nur allzu bewusst, dass es zu einem Kampf kommen würde, in dem sie den Tod finden konnten.[418]

Schon in den ersten Stunden zerschossen sie die Leuchtkörper der Straßenlaternen und verschanzten sich in den Gebäuden. Russell Means griff zum Hörer des einzigen Telefons und informierte ausgesuchte Presseleute.[419] Die zum Widerstand Entschlossenen hoben Schützengräben aus, errichteten um den Weiler eine Verteidigungslinie und blockierten die Zufahrtsstraßen. Einige von ihnen hatten in Vietnam gedient und besaßen dadurch militärische Kenntnisse.

Gemeinsam warteten sie auf das FBI, das zunächst nur mit einem einzelnen Fahrzeug die Lage vor Ort erkundete. Als die Beamten ausgestiegen waren, nahmen die Besetzer sie unter Feuer, ohne dass jemand zu Schaden kam. Dennoch machten sie damit unmissverständlich klar, dass es ihnen dieses Mal bitterernst war.[420] Leonard Crow Dog meinte: »Wenn ich hier in Wounded Knee sterbe, werde ich dahin gehen, wo Crazy Horse und Sitting Bull und unsere Großväter sind.«[421]

Die staatliche Antwort auf die Okkupation von Wounded Knee, die der Nixon-Administration wie ein Aufstandsversuch wild gewordener Indianer erschien, fiel massiv aus. Ein eindrückliches Aufgebot schwer bewaffneter FBI-Agenten und Bundesmarshals brachte sich in Stellung, darunter auch Scharfschützen. Zahlreiche Schützenpanzer fuhren auf. Die Sicherheitskräfte zogen einen weitläufigen Belagerungsring um den besetzten Weiler und errichteten ihrerseits Straßensperren.[422] Das Kommando hatte FBI-Agent Joseph Trimbach. Dieser hatte keine Ahnung von indigener Kultur, wusste nichts über den Konflikt in Pine Ridge und über die historische Bedeutung von Wounded Knee. Mit Wayne Colburn, dem aus Washington herbeigeeilten Chef der Bundesmarshals, erlaubte er Wilsons GOON außerhalb des besetzten Weilers frei zu operieren.[423] Die Nixon-Administration verzichtete letztlich auf den Einsatz des Militärs, weil ein solcher an der ehemaligen Stätte des Blutbads von 1890 schlecht ausgesehen hätte. Ein zweites Massaker an diesem symbolträchtigen Ort wollte sie unbedingt vermeiden. Obwohl es ein Leichtes gewesen wäre, dem Spuk ein gewaltsames Ende zu bereiten, entschied sie sich, die Krise auszusitzen.[424]

Von Anfang an war es für die Medienleute eine ausgemachte Sache, dass Russell Means, Dennis Banks und Frank Fools Crow die Anführer des »Indianeraufstands« waren. Doch die Besetzergemeinschaft hörte ebenso auf das Wort von Pedro Bissonette, Leonard Crow Dog, Madonna Thunder Hawk und auf das der beiden Vietnam-Veteranen Carter Camp und Stan Holder, die die Verteidigung organisierten.[425] In der ersten Unterredung überreichte Chief Frank Fools Crow dem FBI-Agenten Joseph Trimbach ein Papier mit Forderungen. Unter anderem verlangte es die sofortige Absetzung von Dick Wilson, eine Korruptionsuntersuchung in allen Reservationen von South Dakota und eine Anhörung im Senat wegen nicht eingehaltener Vertragszusagen.[426] Allerdings ging es den Rebellen um weit mehr, nämlich um einen Neubeginn nach Jahrzehnten der Unterdrückung, konkret um Würde, kulturelle Bewahrung und ein Höchstmaß an Selbstbestimmung.[427] Washington aber ging auf diese Forderungen nicht ein und spielte auf Zeit.[428]

Die Situation spitzte sich zu. Es kam zu ersten Schusswechseln. Mehrfach überflogen zwei Kampfjets den Ort, in der Absicht, die Besetzer durch eine schiere Machtdemonstration zur Aufgabe zu bewegen. Am 1. März trafen die Senatoren George McGovern und James Abourezk aus South Dakota vor dem umkämpften Weiler ein, um sich mit eigenen Augen ein Bild der Konfrontation zu machen. Sie erkundigten sich nach dem Wohlbefinden der »Geiseln« und waren überrascht, als diese ihnen versicherten, dass sie Wounded Knee nicht verlassen wollten, weil es ihr Zuhause sei. Eine Woche später wurden sie freigelassen.[429] Dass die Besetzung nicht weiter durch ein Geiseldrama belastet wurde, reduzierte die Gefahr eines gewalttätigen Polizeizugriffs und wirkte sich in einer mehrheitlich freundlichen Medienberichterstattung aus.[430] Die Bilder von den stolzen Kriegern, die sich der westlichen Supermacht tollkühn entgegenstellten, gingen um die Welt. Für viele Fernsehzuschauer war es das erste Mal überhaupt, dass sie leibhaftige Indianer im bewaffneten Widerstand sahen.

Selbst in den USA blieben die Sympathiebekundungen nicht aus. In einigen Städten gingen Menschen auf die Straße, um für die Sache der Indianer zu demonstrieren. In einer New Yorker Kirche fand eine Solidaritätskundgebung statt, an der 400 Leute teilnahmen und die Sängerin Buffy Sainte-Marie auftrat.[431] Auch andere Prominente zeigten sich solidarisch mit den Aktivistinnen und Aktivisten in Wounded Knee. So lehnte Marlon Brando am 27. März eine Oscar-Auszeichnung für seine Hauptrolle in *Der Pate* ab – mit Verweis auf die schlechte Behandlung der Indianer in den USA. Stattdessen sprach bei der Preisverleihung in Los Angeles, die ein Millionenpublikum an den Fernsehbildschirmen verfolgte, die Apache-Schauspielerin Sacheen Littlefeather (1946–2022) in seinem Namen. Brandos Preisverweigerung begründete sie mit der arg verzerrten Darstellung der American Indians in der amerikanischen Filmindustrie und mit dem aktuellen Geschehen in Wounded Knee. Während Teile des Publikums Littlefeathers improvisierte Rede beklatschten, buhten andere sie aus. John Wayne, der in Filmwestern Indianer gleich reihenweise in die ewigen Jagdgründe befördert hatte, um der Nation den Weg in den Westen zu ebnen, schäumte vor Wut. Nach Littlefeathers Erinnerung mussten Security-Leute ihn davon abhalten, dass er sie von der Bühne holte. In der Geschichte der Oscar-Verleihungen war Sacheen Littlefeather die erste Person of Color, die sich vor dem Publikum aus mehrheitlich weißen Prominenten kritisch über die US-Politik gegenüber ethnischen Minderheiten äußerte.[432]

Derweil ging in Wounded Knee die Erhebung in den zweiten Monat. In den Feuerpausen waren die Besetzer damit beschäftigt, einen schwierigen Alltag zu meistern, der ihnen viel Verzicht abverlangte. Es gab keine Duschen und nur selbst ausgehobene Latrinen ohne Toilettenpapier.[433] »Diese Tage wurden nicht alle mit Heldentaten und Medienspektakeln für die Reporter zugebracht«, erinnerte sich Mary Crow Dog später. »Die meiste Zeit hatte man Langeweile und versuchte eben, sich warmzuhalten oder etwas zu essen zu finden.«[434] Das Hauptproblem bildete der Nachschub mit Lebensmitteln. Karawanen von Rücksackträgern schufen Abhilfe. Im Schutz der Dunkelheit durchbrachen Wagemutige unter Anleitung von Pedro Bissonette und Oscar Bear Runner, die das Gelände wie ihre Westentasche kannten, den Belagerungsring. Nach anstrengenden Wanderungen kehrten die Schmuggler und Schmugglerinnen vor dem Morgengrauen mit Rucksäcken voller Essen, Zigaretten und Munition zurück.[435]

Außerdem organisierten Sympathisanten, die von außerhalb agierten, zwei waghalsige Lufttransporte: Einmal warf ein Flugzeug Kisten mit Lebensmitteln zielgenau über dem Weiler ab, ein anderes Mal gelang es einem voll beladenen Kleinflugzeug gar, in der Ebene von Wounded Knee zu landen.[436] Brenzlig wurde die Lage, als die Behörden den Belagerungsring strenger überwachten, die Strom- und Wasserzufuhr nach Wounded Knee kappten und dem Journalistentross, der täglich über die neuesten Entwicklungen berichtet hatte, den Zugang verboten, sodass die Kriegerinnen und Krieger von Wounded Knee nicht mehr so häufig in den Nachrichten auftauchten.[437]

Einige Tage zuvor allerdings hatten sie noch einen großen Mediencoup gelandet. Im Namen seiner Mitstreiter erklärte Russell Means das umkämpfte Gebiet zu einer »befreiten Zone«. Schon 1971 hatte der charismatische AIM-Anführer mit dem Gedanken gespielt, eine Indianerreservation von der US-Herrschaft zu befreien.[438] Und da er selbst aus Pine Ridge stammte, war es nur konsequent, dass er es war, der in Wounded Knee die unabhängige Oglala Nation ausrief: »Wir waren uns einig, dass wir für unseren Vertrag eintreten und Wounded Knee zur unabhängigen Oglala Nation erklären würden. Wir würden damit beginnen, unsere Nation aufzubauen und ihr Territorium militärisch zu verteidigen.«[439] Es blieb nicht bei einer bloßen Absichtserklärung. An der Spitze einer Delegation flog Chief Frank Fools Crow nach New York, um bei den Vereinten Nationen die völkerrechtliche Anerkennung der Oglala Nation zu erwirken. Allerdings empfing UN-Generalsekretär Kurt Waldheim die Abordnung nicht, wodurch der Konflikt um Pine Ridge keine Chance hatte, vor den Sicherheitsrat zu gelangen. Fools Crow blieb nur eine eilends zusammengerufene Pressekonferenz, auf der ein Dolmetscher seine Ausführungen zur unabhängigen Oglala Nation von Lakota ins Englische übersetzte.[440]

Die Besetzergemeinschaft lebte in einem permanenten Ausnahmezustand. Wiederholt stellte die Regierung ihr ein Ultimatum, entweder zu kapitulieren oder aber einen Angriff erdulden zu müssen.

Je länger die Aktion dauerte, desto schwieriger wurde es zudem, die Linien zu durchbrechen, sodass ab Ende März die Lebensmittelvorräte zur Neige gingen. Hunger machte sich breit, bei den Kindern zeigten sich die ersten Anzeichen von Mangelernährung.[441] Die Anspannung äußerte sich in einer wachsenden Furcht vor eingeschleusten FBI-Informanten – die es auch tatsächlich gab.[442] Daneben kam es immer wieder zu Gefechten, während denen die Sicherheitskräfte Hunderttausende von Kugeln auf den Weiler abfeuerten. Wie durch ein Wunder wurde dabei lange Zeit niemand ernsthaft verletzt oder gar getötet. Doch dabei sollte es nicht bleiben.

Das erste Opfer war der Bundesmarshal Lloyd Grimm, der nach vier Wochen so unglücklich an der Wirbelsäule getroffen wurde, dass er fortan an einen Rollstuhl gefesselt war. Dann, Ende April, starben zwei der Besetzer: zuerst Frank Clearwater durch einen Querschläger, der ihm in einem der Gebäude den Schädel zertrümmerte, etwas später der junge Oglala Buddy Lamont während eines Feuergefechts.[443] Die beiden Todesfälle ließen die Moral in der Besetzergemeinschaft beträchtlich sinken. Das und die Tatsache, dass die Versorgungslage derart prekär war, die Munition zur Neige ging, viele abgemagert und einige krank waren und die auf große Medienaufmerksamkeit angelegte Aktion inzwischen fast gänzlich aus den Schlagzeilen verschwunden war, sorgte dafür, dass Frank Fools Crow und andere Elders mit den Unterhändlern des Justizministeriums das Ende der Okkupation aushandelten. Vage stellten die Behörden in Aussicht, die Klagen der American Indians näher prüfen zu wollen. Und so legten die Besetzerinnen und Besetzer am 8. Mai die Waffen nieder und verließen erschöpft den Weiler.[444]

In Regierungskreisen hatte das AIM in Wounded Knee definitiv seinen Ruf zementiert, eine Bande von kriminellen Desperados zu sein. Die Aufrührer sollten nicht mehr straffrei bleiben, in der Hoffnung, die Organisation zu zerstören. Auf den Abzug folgte daher eine beispiellose Verhaftungswelle, die sich gegen alle AIM-Männer richtete, gegen bekannte aus der Führungsriege wie auch gegen viele Dutzende von einfachen Mitgliedern.[445] Einzig die als harmlos geltenden Frauen ließ man ungeschoren davonkommen. Insgesamt kam es zu Hunderten von Festnahmen und 150 Gerichtsverfahren, allerdings nur zu zehn rechtskräftigen Verurteilungen. Die »Rädelsführer« Dennis Banks und Russell Means standen gleich mehrfach vor Gericht. Wie viele andere waren sie über Monate außer Gefecht gesetzt, weil sie mit ihren Verteidigungen zu tun hatten. Nachdem sie die Prozesslawine überstanden hatten, sollten die beiden das AIM nie mehr in eine bewaffnete Konfrontation mit der Staatsmacht führen.[446]

Fünf Jahre später verlief der »Longest Walk«, den Dennis Banks und Lehman L. Brightman koordinierten, friedlich. Der Fußmarsch, an dem sich zwei Dutzend Unentwegte beteiligten, führte über fast 4500 Kilometer von San Francisco nach Washington, D.C. und dauerte mehr als fünf Monate. Einmal mehr wollten sie damit das Bewusstsein dafür schärfen, dass die USA nicht nur die Vertragsrechte der indigenen Nationen nicht respektierten, sondern in den Reservationen auch ungehemmt Ressourcen abbauten.[447] An der Hauptkundgebung vor dem symbolträchtigen Washington Monument nahmen am 15. Juli 1978 2800 American Indians und Sympathisanten teil, darunter der Boxer Muhammad Ali, der Schauspieler Marlon Brando, der Politiker Edward Kennedy und der Soul-Sänger Stevie Wonder. Eindruck hinterließ insbesondere die eloquente Ansprache von Lehman L. Brightman, in der er die USA wegen der staatlich geförderten Massensterilisation indigener Frauen und Männer des »kriminellen Völkermords« zieh und Strafprozesse gegen die Verantwortlichen forderte.[448] Der »Longest Walk«, der in einem starken Kontrast zu den AIM-Aktionen von 1972/73 stand, sollte die letzte landesweite Manifestation in der Red Power-Ära werden. Nur Wochen danach verabschiedete der Kongress den »American Indian Religious Freedom Act«, durch den die First Peoples ein wichtiges Grundrecht zurückerhielten, das ihnen fast 100 Jahre lang vorenthalten worden war.[449]

NIEDERLAGE ODER DOCH EIN SIEG?

Auf den ersten Blick endete die Konfrontation in Wounded Knee mit einem klaren Sieg der Bundesregierung. In den Jahren danach erreichte das AIM nie mehr auch nur annährend die Bedeutung wie vor diesem Showdown. Die Idee einer »modernen Kriegergesellschaft«[450] hatte die Bewegung in eine Sackgasse geführt.[451] Großen Anteil daran hatte die Bundespolizei, welche die als subversiv eingeschätzte Organisation immer systematischer überwachte, unterwanderte und mit falschen Anschuldigungen diskreditierte. Dabei griff das FBI auch auf rechtsstaatlich bedenkliche Methoden des COINTELPRO-Programms zurück, die es zuvor schon gegen afroamerikanische Bürgerrechtler, die Black Panther und andere oppositionelle Gruppen angewandt hatte.[452]

Trotz aller Widerstandsbereitschaft gelang es dem AIM auch nicht, das Wilson-Regime in der Pine Ridge-Reservation zu stürzen. Im Gegenteil. Nach der Besetzung von Wounded Knee wuchs sich der dortige Konflikt zu einem bürgerkriegsähnlichen Zustand aus. Die GOON errichtete mithilfe der BIA-Polizei eine Herrschaft des Terrors und drangsalierte Wilsons Gegner mit allen Mitteln. Drei Jahre lang schwappte eine Welle der Gewalt über die Reservation, bei der, unter nie seriös aufgeklärten Umständen, 60 Traditionalisten und AIM-Sympathisanten gewaltsam ums Leben kamen. Eines der ersten Opfer war Pedro Bissonette, den BIA-Polizisten erschossen, weil er sich mit Waffengewalt seiner Verhaftung widersetzt haben soll.[453]

In einem Schusswechsel starben 1975 auch zwei FBI-Beamte. In einem Prozess, der internationalen Standards für faire Gerichtsverfahren kaum entsprach, wurde das AIM-Mitglied Leonard Peltier deswegen zu zweimal lebenslänglicher Haft verurteilt – obwohl seine Schuld nie zweifelsfrei bewiesen werden konnte.[454] Erst als Wilson 1976 seine zweite Wiederwahl gegen Al Trimble deutlich verlor, kehrte wieder Ruhe in Pine Ridge ein. Der neue Tribal Chairman beendete die »diktatorische Natur« von Wilsons Regime, ging gegen Polizeibrutalität vor und ließ den Verkauf von alkoholischen Getränken in der Reservation verbieten.[455] Mit drei Jahren Verzögerung wurde damit der Hauptgrund, der zur Erhebung von Wounded Knee geführt hatte, auf demokratischem Weg doch noch aus der Welt geschafft.

Betrachtet man Wounded Knee in der Kontinuität des indigenen Aktivismus seit dem frühen 20. Jahrhundert, war an diesem Ereignis so manches einzigartig: der Aufstandscharakter[456], die Bereitschaft zum bewaffneten Kampf, das massive Aufgebot der Sicherheitskräfte, die Geiselnahme, die Gefechte, die beiden Getöteten, die Verhaftungswelle, die Prozesse und die blutige Nachgeschichte, aber auch die politische Langzeitwirkung. So entwickelte sich dieser beispiellose Showdown zu einem historischen Wendepunkt: Mehr und mehr geriet Wounded Knee zu einer inspirierenden Manifestation eines militanten Widerstandsgeistes, die vielen bis heute Mut macht, sich für indigene Anliegen zu engagieren. Ohne etwas zu bereuen, meinte Dennis Banks 2004 selbstbewusst: »Was dort geschah, ist nicht vergessen. Wounded Knee war das größte Ereignis in der Geschichte des indigenen Amerikas im 20. Jahrhundert. Es war unsere Glanzstunde, und ich bin stolz, ein Teil davon gewesen zu sein.«[457]

6.

DIE SELBSTBESTIMMUNGSÄRA

BRÜCHIGE SELBSTBESTIMMUNG

Die Proteste der Red Power-Jahre verhallten in Washington nicht gänzlich ungehört. Der unter Präsident Richard Nixon auf den Weg gebrachte, am 4. Januar 1975 vom Kongress unter seinem Nachfolger Gerald Ford beschlossene »Indian Self-Determination and Education Assistance Act« zog einen Schlussstrich unter die Terminationspolitik und die versuchte »Liquidierung der Stämme«. Er brach mit der staatlichen Umsiedlung in die Städte und dem Assimilationszwang, aber auch mit der systematischen Bevormundung der Reservationen.[1] Den Tribal Councils brachte er größere Handlungsspielräume und die Möglichkeit, die Verantwortung für staatliche Programme und Dienstleistungen zu übernehmen, um diese auf die Bedürfnisse ihrer lokalen Gemeinschaften zuzuschneiden. Überdies räumte er den First Peoples im Bildungswesen, der Gesundheitsfürsorge und dem Wohnungsbau Mitsprache ein.[2] Das neue Selbstbestimmungsgesetz brachte ihnen jedoch keineswegs eine voll ausgebaute innere Autonomie, geschweige denn Souveränität, wie sie die »Twenty Points« gefordert hatten. Unbesehen aller Verbesserungen, blieb die US-Herrschaft über die Indianerreservationen unangetastet und eine umfassende Selbstbestimmung im Alltagsleben der einzelnen Menschen weiterhin eine Illusion. Auf diese brüchige Selbstbestimmung reagierten Aktivistinnen mit einer bemerkenswerten Neuausrichtung indigenen Engagements.

Fast unbemerkt von der Öffentlichkeit hatten sich 1973 viele »Warrior Women«[3] an der Besetzung von Wounded Knee beteiligt. Während der Konfrontation mit der Staatsmacht hatten sie Aufgaben übernommen, die denen der Männer in nichts nachstanden, bis hin zu den Feuergefechten. Tatsächlich waren Frauen im American Indian Movement stark vertreten, und zwar nicht nur in Nebenrollen. Nach Wounded Knee zeigte sich, dass die Justizbehörden lediglich männliche Aktivisten anklagten. In Geschlechterstereotypen gefangen, machten sie die »neuen Krieger« für den wochenlangen Showdown in South Dakota juristisch verantwortlich. Gleichzeitig nahmen sie an, dass die Frauen diese nur begleitet hatten, und ließen sie weitgehend unbehelligt.[4] Die Gerichtsprozesse entpuppten sich als äußerst zeitaufwendig, was dazu führte, dass die männlichen AIM-Mitglieder politisch gesehen weitgehend außer Gefecht gesetzt waren. Dafür sprangen nun Frauen in die Bresche. Im September 1978 riefen sie in Rapid City die Women of All Red Nations (WARN) ins Leben, eine Organisation mit 200 Frauen aus 30 indigenen Gemeinschaften.[5] Führend beteiligt an der Gründung waren Madonna Thunder Hawk, Lorelei DeCora Means, Phyllis Young, Pat Bellanger, Lakota Harden und Janet McCloud – fast alle von ihnen Lakota und AIM-Mitglieder.[6]

Madonna Thunder Hawk, die erst in Alcatraz, dann bei der Besetzung der BIA-Zentrale in Washington und schließlich in Wounded Knee mit dabei war, begründete den Schritt so: »Indianische Frauen mussten stark sein wegen dem, was dieses kolonialistische System unseren Männern angetan hat. Ich meine Alkohol, Selbstmorde, Autowracks, das ganze Zeug. Und nach Wounded Knee, während die Verfolgung der Männer weiterging, mussten die Frauen die Dinge am Laufen halten.«[7] Bald erkannten sie, dass sich die US-Herrschaft über die First Peoples bis in die Gegenwart ungleich auf Frauen und Männer auswirkte – und dass diese ungleichen Folgen im indigenen Aktivismus bislang fast keine Rolle gespielt hatten.[8]

Selbstredend setzten sich auch die WARN für indigene Souveränität ein. Anders als die AIM-Männer verstanden sie darunter jedoch nicht nur das Recht auf eine eigenverantwortliche Gestaltung ihrer gesellschaftlichen, kulturellen und wirtschaftlichen Entwicklung. Gerade für sich als indigene Frauen klagten sie auch »persönliche Souveränität« ein.[9] Es ging ihnen dabei um die Unverletzlichkeit des weiblichen Körpers, dessen Gesundheit und darum, selbstbestimmt über Geburt und Erziehung der Kinder bestimmen zu können. Vor Augen stand ihnen ein umfassender Schutz vor häuslicher Gewalt, sexuellen Übergriffen, schlechter Ernährung, behördlich verfügten Fremdplatzierungen ihrer Kinder und missbräuchlicher Sterilisation, aber auch Sicherheit vor kontaminiertem Trinkwasser und Umweltschäden, wie sie der industrielle Kohle- und Uranabbau in den Reservationen verursachte.[10] Damit lenkten die WARN ihr Engagement auf Spielarten der Fremdbestimmung, von denen sie als Indigene, als Unterschichtsangehörige *und* als Frauen betroffen waren. Denn sie alle hatten Erfahrungen mit Mehrfachdiskriminierungen gemacht.[11]

Die WARN entwickelten eine eigenständige Agenda, die sich deutlich von den Forderungen der weißen Frauenbewegung in den USA unterschied.[12] Deren Kern umschrieb die Historikerin Meg Devlin O'Sullivan mit den Worten: »In ihrem Kampf um reproduktive Freiheit und das Recht, Eltern zu sein, entwickelten indianische Frauen eine feministische Agenda, in deren Mittelpunkt das Recht der indianischen Frauen – als Mitglieder souveräner Nationen – stand, Kinder zu gebären und zu behalten.«[13] Auf dieser Grundlage engagierten sich die WARN gegen die in den 1970er Jahren weit verbreitete Praxis, indigene Kinder zur Adoption freizugeben und in weißen Mittelschichtsfamilien unterzubringen.[14] Zum anderen machten sie Front gegen die Sterilisierungskampagne des Indian Health Service (IHS) und taten sich als Pionierinnen in der jungen Bewegung für Umweltgerechtigkeit hervor, die gegen die desaströsen Auswirkungen des Uranabbaus in den Black Hills opponierte. Diese modernen Formen der Fremdbestimmung hatten für die WARN einen existenziellen Problemdruck erzeugt, der »unsere Zukunft« und »die unserer Kinder, Enkel und selbst der Ungeborenen« infrage stellte.[15] Letztlich zielte ihr Aktivismus auf ein Überleben der indigenen Gemeinschaften in Selbstbestimmung und Sicherheit. Damit erweiterten die WARN die Agenda des indigenen Aktivismus und wiesen ihm thematisch neue Wege.

Noch immer gehört es zu den wenig bekannten Tatsachen, dass sich Amerika seit dem frühen 20. Jahrhundert einen Namen als Pionierland eugenischer Zwangsmaßnahmen machte, die das Ziel verfolgten, den angloamerikanischen Genpool vor »Minderwertigen« zu schützen.[16] Lange vor 1933, als in Deutschland Adolf Hitlers NS-Bewegung an die Macht kam, war Eugenik in der amerikanischen Wissenschaft und Politik ein akzeptiertes Instrument, um die Gesellschaft vor all jenen Menschen zu schützen, die als »inferior«, »parasitär« und »unerwünscht« galten. Bis 1939 verabschiedeten 32 Bundesstaaten Sterilisationsgesetze, die sich vornehmlich gegen arme Women of Color, unverheiratete Mütter, geistig behinderte Frauen in Irrenanstalten und Gefängnisinsassinnen richteten. Über die Jahrzehnte wurden so viele Tausende »rassisch unerwünschter Frauen« selbst gegen ihren Willen unfruchtbar gemacht – mit Rückendeckung des Obersten Gerichtshofes, der die verpflichtende Sterilisation von Geisteskranken in Anstalten 1927 für verfassungskonform erklärte.[17] Am stärksten von eugenisch motivierten Operationen betroffen waren afroamerikanische Frauen. Es wird geschätzt, dass bis 1964 mehr als 63 000 Women of Color zwangssterilisiert wurden, nahezu ein Drittel davon im bevölkerungsreichen Kalifornien, einige Tausende in Virginia, Minnesota und North Carolina.[18]

Neben Afroamerikanerinnen, Latinas und Puerto-Ricanerinnen gerieten seit 1970 vermehrt indigene Frauen in die Mühlen der mit staatlichen »Anti-Armuts-Dollars« finanzierten Sterilisationskampagne.[19] Das Ziel der Behörden war es, die Kinderzahl der Unterschichtsfrauen möglichst klein zu halten, um damit die Sozialhilfeausgaben des Staates zu drücken. Ärzte des IHS machten Tausende von ihnen, oft ohne Einwilligung, unfruchtbar, indem sie deren Gebärmutter operativ entfernten oder ihre Eileiter unterbanden. Allein in den IHS-Regionen Albuquerque (New Mexiko), Phoenix (Arizona), Oklahoma City (Oklahoma) und Aberdeen (South Dakota) wurden zwischen 1973 und 1976 einem unabhängigen Bericht zufolge 3406 indigene Frauen sterilisiert.[20] Und das sind nur die belegbaren Fälle aus vier von insgesamt zwölf IHS-Regionen im Zeitraum von vier Jahren. Es scheint somit durchaus möglich, dass in den 1970er Jahren mindestens 25 000 indigene Frauen im gebärfähigen Alter zwischen 15 und 44 solche Eingriffe erlitten. Jedenfalls brach die Gesamtzahl der Kinder, denen indigene Frauen zwischen 1970 und 1980 das Leben schenkten, um ein Drittel ein.[21]

Die genaue Zahl der an indigenen Frauen durchgeführten Sterilisationen kennt niemand genau.[22] Doch unabhängig davon, löste jede Unfruchtbarmachung, die ohne vorheriges Einverständnis der Betroffenen erfolgte, unermessliches Leid aus. »Geburtenkontrolle war gegen unsere Überzeugung«, erinnerte sich Mary Crow Dog an jene Zeit. »Wir glaubten, dass es nicht so viele Indianer gab, wie es unserer Meinung nach geben sollte. Je mehr künftige Kämpfer wir zur Welt brachten, um so besser. Auch meine ältere Schwester Barbara wurde schwanger. Sie ging ins BIA-Hospital, wo ihr die Ärzte sagten, dass man einen Kaiserschnitt vornehmen müsse. Als sie wieder zu sich kam, teilten ihr die Ärzte mit, dass sie ihr die Gebärmutter entfernt hätten. Nach ihrer Ansicht gab es damals schon zu viele kleine rote Bastarde, für die der Steuerzahler aufkommen musste.«[23] Tragische Fälle wie dieser häuften sich. So hatte die Ärztin Connie Pinkerton-Uri, die in Los Angeles praktizierte, 1972 eine 26-jährige Frau in ihrer Sprechstunde, die eine »Gebärmutter-Transplantation« wünschte, weil sie mit ihrem Mann eine Familie gründen wollte. Sechs Jahre zuvor war der jungen Frau in einem IHS-Spital die Gebärmutter entfernt worden, weil die alleinerziehende Mutter von zwei Kindern ein Alkoholproblem hatte. Pinkerton-Uri, die selbst eine Choctaw Cherokee war, musste der in Tränen aufgelösten Frau erklären, dass sie Opfer eines unumkehrbaren Eingriffs geworden war und nie wieder Kinder würde bekommen können.[24]

In der ersten Zeit glaubte Pinkerton-Uri, es mit einem bedauerlichen Einzelschicksal zu tun zu haben. Doch bald erhielt sie Kenntnis über weitere unfreiwillige Sterilisationen, und sie begann zu recherchieren. 1973 suchte sie ein IHS-Spital in Claremore (Oklahoma) auf und entdeckte dort eine, wie sie es nannte, »Sterilisationsfabrik«[25]. Daraufhin trat sie mit ehemaligen Patientinnen der Klinik in Kontakt. Die einen sagten ihr, dass sie unter einem starken Medikamenteneinfluss gestanden seien, als sie die Einwilligung zu dem Eingriff gaben, andere meinten, dass man sie über die irreversiblen Folgen des Eingriffs im Unklaren gelassen hätte.[26] Pinkerton-Uri machte den Skandal, auf den sie gestoßen war, 1974 öffentlich. Sie ging davon aus, dass der IHS 25 Prozent aller indigenen Frauen im gebärfähigen Alter hatte sterilisieren lassen.[27] Kurz danach erschien in den *Akwesasne Notes* ein erster Artikel über das IHS-Spital in Claremore, der die dortigen Praktiken an den Pranger stellte.[28] Langsam kam eine Aufklärungswelle ins Rollen, an der sich, nach anfänglichem Zögern, auch die großen Pressehäuser des Landes beteiligten.

Die WARN gaben sich überzeugt, dass es für indigene Frauen in den USA keine Garantie auf körperliche Unversehrtheit gebe.[29] Jahrelang leisteten sie inner- und außerhalb der indigenen Communitys Aufklärungsarbeit über den »Diebstahl von Leben«[30] und halfen mit, den Skandal, in dessen Zentrum eine schwere Menschenrechtsverletzung stand, zu einem öffentlichen Thema zu machen. In einer von den WARN herausgegebenen Broschüre wurde Pinkerton-Uri mit den Worten zitiert: »Es ist ein extremes Problem, weil nur so wenige Indianer am Leben sind; weniger als eine Million von uns. Wir sind nicht wie andere Minderheiten. Wir haben keinen Genpool in Afrika und Asien. Wenn wir weg sind, war es das.«[31] Ein besonderes Engagement legten die Ojibwe Pat Bellanger und die Northern Cheyenne Marie Sanchez (1939–2019) an den Tag. In ihren Wortmeldungen hob Sanchez hervor, dass die indianischen Frauen der westlichen Hemisphäre durch systematische Massensterilisationen das Ziel einer modernen Form von Völkermord seien, die auf die »totale, endgültige Ausrottung« der First Peoples abziele.[32] Diese zugespitzte Deutung fand selbst unter indigenen Frauen keine ungeteilte Zustimmung. So traumatisch sich die Sterilisationskampagne für die Betroffenen und ihre Partner auswirkte, wohnte ihr, wenn man den in der UNO-Konvention von 1948 definierten Völkermord-Begriff nicht überdehnt, streng genommen kein genozidaler Vorsatz inne.[33] Denn Behörden und Ärzte sahen in ihr eine moderne Form staatlicher Geburtenkontrolle, um das Anwachsen der indigenen Armutsbevölkerung zu bremsen und die Menschen vor künftigem sozialem Elend zu bewahren.[34]

Dank der unübersehbar aufstrebenden Frauenbewegung, die sich für eine umfassende Selbstbestimmung aller Frauen in den USA starkmachte, bekam es die staatliche Sterilisationskampagne gegen arme Women of Color gesellschaftlich mit immer stärkerem Gegenwind zu tun.[35] So fand in Houston (Texas) im November 1977 eine nationale Frauenkonferenz statt, in deren Schlussresolution es hieß: »Frauen, die ihr Recht auf Kontrolle über den eigenen Körper wahrnehmen, lehnen Zwangsabtreibung, Zwangsschwangerschaft oder Zwangssterilisation ab.«[36] Diese Forderungen setzten das Gesundheits-, Bildungs- und Wohlfahrtsministerium in Washington unter Zugzwang, was schließlich 1979 unter Präsident Jimmy Carter zur Einstellung des umstrittenen Sterilisationsprogramms führte. In einem neuen Regelwerk ließ die Behörde fortan selbstbestimmte Entscheidungen von Frauen zu, wenn es um Fortpflanzung, Schwangerschaft und Mutterschaft ging. Ausdrücklich verboten waren Sterilisationen an Frauen und Männern, die keine informierte Zustimmung dazu geben konnten.[37]

Aus Sorge um die künftigen Generationen (»Defend your unborn«) übernahmen die WARN auch eine grüne Vorreiterrolle, als es galt, die in den Reservationen lebenden Menschen vor den beträchtlichen Gesundheitsgefahren zu schützen, die von dem staatlich kaum geregelten Uranboom im amerikanischen Westen ausgingen. So publizierten die *Akwesasne Notes* 1980 die Ergebnisse einer von den WARN in Auftrag gegebenen Studie, die für die Pine Ridge-Reservation nicht nur eine stark erhöhte Rate von Fehlgeburten nachwies, sondern auch stark angestiegene Zahlen von Geburtsfehlern bei Neugeborenen und Krebserkrankungen bei Erwachsenen.[38] Zurückzuführen seien diese auf das mit radioaktiven Partikeln versetzte Wasser des White River und des Cheyenne River und auf kontaminiertes Grundwasser des Lakota Aquifer, von denen die Trinkwasserversorgung von Pine Ridge und anderen Reservationen in der Region abhingen.[39]

Darüber hinaus stellte die Studie die radioaktive Belastung von Flüssen und Aquifer in einen ursächlichen Zusammenhang mit dem intensiven Uranabbau in den südlichen Black Hills, die nur 120 Kilometer von der Reservation entfernt lagen.[40] Rund um die Stadt Edgemont in den südlichen Ausläufern der Black Hills hatten von 1951 bis 1972 Bergbaukonzerne in Dutzenden von Minen erhebliche Mengen uranhaltigen Gesteins gefördert. In der Uranmühle von Edgemont ließen sie die Brocken zu waffenfähigem »yellowcake« verarbeiten. Dort hatte sich der Erhebung zufolge im Juni 1962 ein Unfall ereignet, während dem sich 200 Tonnen Wasser mit radioaktiven Rückständen in die Zuflüsse des Cheyenne River ergossen hatten.[41] Des Weiteren wurde in dem Papier der Verdacht geäußert, dass die U.S. Air Force Teile der Badlands Bombing Range als Deponie für radioaktive Abfälle nutzte und diese zu lecken begonnen habe.[42] Außerdem seien die Minen, die nach dem Ende des Booms aufgegeben worden waren, nicht sachgerecht versiegelt worden – eine beträchtliche Gefahr für die Umwelt und die Gesundheit der Menschen.[43]

Madonna Thunder Hawk und Lorelei DeCora Means, zwei Lakota, zögerten nicht, sich gegen diese tickende Zeitbombe zu engagieren, zumal die Carter-Administration im Zeichen der »nationalen Energiekrise« entschieden hatte, in den Black Hills wieder Uran fördern zu lassen. Mehr als zwei Dutzend Bergbaukonzernen, darunter Union Carbide und Exxon, hatte sie bereits entsprechende Lizenzen erteilt, um das Gebiet nach günstigen Abbauorten abzusuchen.[44] Zusammen mit anderen Lakota gehörten Thunder Hawk und DeCora Means im März 1979 zu den Gründern der Black Hills Alliance. Um maximalen Druck gegen die Zerstörung der Paha Sapa zu machen, die von den Lakota bis heute als »Herz der Erde« verehrt werden, unternahmen sie einen ungewöhnlichen Schritt. Denn die WARN taten sich nicht nur mit Umweltaktivisten aus dem ganzen Land zusammen, sondern auch mit weißen Ranchern und Farmern, die zwar außerhalb der Pine Ridge-Reservation lebten, aber gleichfalls eine radioaktive Verseuchung des Wassers befürchteten.[45] Der Rancher Marvin Kammerer begründete seinen Schritt, sich gemeinsam mit den Lakota in der Black Hills Alliance zu engagieren, mit den Worten: »Die Cowboys erleiden nun das gleiche Schicksal wie die Indianer […] unser Lebensstil stirbt.«[46] Wie in anderen Betrieben waren in den 1970er Jahren auch auf seiner Ranch missgebildete Kälber zur Welt gekommen, weil deren Mütter verseuchtes Wasser getrunken hatten.

So kam es, dass in der Black Hills Alliance indigene Aktivistinnen und Aktivisten mit besorgten »Cowboys«[47] zusammenarbeiteten – für South Dakota mit seiner langen antiindianischen Tradition war dies etwas vollkommen Neues. Dieser »Brückenbau« (Bill Means) zwischen einst um die gleichen Ressourcen rivalisierenden Nachbarn löste in der Mehrheitsgesellschaft starke Irritationen über die »Indian lovers« aus.[48] Doch die weißen Rancher und Farmer ließen sich durch die Ressentiments, die ihnen entgegenschwappten, genauso wenig beirren wie die WARN oder die AIM-Mitglieder, die auch mit Vorurteilen aus ihren Gemeinschaften zu kämpfen hatten. Hier wurde ein Modell der Zusammenarbeit getestet, das seither in vielen Umweltkonflikten im amerikanischen Westen zum Tragen kam,[49] bis hin zum Widerstand gegen die umstrittene Pipeline Keystone XL, die in der kanadischen Provinz Alberta aus Teersand-Vorkommen gefördertes Rohöl über 2700 Kilometer nach Nebraska transportieren sollte. Nach jahrelangen Protesten von indigenen und weißen Umweltschützern wurde der Bau dieses Mammutprojekts schließlich unter Präsident Joe Biden 2021 endgültig aufgegeben.[50]

Die Black Hills Alliance führte mehrere große Protestveranstaltungen durch. Erstmals in der Geschichte von South Dakota kamen in Rapid City vom 6. bis 8. Juli 1979 einige Tausend Menschen zusammen, um gegen rohstoffhungrige Bergbaukonzerne zu protestieren.[51] Danach reichte die Black Hills Alliance Gerichtsklagen gegen Union Carbide, Kerr-McGee und andere Firmen ein. Gleichzeitig versuchte sie, die Bevölkerung mit weiteren Veranstaltungen aufzuklären und für die Problematik zu sensibilisieren. Mit dem »Black Hills International Survival Gathering« fand auf dem Gelände der Kammerer-Ranch, nahe der Ellsworth Air Force Base gelegen, eine noch größere Protestveranstaltung zum Schutz der Black Hills statt. Madonna Thunder Hawk, diese »selbstbestimmte Graswurzelaktivistin«[52], war stark in die Vorbereitung involviert. An dem Treffen vom 18. bis zum 27. Juli 1980 nahmen mehr als 10 000 Menschen unterschiedlicher kultureller Backgrounds teil, die nicht alle die gleichen politischen Auffassungen vertraten, Leute aus 23 indigenen Nationen und 36 Ländern, um gemeinsam ein Zeichen gegen die »geplante Zerstörung der Black Hills-Region« zu setzen.[53]

Ein unscheinbares Plakat, das an einem der Tagungszelte befestigt war, brachte das Motto der Protestveranstaltung treffend auf den Punkt: »Weint nicht um die Erde, kämpft für ihre Rettung!« In seiner Ansprache gab John Trudell zu bedenken: »Mutter Erde ist eine Feministin, und wir müssen alle Feministinnen werden, um sie zu retten.«[54] Über alle Unterschiede hinweg ging eine starke Botschaft von der Zusammenkunft aus, die besagte, dass es eine Dringlichkeit des gemeinsamen Überlebens gab und nicht mehr viel Zeit blieb, um die Black Hills zu retten.[55] Tatsächlich gelang es der Black Hills Alliance, ein gerichtliches Ende des Uranabbaus in den bergbaugeschädigten Black Hills zu erwirken.[56] Zum ersten Mal konnte sich damit eine

Umweltallianz in den Vereinigten Staaten gegen die großen Bergbaukonzerne und deren Interessen durchsetzen.

Die WARN protestierten aber nicht nur gegen den geplanten Uranabbau in den Black Hills, sondern auch gegen den in anderen Regionen der USA. Besonders alarmiert zeigten sie sich über die Ressourcenausbeutung in der Navajo-Reservation. Mit Blick auf den dort seit Mitte der 1940er Jahre intensiv betriebenen Uranabbau sprach die Ojibwe Winona LaDuke (* 1959) in einer WARN-Broschüre davon, dass diese Region im Südwesten zu einer regelrechten »Energie-Kolonie« der USA verkommen sei.[57] Mit dieser kritischen Einlassung hatte die junge Aktivistin so Unrecht nicht.

VERSTRAHLTES LAND: DER NUKLEARUNFALL VON CHURCH ROCK

1979 ereigneten sich in den USA innerhalb von nur 14 Wochen zwei schwere Nuklearunfälle: der von Three Mile Island nahe der Stadt Harrisburg im Bundesstaat Pennsylvania und der von Church Rock, New Mexico. Während die partielle Kernschmelze im Atomkraftwerk Three Mile Island international Schlagzeilen machte und der jungen Antiatomkraftbewegung überall im Westen weiteren Auftrieb[58] verlieh, blieb das Auslaufen eines mit hochradioaktiven Partikeln versetzten Rückhaltebeckens in New Mexico ein regionales Ereignis, über das die Zeit schnell hinwegschritt. Mit der Menge an freigesetzter Radioaktivität lässt sich nicht erklären, weshalb der Atomunfall von Harrisburg globale Medienaufmerksamkeit erlangte, jener von Church Rock aber kaum Beachtung fand. Denn bei dem Unfall im Atommeiler Three Mile Island trat weit weniger Radioaktivität in die Umwelt aus als dreieinhalb Monate später beim Bruch des Rückhaltebeckens in Church Rock. Dort, fern der Metropolen und den surrenden TV-Kameras, trug sich der bislang größte zivile Atomunfall in den Vereinigten Staaten zu.[59]

Church Rock liegt in der Nordwestecke von New Mexico, am südlichen Rand der Navajo-Reservation an der historischen Route 66. Die kleine, 1979 von 1600 Navajo bewohnte Siedlung wurde erst im Zweiten Weltkrieg gegründet, als Schlafdorf für indigene Angestellte, die in Fort Wingate, einem riesigen Munitionsdepot der US-Armee, arbeiteten. Rund um das Navajo-Dorf, östlich der Stadt Gallup und unweit der Zuni-Reservation gelegen, entstand eines der wichtigsten Zentren des Uranabbaus in den USA. In dieser abgelegenen Region des ländlichen Südwestens konnten von 1948 an Kerr-McGee, Anaconda, Vanadium und United Nuclear fast ohne Rücksicht auf die Umwelt und die Menschen uranhaltiges Erzgestein aus der Erde extrahieren. Nicht nur für ihr Furcht einflößendes Atombombenprogramm, sondern auch um den unersättlichen Energiebedarf ihrer Massenkonsumgesellschaft zu stillen, benötigte die Supermacht Unmengen an Uran; vieles davon förderten private Firmen auf dem Colorado Plateau zu Tage, in einem Gebiet mit einem überdurchschnittlich hohen indigenen Anteil an der Gesamtbevölkerung.[60]

Allein um Church Rock waren über die Jahre 20 Uranminen in Betrieb. Wie auf dem Territorium der Navajo Nation, der größten Indianerreservation in den USA, schuf der Uranboom unzählige schlecht bezahlte Arbeitsplätze in einer strukturschwachen Gegend. In den Minen schufteten die Bergleute fast durchweg unter schlimmen Bedingungen, zu Beginn meist ohne Schutzkleidung, Masken und Handschuhe sowie ohne jede Aufklärung über die beträchtlichen Gefahren für die Gesundheit.[61] In den Stollen waren sie stundenlang Staubwolken, radioaktiver Strahlung und dem frei werdenden Radongas ausgesetzt. Viele der Navajo-Arbeiter waren des Englischen nicht mächtig, wodurch ihnen der Zugang zu unabhängigen Informationen verwehrt war. Überdies gab es in der Navajo-Sprache ursprünglich kein Wort für Radioaktivität und keine Denkfigur, um die Wirkung von Alpha-, Beta- und Gamma-Strahlung überhaupt zu beschreiben.[62] Timothy Hugh-Benally, der von 1956 bis 1959 in einer der Minen arbeitete, gab um 1990 zu Protokoll: »Die

Arbeitsbedingungen waren schrecklich […] Sie sagten den Bergleuten [in die Stollen, A. M.] zu gehen und kurz nach den Explosionen das Erzgestein herauszuholen, als der Rauch noch dick war […] Die Leute, mit denen ich gearbeitet habe, sind mittlerweile alle an Krebs oder anderen Leiden gestorben.«[63]

Tatsächlich erlitten zahlreiche indigene Bergleute Atemwegserkrankungen oder schwere Nieren- und Leberschäden. Bis zu 400 von ihnen starben an Lungen-, Knochen-, Magen- oder Blutkrebs.[64] Dabei war schon in den frühen Boomjahren das Wissen um die Schädlichkeit des Urans in der Wissenschaft weit verbreitet.[65] Doch Politiker und Konzernchefs gingen überaus fahrlässig mit diesen Erkenntnissen um – so wie die Gesellschaft als Ganze. In Las Vegas gehörte es bis 1962 gar zu den touristischen Attraktionen, von Hotelbalkonen aus mit einem Cocktail in der Hand oder von belebten Picknick-Plätzen in den umliegenden Hügeln die Fallout-Wolken voller Atomstaub zu bestaunen, die nach den Atombombentests auf der Nevada Test Site nach Südosten in Richtung des Spielerparadieses zogen.[66] Und die Bürgerschaft von Grants, New Mexiko pries ihre Stadt stolz als die »Urankapitale der Welt«.[67]

Im verkehrstechnisch günstig gelegenen Church Rock betrieb die United Nuclear Corporation seit 1976 auch eine Uranmühle. Dort zermalmten Maschinen das auf Lastern in riesigen Mengen herangekarrte Erzgestein zuerst zu kleinen Brocken und dann zu Sand, bevor Säuren und Laugen zum Einsatz kamen, die schließlich das begehrte gelbe Pulver, den »yellowcake«, herauslösten. Bei dieser Tätigkeit fielen enorme Mengen an zerkleinertem, noch immer strahlendem Schutt an, welchen die United Nuclear – wie alle anderen Firmen in der Four Corner-Region auch – auf gigantischen Halden deponierte und sich selbst überließ. Da das Uranpulver nur mit aggressiven Lösemitteln und viel Wasser extrahiert werden kann, blieben während des Gewinnungsprozesses auch beträchtliche Mengen an toxischen Abwässern mit radioaktiv strahlenden Partikeln zurück.[68] In Church Rock leitete die United Nuclear diese in drei Rückhaltebecken unter freiem Himmel, in der fahrlässigen Hoffnung, dass ein Teil dieser Abwässer unter der brütenden Sonne New Mexicos verdunsten würde. Diese Rückhaltebecken mit ihren vielen Millionen Litern hochtoxischen und radioaktiven Abwassers wurden lediglich durch einen aufgeschütteten Erddamm gesichert, der auf geologisch instabilem Grund erbaut war.[69]

Die Katastrophe kündigte sich über Monate an. Schon 1977 entdeckten Mitarbeiter des U.S. Army Corps of Engineers kleine Risse im Damm. Doch entgegen ihren Empfehlungen unterließ es United Nuclear, diesen fachgerecht zu verstärken, sodass die Risse im Frühsommer 1979 so groß waren, dass eine menschliche Faust in sie hineinpasste.[70] Selbst auf diese Meldung eines besorgten Angestellten hin reagierte das Management nicht. Am Morgen des 16. Juli 1979, um 5.30 Uhr, brach der Damm mit einem ohrenbetäubenden Krach. Wie sich der Navajo Robinson Kelly später erinnerte, glaubte er zunächst, einen Donnerschlag vernommen zu haben. Reflexartig schaute er zum Himmel hoch, ob irgendwo dunkle Regenwolken zu sehen waren. Als er kein aufziehendes Gewitter bemerken konnte, brach er zum Puerco River auf, von wo der Höllenlärm gekommen war. Dort sah er, wie sich »Fluten rauschenden Wassers« ihren Weg durch das Flussbett bahnten und da und dort über die Ufer traten, wo sich rasch Pfützen und kleinere Teiche bildeten. Das Gebräu war von gelblicher Farbe und roch schrecklich faulig. »Ich wusste nicht, was da vor sich ging, aber es war ein hässliches Gefühl.«[71]

Normalerweise führt der Puerco River während des Sommers nur wenig Wasser und quält sich träge durch die wüstenhaften Täler New Mexicos und durch die Painted Desert von Arizona, bevor er in den Little Colorado mündet, den wichtigsten Zufluss des Colorado River. In dieser regenarmen Region bildet der Puerco für viele Tausende von Menschen und ihre Viehherden die Hauptwasserquelle. Die meisten von ihnen gehören den Diné an. Durch den Dammbruch gelangten schätzungsweise 360 Millionen Liter hochtoxische Abwässer und 1100 Tonnen feste radioaktive Rückstände in den Fluss.[72] Diese unglaubliche Menge an Schadstoffen verseuchte diesen bis 125 Kilometer unterhalb der Rückhaltebecken. Bei einer Messung, die noch am Unfalltag vorgenommen wurde, stellte sich heraus, dass der Pegel an Radioaktivität im Flusswasser 6000-mal höher war als vor der Havarie.[73] Niemals zuvor und niemals danach wurde in den USA bei einem zivilen Einzelereignis so viel Radioaktivität freigesetzt wie bei der Umweltkatastrophe von Church Rock.[74]

Nach dem Desaster lösten die verantwortlichen Politiker und Beamten im Bundesstaat New Mexico, dem »Land der Verzauberung«, wie sein offizieller Spitzname lautet, keinen Katastrophenalarm aus; sie erklärten keinen Notstand, organisierten keine Evakuationen und brachten auch kein umfassendes Hilfsprogramm auf den Weg.[75] Auf Anordnung des Gouverneurs musste United Nuclear zwar die Produktion in der Uranmühle vorübergehend einstellen, verbunden mit der Auflage, den kontaminierten Fluss vollständig zu reinigen. Doch die Firma unternahm nur das Allernötigste. Sie beauftragte 200 Mann, die mit Schaufeln, Eimern und etwas schwerem Gerät höchstens 15 Kilometer »sanierten«, indem sie die kontaminierte Erde oberflächlich abtrugen und wegkarrten. Schon nach wenigen Wochen durfte die Uranmühle ihren Betrieb wieder aufnehmen, ohne dass die Auflagen zur Sanierung wirklich erfüllt waren.

Unmittelbar betroffen von der Katastrophe waren 1700 Navajo, die ihr Trinkwasser dem Fluss entnahmen, ihr Vieh dort tränkten und sich mit dessen Nass wuschen, weil viele ihrer Hogans und Häuser über kein fließendes Wasser verfügten. Flussabwärts traf es, etwas weniger stark, viele Tausende weitere American Indians, Hispanics und weiße Amerikaner.[76] Einige Navajo versengten sich die Füße, als sie den Fluss kurz nach der Havarie durchwateten. Eine unbekannte Zahl ihrer Schafe, Rinder und Pferde, die vom radioaktiv verseuchten Wasser getrunken hatten, verendete. Viele weitere Tiere bekamen auch Jahre später noch überdurchschnittlich hohe Dosen an Radioaktivität ab. Zusehends weigerten sich regionale Schlachthöfe, den Navajo-Ranchern ihre Rinder oder Schafe abzukaufen.

Doch die am Puerco River lebenden Navajo, die erst nach Wochen durch dreisprachige Schilder auf Englisch, Spanisch und Navajo vor dem Gebrauch des Wassers gewarnt wurden, konnten diesem nicht grundsätzlich fernbleiben oder ganz auf dessen Wasser verzichten. Denn ein Umzug war vor allem für viele Ältere und Arme keine Option: »Wo können wir denn sonst hingehen? Es gibt wirklich keinen anderen Platz für uns«, brachte eine alte Navajo-Frau das Dilemma 1987 auf den Punkt.[77]

Der Unfall zeitigte lang anhaltende Auswirkungen auf das Leben aller am Puerco River lebenden Menschen. Er verseuchte ihre Lebensader und das Weideland und durch die strahlenden Schutthalden darüber hinaus auch noch etliche alternative Wasserquellen. Unter den betroffenen Navajo nahm die Zahl der Krebserkrankungen überdurchschnittlich zu. Überdies kamen immer mehr ihrer Kinder mit schweren körperlichen oder geistigen Behinderungen zur Welt.[78] Bis heute sind die dortigen Navajo einer viel zu hohen Strahlenbelastung ausgesetzt. Denn die Havarie bildete bloß die Spitze eines Eisbergs. 1994 förderte eine Studie des US Geological Survey zu Tage, dass zwischen 1968 und 1986 auch Kerr-McGee und andere in der Gegend aktive Konzerne radioaktiv belastetes Wasser in den Puerco River gepumpt hatten. Nicht genug damit stellte eine Untersuchungskommission 2007 eine weitverbreitete Kontamination der Trinkwasserquellen in der Region um Church Rock fest, verursacht durch den ungezügelten Uranboom während des Kalten Krieges.[79]

Schon 1987 erschien Colleen Keanes aufrüttelnder Dokumentarfilm *The River That Harms*, eine Low-Budget-Produktion, die viele der Probleme ungeschminkt ansprach, aber nur einen kleinen Kreis von Interessierten erreichte. Die Regisseurin sparte nicht mit Kritik: So versagte die Regierung New Mexicos ihrer Ansicht nach völlig darin, die Navajo vor den Langzeitfolgen des Uranbergbaus und des Nuklearunfalls von Church Rock zu schützen. Als die Geschädigten Klagen gegen United Nuclear einreichten, zogen sich die Voruntersuchungen endlos hin, bis die Navajo schließlich in einen für sie ungünstigen Vergleich einwilligten. Der Konzern speiste die einzelnen Kläger mit lumpigen 2000 Dollar Schmerzensgeld ab, noch dazu nur unter der Bedingung, dass sie bei künftigen Erkrankungen auf weitere Ansprüche verzichteten. Ursprünglich hatten sich die Kläger 25 000 Dollar pro Person erhofft.[80] Etwas Hilfe kam lediglich aus Washington. 1983 gelangte das Gebiet rund um Church Rock auf die nationale Prioritätenliste des Superfund. Der Zweck dieses staatlich finanzierten Programms besteht darin, einige der durch industrielle oder militärische Tätigkeiten »am meisten kontaminierten Stätten der Nation« zu sanieren, um dadurch die öffentliche Gesundheit und die Umwelt zu schützen. Verteilt auf die 50 Bundesstaaten und die Überseeterritorien, standen im April 2020 insgesamt 1335 Stätten auf der Superfund-Liste, was belegt, wie rücksichtslos Industriebetriebe, Bergbaufirmen, Kommunen und Armee mit der Umwelt des Landes umsprangen.[81]

Doch allen inzwischen getätigten Aufräumarbeiten zum Trotz sind die Folgen von Amerikas vergessenem Nuklearunfall noch 40 Jahre danach mit Händen zu greifen. Selbst in der Kleinstadt Sanders, 80 Kilometer von der Unfallstelle entfernt, tranken die Menschen, ohne es zu wissen, viele Jahre lang kontaminiertes Leitungswasser.[82] Weshalb fand der Dammbruch bei Church Rock, der gleich nach den verheerenden Reaktorkatastrophen von Fukushima und Tschernobyl als drittschwerstes ziviles Schadenereignis[83] des Atomzeitalters gilt, nicht jene Beachtung, die er verdient? Im Systemwettstreit mit der Sowjetunion hätten die USA mit Sicherheit kein besonders gutes Bild abgegeben, wenn sie nur kurz nach Three Mile Island einen noch weit gravierenderen Nuklearunfall hätten einräumen müssen. Allerdings finden sich keine Anhaltspunkte dafür, dass die Administration von Präsident Jimmy Carter (1977–1981) eine kritische Berichterstattung in den nationalen Medien unterdrückte oder behinderte. Die Antwort kann sich auch nicht allein in dem Argument erschöpfen, dass der Dammbruch keine spektakulären Bilder produzierte und keine unmittelbar sichtbaren Toten oder schwer verletzten Opfer zurückließ.

Nicht ins kollektive Gedächtnis ging der Dammbruch von Church Rock vielmehr ein, weil er sich in einer abgeschiedenen, dünn besiedelten Region des ländlichen Südwestens ereignete und American Indians die Hauptbetroffenen waren.[84] Man muss hier von einem klaren Fall von Umweltrassismus sprechen. Der von dem Bürgerrechtler Benjamin Chavis[85] geprägte Begriff umschreibt eine zunehmend wichtiger werdende Sonderform rassistischer Diskriminierung: Die in den Vereinigten Staaten verbreitete Ungleichbehandlung ethnischer Minderheiten zeigt sich nicht zuletzt darin, dass diese überdurchschnittlich oft in der Nähe von Fabriken, Mülldeponien, militärischen Testgeländen, Minen oder an verseuchten Flüssen (wie der »Krebs-Allee«[86] zwischen Baton Rouge und New Orleans am Unterlauf des Mississippi) wohnen. Darüber hinaus müssen sie auch stärker mit verunreinigtem Grundwasser, verpesteter Luft und in der Nähe von oder gar auf ökologisch verwüstetem Gelände leben.[87] Dass unter Politikern beider Großparteien ein Denken in den Kategorien von »national sacrifice zones« (»nationalen Opferzonen«) verbreitet war, spielte eine zusätzliche Rolle. Im Interesse der »nationalen Sicherheit«, aber auch um den immensen Energiebedarf der brummenden Massenkonsumgesellschaft zu decken, schien es ökonomisch sinnvoll und politisch vertretbar zu sein, von Indianern bewohnte »Einöden« (»wastelands«) der Uranwirtschaft, dem Kohletagebau oder im Yucca Mountain einem nuklearen Endlager zu opfern. In Politik und Wirtschaft gab es eine aus heutiger Sicht irritierende Bereitschaft, umweltzerstörende Kollateralschäden des ungebremsten Wirtschaftswachstums und selbst schwere Gesundheitsschädigungen von benachteiligten Menschen, die am Rande der Gesellschaft lebten, in Kauf zu nehmen.[88]

DIE PROTESTE GEGEN »LEETSO«, DAS GELBE MONSTER

Als das Volk von der dritten in die vierte Welt aufstieg, gaben ihm die Götter die Wahl zwischen zwei gelben Pulvern, heißt es in einer Legende der Diné. Das eine war ein Mineral, das im Gestein des Colorado Plateaus vorkommt, und das andere das Maismehl. Die Diné wählten Letzteres, und die Götter nickten zustimmend. Dabei sprachen sie eine Warnung aus. Für immer sollten die Diné den gelben Staub im felsigen Grund belassen. Wenn er je hervorgeholt würde, käme schlimmes Unheil über sie.[89] Eine andere Prophezeiung besagt, dass sich »Mutter Erde« an den Diné rächen werde, wenn sie es zuließen, dass das ihnen anvertraute Land verwüstet und das auf ihm fließende Wasser verschmutzt würden. Schreckliche Krankheiten und Tod wären die Folgen.[90] Wenngleich nicht sicher zu sagen ist, wie alt und authentisch diese Weissagungen sind, so haben sie sich doch während des 40 Jahre anhaltenden Uranbooms in der Navajo Nation auf eine fast unheimliche Weise bewahrheitet.

Denn die Goldgräberstimmung in der Uranwirtschaft zog das landschaftlich atemberaubende Diné Bikéyah, wie die Mitglieder der Navajo Nation ihr Land, das sich über Bergketten, aride Hochplateaus und imposante Felsschluchten erstreckt, nennen, nach dem Zweiten Weltkrieg stark in Mitleidenschaft. Dinéh Bikéyah ist übersät mit heiligen Orten, Ruinen und Petroglyphen, die von früheren Bewohnern wie den Anasazi künden. Daneben finden sich hier auch fantastische Naturschönheiten wie das Monument Valley, der Canyon de Chelly oder der Spider Rock.[91] So unglaublich es für viele Besucher dieser beliebten Touristengegend klingen muss: Vier Jahrzehnte lang ruinierten Bergbaufirmen die Landschaft weitgehend ungestört und hinterließen mit den Abraumhalden ein bis heute strahlendes Vermächtnis. Noch viele Jahrtausende lang werden diese Radongas und damit radioaktive Substanzen freisetzen, die zu den gefährlichsten gehören, die der Wissenschaft bekannt sind.[92]

Allein auf dem Gebiet der Navajo Nation existierten zwischen 1942 und 1986 Jahren vier große Zentren, in denen Uran gefördert und in Mühlen zu »yellowcake« verarbeitet wurde: das Land nahe Shiprock, New Mexico; das Monument Valley in Utah; die Gegend um Cameron in Arizona; und die Region um Church Rock.[93] Verstreut über die Reservation zeugen heute mehr als 2000 verlassene Minen, verfallende Mühlengebäude und Hunderte von Schutthalden von den Boomjahren dieses Industriezweigs. Als die Betreiber die Minen aufgaben, wurden ihre Eingänge oft nicht versiegelt. Von den Schutthalden, die die auf schnelle Gewinne bedachten Unternehmen oft nicht überdeckt und unmarkiert im Gelände zurückließen, ging und geht eine beträchtliche Gefahr für Mensch und Umwelt aus. Winde trugen radioaktiven Staub und ausströmendes Radongas unkontrolliert übers Land. Regen schwemmte radioaktive Partikel unter die Erdoberfläche, wo sie schließlich ins Grundwasser gelangten, sodass dieses in Teilen der Reservation nicht mehr trinkbar ist. Etwa 30 Prozent der Haushalte müssen sich deshalb Wasser in Supermärkten oder bei Großlieferanten kaufen. Lange Jahre spielten Kinder auf den Halden oder graste das Vieh in ihrer Nähe. Ahnungslose Navajo verwendeten den ungenutzt herumliegenden Schutt zum Bau ihrer Häuser.[94] In einem Bericht der *New York Times* stand 2012 zu lesen: »Jahrelang inhalierten ahnungslose Navajo radioaktiven Staub und tranken kontaminiertes Quellwasser.«[95]

Über die Zeit bewirkte der intensive Uranabbau in der Navajo-Reservation eine veritable Gesundheitskrise. Überdurchschnittlich viele Diné erkrankten an Fibrose, Silikose und Tuberkulose, zahlreiche Babys kamen mit körperlichen oder geistigen Behinderungen zur Welt, und die Zahl der Krebserkrankungen nahm in einem erschreckenden Maße zu. Rund 200 von knapp 3000 ehemaligen Minenarbeitern erlagen bis 1978 den Folgen des Uranabbaus, dazu gesellten sich zunehmend auch Erkrankungen von Navajo, die an ihren Wohnorten zu hohen Strahlendosen ausgesetzt waren. Bis 2014 verdoppelte sich die Anzahl ehemaliger Bergleute, die an Krebs verstarben, auf rund 400.[96] Eine Zahl, die um einiges höher ist, als es unter normalen Bedingungen zu erwarten gewesen wäre, und das in einer Bevölkerungsgruppe, in der Krebserkrankungen bis zum Zweiten Weltkrieg nahezu unbekannt waren.

Es ist eine bittere Ironie der Geschichte, dass ausgerechnet die Diné, die jahrhundertelang einen vergleichsweise kleinen ökologischen Fußabdruck in Dinéh Bikéyah hinterlassen hatten, unter den Folgen einer umweltzerstörenden und gesundheitsschädlichen Ressourcenausbeutung leiden.[97] Politisch, kulturell und ökonomisch fremdbestimmt, von unabhängigen Informationen abgeschnitten, oft ohne höhere Bildungsabschlüsse und von den Bergbaufirmen nicht über die Gefahren aufgeklärt, konnten sie erst nach den massenhaften Erkrankungen einen zunehmend kritischen Blick auf das entwickeln, was in der Forschung heute zuweilen »Ressourcen-Kolonisation« und »nuklearer Kolonialismus« genannt wird.[98] Jedenfalls dauerte es zwei Jahrzehnte, bis sich in der Navajo Nation organisierter Widerstand gegen »leetso« regte. »Leetso«, das Diné-Wort für Uranpulver, bedeutet so viel wie »gelber Schmutz« oder »gelbes Monster«. Es beschreibt ein mächtiges Wesen, das einem guten Leben entgegensteht.[99] Diese Denkfigur stand am Beginn des »Fighting Back«.

Witwen, die ihre Männer qualvoll in den Tod hatten gehen sehen, waren die Ersten, die zur Tat schritten. Seit den frühen 1960er Jahren trafen sie sich in kleinen Runden, um sich über die rätselhaften Todesfälle, aber auch über Fehl- und Totgeburten auszusprechen, für die sie keine Erklärung hatten. Rätselhaft erschienen ihnen diese Schicksalsschläge deshalb, weil es in der Diné-Sprache kein Wort für Krebs gab.[100] Bei ihren Zusammenkünften unterstützten sie sich in ihrer Trauer und suchten nach Antworten, warum ihre Männer diese Welt so früh hatten verlassen müssen. Das war eine kulturelle Grenzüberschreitung, da es für traditionelle Diné eigentlich tabu ist, über Verstorbene zu sprechen. Irgendwann fiel den Witwen auf, dass alle Verstorbenen zumindest eine Zeit lang in den Uranminen beschäftigt gewesen waren. Die todbringende Krankheit musste also mit dieser Arbeit zu tun haben.[101]

Die wachsende Zahl an Todesfällen war das eine, das harte Los der Hinterbliebenen das andere. Im Frühjahr 1972 starb ein Bergmann namens Clifford Yazzie an Krebs, der eine Frau und 14 Kinder zurückließ, die fortan auf sich allein gestellt waren.[102] Zuvor hatte seine Frau Fannie Yazzie einige ihrer Schafe verkauft und ihren Schmuck verpfändet, damit sie ihren Mann nach Albuquerque in Spitalpflege bringen konnte. Dort traf sie auf weitere neun Navajo-Frauen, deren Männer ebenfalls schwer an Krebs erkrankt waren. Allen kulturellen Schwierigkeiten zum Trotz – die meisten dieser Frauen hatten keine westliche Bildung genossen, verfügten über keinen privaten Telefonanschluss und besaßen kein Auto – gelang es ihnen schließlich, dass sich die lokalen Anführer Harry Tome und Elwood Tsosie der Sache annahmen. Tome stammte aus der stark betroffenen Red Valley-Gemeinschaft im Nordosten der Reservation. Er saß im Navajo Tribal Council und arbeitete als Angestellter in der dortigen Verwaltung. Schon Jahre zuvor hatte auch ihn die Welle unerklärlicher Todesfälle umgetrieben. Tome begann, sich kundig zu machen, und befragte Ärzte, ob die Arbeit in den Uranminen schädlich sei. Diese verwiesen auf zahlreiche medizinische Studien, die keinen Zweifel daran ließen. Als Tome seine Leute in einem Meeting davon unterrichtete, waren sie außer sich und zeigten sich entschlossen, die Angelegenheit nicht einfach auf sich beruhen zu lassen.[103]

Dies war der Auftakt zu einem langwierigen Kampf. Als Erstes beschloss die Red Valley-Gemeinschaft eine Resolution zuhanden des Tribal Council in Window Rock, von dem sie sich Unterstützung erhoffte. Allerdings sahen sich Regierung und Parlament der Navajo Nation außerstande, Abhilfe zu schaffen, da vor allem die Bundesregierung für die Misere im Red Valley verantwortlich sei. Für Schritte, die den eigenen Leuten Priorität eingeräumt hätten, fehlte der politische Wille, denn eine Mehrheit unter der Führung von Peter MacDonald, dem langjährigen Präsidenten der Navajo Nation, stand dem Abbau von Kohle und Uran grundsätzlich positiv gegenüber, sofern auch die Navajo von ihm profitierten. MacDonald und seine Leute sahen im Rohstoffabbau eine Entwicklungsperspektive für die Reservation und eine willkommene Geldquelle. »Wir sind eine Nation, die sich formt«, sagte MacDonald. »Wie andere Entwicklungsländer mit reichen, aber eines Tages erschöpften Bodenschätzen sind wir uns bewusst, dass wir unsere natürlichen Schätze dazu nutzen müssen, Arbeitsplätze für unsere Bürger und Grundlagen für unsere wirtschaftliche Selbstversorgung zu schaffen.«[104] Nicht umsonst nannten ihn seine Gegner Peter »MacDollar«[105]. Doch seine Politik war jahrelang mehrheitsfähig.

Unter diesen Umständen blieb Tome und Tsosie nichts anderes übrig, als eine Journalistin der *Albuquerque Tribune* auf die Story anzusetzen. Und tatsächlich brachte die in New Mexico viel gelesene Zeitung am 17. August 1973 eine bewegende Titelgeschichte. Sie basierte auf Aussagen von krebskranken Bergleuten und Witwen. Das von den Navajo-Bergleuten während des Uranbooms erlittene Unrecht kam darin ungeschminkt zur Darstellung.[106] Daraufhin nahmen zwei bekannte Politiker sich der Sache an. Der demokratische Senator Joseph M. Montoya und der Republikaner Manuel Lujan als Mitglied des Repräsentantenhauses brachten zwei Gesetzesentwürfe in die Häuser des Kongresses ein, die eine Entschädigung der ehemaligen Minenarbeiter vorsahen. Doch aufgrund mangelnder Unterstützung verliefen ihre Vorstöße in Washington im Sand. Trotz dieses Rückschlags, dem etliche weitere folgten, ließ sich Tome nicht unterkriegen. Immer wieder reiste der ausgebildete Ingenieur an den Potomac, um dort an öffentlichen Hearings auszusagen oder bei anderen Kongressabgeordneten für die Sache der Navajo zu lobbyieren. Doch während der Energiekrise, mit der Amerika nach 1973 zu kämpfen hatte, erwies es sich vorerst als illusorisch, Unterstützung für ein Anliegen zu organisieren, das vielen der damaligen Politiker gleichermaßen wirtschaftsfeindlich wie atomkritisch erschien.[107]

Nach Jahren unermüdlichen Einsatzes hatte Harry Tome im Sommer 1978 nichts erreicht. Er war der Verzweiflung nahe. Denn inzwischen waren allein im Red Valley 25 frühere Minenarbeiter an Krebs gestorben und in der gesamten Navajo Nation ging das Leiden und Sterben weiter. Tome dachte bereits ans Aufgeben, doch einen Weg wollte er noch ausprobieren. Bei einem Besuch in Washington suchte er eine angesehene, an der Pennsylvania Avenue ansässige Anwaltskanzlei auf, um dort aufs Geratewohl Stewart L. Udall zu treffen. Udall war als ehemaliger Innenminister der Präsidenten John F. Kennedy und Lyndon B. Johnson nicht nur ein national bekannter Mann, der sich mit den Mechanismen des Washingtoner Machtzentrums auskannte. In einer Kleinstadt Arizonas nahe der Navajo Nation groß geworden, sympathisierte er als passionierter Umweltschützer auch mit indigenen Anliegen.[108] Jedenfalls hatte er sich nach dem Ende seiner politischen Karriere ein Herz für Unterprivilegierte bewahrt.

Tome nahm all seinen Mut zusammen, verlangte am Empfang der Kanzlei den ehemaligen Minister zu sprechen, und zu seiner Überraschung ließ man ihn in dessen Büro vor. Lange hörte Udall aufmerksam zu, als Tome ihm vom Schicksal der Bergleute in der Navajo Nation und im besonders betroffenen Red Valley erzählte. In jener Zeit arbeitete der prominente Anwalt bereits an einem ähnlichen Fall, bei dem er für die »Downwinders« der Nevada Test Site eine Entschädigung erstreiten wollte.[109] Auch diese waren schwer erkrankt, nachdem sie bis 1962 bedenkenlos dem Fallout Dutzender atmosphärischer Atombombentests ausgesetzt gewesen waren. Tome hatte ein gutes Gefühl, als er nach Hause zurückreiste, und war überzeugt, dass Udall der richtige Mann war, um den Kampf der Red Valley-Diné für Gerechtigkeit professionell zu unterstützen. Und tatsächlich, nach mehreren Monaten Bedenkzeit nahm Udall das ihm angetragene Mandat an.[110]

Am 9. Januar 1979 fand in der Reservation ein erstes Hearing statt. Zugegen waren knapp 200 erkrankte Minenarbeiter, aber auch Witwen und Angehörige, um Udall und dem mit ihm befreundeten Anwalt Bill Mahoney, einem früheren US-Botschafter in Ghana, von ihrem Ungemach zu berichten. Während des Hearings trafen zwei Welten aufeinander: jene der weltgewandten Anwälte, die sich in der Mehrheitsgesellschaft wie Fische im Wasser bewegten, und die von einfachen Hirten, denen so gut wie jedes Verständnis für das moderne amerikanische Leben abging. In etlichen Fällen musste gedolmetscht werden, da viele ältere Navajo kein Englisch und die beiden Rechtsanwälte kein Diné sprachen. Nachdem Udall und Mahoney die herzzerreißenden Aussagen der Witwen und die haarsträubenden Geschichten der schwer erkrankten Bergmänner vernommen hatten, zeigten sie sich erschüttert.[111] In der Sache war man sich rasch einig: Über die von den Diné erlittene Umweltgewalt mussten endlich die Gerichte befinden.

Udalls Besuch wirbelte einigen Staub auf. Ein Handvoll Journalisten begann, in der Reservation zu recherchieren, verlassene Stätten der Uranproduktion aufzusuchen und mit Geigerzählern die stark erhöhten Strahlenwerte zu messen. Darunter befanden sich ein Fernsehteam von CBS[112], der Freelancer Chris Shuey und Molly Ivins von der *New York Times*. Ivins Artikel »Uranium Mines In West Leave Deadly Legacy« erreichte im Mai eine landesweite Leserschaft. Die Reporterin informierte schonungslos über die tödlichen Geschäftspraktiken von Kerr-McGee und sprach offen die Unterlassungssünden der staatlichen Behörden an. »Hier sterben die Minenarbeiter«, schrieb sie. »Ihre Krankheit und ihr Tod sind symptomatisch für ein Problem, das über diese Ecke in Arizona hinausweist.«[113] Zusätzlichen Schub erhielt die Entschädigungsinitiative durch eine sich im Land nun formierende indigene Antiatombewegung, die sich spektakulär in Szene zu setzen wusste.

Am letzten Aprilwochenende 1979 besetzten Hunderte von Navajo und Pueblo-Indianern nahe der Stadt San Mateo den Mount Taylor, den legendenumrankten »Tsoodzil«, einen der vier heiligen Berge der Diné, der auch für die in der Nähe lebenden Zuni, Laguna und Hopi von hoher spiritueller Bedeutung ist. Mit ihrer dreitägigen Aktion protestierten sie gegen den Uranbergbau auf indigenem Land im Allgemeinen und die Ausbeutung des Tsoodzil im Besonderen. Denn seit mehreren Jahren trieb die Gulf Oil Corporation ein riesiges Schachtsystem tief in den Mount Taylor hinein, mit dem Ziel, die größte und einträglichste unterirdische Uranmine der Welt entstehen zu lassen.[114] Für die indigene Protestgemeinde, der sich auch einige weiße Unterstützer und Chicanos anschlossen, war die im Bau befindliche Mine ein »Akt der Entweihung und der Schändung« in einem »neuen Indianerkrieg«, wie die junge Aktivistin Winona LaDuke im Nachgang schrieb.[115] Eine Rede hielt auch die bekannte Atomgegnerin Helen Caldicott, Autorin des Buches *Nuclear Madness. What You Can Do!* (1978), und die populäre Countrysängerin Bonnie Raitt sowie der Singer-Songwriter Jackson Browne beteiligten sich mit Musikeinlagen. So geriet die Besetzung des Mount Taylor zu einem Schlüsselereignis des wachsenden indigenen Widerstands gegen den ungezügelten Rohstoffabbau auf Reservationsland und bildete fortan einen Bezugspunkt für weitere Protestbestrebungen in den Reservationen der Lakota, Hopi, Spokane, Ojibwe und anderen.[116]

Schließlich war es so weit. Stewart Udall und sein Team reichten Dutzende von Gerichtsklagen gegen sieben Uranfirmen (darunter Kerr-McGee, Vanadium Corporation of America, AMEX) und das nationale Energieministerium ein.[117] Letzteres war unter anderem für die Nuklearsicherheit zuständig und nach Ansicht der Kläger seiner Aufsichtspflicht nicht nachgekommen. Parallel dazu erhöhte Senator Pete Domenici, ein Republikaner aus New Mexico, den politischen Druck in Washington, als er noch vor Jahresende einen Gesetzesentwurf einbrachte, der eine Entschädigung für verstorbene und erkrankte Minenarbeiter und ihre Angehörigen forderte. Monate zuvor hatte Dominici in Grants ein Hearing mit Navajo veranstaltet und sich ihre Klagen angehört. Vor 300 Teilnehmern und vielen Medienvertretern gab der Senator zu Beginn der Veranstaltung zu Protokoll: »Die US-Regierung, die in der Zeit von 1948 bis 1962 der einzige Beschaffer von Uran für Verteidigungszwecke war, hat in ihrer Verantwortung versagt, dafür zu sorgen, dass der Uranabbau in einer Weise durchgeführt wird, welche die Sicherheit und Gesundheit der betroffenen Arbeiter gewährleistete.«[118] Domenicis Ansicht nach gab es keinen Zweifel daran, dass die nationale Atomenergiekommission von Anfang an über die Gefahren in den Minen Bescheid gewusst hatte. Dennoch hatte sie nichts dagegen unternommen, was die Navajo-Bergleute zu »frühen Opfern des Atomzeitalters« werden ließ.[119]

Während der 1980er Jahre wuchs in der US-Gesellschaft das Bewusstsein, dass etliche American Indians und die Anwohner von Atomtestgeländen inner- und außerhalb der USA über lange Zeit eine hässliche Form der Umweltgewalt erlitten hatten. Im Fahrwasser einer global agierenden Antiatombewegung fand das Entschädigungsanliegen jedenfalls immer mehr prominente Fürsprecher, darunter den einflussreichen Senator Edward Kennedy aus Massachusetts. Nach einem langen Kampf, aufreibenden Querelen, zahlreichen Enttäuschungen und endlosem Warten verabschiedeten die Kammern des Kongresses mit dem »Radiation Exposure Compensation Act« (RECA) 1990 erstmalig ein Entschädigungsgesetz für die Strahlenopfer des frühen Atomzeitalters.[120] Mit seiner Unterschrift setzte es Präsident George H. W. Bush (1989–1993) in Kraft. Im Namen der Nation entschuldigte sich der Kongress bei allen Opfern und ihren Familien für die Unbill, die sie hatten erdulden müssen.[121] Das war eine der ersten offiziellen Entschuldigungen überhaupt, welche die Regierung der Vereinigten Staaten für früheres Regierungshandeln aussprach.[122]

Anspruchsberechtigt waren die durch überirdische Atomtests geschädigten »Downwinders« in den USA und im pazifischen Raum, aber auch Opfer der heimischen Atomwirtschaft wie ehemalige Bergleute, Erztransporteure und Beschäftigte in den Uranmühlen. In den ersten zehn Jahren reichten »Downwinders« 2855 Anträge ein, von denen 1252 abgelehnt wurden. Bis zum Jahr 2000 gingen zudem 3153 Anträge von erkrankten Uranarbeitern oder ihren Witwen ein, von denen 1599 bewilligt wurden.[123] Sie erhielten eine einmalige Pauschalauszahlung von 100 000 Dollar, wenn sie nachweisen konnten, dass sie zwischen dem 1. Januar 1942 und dem 31. Dezember 1972 mindestens ein Jahr lang in der Uranindustrie gearbeitet hatten.[124]

Allerdings prüfte die mit der Entschädigungsfrage beauftragte Behörde jeden Antrag äußerst kleinlich, sodass zahlreiche Anspruchsberechtigte leer ausgingen. Das war etwa der Fall, wenn Antragsteller nicht genau belegen konnten, wie lange sie in einem Betrieb beschäftigt gewesen waren, und selbst dann, wenn sie keine amtlichen Geburts- und Heiratsbescheinigungen beibringen konnten.[125] Des Öfteren wies die Behörde Entschädigungsanträge auch mit dem Argument ab, dass die Geschädigten Raucher gewesen seien und es deshalb unbewiesen sei, ob ihre Erkrankung tatsächlich von ihrer Arbeit herrührte.[126] Kein Zweifel, der RECA schuf bei etlichen Betroffenen neue herbe Enttäuschungen. Von einer »mitfühlenden Entschädigung«, die den Anwälten des Gesetzes vorschwebte, konnte anfänglich nicht die Rede sein. Seit 1990 ist das Gesetz allerdings mehrfach ergänzt und in Teilen verbessert worden.[127]

AUF DEM WEG ZUR UMWELTSELBSTBESTIMMUNG

Das Engagement, dass der Staat die von American Indians erlittene Umweltgewalt anerkannte, war das eine; jenes für eine wirklich selbstbestimmte Energie- und Umweltpolitik in der Navajo Nation das andere. Seit den frühen 1970er Jahren regte sich im Südwesten in Ansätzen ein Widerstand, der sich die Umweltselbstbestimmung der Navajo Nation, die »environmental self-determination«[128], auf die Fahnen schrieb. Graswurzelbewegungen, die sich gegen weitere Umweltzerstörungen und Gesundheitsgefährdungen durch »Besatzerfirmen« engagierten, trieben die Idee voran, ohne damit vorerst auf größere Zustimmung zu stoßen, selbst bei den Diné.[129] Unter den frühen Organisationen war die Coalition for Navajo Liberation (CNL), 1974 gegründet, die bekannteste.

Politisch engagierte sich die CNL gegen die wirtschaftsnahe, in ihren Augen durch und durch bürgerliche Navajo-Regierung unter Peter MacDonald[130]. So hielten die CNL-Aktivisten nicht nur die rücksichtslose Energiepolitik der USA für einen ausgemachten Skandal, welche die Four Corner-Region als »nationale Opferzone« zur wirtschaftlichen Ausbeutung freigegeben hatte. Sie standen auch in Opposition zur wirtschaftsfreundlichen »Entwicklungspolitik« des Navajo-Präsidenten Peter MacDonald, die sie für eine Kollaboration mit dem Feind hielten. Gegen den Uranbergbau in der Navajo Nation zu opponieren galt während den 1970er Jahren als radikale Position.[131] Denn in ihr und im mächtigen Tribal Council hatten die »angepassten Navajo« das Sagen, wie der Soziologe René König jene weitgehend assimilierte Schicht von Brille tragenden College-Abgängern mit Bürstenhaarschnitt charakterisierte, die eine totale Integration der Reservation in die »Mainstream Economy« anstrebten.[132]

Die CNL war aus der Entrüstung über ein Hassverbrechen hervorgegangen, das sich 1974 in der Kleinstadt Farmington ereignet hatte. Es stand im Zusammenhang mit dem, was in New Mexico »Indian rolling« (»Indianerrollen«) genannt wurde. Dabei handelte es sich um eine verbreitete »Freizeitbeschäftigung« weißer Jugendlicher, die diese für fast so gut wie Sex hielten. Rassistisch geprägt sahen viele junge Männer in Kleinstädten wie Gallup, Winslow oder Farmington in den American Indians »subs«, also »Untermenschen« (»subhumans«).[133] Vorzugsweise an den Wochenenden begaben sie sich auf die Suche nach schwer alkoholisierten »subs«, die sich nicht mehr auf den Beinen halten konnten. Wenn sie einen solchen aufgabelten, warfen sie ihn in den Kofferraum ihres Wagens oder auf die Ladefläche ihres Pick-ups. An abgelegenen Orten misshandelten sie die Wehrlosen, prügelten auf sie ein und überließen sie, nachdem sie ihnen Hosen, Stiefel und Gürtel abgenommen hatten, im Freien sich selbst. Einige Teenager besaßen ganze Trophäensammlungen erbeuteter Gürtel.[134] In dem von rassistischen Ressentiments geprägten Klima diente das »Indian rolling« sowohl der Einschüchterung von American Indians wie auch als Männlichkeitsritual, das einen erst zu einem richtigen Kerl machte. Ein »Spiel«, das manchmal auch tödlich endete.[135] Wie im April 1974.

Außerhalb der Stadt Farmington, im Chokecherry Canyon, prügelten die drei Highschool-Teenager Vernon Crawford, Peter Burke und Oren Thacker drei betrunkene Navajo-Männer mit Steinen und Metallstangen zu Tode, nachdem sie diese zuvor entkleidet und unsäglich misshandelt hatten, unter anderem indem sie ihre Kopf- und Schamhaare anzündeten.[136] Anschließend ließen die jugendlichen Rassisten – 16 und 15 Jahre alt – die Leichen angesengt, schwer verstümmelt und mit Schädelfrakturen im Canyon zurück.[137] Die Polizei konnte die drei rasch fassen und der Tat überführen. Schließlich wurden sie in Aztec vor Gericht gestellt, vor dessen Gebäude am Prozesstag zahlreiche Navajo zusammenkamen. Doch Richter Frank Zinn verurteilte die Angeklagten nicht wegen kaltblütigen Mordes, sondern schickte sie, ihres jugendlichen Alters wegen, für eine unbestimmte Zeit, aber maximal bis zu ihrem 21. Geburtstag, in die New Mexico Boy School, eine Besserungsanstalt.[138]

Die Brutalität des Verbrechens und die Tatsache, dass die Täter von der Justiz mit Samthandschuhen angefasst worden waren, löste in der Navajo-Gemeinschaft Abscheu und Wut aus.[139] Man empfand das Urteil als eine Karikatur von Gerechtigkeit.[140] In Farmington machten sich diese Gefühle in wochenlangen Protesten Luft. Schon Anfang Mai waren in der Kleinstadt mit ihren 30 000 Bewohnern gut 3000 American Indians zu einer Gedenkparade für die Opfer zusammengekommen, bei der die Teilnehmer Plakate mit der Aufschrift »White Racism Must Go« trugen.[141] An den darauffolgenden Wochenenden demonstrierten Hunderte von Indianern gegen ihre lange rassistische Diskriminierung in New Mexico. Am zweiten Marsch nahmen auch John Trudell, der nationale Vorsitzende des AIM, sowie weitere Mitglieder der Red Power-Organisation teil.

Wie Wilbert Tsosie von der CNL waren viele überzeugt, dass die Diné für die Weißen »nichts weiter als Dreck« seien.[142] Selbst Peter MacDonald stärkte den Demonstrierenden vor der eingesetzten Untersuchungskommission den Rücken. »Wir haben zu lange schweigend gelitten, und wir können es nicht mehr ertragen«[143], sagte der Navajo-Präsident vor dem Gremium. Eine derart lautstarke indigene Protestbewegung hatte es in der Region zuvor noch nie gegeben – nicht einmal während des staatlichen Reduktionsprogramms für Schafe und Pferde.

Als einer ihrer Wortführer vertrat John Redhouse die Ansicht, dass die CNL mit allen Mitteln gegen den in den Grenzstädten zur Reservation manifesten antiindianischen Hass ankämpfen und für die Menschenrechte der American Indians eintreten müsse. »Wir sahen die Morde«, so Redhouse vor dem Untersuchungsausschuss, der den »Farmington Report« erarbeitete, »nicht als die Tat von drei verrückten Kindern an. Wir sahen sie als Teil eines rassistischen Sittengemäldes. Jahrelang war es beinahe ein Sport, eine Art kranke, perverse Tradition unter den anglo-amerikanischen Jugendlichen der Farmington High School, in die indianischen Stadtteile zu gehen und ältere, zuweilen betrunkene Navajo-Männer und -Frauen körperlich zu attackieren und ihnen zu rauben, was auch immer sie besaßen, ohne ersichtlichen Grund, außer dass sie Indianer waren.«[144]

Während der wochenlangen Proteste waren die Spannungen zwischen weißen Bürgern und indigenen Protestierenden in Farmington zum Zerreißen angespannt. Die Indianer hätten sich aus nichtigem Anlass wieder einmal »auf den Kriegspfad« begeben, ließen erboste Bürger verlauten. Prompt bildete sich eine freiwillige Bürgerwehr, die in der Stadt mit ihren Pick-ups patrouillierte. Deren Mitglieder ärgerten sich darüber, dass die Indianer »ihre Stadt« so übel in den Schmutz zögen und ihren guten Ruf im ganzen Land ruinierten.[145] Auf einer der Demonstrationen verbrannten CNL-Leute das amerikanische Banner als »Symbol der Unterdrückung«, und ihr Sprecher John Redhouse drohte auf einer Pressekonferenz damit, Farmington in Brand zu stecken, falls unsere »friedlichen legalen Methoden« fehlschlagen.[146] Umgekehrt schossen Weiße, als sie die Navajo Nation passierten, aus ihren Autos auf Hogans und weidende Schafe. Doch trotz allem, was geschehen war, konnte die große Mehrheit der Diné mit dem radikalen, an den AIM angelehnten Kampfgeist der CNL wenig anfangen; sie wollte die »Rassenbeziehungen« auf friedlichem Weg verbessern.[147]

Vor diesem Hintergrund war es nicht ungefährlich, sich als Diné in den 1970er Jahren für die Umweltselbstbestimmung der Navajo Nation einzusetzen. Denn mit einem solchen Engagement kam man unweigerlich den dominanten Interessen der Uran- und Kohlewirtschaft, aber auch all jenen Leuten in die Quere, die Jobs in den florierenden Branchen ergattert hatten oder die forcierte Rohstoffausbeutung in der Reservation politisch ermöglicht hatten. Erst zehn Jahre nach den Morden von Farmington meldeten sich mit Mark Evans und Charles Davis zwei marxistische Intellektuelle mit einer revolutionären Forderung zu Wort. Sie charakterisierten die Navajo als eine vom US-Imperialismus »politisch unterdrückte Nation«, in der Bergbaukonzerne leichtes Spiel hätten, weil ihnen willfährige Navajo-Führer zuarbeiten würden. Ohne damit in der Navajo Nation ein großes Echo auszulösen, plädierten sie im *Worker's Herald* für eine Sezession von den USA und die Gründung eines souveränen Diné-Nationalstaats mit einer eigenständigen, sozialistischen Wirtschaftspolitik.[148] Das war kühn über die Köpfe und Herzen der meisten Diné hinweg gedacht.

Erst in der Spätzeit von Ronald Reagans Präsidentschaft bildete sich mit Diné CARE, den Citizens Against Ruining our Environment, eine reine Umweltbewegung heraus. Mittlerweile zeigten sich die Folgen des ungezügelten Industrialismus in der Navajo Nation unverhüllt. Überall hatte die Uran-, Kohle- und Ölförderung ihre hässlichen Spuren hinterlassen. Dazu kamen luftverpestende Kohlekraftwerke, strahlende Schutthalden, verseuchtes Grundwasser, Deponien und ständig wachsende Kahlschlagzonen in den Chuska

Mountains. Über die Jahre hatten die allermeisten Diné vom forcierten Rohstoffabbau auf ihrem Land kaum profitiert. Die größte Indianerreservation in den USA kämpfte weiterhin mit weitverbreiteter Armut. Obwohl drei Starkstromleitungen die Navajo Nation durchzogen, welche die hier in Kraftwerken produzierte Elektrizität in Richtung der US-Städte beförderten, besaßen in den 1980er Jahren nur rund die Hälfte aller Haushalte Stromanschlüsse, und noch weniger verfügten über Telefone oder einen Wasseranschluss. Ohne eigenen Strom waren viele Diné jedoch von den technischen Errungenschaften der modernen Welt abgeschnitten: von Faxgeräten und Computern beispielsweise.[149]

Diné CARE traten 1988 als eine kleine Bürgerinitiative gegen eine bei Dilkon, Arizona geplante Verbrennungsanlage für Sondermüll ins Leben. In der Nähe der abgeschiedenen Siedlung mit ihren 285 Einwohnern sollten aus Kalifornien, Nevada und Colorado herbeitransportierte Chemikalien und Krankenhausabfälle nicht nur verbrannt, sondern die dabei tonnenweise anfallende Asche auch in einer nicht weit entfernten Deponie eingelagert werden. Es war Waste-Tech Services, eine Tochter von Amoco Oil, die hier ein 40-Millionen-Dollar-Projekt realisieren wollte. Die Firma glaubte, leichtes Spiel zu haben. Denn die Navajo-Regierung unter Peter MacDonald unterstützte das Projekt. Die »Recyclinganlage«, wie Waste-Tech Services den Bau schönfärberisch anpries, hätte rund 200 Arbeitsplätze in eine Gegend gebracht, in der die Arbeitslosenquote 75 Prozent betrug. Zudem hätte es dem chronisch klammen Dilkon und der Navajo Nation je 200 000 bzw. 600 000 Dollar Pachtzinsen pro Jahr eingetragen.[150] Trotzdem regte sich Widerstand.

Gut ausgebildete Frauen und Männer spielten in der Aktivistengruppe eine tragende Rolle. Neben Lori Goodman und Abe Plummer gehörten Adella Begay und ihr Mann Leroy Jackson zu den Gründungsmitgliedern von Diné CARE.[151] Von Beginn an konnte die Gruppe auf die Unterstützung von John Redhouse zählen, der zur ersten Generation von Diné-Umweltaktivisten gehört hatte. Anders als die prominenten AIM-Mitglieder, die sich existenzsichernde Karrieren als Vortragsredner, Memoirenschreiber, Musiker oder Filmschauspieler aufgebaut hatten, hielt sich Redhouse mehr schlecht als recht über Wasser – mit kleinen Honoraren, die er sich mit dem Schreiben von Artikeln verdiente, und den bescheidenen Zuschüssen, die ihm Organisationen wie der National Indian Youth Council für sein zivilgesellschaftliches Engagement zahlten.[152]

Zunächst begannen die Leute von Diné CARE damit, sich über das Projekt kundig zu machen. Sie nahmen mit Greenpeace Kontakt auf und griffen auf deren Expertenwissen zurück. Die Leute von Greenpeace lachten nur, als sie zu hören bekamen, dass laut Waste-Tech Services in Dilkon bloß eine »Recyclinganlage« geplant sei und die nach der Verbrennung zurückbleibende Asche vollends ungiftig eingelagert werde. Ende 1988 veranstalteten die CARE eine öffentliche Informationsveranstaltung im Schulhaus von Dilkon, während der sie die Anwohner, aber auch andere interessierte Diné über die geplante Verbrennungsanlage und Deponie aufklärten. Besondere Entrüstung rief hervor, dass dort auch Krankenhausabfälle, darunter amputierte Gliedmaßen und andere Operationsüberreste, eingeäschert werden sollten. Für traditionell eingestellte Diné kam dies einer Missachtung ihrer Kultur gleich. In dieser waren auch einzelne abgetrennte Körperteile mit Respekt zu beerdigen und durften nicht einfach in den Müll geworfen und verbrannt werden. Im Februar 1989 kam es anlässlich eines Hearings zum Showdown zwischen Firmenvertretern und Diné CARE. Diese brachten Einwand um Einwand gegen die geplante Anlage vor und ließen sich partout nicht von deren angeblichen Vorteilen überzeugen. Zum Schluss votierten 99 der Anwesenden gegen das Projekt und nur sechs dafür. Das machte Eindruck in der Reservation, auch unter den Entscheidungsträgern. Nur wenige Wochen danach entzog der in Window Rock tagende Tribal Council dem Projekt seine Unterstützung und beschloss, dass die Verbrennungsanlage auch nirgendwo sonst in der Navajo Nation errichtet werden durfte.[153]

Diné CARE hatten einen Erfolg errungen und die Navajo Nation erstmals dazu gebracht, auf ihre Umweltselbstbestimmung zu pochen. High-Tech Recycling, eine andere in der Abfallwirtschaft tätige Firma, wollte dies nicht wahrhaben. Nur wenig später trat sie mit einem neuen Bauprojekt auf den Plan. Wiederum kam es zu einem öffentlichen Hearing, und wiederum überließen Diné CARE nichts dem Zufall. In ihren Präsentationen versuchten die Firmenvertreter zunächst für gute Stimmung zu sorgen. Aber der von den CARE hinzugezogene Greenpeace-Experte Bradley Angel konnte ihnen leicht den Wind aus den Segeln nehmen. Anhand von Beispielen zeigte er auf, dass im letzten Jahrzehnt etliche andere Indianerreservationen als Giftmülldeponien für Zivilisationsabfälle hatten herhalten müssen. »Wenn das Projekt so sicher ist, wenn es so eine gute Idee ist, wenn man damit so viel Geld machen kann«, brachte ein Elder die Meinung im Saal auf den Punkt, »weshalb greifen dann die Weißen in L. A. und San Francisco nicht selber zu?«[154] Damit war das Projekt gestorben, auch deshalb, weil das ökologische Problembewusstsein während den 1970er Jahren landesweit größer geworden war. Seither gerieten »Giftmülldeponien, von denen es 1980 allein in den USA 50 000 gab«[155], immer stärker in den Fokus von lokalen Umweltgruppen. Zuvor hatten Chemiefirmen ihren Giftmüll jahrzehntelang wild entsorgt – in Teichen, Flüssen oder Gruben.[156]

Seit den 1990er Jahren schloss sich eine wachsende Zahl von Diné dem Kampf für eine intakte Umwelt an, immer mehr verstanden, dass sie um einer besseren Zukunft willen unbedingt gegen weitere Umweltzerstörungen vorgehen mussten. Im Fahrwasser der ersten Erfolge wuchsen die Diné CARE zu einer in der ganzen Reservation unterstützten Umweltorganisation heran, die sich das selbstbewusste Ziel setzte: »Wir versuchen, die Interessen von gemeinschaftsbasierten, traditionellen Menschen zu ermächtigen, ihnen eine Stimme zu geben und sie zu schützen.«[157] Damit blieben die CARE auf Erfolgskurs. 1991 konnten sie den Bau einer Asbestdeponie in Huerfano, Arizona verhindern. Nach Jahren des Kampfes erreichten sie, dass der rücksichtslose Holzschlag in den Chuska Mountains und auf dem Defiance Plateau 1994 gestoppt wurde. 1996 starteten sie ein Projekt, um die dort entstandenen Kahlschlagzonen wieder aufzuforsten. Die Organisation setzte sich überdies dafür ein, alle Strahlenopfer des früheren Uranabbaus fair zu entschädigen und den Kreis der Anspruchsberechtigten im RECA entsprechend zu erweitern.[158]

Greenpeace griff den CARE auch weiterhin mit ihrer Erfahrung und ihrem Know-how unter die Arme. Im Report *The Toxic Threat to Indian Lands* hielt Angel Bradley 1991 fest, dass es 500 Jahre nach Christoph Kolumbus' Fahrten einen neuen Angriff auf indianisches Land gebe, der unter dem Motto »Ökonomische Entwicklung für die Reservation« vonstattengehe. »Heute wenden sich sowohl die Abfallentsorgungsindustrie als auch die Regierung der Vereinigten Staaten an Hunderte von indianischen Nationen (Stämme) auf der Suche nach neuen Deponien für die unerwünschten toxischen, nuklearen, medizinischen und festen Abfälle der Industriegesellschaft«, hieß es in dem Bericht. Für die neue Invasion machte er folgende Gründe aus: »In der Hoffnung, aus der verheerenden chronischen Arbeitslosigkeit, der weitverbreiteten Armut und dem souveränen Status der indianischen Nationen einen Vorteil ziehen zu können, haben die Abfallentsorgungsindustrie und die US-Regierung umfassende Anstrengungen unternommen, um Verbrennungsanlagen, Deponien, Lagerstätten für nuklearen Abfall und ähnliche umweltverschmutzende Industrien auf Stammesland zu errichten.«[159] Tatsächlich versuchten die Firmen, die Tribal Councils nach wie vor mit riesigen Geldmengen, vagen Jobaussichten und falschen Versprechungen über die Sicherheit ihrer Anlagen zu ködern. Doch immer mehr indigene Nationen durchschauten diese unfairen Praktiken und ließen sich nicht mehr darauf ein.[160]

Die Erfolge der Diné CARE strahlten ins Land aus. Unermüdlich in ihrem Engagement luden sie nur knapp zwei Jahre nach ihrer Gründung zu einer panindianischen Zusammenkunft in dem symbolisch gewordenen Ort Dilkon ein. Im Juni 1990 fand diese unter dem Titel »Protecting Mother Earth: The Toxic Threat of Indian Lands« statt. An der Veranstaltung nahmen mehr als 200 Delegierte von 25 indianischen Nationen aus Nordamerika teil. Ziel war es, sich gegenseitig über die Umweltzerstörungen in den Reservationen ins Bild zu setzen und sich untereinander zu vernetzen. Nur ein Jahr später fand nahe von Bear Butte in den Black Hills, auf heiligem Land der Lakota und Cheyenne, ein zweites Treffen statt. Seither kommt jedes Jahr ein solches Meeting in einer von Umweltzerstörungen bedrohten Region zur Durchführung.[161]

Aus der Konferenz in Bear Butte ging das einflussreiche Indigenous Environmental Network (IEN) hervor, eine Allianz aller indigenen Graswurzelbewegungen, die sich für den Schutz von Umwelt und Menschen auf indigenem Land einsetzen. Dem Netzwerk geht es vorrangig um »Empowerment«. Dieses soll die First Peoples in die Lage versetzen, selbstständig und professionell gegen die Zerstörung ihrer Lebensräume vorzugehen und vernehmbar für Umweltgerechtigkeit einzustehen, und zwar im Einklang mit ihren kulturellen Traditionen.[162] Wie die Diné CARE strebt auch das IEN an, dass die First Peoples die fundamentalen Zukunftsentscheide, die sie auf ihrem Land betreffen, selbst fällen und nicht irgendwelche Wirtschaftskapitäne oder wirtschaftsnahe BIA-Beamte. Mehr und mehr galt dies auch für den Uranabbau, dessen Boomjahre um 1982 zu Ende gegangen waren. Auf der dritten Konferenz des IEN, die 1992 in Celilo Falls, Oregon stattfand, wurde die Native American Energy Coalition gegründet, um die Ausbeutung, die Verarbeitung und den Transport von radioaktivem Material auf indigenem Land prinzipiell zu verunmöglichen.[163]

Nach dem Ende des Kalten Krieges nahm die Akzeptanz der First Peoples, die Uranwirtschaft weiterhin auf Reservationsland zu dulden, zusehends ab. So stoppte etwa die Stammespolizei der Shoshone Bannock im Oktober 1991 einen mit Nuklearabfällen beladenen Truck an der Grenze zur Reservation, um ihm die Durchfahrt zu einer Deponie in Idaho Falls zu verwehren. Mit der Aktion wollte sie ein entsprechendes Durchfahrverbot umsetzen, das der Tribal Council erlassen hatte. Doch ein Bundesrichter in Boise ordnete an, dass der Schwertransporter die Reservation gleichwohl befahren dürfe – eine klare Verletzung der Selbstbestimmung der Shoshone-Bannock.[164] Früh setzten sich die Diné CARE für ein grundsätzliches Verbot des Uranabbaus auf indianischem Land ein. Für dieses Ziel engagierten sich auch die Eastern Navajo Diné Against Uranium Mining. Nach der Nuklearkatastrophe von Tschernobyl (1986) stieß das Thema auch außerhalb der Reservation auf Interesse. Jeff Spitz' preisgekrönte Dokumentation *The Return of Navajo Boy*, die im Jahr 2000 auf dem Sundance Film Festival lief, erreichte ein alternatives Publikum in der Mehrheitsgesellschaft. Einfühlsam und unaufgeregt zugleich zeigt Spitz am Beispiel der Geschichte von Elsie Mae Begay auf, welchen Preis die lange ahnungslosen Diné für den ungezähmten Uranboom zahlen mussten. Begay verlor mehrere Familienangehörige, darunter zwei ihrer Söhne, an Tumorerkrankungen, vermutlich auch deshalb, weil sie in einem Haus lebten, das mit radioaktiv strahlenden Steinen von einer nahe gelegenen Schutthalde erbaut worden war.[165]

Einer jahrelangen Aufklärungs- und Sensibilisierungsarbeit war es geschuldet, dass der Tribal Council der Navajo unter ihrem Präsidenten Joe Shirley Jr. im April 2005 die Entscheidung fällte, das Fördern und Verarbeiten von Uran auf dem Gebiet der Reservation für alle Zeiten und ausnahmslos zu untersagen. Das Verbot kam mit 63 zu 19 Stimmen zustande und zog einen Schlussstrich unter eine mehr als 60 Jahre lange Geschichte, die unter den Navajo fast nur Verlierer hervorgebracht hatte.[166] Anlässlich der Unterschriftszeremonie in Crownpoint wies Joe Shirley darauf hin, dass Hunderte von Diné vorzeitig in den Tod gegangen waren, weil sie – nicht über die Gefahren unterrichtet – in den Minen, Mühlen oder einfach nur rund um ihr Zuhause mit radioaktivem Staub, kontaminiertem Grundwasser oder belasteten Lebensmitteln in Berührung gekommen waren.[167] Unter traditionell lebenden Diné und Umweltaktivisten löste der

Entscheid viel Zustimmung aus. John Brown, einer der Öko-Krieger, der für das Verbot gekämpft hatte, meinte ungeschminkt: »Diese Gesetzgebung hackte dem Uranmonster die Beine ab.«[168]

Tatsächlich war der Entscheid historisch, stand die Administration von Präsident George W. Bush doch wie alle ihre Vorgängerinnen der Atomindustrie nahe. Das Verbot, in der größten Reservation Uran zu fördern, wirkte als Fanal. Es handelte sich um einen spektakulären Akt der Umweltselbstbestimmung und bekräftigte die Souveränität der Navajo Nation. Der Beschluss schlug Wellen bis nach Europa. Wenige Monate später nahm Joe Shirley stellvertretend für den Tribal Council in den Räumen des Nobelkomitees in Oslo den Nuclear-Free Future Award entgegen, zusammen mit Hilda Lini aus Vanuatu, der Galionsfigur für einen atomfreien Pazifik, dem dänischen Windkraftpionier Preben Maegaard und der österreichischen Antiatomaktivistin Mathilde Halla. Ob die Vereinigten Staaten mit ihren 99 Kernkraftwerken (Stand: 2016) und ihrem riesigen Nuklearwaffenarsenal den Beschluss der Navajo Nation langfristig respektieren werden, bleibt freilich ungewiss.[169]

DIE INTERNATIONALISIERUNG DES WIDERSTANDS

Seit dem Ersten Weltkrieg hatte die Selbstbestimmungsbewegung der nordamerikanischen First Peoples ihre Kämpfe weitgehend auf den Territorien der USA und Kanadas ausgetragen, also innerhalb der ehemaligen Siedlerstaaten. Einzig die Six Nations, die 1923/24 in Genf vor dem Völkerbund ihre Anerkennung als unabhängige Nation gefordert hatten, bildeten hier eine Ausnahme. In der Zeit selbst blieb dieser erste Auftritt vor der Weltgemeinschaft zwar ohne Erfolg, doch in der Red Power-Ära diente er dem radikalen Flügel der indigenen Selbstbestimmungsbewegung zunehmend als Vorbild.[170] Nach der Besetzung von Wounded Knee realisierten etliche

Red Power-Aktivisten schmerzlich, dass in den USA keine wirkliche Bereitschaft bestand, die Grundanliegen der First Peoples, wie sie in den »Twenty Points« von 1972 zusammengestellt waren, rasch in die Tat umzusetzen. Es trat zu Tage, dass in den USA und Kanada, aber auch in den anderen Staaten der westlichen Hemisphäre der politische Wille fehlte, die seit Tausenden von Jahren in den Amerikas lebenden indigenen Völker als unabhängige und souveräne Nationen anzuerkennen. Ernüchtert darüber entschieden sich AIM-Aktivisten dazu, ihre Kernforderungen nach Souveränität, echter Selbstbestimmung und kultureller Bewahrung nun vor supranationalen Organisationen und auf internationalen Konferenzen vorzutragen, um so den Druck auf die Nationalstaaten des amerikanischen Doppelkontinents weiter zu erhöhen. Die Zeitläufte dafür waren günstig.

Nach dem globalen Protestjahr 1968 und mit der Dritte Welt-Bewegung[171] entstanden in Westeuropa gleich mehrere Nichtregierungsorganisationen, die sich für die Menschen- und Landrechte der indigenen Völker einsetzten: so etwa 1969 in London Survival International[172], 1970 in Göttingen die Gesellschaft für bedrohte Völker und 1974 in Zürich Incomindios, das Internationale Komitee für die Indigenen Amerikas[173]. Mit Greenpeace trat 1971 in Vancouver zudem eine Umweltorganisation ins Leben, die, weil sie sich für intakte natürliche Lebensräume und gegen Atomtestversuche der Großmächte einsetzte, indirekt Partei im Überlebenskampf der indigenen Völker ergriff.[174] Seit sie den Kolonialismus im Dezember 1960 in all seinen Formen geächtet hatten, wandten sich auch die Vereinten Nationen seit den frühen 1970er Jahren zuerst bedächtig, doch dann immer stärker den Anliegen der indigenen Völker zu.[175] In Gestalt des ecuadorianischen Botschafters José R. Martínez Cobo untersuchte von 1971 an erstmals ein UNO-Sonderberichterstatter die spezifischen Probleme der indigenen Völker, die er Jahre später in einem dicken Bericht zusammenfasste. Bezeichnenderweise rief die Generalversammlung 1973 die erste UN-Dekade gegen Rassismus und Rassendiskriminierung aus.[176]

Im Fahrwasser dieser Entwicklungen hoben AIM-Aktivisten den International Indian Treaty Council (IITC) aus der Taufe, der seine erste Konferenz vom 8. bis zum 16. Juni 1974 in Wakpala auf dem Territorium der Standing Rock Sioux in South Dakota durchführte. An der Gründung des IITC beteiligten sich weit mehr als 4000 Delegierte, die 97 indigene Nationen aus Nord- und Südamerika repräsentierten. Damit handelte es sich um die größte panindigene Zusammenkunft, die bis zu diesem Zeitpunkt je in der Geschichte der Amerikas stattgefunden hatte. In die aufwendige Organisation der Großveranstaltung waren viele Leute involviert, unter anderem Tribal Chairman Melvin White Eagle und die AIM-Mitglieder William (»Bill«) Means und John Thomas. Prominent in Erscheinung traten Russell und William Means sowie Vernon und Clyde Bellecourt, und der Seneca John C. Mohawk (1945–2006) hinterließ mit der eingängigen Losung »Wenn du souverän sein willst, musst du souverän handeln«[177] einen bleibenden Eindruck.

Die allererste in einer ganzen Reihe von weiteren IITC-Konferenzen ging aus zwei Gründen in die Geschichte ein: Zum einen bildete sich auf ihr ein »transnationales Netzwerk«[178] von indigenen Aktivisten und Aktivistinnen heraus. Fortan engagierte sich dieses Netzwerk auf internationalem Parkett für Souveränität und Selbstbestimmung der indigenen Völker Amerikas. Schließlich brachten seine Vertreter dieses Kernanliegen selbst vor die Vereinten Nationen. Als historisch muss die IITC-Konferenz von Juni 1974 auch ihrer überaus selbstbewussten Schlussresolution wegen gelten. Der sogenannten »Erklärung über die fortbestehende Souveränität der indigenen Nationen« war eine antikoloniale Befreiungslogik eigen. Harsch klagte sie die andauernde koloniale Unterdrückung durch die Vereinigten Staaten an, welche die Menschen- und Vertragsrechte der First Peoples mit Füßen trete. »Macht schafft kein Recht«, stand in ihr zu lesen. »Souveräne Menschen verschiedener Kulturen besitzen das absolute Recht, in Harmonie mit Mutter Erde zu leben, solange sie das nämliche Recht anderer Völker nicht missachten.«[179]

Deshalb rief die Erklärung die »gewissenhaften Nationen der Welt« dazu auf, »sich uns anzuschließen und die Vereinigten Staaten für ihre völkermörderischen Praktiken gegen die souveränen indigenen Nationen anzuklagen und zu verfolgen«[180]. Zum ersten Mal forderte eine Resolution explizit, dass die USA sich für ihre »völkermörderische« Politik gegenüber den First Peoples vor einem internationalen Gerichtshof juristisch verantworten müssten.

Überdies ging die Erklärung davon aus, dass die »Native American Indian Nations«[181] immer schon souverän gewesen seien und dieser souveräne Zustand selbst von den USA ausdrücklich in den 371 Verträgen anerkannt worden sei, die sie mit ihnen bis 1871 geschlossen hatten. Aus diesem Grund seien alle vom Kongress seither einseitig erlassenen Gesetze null und nichtig, sowohl der »General Allotment Act« (1887) und der »Citizenship Act« (1924) als auch der »Indian Reorganization Act« (1934) und der »Termination Act« (1953). Zudem ersuchte sie die USA darum, endlich diplomatische Beziehungen zu den »souveränen indigenen Nationen« aufzunehmen und in Verhandlungen über die zahlreichen Vertragsverletzungen einzutreten.[182] In ihrem Unabhängigkeitskampf erhofften sich die in Wakpala anwesenden Delegierten Schützenhilfe von der in der UNO vereinigten Weltgemeinschaft. Diese müsse die indigenen Nationen endlich als gleichberechtigte Mitglieder in ihren Kreis aufnehmen und ihre Unabhängigkeit von den USA völkerrechtlich anerkennen.[183] So weit wie in der »Erklärung über die fortbestehende Souveränität« waren indigene Forderungen bislang noch nie gegangen.

Nach der Konferenz richtete der IITC in New York ein kleines Verbindungsbüro zur UNO ein. Es stand unter der Leitung von Jimmie Durham (1940–2021), der sich als Cherokee ausgab, was sich Jahre später jedoch als falsche Identitätsbehauptung und angemaßte Zugehörigkeit erwies, weil er gar keine indigenen Vorfahren besaß.[184] Durham war aber dennoch Mitglied im AIM geworden. Er hatte an der Gründungskonferenz des IITC teilgenommen, nachdem er in den Jahren zuvor als für Kunst brennender Mann in Genf an der

École des Beaux-Arts studiert hatte. Sprachgewandt und gebildet legte der aufstrebende Bildhauer und Poet einiges Geschick an den Tag, von New York aus ein internationales Netzwerk aufzubauen, um die Rechte der indigenen Völker in den Amerikas voranzubringen. Unterstützt wurde er dabei von seiner Mitarbeiterin Phyllis Young, einer engen Vertrauten von Russell Means.[185] Bis zu Durhams Rücktritt 1979 gelang es den beiden, eine feste »transatlantische Allianz für Indianische Souveränität«[186] aufzubauen, in der sie neben Indigenen aus Nord- und Südamerika auch Sympathisantengruppen aus Europa einbanden.

Dem diplomatischen Geschick von Jimmie Durham war es wesentlich zu verdanken, dass der IITC von der UNO im Februar 1977 offiziell als Nichtregierungsorganisation (NGO) anerkannt wurde und einen Konsultativstatus im Wirtschafts- und Sozialrat der UNO erhielt.[187] Das war insofern bemerkenswert, als die in etablierten Nationalstaaten eingeschlossenen indigenen Völker bislang in der UNO über gar keine Stimme verfügt hatten. Darin war sich der IITC mit George Manuel (1921–1989), dem Präsidenten der kanadischen National Indian Brotherhood (heute: Assembly of First Nations) einig. Manuel, Mitglied der Shuswap Nation und Co-Autor des Buchs *The Fourth World* (1974), hatte es im November 1976 eindrücklich formuliert: »Obwohl wir uns in vielerlei Hinsicht mit der Dritten Welt identifizieren, sind wir nicht von ihrer Welt. Wir sind die vierte Welt, die vergessene Welt der Ureinwohner, die in unabhängigen souveränen Staaten eingeschlossen sind, aber kein angemessenes Mitspracherecht bei den Entscheidungen haben, die unser Leben betreffen.«[188]

Von New York aus versuchten Jimmie Durham und William Means, die UNO dazu zu bewegen, unter ihrem Dach eine internationale Konferenz über die Situation der indigenen Völker in den Amerikas auszurichten. Nach zähen Vorbereitungen gelang es schließlich, eine Zusammenkunft für die Zeit vom 20. bis zum 23. September 1977 nach Genf einzuberufen, und zwar im Rahmen der von der UNO ausgerufenen Dekade, die dem weltweiten Kampf gegen Rassismus und Rassendiskriminierung gewidmet war. Es handelte sich um die vierte Konferenz, nachdem 1974 bereits eine zur Apartheid in Südafrika, 1975 eine zweite zur Diskriminierung von Arbeitsmigranten in Europa und 1976 eine dritte zur Situation politischer Gefangener im südlichen Afrika durchgeführt worden waren. Die internationale Konferenz der regierungsunabhängigen UNO-Organisationen über Diskriminierung indigener Bevölkerungen in den Amerikas fand im legendären Palais des Nations nahe des Lac Leman statt und wurde von den Vereinten Nationen finanziell ermöglicht. Sie kam einem historischen Wendepunkt gleich, läutete sie doch das Zeitalter ein, während dem die Indigenen ihre Stimme direkt vor dem wichtigsten Weltgremium erheben konnten.[189] Bis dahin hatten sie nicht nur außerhalb der Weltgemeinschaft gestanden, sondern ihre spezifischen Anliegen wurden in der UNO, dieser Vereinigung von souveränen Nationalstaaten, in deren innere Angelegenheiten kein anderer Staat sich einmischen durfte, weitgehend ausgeblendet.

An der Konferenz nahmen Dutzende Vertreter von NGOs, Mitglieder von Subkommissionen der Vereinten Nationen, Abgesandte von 38 UNO-Mitgliedstaaten und 120 indigene Delegierte teil, sodass an den Plenarsitzungen teilweise 250 Personen anwesend waren. Über 60 indigene Nationen aus 15 nord-, zentral- und südamerikanischen Staaten (Argentinien, Bolivien, Kanada, Chile, Costa Rica, Guatemala, Ecuador, Mexiko, Nicaragua, Panama, Paraguay, Peru, Suriname, USA und Venezuela) schickten Repräsentanten nach Genf. Unter ihnen fanden sich Hopi, Aymara, Guaymi, Misquito, Mapuche, Muscogee, Northern Cheyenne, Lakota, Nahuatl, Quiche-Maya, Ojibwe, Taino, Cree, Quechua, Haudenosaunee und viele mehr.[190] Allein das Militärregime in Brasilien verwehrte den Indigenen aus dem Amazonas-Gebiet eine Ausreisebewilligung, mit der Begründung, dass diese als »Unmündige« nicht unbegleitet ins Ausland reisen dürften.[191] Eine der größten Abordnungen entsandten die Six Nations, deren Mitglieder, darunter auch Gäste und Beobachter, mit eigenen Haudenosaunee-Pässen anreisten. Nach einem Moment der Irritation akzeptierten die Schweizer Grenzbehörden diese Pässe als gültige Reisedokumente.[192] Zu den bekanntesten Teilnehmern gehörten Russell Means, Clyde Bellecourt, José Barrios, Jimmie Durham, Leon Shenandoah und Oren Lyons.[193] Anwesend waren auch auffällig viele Frauen – Roxanne Dunbar-Ortiz, Phyllis Young, Patricia Bellanger, Rose Charlie, Marie Sanchez und Winona LaDuke zum Beispiel, die in den Ausschüssen teilweise viel beachtete Vorträge hielten.[194]

Begleitet von Gesängen und Trommelschlägen marschierten die Delegierten am 20. September durch Genfs Straßen zum Palais des Nations.[195] Viele von ihnen trugen traditionelle Kleidung und Kopfbedeckungen. Die Calvinstadt hatte so etwas noch nie gesehen; viele Einwohner folgten dem Aufzug fasziniert und ahnten, dass die indigenen Völker der Amerikas hier feierlich ihren Einzug in die Weltgemeinschaft inszenierten. Während der Konferenz informierten die Delegierten über Probleme, unter denen ihre Gemeinschaften Tag für Tag zu leiden hatten. Zur Sprache kamen der permanente Landverlust und die Zerstörung ihrer Kulturen; die Massaker und die Vertreibungen aus ihren angestammten Lebensräumen; die Armut und der Hunger in Bolivien; die Repression unter den lateinamerikanischen Militärdiktaturen; die Unterentwicklung in den indigenen Territorien; die Zwangssterilisation von indigenen Frauen in den USA; die schonungslose Ausbeutung der Umwelt durch multinationale Konzerne; die rasch voranschreitende Zerstörung von »Mutter Erde«; und die Sorge um die »künftigen Generationen« (Oren Lyons).

In Stil und Tonfall unterschieden sich die Auftritte der Redner und Rednerinnen stark. Am Eröffnungstag hielt Russell Means eine Brandrede gegen die USA, die die First Peoples verurteilten, im »Bauch eines Monsters« zu leben.[196] Präsident Jimmy Carter verunglimpfte er in seiner Ansprache als »Rassisten«, der von Menschenrechten fasele, während die First Peoples gerade einen Genozid erleiden müssten.[197] Diplomatischer trat der Hopi-Elder David Monongye auf, der festhielt, dass die indigenen Völker in den Amerikas alle unter ähnlichen Problemen litten, etwa darunter, dass ihre traditionelle Souveränität von den Nachfahren der weißen Eroberer nirgends anerkannt würde.[198] Als Subtext der Reden schälte sich heraus, dass die Indigenen der Amerikas auch heute noch unter schwierigsten Bedingungen als »distinkte Völker, distinkte Gemeinschaften und real funktionierende Nationen« existierten und nicht bloß als Individuen mit individuellen Menschenrechten. Allerdings würden weder Völkerrecht noch nationales Recht sie in den Amerikas angemessen vor Übergriffen durch die nationalstaatlich organisierten Mehrheitsgesellschaften schützen, sodass sie als kolonisierte Völker in ständiger Existenzgefahr leben müssten.[199]

Im Unterschied zur Presse in den USA berichtete die europäische über die viertägige Konferenz, an der die indigenen Delegierten am 23. September eine wohlformulierte Schlussresolution verabschiedeten. In ihrer zentralen Passage hielt sie zur Situation der indigenen Völker auf dem amerikanischen Doppelkontinent fest, dass diese bis in die Gegenwart überall »Diskriminierung, Völkermord und Ethnozid« erlitten: »Auch wenn die Situation von Land zu Land unterschiedlich sein mag, so sind die Wurzeln doch allen gemeinsam; sie umfassen die brutale Kolonisierung, um den Weg für die Ausplünderung ihres Landes und ihrer Ressourcen durch kommerzielle Interessen zu ebnen, die nach maximalen Profiten streben; die Massaker an Millionen von Ureinwohnern über Jahrhunderte hinweg und die ständige Aneignung ihres Landes, die sie der Möglichkeit beraubt, ihre eigenen Ressourcen und Mittel zum Lebensunterhalt zu entwickeln; die Verweigerung der Selbstbestimmung indigener Nationen und Völker, die ihr traditionelles Wertesystem und ihr soziales und kulturelles Gefüge zerstört.«[200] Nicht zuletzt deshalb forderte die Schlussresolution die Weltgemeinschaft auf, den 12. Oktober, an dem die westlichen Staaten bislang der so genannten »Entdeckung Amerikas« durch Christoph Kolumbus gedachten, zu einem »Internationalen Tag der Solidarität mit den indigenen Völkern der Amerikas« umzuwidmen.[201]

Der Schlussresolution angehängt war eine wegweisende »Grundsatzerklärung zur Verteidigung indigener Nationen und Völker«. Sie enthielt grundstürzende Forderungen, die das Selbstverständnis vieler Amerikaner und Europäer erschüttern mussten. In ihrem wichtigsten Artikel verlangte sie, dass die indigenen Völker nicht nur einen eigenen Status als Subjekt im Völkerrecht erhalten, sondern von der Weltgemeinschaft rasch als eigenständige »Nationen« anerkannt werden.[202] Bezeichnenderweise hatten die Delegierten der Six Nations und der Lakota Nation bereits in einer Sitzung des Rechtsausschusses die Forderung nach ihrer sofortigen Anerkennung als unabhängige Staaten erhoben.[203] Fortan sollte es keinem ehemaligen Siedlerstaat mehr erlaubt sein, die »nationale oder kulturelle Integrität« indigener Nationen zu unterminieren oder gar zu zerstören.[204] Die Grundsatzerklärung forderte überdies einen integralen Schutz der Umwelt. Als rechtswidrig angesehen werden sollten künftig auch solche ökonomischen Aktivitäten, die zur »Verschmutzung von Erde, Luft und Wasser« führen oder die natürlichen Lebensgrundlagen der indigenen Völker ausbeuten oder erschöpfen.[205] Damit sollten die Territorien der indigenen Nationen vor weiterer ungehemmter Rohstoffausbeutung durch multinationale Konzerne geschützt werden.

Die Genfer NGO-Konferenz war eine Premiere und geriet zum »großen Erfolg«[206]. Denn fortan waren die indigenen Völker des amerikanischen Doppelkontinents erstmals selbst in der Lage, unter dem Dach der Vereinten Nationen für ihre Anliegen zu werben. Dies kam einem »kleinen ersten Schritt«[207] (Russell Means) auf einem langen Weg gleich, bis die Vereinten Nationen das Selbstbestimmungsrecht im Jahr 2007 auch für die indigenen Völker der Welt anerkannten. Zwar forderten die Delegierten UNO-Generalsekretär Kurt Waldheim schon im September 1977 auf, die Grundsatzerklärung den geeigneten Gremien der Weltorganisation zur weiteren Diskussion zu unterbreiten,[208] doch die Mühlen der Vereinten Nationen mahlten langsam. Immerhin aber brachten die Genfer Abschlussdokumente einen Diskussions- und schließlich einen Normsetzungsprozess in Gang, durch den die Welt diametral anders auf die bedrohten Welten der indigenen Völker schauen sollte.

Bis es allerdings so weit war, brauchte es inner- und außerhalb der Vereinten Nationen zahlreiche weitere Konferenzen und konzeptionelle Denkanstöße, wie die des Sonderberichterstatters José R. Martínez Cobo und des Rechtsanwalts Tim Coulter (Potawatomi) vom Indian Law Resource Center in Washington, D. C. 1982/83 legte Cobo seinen umfangreichen Bericht über die desaströse Lage der indigenen Völker vor. Der Report kam zu dem Schluss, dass nicht alle Staaten die Standards der internationalen Menschenrechte auf »ihre« indigenen Völker anwendeten und dass die bisherigen juristischen Konzepte nicht ausreichen würden, um deren spezifische Rechte anzuerkennen und zu schützen.[209] Cobo war es auch, der 1986 den Begriff »indigene Völker« (»indigenous peoples«) erstmals trennscharf definierte. Darunter fasste er die Nachfahren der Erstbewohner außereuropäischer Territorien, die Erfahrungen mit Eroberung und Kolonialismus machen mussten, sich kulturell und religiös markant von den nationalstaatlich verfassten Siedlerstaaten unterschieden, die auf ihren Territorien entstanden waren, und die vielfach bis heute unter Marginalisierung und systematischer Diskriminierung litten.[210] Tim Coulter wiederum, der im Rechtsausschuss der Genfer Konferenz wichtige konzeptionelle Arbeit geleistet hatte, vertrat die Ansicht, dass die Menschenrechte nicht nur individuelle Rechtsansprüche, sondern auch Gruppenrechte beinhalten. Denn alle Grundrechte würden die Existenz selbstbestimmter Gemeinwesen voraussetzen. Nach Genf machte Coulter gegen die Ansicht Front, dass größere, zivilisatorisch vermeintlich fortschrittlichere Nationalstaaten die indigenen Gemeinschaften ein für alle Mal geschluckt hätten und dieser Prozess unumkehrbar wäre. Unbeirrt verwies er auf das ermutigende Schicksal der baltischen Staaten im 20. Jahrhundert.[211]

All dies blieb nicht ohne Wirkung. 1982 setzten die Vereinten Nationen die ständige »Working Group on Indigenous Populations« ein, in der auch Tim Coulter vertreten war.[212] Fast genau 30 Jahre nach der Genfer NGO-Konferenz verabschiedete die UNO-Generalversammlung am 13. September 2007 schließlich eine Erklärung über die Rechte der indigenen Völker – mit 143 Ja- bei 4 Nein-Stimmen (Australien, Kanada, Neuseeland, USA) und 11 Enthaltungen. Diese nicht rechtsverbindliche Erklärung war ein historischer Meilenstein, denn sie definierte einen internationalen Standard zum Schutz der indigenen Gemeinschaften und kodifizierte Grundsätze, für die sich die Vorkämpfer der indigenen Selbstbestimmungsbewegung in Nordamerika seit langer Zeit starkgemacht hatten. Schon allein durch Artikel 3 durften sie sich bestätigt sehen: »Indigene Völker haben das Recht auf Selbstbestimmung. Kraft dieses Rechts entscheiden sie frei über ihren politischen Status und gestalten in Freiheit ihre wirtschaftliche, soziale und kulturelle Entwicklung.«[213]

»OMAKA TOKATAKIYA«: DER RITT DER KÜNFTIGEN GENERATIONEN

Im Herbst 2021 publizierten die Kulturwissenschaftler Paul M. Farber, Sue Mobley und Laurie Allen eine kritische Bestandsaufnahme zur Denkmal-Landschaft in den 50 US-Bundesstaaten, die tiefe Einblicke in die populäre Geschichtskultur der USA gewährt. »Die Geschichte der Vereinigten Staaten, wie sie von unserer derzeitigen Denkmal-Landschaft erzählt wird, stellt unsere Geschichte falsch dar«[214], lautet die Schlüsselaussage in der ersten wissenschaftlichen Erhebung zu diesem Thema. Insgesamt 48 178 Denkmäler in den USA untersuchte sie darauf, welche Personen und Ereignisse diese repräsentierten. Als ein Hauptergebnis hält die Studie fest, dass die Erinnerungslandschaft in den USA überwiegend weiße Männer würdigt, die wohlhabend und teilweise, wie etwa George Washington, Thomas Jefferson und Andrew Jackson, Besitzer von Sklavenplantagen waren, gleichzeitig aber die enorme kulturelle Diversität des Landes in keiner Weise abbildet.[215]

Unter den 50 am häufigsten gewürdigten Persönlichkeiten befinden sich elf Präsidenten und zwölf Generäle, aber nur fünf Afroamerikaner und American Indians – der Bürgerrechtler Martin Luther King (Platz 4), die Fluchthelferin Harriet Tubman (Platz 24), der Shawnee-Chief Tecumseh (Platz 25), die Shoshone Sacagawea (Platz 28), die der Erkundungsmission von Meriwether Lewis und William Clark den Weg über die Rocky Mountains an die Pazifikküste ermöglichte, und der ehemalige Sklave und Abolitionist Frederick Douglass (Platz 29). Angeführt wird die Liste von Abraham Lincoln, George Washington und Christoph Kolumbus. In den Top Ten rangieren auch Robert E. Lee, der Oberkommandierende der Konföderierten Staaten, der Gründervater Benjamin Franklin, John F. Kennedy und Thomas Jefferson.[216] Unter den vielfach Geehrten sind Figuren, die heute äußerst problematisch anmuten – etwa die Sklaverei-Verteidiger Stonewall Jackson und Jefferson Davis, der Indianerschlächter Andrew Jackson oder der sozialdarwinistische Historiker (und spätere Präsident) Theodore Roosevelt.[217]

Nicht minder aussagekräftig sind die Ergebnisse zu den erinnerungswürdigen Ereignissen. Mit Abstand die meisten von ihnen, nämlich rund ein Drittel, erinnern an Krieg und Eroberung, und zwar auf eine Weise, welche die dabei angewandte Gewalt in den Hintergrund treten lässt. Kaum eines der Memoriale thematisiert die zahllosen Gewaltexzesse, die US-Soldaten, Milizen und Mobs unter First Peoples oder African Americans anrichteten.[218] Über das ganze Land verteilt stehen dagegen bis heute etliche Pionierdenkmäler, die an die »Heldentaten« der ersten Siedler erinnern. Mehr als die Hälfte von ihnen wurde erst nach 1930 errichtet, als Teil einer so mythisch überhöhten wie geschichtsblinden Populärkultur, die um den »Wilden Westen« und die »Frontier« zentriert war.[219] Diese weiß gefärbte Sicht auf die Kontinentalexpansion blendet jedoch die Dezimierung,

Vertreibung und Enteignung der First Peoples während des »Winning of the West« (Theodore Roosevelt) weitgehend aus, ja heroisiert sie vielmehr, wie etwa das Jefferson National Expansion Memorial in St. Louis.[220] Von Bedeutung ist all dies, da Denkmäler als »Machtstatements« im öffentlichen Raum wirken und stets Ausdruck von hegemonialen Geschichtsnarrativen sind.[221]

Noch in der Red Power-Ära schenkten auch die meisten Schulgeschichtsbücher den First Peoples keine angemessene Beachtung.[222] Fast ausnahmslos zeichneten sich deren siedlerfreundliche Narrative dadurch aus, dass sie die American Indians in den raren Passagen, in denen sie überhaupt einer Erwähnung für wert befunden wurden, stereotyp darstellten: als »ignorante Heiden«, »Wilde« und »blutdurstige Mörder«, als »umherschweifendes primitives Volk« oder »unglückliche Opfer des Fortschritts«, die der Zivilisation Platz machen mussten, um den Kontinent zu entwickeln.[223] Stillschweigend ging diese »Wohlfühlgeschichte für Weiße«[224] darüber hinweg, dass die euroamerikanischen Eroberer ein Übermaß an Gewalt anwandten, um den First Peoples ihren Kontinent abzuringen, und ihnen tödliche Seuchen dabei in die Hände spielten. Nur einzelne »gute Indianer«, die den Siedlern dabei halfen, das Land zu stehlen oder eigene Leute zu töten, erschienen als Ausnahmen. Als vorbildlich galten lediglich »Indianermädchen« wie Pocahontas (1595–1617), die zum Katholizismus übergetretene Mohawk Katheri Tekakwitha (1656–1680) und Sacagawea (ca. 1788–1812), weil sie angeblich ihren Völkern den Rücken gekehrt hätten, sich für einen friedlichen Ausgleich mit den Eroberern starkmachten und so den Weg für die euroamerikanische Besiedlung Nordamerikas und »die Zivilisation« freimachten.[225]

In Amerikas konservativem »Heartland« erfreuten sich alte Frontier- und Pioniergeschichten in den 1960er Jahren fast ungebrochener Popularität. Lokalmuseen, Dorffeste, Lehrmittel und nicht zuletzt die beliebten Filmwestern hielten sie am Leben. Dieses uramerikanische Genre kreiste um die Eroberung des »weiten, vermeintlich unberührten und aus weißer Sicht unzivilisierten Kontinents«[226], ja um den Aufstieg einer angeblich einzigartigen Siedlernation, die unter Gottes besonderem Schutz ihr offenkundiges Schicksal zu erfüllen hatte.[227] Ein Unrechtsbewusstsein über die Kontinentalexpansion, welche die einstmals freien und sich selbst erhaltenden First Peoples zu kolonisierten Völkern in bitterarmen Reservationen machte, fehlte in konservativen Kreisen weitgehend. Als der Westernheld John Wayne 1971 vom *Playboy* zur amerikanischen Staatswerdung befragt wurde, gab er sich nicht nur als jemand zu erkennen, der an »weiße Überlegenheit« glaubte und keine Schuldgefühle wegen der Sklaverei hatte. Auf die Frage, ob er Empathie für die Indianer empfinde, die in seinen Western seit *Stagecoach* (1939) eine zentrale, wenn auch untergeordnete Rolle spielten, meinte er ungerührt: »Ich denke nicht, dass wir ein Unrecht begingen, ihnen dieses großartige Land wegzunehmen […] Unser sogenannter Diebstahl dieses Landes war schlicht eine Frage des Überlebens. Es gab eine große Anzahl Menschen, die neues Land benötigte; und die Indianer versuchten selbstsüchtig, dieses für sich zu behalten […] Aber was vor 100 Jahren in unserem Land geschah, kann nicht uns heute angelastet werden.«[228]

Erst in den späten Red Power-Jahren entwickelte sich in liberalen Gesellschaftskreisen eine gewisse Bereitschaft, die Territorialexpansion der USA und die Unterwerfung der First Peoples in einem kritischeren Licht zu sehen. Begünstigt wurde diese Entwicklung zum einen durch den in vielen westlichen Gesellschaften Mitte der 1980er Jahre einsetzenden »Memory Boom«[229] (Jay Winter), zum anderen durch indigene Erinnerungsaktivisten, die die Sicht der Verlierer verstärkt in die erinnerungskulturellen Auseinandersetzungen einbrachten. Der zu Ende gehende Kalte Krieg, der Zusammenbruch der kommunistischen Diktaturen in Osteuropa und die Universalisierung des Holocaustgedenkens ermöglichten in einem Teil der Gesellschaft eine selbstkritischere Rückschau, die auch das Unrecht in den Blick geraten ließ, das an nichtweißen Minderheiten verübt worden war.[230] Bisher ausgeblendete Geschichten von Sklaverei, kolonialer Unterwerfung und rassistischer Gewalt avancierten zu kontrovers debattierten Themen und folgten, indem sie den Opfern staatlicher Gewalt erstmals Beachtung schenkten, einem transnational wirksamen Trend in den westlichen Gesellschaften.[231]

Nach dem Ende des Kalten Krieges bildete sich in den Vereinigten Staaten in einem Prozess von 20 Jahren eine neue Erinnerungskultur heraus, in der die düsteren Kapitel der Vergangenheit keinem grundsätzlichen Tabu mehr unterlagen. 1990 entschuldigte sich Präsident George H. W. Bush bei jenen 120 000 Japanern und japanischstämmigen Amerikanern, die nach dem Angriff auf Pearl Harbor in Lagern interniert worden waren. 1993, zum 100. Jahrestag der Ereignisse, bat Präsident Bill Clinton die Native Hawaiians für den Sturz des souveränen Königreichs Hawaii, der die Annexion der Pazifikinseln durch die aufstrebende Weltmacht einleitete, um Verzeihung. Nur fünf Monate nach Barack Obamas Amtsantritt entschuldigte sich der Senat 2009 bei den African Americans, die unter dem »fundamentalen Unrecht, der Grausamkeit, Brutalität und Unmenschlichkeit« der Sklaverei gelitten hatten.[232] Und am 19. Dezember 2009 setzte der erste afroamerikanische Präsident mit seiner Unterschrift eine »Joint Resolution« in Kraft, die auch die First Peoples für eine »lange Geschichte behördlicher Verheerungen und schlecht durchdachter Politiken« und für »viele Beispiele von Gewalt, Misshandlung und Vernachlässigung« um Verzeihung bat.[233] Mit diesem Schritt erkannte Präsident Obama das »von den USA an den indianischen Stämmen begangene Unrecht«[234] an. Die Entschuldigung war zweifelsohne historisch, aber die Obama-Administration kommunizierte deren Inhalt so zurückhaltend, dass sie zu keinem Markstein im öffentlichen Bewusstsein werden konnte.[235] Ungeachtet dessen war informierten Beobachtern schon damals klar, dass die »Native American Apology Resolution« sich auch den Protesten und Initiativen verdankte, durch die indigene Erinnerungsaktivisten seit Mitte der 1980er Jahre einen Prozess des schmerzhaften Umdenkens in Richtung einer postheroischen Erinnerungskultur angeschoben hatten.

Die Red Power-Zeit verhalf vielen American Indians nicht nur zu einem neuen ethnischen Stolz, sondern hatte auch ihr kritisches Geschichtsbewusstsein intensiviert. Viele, welche die Zeiten der Auflehnung miterlebt hatten, sahen es als ihre Aufgabe an, das wiedergewonnene Selbstbewusstsein als American Indians an die junge Generation weiterzugeben. Aus diesem Impuls heraus veranstalteten sie in regelmäßigen Abständen Powwows, während denen Tänzer und Tänzerinnen in bunten Outfits die Zugehörigkeit zu ihren Kulturen in Szene setzten, und ließen in den Reservationen alte Zeremonien, Überlieferungen und Legenden wieder aufleben. Selbst neue Traditionen erfanden sie. Eine solche war beispielsweise der im Dezember 1986 erstmals durchgeführte »Big Foot Memorial Ride«. Mit diesem zunächst über 300 Kilometer führenden Ritt erinnerte ein anfänglich nur kleiner Haufen von Nachfahren der Opfer an das Blutbad, während dem die 7. Kavallerie am 7. Dezember 1890 gut 300 Minneconjou Lakota unter Chief Big Foot massakriert hatte.

Am Anfang des »Big Foot Memorial Ride« stand eine Vision von Birgil Kills Straight (1940–2019), einem Oglala Lakota aus Pine Ridge. In seinem Traum aus der Geisterwelt sah er junge Leute der »7. Generation« (Black Elk), die, um ihre ermordeten Ahnen zu ehren, dem Weg der Minneconjou nach Wounded Knee folgten. Kills Straight verstand sich nie als US-Bürger, sondern stets nur als »Lakota-Patriot«, der den »Wascicu-Weg«, den »Weg der Weißen«, ablehnte.[236] Seit Jahren schon hatte er sich mit Erfolg für ein neues Bildungssystem in der Pine Ridge-Reservation engagiert, in dem die Lakota-Kultur wieder zu ihrem Recht kam.[237] Zusammen mit Alex White Plume rief Kills Straight 1986 den »Big Foot Memorial Ride« ins Leben, der von Anfang an spirituellen und erzieherischen Zwecken diente. 1990 wurde er in »Omaka Tokatakiya«, »Future Generations Ride«, umbenannt. Seither jährlich veranstaltet, stellt er für junge Lakota aus den Standing Rock-, Cheyenne River- und Pine Ridge-Reservationen eine Gelegenheit dar, um die Geschichte und Kultur ihrer Ahnen tiefer erleben und verstehen zu lernen.[238] Duane Kuntz umschrieb den Zweck dieses herausfordernden Ritts, der oft bei grimmiger Kälte von minus 20 Grad Celsius und weniger stattfindet, mit den Worten: »Es geht darum, nie zu vergessen, was passiert ist, und es geht auch um Heilung. Es war eine schreckliche Sache, und sie [die Leute von Big Foot, A.M.] wurden zur Strecke gebracht, aber die Lakota sind immer noch hier.«[239] Kurz, der Sinn des Anlasses besteht darin, die kulturelle Selbstbehauptungsfähigkeit der Teilnehmer zu wecken und diese in einem traditionellen Sinn zu stärken.

1990, anlässlich des 100. Jahrestages des Wounded Knee-Massakers, fanden Route und Termin des »Omaka Tokatakiya« ihre definitive Gestalt. Die Gesamtstrecke wurde von 300 auf mehr als 450 Kilometer verlängert und der Termin auf die Zeit zwischen dem 15. und 29. Dezember gelegt. So konnte er gleich an zwei Tragödien erinnern, welche die Sioux Nation 1890 innerhalb von zwei Wochen ereilt hatte: die Ermordung ihres legendären Anführers Sitting Bull und das Massaker von Wounded Knee. Am »Centennial Ride« von 1990 nahmen 350 Reiter teil – so viele wie nie zuvor. Sie starteten am Camp Sitting Bull nahe von Bullhead, durchquerten South Dakota und kamen rechtzeitig zum Jahrestag in Wounded Knee an. Am dortigen Massengrab wurde eine Zeremonie veranstaltet, bei der Birgil Kills Straight unter anderem auf Lakota die Worte sprach: »Wir sind hier, um die Tränen zu trocknen, um die Toten zu betrauern, etwas, das schon vor 100 Jahren hätte getan werden sollen. Es war unsere Absicht, irgendwann einmal die Zeremonie des Tränenabwischens zu vollziehen. Heute tun wir das.«[240]

Bei klirrender Kälte hatten sich rund um das Massengrab Hunderte von Teilnehmern und Teilnehmerinnen versammelt, unter ihnen auch Dennis Banks und Russell Means. Die Anwesenheit der beiden AIM-Führer war nicht von allen gleich gern gesehen, denn ihre militante Haltung, die sie in den Red Power-Jahren an den Tag gelegt hatten, rief unter den Lakota nach wie vor gemischte Gefühle hervor. Kurz vor dem Beginn der Zeremonie sorgte Means für neuerlichen Unmut, verwehrte er doch George S. Mickelson, dem Gouverneur von South Dakota, am Tor zum Friedhof den Zutritt. Means begründete den Eklat damit, dass es eine »Beleidigung« wäre, wenn der höchste Repräsentant eines »rassistischen Staates« an der Trauerzeremonie teilnähme. Mickelson machte kehrt und sprach der Presse gegenüber von einer »Verhöhnung all dessen, was im Namen der Versöhnung bisher geschehen« sei.[241]

Auf ihre Weise hatten beide recht. Denn der Anlass wurde als Heilungszeremonie für die Nachfahren der Opfer durchgeführt und nicht als christlich inspirierte Versöhnungsfeier zwischen einstigen Feinden. Dass einige Lakota gerade bei dieser Gelegenheit unter sich bleiben wollten, war nur allzu verständlich. Andererseits hatte sich der republikanische Gouverneur im Bundesstaat mit dem drittgrößten indigenen Bevölkerungsanteil seit Monaten tatsächlich bemüht, die belasteten Beziehungen zwischen Weißen und Indianern nachhaltig zu verbessern. So hatte Mickelson im Einvernehmen mit Stammesführern das Jahr 1990 zum »Jahr der Versöhnung« ausgerufen. Außerdem ließ er den unter vielen American Indians verhassten »Columbus Day« von der Staatslegislative zum »Native Americans Day« umwidmen – zu einem Feiertag also, an dem nicht mehr der »Entdecker der Neuen Welt«, sondern die Kulturen der First Peoples geehrt werden. South Dakota war damit der erste Bundesstaat, der diesen erinnerungskulturell bedeutsamen Schritt ging. Ausgerechnet Gouverneur Mickelson keinen Zutritt zur Zeremonie zu gewähren, musste den mehr an Versöhnung als Heilung Interessierten folglich als wenig diplomatisch erscheinen, zumal der US-Kongress den Sioux zwei Monate zuvor sein »tiefes Bedauern« über das Ereignis von 1890 ausgedrückt hatte.[242]

In der Wendezeit nach 1990 pluralisierte sich die amerikanische Erinnerungskultur zunehmend und blendete das Leid, das den First Peoples im 19. Jahrhundert widerfahren war, nicht mehr grundsätzlich aus.[243] Beispielhaft trifft dies auf den Umgang mit dem Massaker von Sand Creek zu. Am 29. November 1864 hatten Colorado-Milizen an diesem Ort gut 150 friedliche Cheyenne und Arapaho umgebracht und in einem Blutrausch ohnegleichen die Körper der Ermordeten bestialisch verstümmelt.[244] Einer der Ersten, der diese Opfer der Vergessenheit zu entreißen versuchte, war der indigene Lyriker Simon J. Ortiz. In einem kleinen New Yorker Verlag veröffentlichte er 1981 den Gedichtband *From Sand Creek*. Die Sammlung war eine schreiende Anklage gegen das Unrecht, das die First Peoples während der Westexpansion erlitten hatten, und ein Aufruf, sich der vergessenen Toten zu erinnern. An einer Stelle heißt es in der Anthologie: »This America / has been a burden / of steel and mad / death / but, look now, / there are flowers / and new grass / and a spring wind / rising / from Sand Creek.«[245] (»Dieses Amerika / ist eine Last gewesen / aus Stahl und wahnwitzigem / Tod, / aber, seht jetzt, / es gibt Blumen / und neues Gras / und ein Frühlingswind, / aufsteigend / von Sand Creek.«)

Neben Ortiz hatte der Politiker Ben Nighthorse Campbell (* 1933), ein Northern Cheyenne, großen Anteil an diesem auffrischenden Frühlingswind.[246] Schon als Demokrat im Parlament des Gliedstaates Colorado hatte dieser Nachfahre von Überlebenden sich dafür starkgemacht, dass der Ort des Sand Creek-Massakers zu einer nationalen Gedächtnisstätte wird.[247] Denn bis dahin erinnerten lediglich zwei unscheinbare Denkmäler aus den frühen 1950er Jahren an das wüste Gemetzel, von dem eines noch dazu ausdrücklich vom »Sand Creek Battle Ground« sprach. Damit weckte es völlig falsche Assoziationen und lenkte von der eigentlichen Verantwortung für das schwere Massaker ab.[248] Diese Form der Kommemoration kam einer Missachtung der Opfer gleich. Nach seiner Wahl in den Senat (1992) und seinem Parteiwechsel zu den Republikanern (1995) gelang es Campbell, dass der US-Kongress einem Gesetz zustimmte, das die Gründung einer Sand Creek Massacre National Historical Site vorsah. Am 28. April 2007, 143 Jahre nach den Geschehnissen, wurde diese schließlich im Beisein vieler American Indians eröffnet. An der Einweihungsfeier meinte Mary Bomar, die zuständige Direktorin des National Park Service, »dass die Geschichte dieser großen Nation nicht vollständig ist ohne ein Verständnis und Respekt vor den Tragödien, die unser nationales Bewusstsein beeinträchtigen«[249].

Über 120 Jahre lang wurde die Geschichte auch an jener Gedächtnisstätte einseitig erzählt, die an die am 25. Juni 1876 ausgetragene Schlacht von Little Bighorn erinnert. In diesem Kampf rieben Hunderte von Lakota-, Cheyenne- und Arapaho-Krieger eine von George Armstrong Custer befehligte Kompanie der 7. Kavallerie – immerhin 262 Mann und 3 indianische Scouts – auf. Schon 1879 ließ der Kriegsminister auf dem ehemaligen Schlachtfeld einen Nationalfriedhof errichten, der sich zu einem Wallfahrtsort für patriotische Amerikaner entwickelte. Ursprünglich bestand dieser Erinnerungsort in Montana aus einem 1881 errichteten Obelisken auf dem »Last Stand Hill«, dem Gräberfeld der Gefallenen, einem Militärfriedhof für weitere Soldaten der Indianerkriege und einem letzten Ruheort für die in der Schlacht umgekommenen Pferde der 7. Kavallerie.[250] Die Schlacht von Little Bighorn stellte die schwerste militärische Niederlage dar, welche die US-Armee in den Konflikten mit den American Indians im 19. Jahrhundert erlitt. Doch hier wurde der gefallene Kommandeur als tragischer Held in Szene gesetzt, der durch seinen Märtyrertod mithalf, die nördlichen Great Plains endgültig für die weiße Besiedlung zu öffnen.[251] Nichts erinnerte hingegen an die Sieger, nichts an ihre Anführer Crazy Horse, Gall und Two Moons und nichts an die 100 gestorbenen Krieger, Frauen und Kinder. Das Custer Battlefield National Monument, wie es seit 1946 hieß, ehrte nur die Toten der amerikanischen Seite.

Diese Einseitigkeit des Gedenkens war vielen American Indians schon lange ein Dorn im Auge. Vergeblich hatten Russell Means und seine Anhänger 1972, 1976 und 1982 versucht, auf dem weitläufigen Gelände eine Gedenktafel für die Sieger der Schlacht anzubringen.[252] Doch schließlich war am 25. Juni 1988 der vierte Versuch erfolgreich – durch eine wilde Aktion. Um eine Konfrontation mit den rund 150 anwesenden Indigenen zu vermeiden, ließ die Leitung der Gedenkstätte Russell Means und seine Leute gewähren. Die Inschrift der Gedenktafel, die sie in der Nähe des »Last Stand Hill« in den Boden einließen, besagte: »Zu Ehren unserer indianischen Patrioten, die die US-Kavallerie bekämpft und besiegt haben. Um unsere Frauen und Kinder vor dem Massenmord zu retten. Damit haben sie die Rechte auf unsere Homelands, Verträge und Souveränität bewahrt.«[253] Means' improvisierte Rede kulminierte in einer historisch falschen, nur auf die Empörungswirkung bedachten Analogie. »Können Sie sich ein in Jerusalem errichtetes Monument vorstellen«, fragte er in die Runde, »das die Namen von SS-Leuten und Nazi-Offizieren auflistet? Ein Hitler-Nationaldenkmal? Archäologen, Anthropologen und Historiker haben hier genau ein solches Denkmal errichtet für den Massenmörder Custer.«[254]

Nur wenige Jahre später verhalf Ben Nighthorse Campbell dem berechtigten Wunsch, auch an die indigene Seite zu erinnern, zum Durchbruch. Als einziger indigener Abgeordneter im Kongress betrachtete sich Campbell als Interessensvertreter aller First Peoples und hatte stets ein besonderes Ohr für deren Anliegen.[255] Zusammen mit dem Republikaner Ron Marlenee schmiedete er geschickt über die Parteigrenzen hinweg eine Allianz und brachte einen Gesetzesentwurf ein. Daraufhin änderte der Kongress den Namen der Stätte 1991 in Little Bighorn Battlefield National Monument und sprach sich dafür aus, sie durch ein »Indian Memorial« zu erweitern. Die Opposition dagegen fiel heftig aus. Senator Malcolm Wallop aus Wisconsin wetterte, dass diese Beschlüsse ein »Paradebeispiel für politische Korrektheit« seien und einem feigen »Appeasement« an den Zeitgeist gleichkämen.[256] Andere argwöhnten, dass dieses Ansinnen das Resultat einer »nationalen Schuldbewegung« sei.[257]

Selbst nach der Entscheidung von Repräsentantenhaus und Senat verstummten die Kritiker nicht. Allein schon aus patriotischen Motiven hielt es der Geschichtsprofessor Wayne M. Sarf für unangebracht, an einem Massengrab gefallener Kavalleristen an getötete

Indianer zu erinnern. Konservative Historiker wie er befürchteten eine »Indianisierung« der Gedenkstätte, ja des gesamten Geschichtsbildes. »Ein Teil der Wut der weißen Traditionalisten rührt von dem Gefühl her«, mutmaßte die *New York Times*, »dass sie die Kontrolle über die Geschichte verlieren.«[258] Doch mit der Einweihung des »Indian Memorial« am 25. Juni 2003 setzte sich eine vielstimmigere Perspektive auf die Vergangenheit durch. Auf den Hügeln des ehemaligen Schlachtfelds waren jetzt erstmals Grabsteine für gefallene indigene Krieger gesetzt worden. Das »Indian Memorial« selbst besteht aus einem aus Natursteinen gestalteten Rundbau, auf dem eine filigrane, von der Lakota-Künstlerin Colleen Cutschall geschaffene Eisenskulptur mit dem Namen »Spirit Warriors« angebracht ist. Die Skulptur zeigt drei in die Schlacht aufbrechende Krieger und eine Frau, die einem von ihnen einen Schild reicht. Sie symbolisieren die Lakota, Cheyenne und Arapaho, die sich dagegen wehrten, in Reservationen gezwungen zu werden.[259]

KOLUMBUS: DER WANKENDE NATIONALHELD

Amerikas Erinnerungskultur war in den ersten Jahren nach dem Ende des Kalten Krieges weit davon entfernt, »indianisiert« zu werden, und »indianisiert« präsentiert sie sich auch heute keineswegs. Seit den frühen 1990er Jahren zeigte sich in der amerikanischen Gesellschaft und Kultur allerdings eine mit der Zeit stärker werdende Tendenz, den First Peoples mit mehr Respekt zu begegnen. Etliche Filme kamen in die Kinos, die von einem neuen Interesse an ihren Kulturen zeugten. Kassenschlager wie *Der mit dem Wolf tanzt* (1990), *Der letzte Mohikaner* (1992) oder *Geronimo – Eine Legende* (1993) verbreiteten Bilder von »edlen Wilden«, die die American Indians in einem anderen, zum Teil auch humaneren Licht zeigten. Insbesondere Kevin Costners vielfach ausgezeichnetes Epos *Der mit dem Wolf tanzt* erzählte von der Sehnsucht nach einer Welt, in der die Indianer noch in Einklang mit der Natur gelebt hatten, bevor diese nach der Ankunft der Weißen für immer unterging.[260] Diese Veränderung hin zu mehr Achtung und multikultureller Toleranz zeigte sich in den 1990er Jahren auch in Teilen der amerikanischen Politik.

Im Sommer 1990 erklärte Präsident George H.W. Bush den Monat November zum »National American Indian Heritage Month« und begründete damit eine Gedenktradition, in deren Mittelpunkt das indigene Kulturerbe Nordamerikas steht. Während Bushs Präsidentschaft stimmte der Kongress überdies dem »Native American Grave Protection and Repatriation Act« zu, der alle Museen, Universitätsinstitute und Archive dazu anhält, aus Gräbern entwendete menschliche Überreste und Beigaben den First Peoples zurückzugeben, wenn diese es verlangten. Allein bis 2012 wurden auf dieser Grundlage sterbliche Überreste von 38 671 Menschen, 4303 heilige Objekte und weit über eine Million kleinere oder größere Grabbeigaben restituiert.[261] Einem »starken politischen Statement«[262] kam zudem die vom Kongress Ende November 1989 beschlossene Gründung des National Museum of the American Indian gleich.

In den Vereinigten Staaten hatte bis dahin kein einziges ausschließlich den indigenen Kulturen gewidmetes Museum existiert. Ausdrücklich sah das Gründungsgesetz vor, ein »lebendes Memorial für die Native Americans und ihre Traditionen«[263] zu schaffen. Nach fast 15-jähriger Planungs- und Bauzeit konnte das Museum im September 2004 seine Tore an der National Mall im Herzen Washingtons öffnen. Entworfen wurde der atemberaubende Sandsteinbau, der mit seinen sanft geschwungenen Linien den Pueblos des Südwestens nachempfunden ist, von dem Architekten Douglas Cardinal, einem Mitglied der kanadischen Blackfoot-Nation. Das Nationalmuseum dokumentiert die mehr als 12 000 Jahre umfassende Geschichte von 1200 indigenen Völkern in den beiden Amerikas und besitzt eine der weltweit umfangreichsten Sammlungen indigener Kunstschätze. Die Dauerausstellung streicht die kulturelle Vielfalt heraus und sendet die kraftvolle Botschaft aus, dass die First Peoples über reiche Kulturen verfügten und aller erlittenen Unbill zum Trotz überlebt haben. Dabei bleiben die Zusammenstöße mit den euroamerikanischen Eroberern seit 1513 nahezu ausgeblendet, wird die Geschichte der First Peoples doch fast ohne Bezug auf Dezimierung, Vertreibung und Kolonisation und die ihnen inhärenten Gewalt- und Leidenserfahrungen erzählt.[264]

In einem gewandelten Erinnerungsumfeld spielte sich 1992 auch das »Columbus Quincentenary« ab. Erstmals ging die Feier der Landung von Christoph Kolumbus auf Guanahani nicht ohne laute Nebengeräusche und heftige Kontroversen über die Bühne.[265] Die Idee, in Chicago eine weitere Weltausstellung zu Ehren des »Entdeckers der Neuen Welt« stattfinden zu lassen, scheiterte bereits im Ansatz, und die letztlich durchgeführten Gedenkanlässe fielen nur auf ein verhaltenes Publikumsinteresse.[266] Das war überraschend. Denn seit dem späten 19. Jahrhundert hatte Kolumbus in den USA als »großer Held der Weltgeschichte«, »Urvater der Nation« und idealtypische Verkörperung des visionären, risikobereiten, geschäftstüchtigen Amerikaners in allerhöchstem Ansehen gestanden.[267] Im Laufe der Jahre wurden ihm in Amerikas Städten zahlreiche Denkmäler gesetzt sowie Hunderte von Straßen und Dutzende von Orten nach ihm benannt, sodass er in dieser Hinsicht lange Zeit nur von George Washington übertroffen wurde. Im Jahr 1937 erklärte Präsident Franklin D. Roosevelt den »Columbus Day« zu einem nationalen Feiertag, der in manchen Städten bis heute mit Paraden begangen wird. Und noch Präsident Ronald Reagan ehrte den genuesischen Seefahrer in spanischen Diensten als »Erfinder des amerikanischen Traums«[268].

Zum ersten Mal überhaupt gelang es den »indigenen Eroberungsopfern« am Vorabend des 500. Jahrestages der »Entdeckung Amerikas«, sich mit ihrer kritischen Sicht auf Kolumbus' Rolle in der »Neuen Welt« Gehör zu verschaffen.[269] Wichtige Impulse dafür gingen von dem in Red Power-Kreisen viel gelesenen, schon bald in etliche Sprachen übersetzten Pamphlet *Columbus and Other Canni-*

bals des Universitätsdozenten Jack D. Forbes aus. In seiner schneidenden Kritik an der westlichen Zivilisation ließ Forbes kein gutes Haar an Kolumbus und rückte den amerikanischen Nationalhelden in die Nähe eines Nazi-Schwerverbrechers, weil dieser den Weg für die »weiße Eroberung« und eine fünf Jahrhunderte währende Geschichte von Genozid, Imperialismus und Ausbeutung geebnet habe.[270] Aus indigener Perspektive sei es deshalb einfach nur abartig, diesen Sklavenhändler und Massenmörder jedes Jahr offiziell an einem Feiertag zu ehren.[271]

Einen weiteren Stein des Protests brachten Russell Means und das AIM 1989 in Denver ins Rollen. Während sich der Festzug am 9. Oktober gerade durch die Hauptstadt Colorados wälzte, fanden sich Means und seine Leute zur ersten öffentlichen Demonstration gegen die traditionellen Feierlichkeiten zusammen.[272] Für ihre Gegenmanifestation wählten sie die Kolumbus-Statue im Civic Center Park aus. Unter den Augen der Polizei übergoss Means sie mit roter Farbe, während die Protestierenden an ihr verstümmelte Indianerpuppen anbrachten, um damit auf die »wahre Hinterlassenschaft« von Kolumbus aufmerksam zu machen.[273] In seiner Rede beschrieb der Politologieprofessor Glenn Morris Christoph Kolumbus – ähnlich wie Jack D. Forbes – als Verbrecher, der zum »Architekten einer Politik des Völkermords« wurde, »die bis heute in dieser Hemisphäre gegen die indianischen Völker fortgesetzt wird«.[274] Bei dieser ersten großen Protestkundgebung forderten die AIM-Leute erstmals die Beseitigung der Kolumbus-Statue in Denver.[275]

Von Denver ausgehend weiteten sich die Proteste in den folgenden Jahren auf zahlreiche Großstädte des Landes aus.[276] Denn Kolumbus zu ehren bedeute auch Völkermord, Rassismus und Sklaverei zu feiern, lautete die Losung der indigenen Erinnerungsaktivisten. Immer wieder trat an den Protestkundgebungen Russell Means auf, der dabei vor schrillen, historisch inkorrekten Vergleichen nicht zurückschreckte. Im Jahr 1989 führte er in einer seiner aus dem Stegreif gehaltenen Reden aus, dass Kolumbus Adolf Hitler wie einen »jugendlichen Delinquenten« aussehen lasse.[277] Nazi-Vergleiche gingen fortan ins argumentative Standardrepertoire der vom AIM gesteuerten Anti-Kolumbus-Proteste ein.[278] Doch so militant diese erscheinen mochten, erhoben ihre Wortführer im Grunde nur moderate Forderungen. Einerseits regten sie an, dass der »Columbus Day« durch einen inklusiveren Feiertag ersetzt werde, der die kulturelle Vielfalt in den Amerikas in den Mittelpunkt stelle. Andererseits forderten sie Behörden von Bund, Staaten und Gemeinden auf, antiindianische Symbole im öffentlichen Raum zu beseitigen und auf Kolumbus-Festumzüge zu verzichten. »Beginnend mit Kolumbus«, hieß es 1991 in einem gemeinsamen Statement von Russell Means und Glenn Morris, »bestehen wir auf der Entfernung von Statuen, Straßennamen, öffentlichen Parks und allen anderen öffentlichen Objekten, die darauf abzielen, die Zerstörer der indianischen Völker zu feiern oder zu ehren.«[279]

Rund um das 500-Jahr-Gedenken der »Entdeckung Amerikas« erhielten die Aktivisten des AIM Unterstützung aus der Welt der Literatur, Wissenschaft und Publizistik. In der *New York Times* rief der Schriftsteller Hans Koning dazu auf, das 500. Jubiläum von Kolumbus' Landung nicht zu feiern, sondern zu beklagen, weil sie eine Welle von »Gier, Grausamkeit, Sklaverei und Völkermord« in Gang gesetzt hätte.[280] Der an der University of Hawaii lehrende Historiker David E. Stannard veröffentlichte bei der Oxford University Press ein Buch mit dem reißerischen Titel *The American Holocaust. The Conquest of the New World*. Darin beschrieb er die Eroberung und Besiedlung der beiden Amerikas durch europäische Siedler und die dadurch bewirkte Katastrophe für die Indianer als »massivsten Akt des Völkermords in der Weltgeschichte«[281]. In die nämliche Kerbe hieb der Sachbuchautor Kirkpatrick Sale. In seiner Kolumbus-Biografie versuchte er nachzuweisen, dass die Invasion nach 1492 nicht nur die Vielfalt der indianischen Kulturen in einem unvergleichlichen Feuersturm kolonialer Gewalt zerstört, sondern letztlich auch zu einer »Eroberung des Paradieses« beigetragen hatte.[282]

Nach dem »Quincentenary« geriet Amerikas Erinnerungskultur zuerst unmerklich, seit dem Amtsantritt von Barack Obama aber spürbar in Bewegung.[283] Mit jedem Jahr sahen mehr US-Bürger in Kolumbus' Ankunft den Beginn einer schonungslosen Kolonisation, die das transatlantische System der Plantagensklaverei hervorbrachte und zur Vertreibung der American Indians aus ihren angestammten Lebensräumen führte. Konservative Kreise dagegen halten den genuesischen Seefahrer bis heute in Ehren, indem sie, wie der geschäftsführende Direktor des Ayn Rand Institute 1991, die Eroberung der »Neuen Welt« – historisch wenig informiert – damit rechtfertigen, dass es in den präkolumbianischen Zivilisationen nichts von Wert gegeben habe, das sich zu bewahren gelohnt hätte. »Vor 1492 war das Gebiet der heutigen Vereinigten Staaten nur dünn besiedelt, ungenutzt und unerschlossen«, meinte Michael S. Berliner stellvertretend. »Es gab kein Rad, keine Schriftsprache, wenig Landwirtschaft und kaum dauerhafte Besiedlung; dafür aber endlose, blutige Kriege. Von wenigen Ausnahmen abgesehen war das Leben hässlich, brutal und kurz.«[284] In einer Ansprache zum Unabhängigkeitstag pries Präsident Donald Trump Kolumbus 2019 als »großen Entdecker, dessen Mut, Geschick und Entdeckerdrang den Kern des amerikanischen Geistes ausmachen«.[285] Trotz oder gerade wegen aller Infragestellungen sprach sich im gleichen Jahr eine Mehrheit von 56 Prozent der erwachsenen US-Bürger dafür aus, dass Kolumbus auch weiterhin mit einem nationalen Feiertag geehrt wird.[286]

Doch in den politisch tief gespaltenen Vereinigten Staaten ist dies nur die eine Seite. Denn seit 1992 haben sich nahezu 20 Bundesstaaten, der District of Columbia, 130 Städte, viele Universitäten, Colleges und Schulen dazu entschlossen, dem Vorbild von South Dakota zu folgen und anstelle des »Columbus Day« einen »Indigenous Peoples Day« zu begehen.[287] Wie die meisten African Americans und fast alle Indigenen sehen mittlerweile liberale US-Bürger im ehemaligen Heros der westlichen Welt ein Symbol der kolonialen Unterdrückung und des Todes. Inzwischen ist vielen schmerzlich bewusst, dass Kolumbus zwischen 1492 und 1506 in der Karibik persönlich in die Versklavung und Ausrottung der Taino verwickelt war[288] und in Latein- und Nordamerika von 1492 bis 1600 geschätzte 55 Millionen Angehörige indigener Völker an Gewalt, Zwangsarbeit und von den Europäern eingeschleppten Krankheiten starben.[289]

Als wütende Aktivisten der »Black Lives Matter«-Proteste 2020 Dutzende von Denkmälern mit rassistischen und kolonialistischen Botschaften verwüsteten,[290] gingen auch etliche Kolumbus-Statuen zu Bruch: die in Boston wurde geköpft, die in St. Paul mit Seilen von ihrem Sockel gezerrt, jene in Richmond in einem See versenkt, viele andere mit Farbe oder Graffitis verunstaltet und mindestens 33 dauerhaft oder zeitweise weggeschafft.[291] So fragwürdig solche Akte des Vandalismus aus wissenschaftlicher Sicht sein mögen, sind sie im Kontext eines sich langsam Bahn brechenden Wandels der amerikanischen Erinnerungskultur zu sehen. Dabei tritt immer klarer hervor, dass es indigene Erinnerungsaktivisten waren, die seit den späten Red Power-Jahren als Erste gegen das alte weiße Kolumbus-Narrativ aufbegehrt haben. Auch wegen ihnen schaut ein größer werdender Teil der Amerikaner heute illusionsloser auf die von Licht *und* Schatten begleitete Entstehungsgeschichte der ersten modernen Republik und ihren Aufstieg zur Weltmacht.

7.

SCHLUSS

In Memphis, Tennessee beklagte Clyde Warrior 1967 den Zustand der Unfreiheit, in dem die First Peoples nach wie vor lebten. Vor einer staatlichen Kommission führte dieser »Prophet von Red Power«[1] aus, dass Vertreter eines fremden Staates den American Indians in den Reservationen und in den Armenvierteln der Großstädte seit Jahrzehnten sagten, was sie zu ihrem eigenen Besten zu tun hätten: »Es ist uns nicht erlaubt, jene grundlegenden menschlichen Entscheidungen über unser persönliches Leben und über das Schicksal unserer Gemeinschaften zu treffen, die das Kennzeichen freier, reifer Menschen sind […] Wir sind nicht frei. Wir treffen keine Entscheidungen. Unsere Entscheidungen werden für uns getroffen; wir sind die Armen. Für diejenigen von uns, die in Reservationen leben, werden diese Entscheidungen von Bundesverwaltern, Bürokraten und ihren ›Ja-Männern‹ getroffen, die euphemistisch Stammesregierungen genannt werden. Diejenigen von uns, die außerhalb der Reservationen leben, werden von den lokalen weißen Machteliten kontrolliert. Wir haben viele Machthaber. Sie heißen Sozialarbeiter, ›Cops‹, Lehrer, Kirchen […] Sie rufen uns zu Versammlungen, um uns zu sagen, was gut für uns ist und wie sie uns programmiert haben, oder sie kommen zu uns nach Hause, um uns zu belehren.«[2] Warriors Intervention *We Are Not Free* ging in die Protestgeschichte der USA ein; sie gehört zu den durchdachtesten Manifestationen indigenen Widerstandsgeistes im 20. Jahrhundert. Eindringlich insistierte sie auf dem Weiterbestehen einer kolonialen Situation, unter der die American Indians nach wie vor lebten. Einprägsam verdichtet enthielt Warriors Weckruf aber auch das, worum es allen indigenen Aktivisten und Aktivistinnen nach dem Zweiten Weltkrieg ging: um die Freiheit von der bleiernen Bevormundung durch die amerikanischen Machteliten und um die Selbstbestimmung der indigenen Nationen.

Die Fremdbestimmung über die First Peoples und ihre Unfreiheit gehörten zum Vermächtnis der territorialen Eroberung und kolonialen Unterwerfung, die die Geschichte der USA im ersten Jahrhundert ihres Bestehens entscheidend geprägt hatten.[3] Bei rechtem Licht besehen waren die Indianerreservationen nichts anderes als Relikte dieser Unterwerfung und inneren Kolonisation. Seit dem späten 19. Jahrhundert wurden sie zu Einfallstoren für alle in Washington beschlossenen Gesetze und vom Bureau of Indian Affairs vor Ort exekutierten Maßnahmen. Nach 1900 sahen sich die First Peoples überdies mehr und mehr vor die Situation gestellt, ihre »Homelands« gegen staatliche Auflösungsbemühungen verteidigen zu müssen, weil nur eine intakte Landbasis zusammen mit der Durchsetzung alter Vertragsrechte garantierte, Herr des eigenen Schicksals zu bleiben. Mit dem Terminationsprogramm lancierte die Eisenhower-Administration 1953 erneut eine Politik, die auf nichts weniger als die Abschaffung aller Reservationen und die Liquidierung der indigenen Kulturen, ja auf eine unwiderrufliche Lösung des »Indianerproblems« zielte – und dies mitten in der Epoche der weltweiten Dekolonisation. Erst nach zähem indigenem Widerstand scheiterte dieses Vorhaben gründlich und machte schließlich einer Reformagenda Platz.

Die Red Power-Ära war in den USA durch den »Aufstieg einer begrenzten indianischen Souveränität«[4] geprägt, die es auf dem amerikanischen Doppelkontinent so nur noch in Kanada gibt. Im Unterschied zur afroamerikanischen Bürgerrechtsbewegung um Martin Luther King ging es der Red Power-Bewegung nicht um absolute Gleichheit und gleiche Rechte mit den anderen US-Bürgern.

Ihr Hauptziel bestand darin, den indigenen Völkern wieder ein selbstbestimmtes Überleben in ihren »Homelands« zu sichern, und zwar außerhalb der Mehrheitsgesellschaft. George Manuel von der Shuswap Nation in British Columbia, dessen Buch *The Fourth World* auch in Aktivistenkreisen des südlichen Nachbarlandes Beachtung fand, umschrieb dieses zentrale Anliegen 1974 mit den Worten: »Für ein Volk, das [durch die euroamerikanische Invasion und Eroberung Nordamerikas, A. M.] von einem stolzen Zustand der Unabhängigkeit und Selbstversorgung herausgefallen ist, kann Fortschritt – substanzielle Veränderung – nur erreicht werden, wenn wir wieder diesen [früheren, A. M.] Grad von Sicherheit und Kontrolle über unsere eigenen Schicksale erreichen.«[5] Dafür sah es Manuel nicht für notwendig an, eins zu eins an die »Zeit der Großväter« anzuknüpfen, sondern »neue Formen« indigenen Überlebens zu finden, die sich an den ererbten Werten, am alten spirituellen Glauben und überhaupt am traditionellen Weg, die Welt zu verstehen, orientierten.[6]

Von Beginn an trat die Forderung nach indigener Selbstbestimmung in zwei Haupttypen auf. Eine Minderheit von American Indians, die bei den Six Nations, den Hopi und den Lakota besonders stark vertreten war, arbeitete auf die volle Souveränität ihrer indigenen Nationen hin und damit auf die völkerrechtlich anerkannte Unabhängigkeit von den USA. Noch die Abschlusserklärung der Genfer Konferenz von 1977 enthielt eine entsprechende Forderung. Und in einem Vortrag an der McGill University in Montréal rief der Seneca-Glaubenshüter Oren Lyons 1991 in Erinnerung, dass sich die First Peoples in Nordamerika immer schon als »souveräne und unabhängige Nationen«[7] verstanden hätten. Doch die Idee, eigene Staaten auf dem Hoheitsgebiet der USA zu errichten, war aussichtslos, weil sie von den Machtgegebenheiten auf dem Kontinent abstrahierte und die territoriale Integrität der USA infrage stellte – jenes heilige Gut aller klassischen Nationalstaaten. Weit mehr American Indians engagierten sich derweil für eine Autonomie innerhalb der USA, die sie mit dem »Indian Self-Determination and Education Assistance Act« von 1975 und auf ihn folgende Bundesgesetze teilweise eingeräumt bekamen. Dennoch blieb die Selbstbestimmung brüchig und ein voll ausgebauter Autonomiestatus, wie ihn beispielsweise die Provinz Québec innerhalb von Kanada oder Katalonien innerhalb von Spanien genießen, eine Illusion. Den Abbau von Bodenschätzen oder den Schutz der Umwelt vor ihrer Zerstörung durch Konzerne schloss die 1975 gewährte Selbstbestimmung nicht ein. Als der Tribal Council der Navajo Nation im April 2005 entschied, das Fördern und Verarbeiten von Uran auf dem Gebiet der gesamten Reservation für alle Zeiten zu verbieten, kam dies daher einer historischen Zäsur gleich: einem Akt von Umweltselbstbestimmung, der seinem Promotor den alternativen Nobelpreis einbrachte.

Eine entscheidende Erweiterung erfuhr das Selbstbestimmungskonzept in den späten 1970er Jahren durch die Women of All Red Nations (WARN). Im Unterschied zu den männlichen Red Power-Aktivisten fassten diese unter dem Zauberwort »Self-determination« weit mehr als nur die eigenverantwortliche Gestaltung von Gesellschaft, Wirtschaft, Kultur und Politik. Für sich als Frauen forderten sie auch »persönliche Souveränität« ein.[8] Im Unterschied zu den weißen Feministinnen der zweiten Frauenbewegung ging es den WARN jedoch nicht um Gleichberechtigung mit den Männern oder um individuelle Selbstverwirklichung. Zentral für sie war, dass das Überleben indigener Gemeinschaften bei den noch ungeborenen Generationen zu beginnen habe. Für intakte indigene Gemeinschaften seien deshalb selbstbewusste Frauen, eine selbstbestimmte Mutterschaft und eine eigenverantwortliche Kindererziehung existenziell wichtig.[9]

Aus diesem Impuls engagierten sie sich für physische Sicherheit und körperliche Unversehrtheit durch den Schutz vor krank machenden Wohnverhältnissen, Mangelernährung, verseuchtem Trinkwasser sowie industriellen Umweltschäden und gegen das staatliche Sterilisationsprogramm und behördliche Fremdplatzierungen indigener Kinder.[10]

Festzuhalten bleibt, dass nicht nur die Zeit vor der Unterwerfung der First Peoples durch die USA, sondern auch das Jahrhundert danach von indigener Widerständigkeit durchwirkt war, wenn auch vor dem Zweiten Weltkrieg schwächer und punktueller als danach. Mehr oder weniger folgte dieser Widerstand dabei den internationalen Konjunkturen des Protests gegen die imperiale Weltordnung. Geschickt bediente er sich meist moderner Methoden, die früh darauf abzielten, eine größere Öffentlichkeit für ihre Anliegen zu sensibilisieren. Die andere Entdeckung ist die, dass der indigene Widerstand in den USA über die Jahrzehnte äußerst vielfältig auftrat. Er konnte sich in Teilnahmen an verbotenen Zeremonien, Missachtungen von BIA-Anordnungen, Senatsanhörungen, Gerichtsklagen, Paraden und Kriegsdienstverweigerungen ebenso manifestieren wie in Gedichten, Essays, Folk- und Rocksongs, Graffitis, Fish-ins, Blockaden von Straßen und Brücken, Besetzungen von zentralen Erinnerungsorten, Auftritten vor internationalen Organisationen, Unabhängigkeitserklärungen oder dem Pflegen von Gegengedächtnissen. Fast immer erfolgten Widerstand und Protest unbewaffnet, oft jedoch in Form von symbolischen Gesetzes- oder Normübertretungen. Die große Ausnahme bildete 1973 die 71 Tage währende Konfrontation in Wounded Knee, die Züge einer bewaffneten Erhebung trug.

So viel Gegenwind dem indigenen Aktivismus zwischen 1911 und 1992 auch entgegenblies, seine Gesamtbilanz fällt alles andere als ernüchternd aus.[11] Dass die First Peoples alle Attacken auf ihr kulturelles Anderssein überlebt haben, ihre Gemeinschaften heute so selbstbestimmt leben wie nie seit der frühen Reservationszeit und sie von wachsenden Teilen der Mehrheitsgesellschaft respektvoller behandelt werden, verdanken sie auch der Handlungsmacht von zahlreichen Aktivisten und Aktivistinnen. Zum historischen Vermächtnis der Red Power-Zeit gehört eine bleibende Selbstermächtigung der First Peoples. Über die Jahre haben diese immer besser gelernt, sich mit modernen Mitteln gegen die Zumutungen der Mehrheitsgesellschaft zu wehren. Heute ist es viel schwerer, an ihnen vorbeizukommen, als vor 1960, lassen sie sich doch nicht mehr so einfach lenken wie Treibholz in einem See. Selbstbewusst schrieb der im Acoma Pueblo aufgewachsene Simon J. Ortiz in seinem Gedichtband *Fight Back* (1980): »Nur wenn wir keine Angst haben, gegen die Zerstörer, Diebe, Lügner und Ausbeuter zu kämpfen, die von Land und Leuten reichlich profitieren, werden wir wissen, was Liebe und Mitgefühl sind. Nur wenn die Menschen dieser Nation, nicht nur die indianischen Menschen, für das kämpfen, was gerecht und gut für alles Leben ist, werden wir das Leben und seinen Fortbestand kennenlernen. Und wenn wir kämpfen und diejenigen zurückschlagen, die auf die Zerstörung von Land und Menschen aus sind, werden wir gewinnen. Wir werden gewinnen.«[12]

ANHANG

DANK

Bücher zu schreiben gleicht einem Marathonlauf, bei dem viel Durchhaltevermögen gefragt ist. Auf dem Weg ins Ziel habe ich unzählige Anregungen, Auskünfte und hilfreiche Feedbacks erhalten. Ich danke all jenen herzlich, die mich an ihrem Wissen und ihrer Weisheit teilhaben ließen und mir das Schreiben dadurch erleichterten, dass sie mir ihre Zeit schenkten: Insbesondere Ernie LaPointe, Doug George-Kanentiio, Jim White, Vance Blacksmith (†), Lita Ferguson, Amos Key, Colin G. Calloway und Leo Schelbert (†), meinen wichtigsten Gesprächspartnern in den USA und Kanada. Für ihr Interesse, ihre Ermunterung und ihre nützlichen Kommentare danke ich ebenso herzlich meinen Freunden diesseits des Atlantiks: Brigitte Baur, Norbert Finzsch, Jon Mathieu, Georg Kreis, Mario König (†), Heiko Haumann, Jürg Helbling, Jakob Tanner, Helena Nyberg, Sacha Zala, Michele Luminati, Patrick Kury, Daniel Speich, Oliver Brandt, Georg Riedler, Iris Herzig, Priska Friedli, Albert M. Debrunner, Monika Barmettler, Nathalie Amstutz, Caroline Probst, Daniel Allemann, Anna de Quervain, Giulia Jung und Danielle Berthet. Rachel Huber und Manuel Menrath, meinen beiden großartigen Forschungsmitarbeitern am Historischen Seminar Luzern, gebührt Tausend Dank. Mit ihnen stand ich jahrelang in einem inspirierenden Austausch, und aus ihren Einsichten habe ich für meine eigene Darstellung hinzugelernt. Mit Manuel habe ich drei unvergessliche Reisen durch Kanada und die USA unternommen, auf denen wir mit etlichen American Indians ins Gespräch kamen. Mit seinen stets zu euphorischen

Rückmeldungen zu den ersten Textentwürfen hat er mich beflügelt, diese selbstkritisch zu prüfen. Rachel hat meinen Blick für die bislang unterbelichtete weibliche Seite der Red Power-Bewegung geschärft, mich für die internationale Dimension des Themas sensibilisiert und das ganze Manuskript klug kommentiert. Bedanken möchte ich mich auch dafür, dass ich die erste »petite histoire« in diesem Buch, jene, die vom Widerstand der Crow handelt, im Zürcher Nordamerika Native Museum (NONAM) während einer Lesung meines Buches *Verlorene Welten* erstmals vorstellen konnte. Wie immer als hilfreich erwies es sich, die Untersuchungsanlage im Kolloquium »Globalgeschichte« des Historischen Seminars Luzern mit interessierten Forschenden diskutieren zu können. Ein herzliches Dankeschön geht an Dr. Christoph Selzer, der bei Klett-Cotta auch die Entstehung dieses Buches überaus professionell und motivierend begleitet hat, an Michael Lenkeit für sein sorgfältiges Lektorat, an Petra Glockner für ihr aufmerksames Korrektorat und an Julian Hermann für die engagierte Bildrecherche. Ohne die zähe Kärrnerarbeit all jener Historikerinnen und Historiker jedoch, deren Werke in der Bibliografie verzeichnet sind, hätte mein Syntheseversuch so gar nicht erst entstehen können. Dafür stehe ich in ihrer tiefen Dankesschuld.

ABKÜRZUNGEN

AIM	American Indian Movement
AIDA	American Indian Defense Association
ANCSA	Alaska Native Claims Settlement Act
BIA	Bureau of Indian Affairs (vor 1947: OIA)
CARE	Citizens Against Ruining our Environment
CNL	Coalition for Navajo Liberation
FBI	Federal Bureau of Investigation
GOON	Guardians of the Oglala Nation
IDLA	Indian Defense League of America
IHS	Indian Health Service
IITC	International Indian Treaty Council
IRA	Indian Reorganization Act
NCAI	National Congress of American Indians
NGO	Nichtregierungsorganisation (Non-governmental Organization)
NIYC	National Indian Youth Council
OIA	Office of Indian Affairs (ab 1947 BIA)
OSCRO	Oglala Sioux Civil Rights Organization
RECA	Radiation Exposure Compensation Act
SAIA	Survival of American Indians Association
SNCC	Student Nonviolent Coordinating Committee
UNO	Vereinte Nationen (United Nations Organization)
WARN	Women of All Red Nations

ANMERKUNGEN

EINLEITUNG

1 Brian Wright-McLeod, *The Encyclopedia of Native Music*, Tuscon 2005, S. 215 ff.; Donald L. Fixico, *American Indians in a Modern World*, Lanham, New York 2008, S. 132.
2 XIT, *The Plight of the Redman*, Los Angeles 1972, B4.
3 Jan Johnson, »›We were all wounded at Wounded Knee‹. The Engaged Resistance of Folk and Rock in the Red Power Era«, in: Jeff Berglund u. a. (Hg.), *Indigenous Pop. Native American Music from Jazz to Hip Hop*, Tucson 2016, S. 104.
4 Craig Harris, *Heartbeat, Warble, and the Electric Powwow. American Indian Music*, Norman 2016, S. 172–177.
5 XIT, *Silent Warrior*, Los Angeles 1973, A1.
6 Jonathan Lear, *Radikale Hoffnung. Ethik im Angesicht kultureller Zerstörung*, Berlin 2020, S. 10.
7 Theda Perdue, Michael D. Green, *North American Indians. A Very Short Introduction*, Oxford 2010, S. XV.
8 Alexander Ewen, Jeffrey Wollock, *Encyclopedia of the American Indian in the Twentieth Century*, Albuquerque 2015, S. XIII ff.
9 Paul C. Rosier, »Surviving in the Twentieth Century, 1890–1960«, in: Frederick E. Hoxie (Hg.), *The Oxford Handbook of American Indian History*, Oxford, New York 2016, S. 112. Vgl. als Fallbeispiel dafür den Roman des indigenen Schriftstellers Tommy Orange, *Dort dort*, München 2019, und seine soziologischen Feststellungen im Prolog, S. 15 ff.
10 David Treuer, *The Heartbeat of Wounded Knee. Native America from 1890 to the Present*, London 2019, S. 287 f.
11 Ella Deloria, *Speaking of Indians* (1944), Lincoln, London 1998, S. 144.
12 Donald L. Fixico, *Indian Resilience and Rebuilding. Indigenous Nations in the Modern American West*, Tucson 2013, S. 5; Thomas Schwarz, »Hy-

briditât/Hybridisierung«, in: Dirk Göttsche u. a. (Hg.), *Handbuch Postkolonialismus und Literatur*, Stuttgart 2017, S. 156 u. 159.

13 Chris Eyre, »A Youth Renaissance for Native Americans«, in: *Smithsonian Magazine*, August 2010. URL: https://www.smithsonianmag.com/travel/a-youth-renaissance-for-native-americans-1014139/.

14 Peter Iverson, *»We Are Still Here.« American Indians in the Twentieth Century*, Wheeling 1998, S. 2.

15 Robert K. Thomas, »Colonialism: Classic and Internal«, in: *New University Thought* 4 (1966/67), S. 37–44.

16 Ebda., S. 39.

17 Henning Melber, »Agency«, in: Göttsche, *Handbuch Postkolonialismus und Literatur*, S. 128 ff.

18 »Activism«, in: *Cambridge Dictionary*. URL: https://dictionary.cambridge.org/de/worterbuch/englisch/activism.

19 Vine Deloria, Jr., *Behind the Trail of Broken Treaties. An Indian Declaration of Independence* (1974), Austin 2000, S. 2.

20 Frederick E. Hoxie (Hg.), *Talking Back to Civilization. Indian Voices from the Progressive Era*, Boston, New York 2001.

21 Joseph Marshall III, »Introduction to the New Bison Book Edition«, in: Luther Standing Bear, *Land of the Spotted Eagle* (1933), Lincoln, London 2006, S. VIII f.; Charles Alexander Eastman, *From the Deep Woods to Civilization* (1916), Mineola 2003, S. 18.

22 Norbert Frei, *1968. Jugendrevolte und globaler Protest*, München 2008, S. 31–75.

23 Vgl. zu Begriff und Konzept: Jürgen Habermas, »Ziviler Ungehorsam – Testfall für den demokratischen Rechtsstaat. Wider den autoritären Legalismus in der Bundesrepublik«, in: Peter Glotz (Hg.), *Ziviler Ungehorsam im Rechtsstaat*, Frankfurt am Main 1983, S. 29–53.

24 Daniel M. Cobb, *Native Activism in Cold War America. The Struggle for Sovereignty*, Lawrence 2008.

25 »Red Power Movement«, in: Ewen, Wollock, S. 351.

26 Vgl. Ronald Niezen, *The Origins of Indigenism. Human Rights and the Politics of Identity*, Berkeley, Los Angeles 2003.

27 Constance C. Poten, »Robert Yellowtail, the New Warrior«, in: *Montana. The Magazine of Western History* 39 (1989), S. 36.

28 Frederick E. Hoxie, *Parading through History. The Making of Crow Nation in America, 1805–1935*, Cambridge, New York 1997, S. 167.

29 »Yellowtail, Robert Summers (1889–1988)«, in: Ewen, Wollock, *Encyclopedia of the American Indian in the Twentieth Century*, S. 481 f.

30 Hoxie, *Parading through History*, S. 253–262.

31 Frank B. Linderman (Hg.), *Plenty Coups: Chief of the Crows (1930)*, 2. Auflage, Lincoln, London 2002, S. 124.

32 Näheres dazu bei: Andrew Isenberg, *The Destruction of the Bison. An Environmental History, 1750–1920*, Cambridge, New York 2000; Michael Punke, *Die letzten Bisons. Ein Mann und sein Kampf für den amerikanischen Westen*, München, Berlin 2017.

33 C. Adrian Heidenreich, »Plenty Coups (1848–1932)«, in: David J. Wishart (Hg.), *Encyclopedia of the Great Plains Indians*, Lincoln, London 2007, S. 156 f.

34 Linderman (Hg.), *Plenty Coups: Chief of the Crows*, S. 169.

35 Hoxie, *Parading through History*, S. 227.

36 Zitiert in: Vine Deloria Jr., *God Is Red. A Native View of Religion* (1973), Golden 2003, S. 146.

37 Deloria, *God Is Red*, S. 61.

38 Linderman (Hg.), *Plenty Coups: Chief of the Crows*, S. 175 u. 179.

39 »Robert Yellowtail Calls for Self-Determination (1919)«, in: James E. Seelye Jr., Steven A. Littelton (Hg.), *Voices of the American Indian Experience*, Bd. 2, Santa Barbara, Denver 2013, S. 475.

40 Ebda.

41 Ebda., S. 476.

42 Ebda.

43 Ebda.

44 Hoxie, *Parading through History*, S. 227 u. 263.

45 Hoxie, *Talking Back to Civilization*, S. 171.

46 Flannery Burke, *A Land Apart. The Southwest and the Nation in the Twentieth Century*, Tucson 2017, S. 105.

47 Trent Crable, »Self-Determination«, in: Paul Finkelman, Tim Alan Garrison (Hg.), *Encyclopedia of United States Indian Policy and Law*, Bd. 2, Washington, D. C. 2009, S. 697–702.

48 Joseph Medicine Crow, *Mein Volk, die Krähen-Indianer. Die Stammesgeschichte der Absarokee*, 2. Auflage, München 1994, S. 119; Rodney Frey, »Crow«, in: Mary B. Davis (Hg.), *Native America in the Twentieth Century. An Encyclopedia*, New York, London 1996, S. 153.

49 Carrie McCleary, »Of Horses and Men. Superintendent Asbury's Deadly Assault on the Crow«, in: *Tribal College. Journal of American Indian Higher Education*, Frühling 2003. URL: https://tribalcollegejournal.org/horses-men-superintendent-asbury%E2%80%99s-deadly-assault-crow/.

50 Medicine Crow, *Mein Volk*, S. 119.

51 Zahlen bei: National Congress of American Indians, *Tribal Nations and the United Nations. An Introduction*. URL: http://www.ncai.org/tribalnations/introduction/Tribal_Nations_and_the_United_States_An_Introduction-web-.pdf, S. 8 f.

52 Claus Biegert, »Fünf Jahre für eine Woche«, in: Ders., Elke Stolhofer (Hg.), *Der Tod, der aus der Erde kommt. Zeugnisse nuklearer Zerstörung – Ureinwohner der Erde beim World Uranium Hearing*, Salzburg, München 1993, S. 12.

53 Petra Krumme, »Die letzte Jagd«, in: *Süddeutsche Zeitung*, 13. Oktober 2019.

54 Vgl. zu deren Erkenntnischancen und Problematik: Heiko Haumann, »Geschichte, Lebenswelt, Sinn. Über die Interpretation von Selbstzeugnissen«, in: Ders., *Lebenswelten und Geschichte. Zur Theorie und Praxis der Forschung*, Wien, Köln 2012, S. 85–95.

55 Exemplarisch dafür: Manuel Menrath, *Unter dem Nordlicht. Indianer aus Kanada erzählen von ihrem Land*, Berlin 2020.

56 Duden, *Bd. 5: Fremdwörterbuch*, 7. Auflage, Mannheim, Leipzig 2001, S. 863; Gerd Braune, *Indigene Völker in Kanada. Der schwere Weg zur Verständigung*, Berlin 2020, S. 20.

57 Näheres dazu in: Aram Mattioli, *Verlorene Welten. Eine Geschichte der Indianer Nordamerikas 1700–1910*, Stuttgart 2017, S. 31 f.

58 Vgl. dazu etwa: Amanda Blackhorse, »Do You Prefer ›Native Americans‹ or ›American Indian‹?«, in: *Indian Country Today*, 23. Mai 2015. URL: https://newsmaven.io/indiancountrytoday/archive/blackhorse-do-you-prefer-native-american-or-american-indian-kHWRPJqIGU6X3FTVdMi9EQ/.

59 URL: https://americanindian.si.edu/nk360/pdf/Impact-of-Words-Tips-for-Using-Appropriate-Terminology.pdf.

60 Heike Bungert, *Die Indianer. Geschichte der indigenen Nationen in den USA*, München 2020, S. 9; Christof Mauch, *Paradise Blues. Reisen in die Natur und die Geschichte der USA*, München 2022, S. 13.

61 Vgl. Vine Deloria Jr., *Custer Died For Your Sins. An Indian Manifesto* (1969), Norman 1988.

62 Stefan Rinke, *Kolumbus und der Tag von Guanahani. 1492: Ein Wendepunkt der Geschichte*, Stuttgart 2013, S. 14 f.; Paul Jentz, *Seven Myths of Native American History*, Indianapolis 2018, S. XIV.

63 Vgl. dazu: Robert F. Berkhofer Jr., *The White Man's Indian. Images of the American Indian from Columbus to the Present*, New York 1978; Denise

Wheeler, *Deutsche Indianer. Eine kleine Kulturgeschichte über Freiheit, Blutsbrüder und letzte Mohikaner*, Berlin 2016.

64 Vgl. Roxanne Dunbar-Ortiz, *An Indigenous Peoples' History of the United States*, Boston 2014, S. XIII f.; Survival International, *Terminologie*. URL: https://www.survivalinternational.de/ueberuns/terminologie; Bungert, *Die Indianer*, S. 9.

65 Ähnlich ist die Benennungspraxis für Afroamerikaner bei: Norbert Finzsch, James O. Horton, Lois E. Horton, *Von Benin nach Baltimore. Die Geschichte der African Americans*, Hamburg 1999, S. 13 f.; als Beispiel für den neuen Sammelbegriff »First Peoples«: Colin G. Calloway, *First Peoples. A Documentary Survey of American Indian History*, 4. Auflage, Boston, New York 2012.

66 Kent Nerburn, *Nicht Wolf nicht Hund. Auf vergessenen Pfaden mit einem alten Indianer*, München 2018, S. 65; vgl. für die literarische Einschätzung die Rezension von Harald Eggebrecht, »Schweig lieber«, in: *Süddeutsche Zeitung*, 11. November 2018.

NACH DER EROBERUNG

1 Bernd C. Peyer, *»The Thinking Indian«. Native American Writers, 1850s–1920s*, Frankfurt am Main, Berlin 2007, S. 274 f.; »Arthur C. Parker«, in: Bruce Elliott Johansen, Barbara Alice Mann (Hg.), *Encyclopedia of the Haudenosaunee (Iroquois Confederacy)*, Westport, London 2000, S. 235 ff.

2 Arthur C. Parker, »The Social Elements of the Indian Problem«, zitiert in: James E. Seelye Jr., Steven A. Littelton (Hg.), *Voices of the American Indians Experience*, Bd. 2, Santa Barbara, Denver 2013, S. 448.

3 Ebda., S. 449 u. 455.

4 Ebda, S. 452.

5 Peyer, *»The Thinking Indian«*, S. 274 ff.

6 Jeffrey Ostler, *The Plains Sioux and U.S. Colonialism from Lewis and Clark to Wounded Knee*, 7. Auflage, Cambridge, New York 2011, S. 150.

7 Klaus Frantz, *Die Indianerreservationen in den USA*, 2. Auflage, Stuttgart 1995, S. 52.

8 Ebda., S. 46.

9 Ebda., S. 34.

10 C. Matthew Snipp, »The Changing Political and Economic Status of

the American Indians. From Captive Nations to Internal Colonies«, in: *The American Journal of Economics and Sociology* 45 (1986), S. 145–158.

11 Vine Deloria Jr., *We Talk, You Listen* (1970), Lincoln, London 2007, S. 109.

12 Jack D. Forbes, »Colonialism as a Theme in American Indigenous Writing«, in: Steve Pavlik (Hg.), *A Good Cherokee, a Good Anthropologist. Papers in Honor of Robert K. Thomas*, Los Angeles 1998, S. 241–259, bes. 244 ff.

13 Jürgen Osterhammel, Jan C. Jansen, *Kolonialismus. Geschichte, Formen, Folgen*, 7. Auflage, München 2012, S. 20.

14 Thomas J. Morgan, »Statement on Indian Policy«, 1. Oktober 1889, zitiert in: Francis Paul Prucha (Hg.), *Americanizing the American Indians. Writing by the »Friends of the Indian«, 1880–1900*, Cambridge 1973, S. 75.

15 Tom Holm, *The Great Confusion. Native Americans & Whites in the Progressive Era*, Austin 2005, S. 11–22.

16 Theodore Roosevelt, »State of the Union 1902 – 2 December 1902«, in: *American History from Revolution to Reconstruction and beyond*. URL: http://www.let.rug.nl/usa/presidents/theodore-roosevelt/state-of-the-union-1902.php.

17 Margaret D. Jacobs, *White Mother to a Dark Race. Settler Colonialism, Maternalism, and the Removal of Indigenous Children in the American West and Australia, 1880–1940*, Lincoln, London 2009; Brian Titley, *A Narrow Vision. Duncan Campbell Scott and the Administration of Indian Affairs in Canada*, Vancouver 1986; John S. Milloy, *A National Crime. The Canadian Government and the Residential School System, 1879 to 1986*, Winnipeg 1999.

18 Holm, *Great Confusion*, S. 34–45; Thomas C. Maroukis, *The Peyote-Road. Religious Freedom and the Native American Church*, Norman 2010, S. 32 ff.

19 Vgl. David Wallace Adams, *Education for Extinction. American Indians and the Boarding School Experience 1875–1928*, Lawrence 1995; Frederick E. Hoxie, *A Final Promise. The Campaign to Assimilate the Indians, 1880–1920*, Lincoln 2001; Ward Churchill, *Kill the Indian, Save the Man. The Genocidal Impact of American Indian Residential Schools*, San Francisco 2004; Brenda J. Child, *Boarding School Seasons. American Indian Families 1900–1940*, Lincoln, London 2012.

20 *Federal Indian Boarding School Initiative. Investigative Report*, Mai 2022, S. 54 ff. URL: https://www.bia.gov/sites/default/files/dup/inline-files/bsi_investigative_report_may_2022_508.pdf.

21 Andrea Smith, »Soul Wound. The Legacy of Native American Schools«, in: *Amnesty International Magazine*, 26. März 2007. URL: https://laratracehentz.wordpress.com/2015/10/09/soul-wound-the-legacy-of-native-american-schools/.

22 »The Dawes Act (1887): An Act to Provide for the Allotment of Lands in Severalty to Indians on the Various Reservations«, in: Seelye, Littleton, *Voices*, Bd. 2, S. 363–367.

23 Karl Schlögel, »Jeffersons Karte: Die Matrix der amerikanischen Demokratie«, in: Ders., *Im Raume lesen wir die Zeit. Über Zivilisationsgeschichte und Geopolitik*, München, Wien 2003, S. 177–188, hier S. 188.

24 Leonard A. Carlson, »Allotment in Severalty«, u. Emily Greenwald, »General Allotment Act (Dawes Act) of 1887«, in: Paul Finkelman, Tim Alan Garrison (Hg.), *Encyclopedia of United States Indian Policy and Law*, Bd. 1, Washington 2009, S. 70 ff. u. 336 f.; Aram Mattioli, *Verlorene Welten. Eine Geschichte der Indianer Nordamerikas 1700–1910*, Stuttgart 2017, S. 306–319.

25 Theodore Roosevelt, »State of the Union 1901 – 3 December 1901«, in: *American History from Revolution to Reconstruction and beyond*. URL: http://www.let.rug.nl/usa/presidents/theodore-roosevelt/state-of-the-union-1901.php.

26 Leonard A. Carlson, »Allotment in Severalty«, in: Finkelman, Garrison, *Encyclopedia*, Bd. 1, S. 70 u. 72.

27 Health, »American Indian«, in: Ewen, Wollock, *Encyclopedia*, S. 194.

28 Donald L. Fixico, *American Indians in a Modern World*, Lanham, New York 2008, S. 203.

29 Benjamin R. Brady, Howard M. Bahr, »The Influenza Epidemic of 1918–1920 among the Navajos. Marginality, Mortality, and the Implications of Some Neglected Eyewitness Accounts«, in: *American Indian Quaterly* 38 (2014), S. 459 u. 461.

30 Ebda., S. 484.

31 Ebda., S. 482 f.

32 Gregory M. Campbell, »Disease«, in: Finkelman, Garrison, *Encyclopedia*, Bd. 1, S. 264.

33 David H. Dejong, *»If You Knew the Conditions.« A Chronicle of the Indian Health Care, 1908–1955*, Lanham, Boulder 2011, S. 91–107.

34 Ebda., S. 57.

35 Ebda., S. 24.

36 Ebda., S. 23.

37 Institute for Government Research, *The Problem of Indian Administra-*

tion. Report of a Survey made at the request of Honorable Hubert Work, Secretary of the Interior, and submitted to him, February 21, 1928, Baltimore 1928, S. 3.

38 Ebda., S. 3 ff.

39 Ebda.

40 Ebda., S. 6.

41 Ebda., S. 7.

42 Ebda., S. 86.

43 Ebda., S. 87.

KOLONIALE FREMDBESTIMMUNG VOR UND WÄHREND DES NEW DEAL

1 Vgl. Ronald Niezen, *The Origins of the International Movement of Indigenous Peoples*, Berkeley, London 2003, S. 29.

2 Gustav Spiller (Hg.), *Papers on Inter-Racial Problems, Communicated to the First Universal Races Congress, Held at the University of London, July 26–29, 1911*, London 1911, S. V.

3 Gabriele Schirbel, *Strukturen des Internationalismus. First Universal Races Congress, London 1911. Der Weg zur Gemeinschaft der Völker*, Bd. 2, Münster 1991, S. 911 ff. u. 1121 ff.

4 Madeleine Herren, *Hintertüren zur Macht. Internationalismus und modernisierungsorientierte Außenpolitik in Belgien, der Schweiz und den USA 1865–1914*, München 2000, S. 27.

5 Kyle T. Mays, »Transnational Progressivism: African Americans, Native Americans, and the Universal Races Congress of 1911«, in: *The American Indian Quarterly* 37 (2013), S. 241–261.

6 W. E. B. Du Bois, *The Suppression of the African Slave Trade to the United States 1638–1879*, New York 1896.

7 W. E. B. Du Bois, »The Negro Race in the United States of America«, in: Spiller, *Papers on Inter-Racial Problems*, S. 361 u. 364.

8 Raymond Wilson, *Ohiyesa. Charles Eastman, Santee Sioux*, Urbana, Chicago 1999, S. 150 u. 192.

9 Charles Alexander Eastman, *From the Deep Woods to Civilization* (1916), Mineola 2003, S. 5.

10 Ebda., S. 6.

11 Vgl. Jerome A. Geene, *American Carnage. Wounded Knee, 1890*, Norman 2014, S. 299, 302 u. 304.

12 Zum literarischen Werk: Peyer, »The Thinking Indian«, S. 252–360.

13 Charles A. Eastman, »The North American Indian«, in: Spiller, *Papers on Inter-Racial Problems*, S. 367 ff.

14 Ebda., S. 373 f.

15 Ebda., S. 374.

16 Jörn Leonhard, *Der überforderte Frieden. Versailles und die Welt 1918–1923*, München 2018, S. 526–539.

17 Thomas A. Britten, *American Indians in World War I. At War and at Home*, Albuquerque 1999, S. 62.

18 Paul C. Rosier, *Serving Their Country. American Indian Politics and Patriotism in the Twentieth Century*, Cambridge, London 2009, S. 53.

19 Manfred Berg, *Woodrow Wilson. Amerika und die Neuordnung der Welt*, München 2017, S. 118.

20 Ausführlich dazu: Erez Manela, *The Wilsonian Moment. Self-Determination and the International Origins of Anticolonial Nationalism*, Oxford, New York 2007.

21 Jörg Fisch, *Das Selbstbestimmungsrecht der Völker. Die Domestizierung einer Illusion*, München 2010, S. 154 f.

22 Robert Gerwarth, *Die Besiegten. Das blutige Erbe des Ersten Weltkriegs*, München 2017, S. 277.

23 Ebda.; Alysa Landry, »Woodrow Wilson: ›The Great White Father Now Calls You His Brothers‹«, in: *Indian Country Today*, 12. Juli 2016.

24 Michel Marbeau, *La Société des Nations. Vers un monde multilatéral 1919–1946*, Tours 2017, S. 61 f.

25 Antoinette Iadarola, »Ethiopia's Admission into the League of Nations: An Assessment of Motives«, in: *The International Journal of African Historical Studies* 8 (1975), S. 601–622, hier S. 620.

26 Christoph Cornelissen, *Europa im 20. Jahrhundert*, Frankfurt am Main 2020, S. 128 f.

27 Näheres dazu in: Michael Goebel, *Anti-Imperial Metropolis. Interwar Paris and the Seeds of Third World Nationalism*, Cambridge 2015.

28 Donald B. Smith, »Deskaheh (Levi General)«, in: Ramsey Cook, Real Belanger (Hg.), *Dictionary of Canadian Biography*, Bd. 15, Toronto 1998, S. 280.

29 Joshua Keating, *Invisible Countries. Journeys to the Edge of Nationhood*, New Haven, London 2018, S. 10; »Montevideo Convention«, in: *Encyclopedia Britannica*. URL: https://www.britannica.com/event/Montevideo-Convention.

30 Harry Schüler, *Irokesen. Zur Kultur, Geschichte und Gegenwart*, Petersberg 2014, S. 15 u. 17–23.

31 Daniel K. Richter, *The Ordeal of the Longhouse. The Peoples of the Iroquois League in the Era of European Colonization*, Chapel Hill, London 1992, S. 30.

32 Vgl. zur frühen Geschichte der Six Nations: Richter, *Ordeal of the Longhouse*; Dean R. Snow, *The Iroquois*, Malden, Oxford 1996; William Nelson Fenton, *The Great Law and the Longhouse. A Political History of the Iroquois Confederacy*, Norman 1998.

33 Schüler, *Irokesen*, S. 24.

34 Douglas George-Kanentiio, »Wie die Irokesen regieren: Die politische Kultur des Irokesenbundes«, in: *Auf den Spuren der Irokesen*, hg. von der Kunst- und Ausstellungshalle der Bundesrepublik Deutschland, Berlin 2013, S. 109.

35 Timothy J. Shannon, *Iroquois Diplomacy on the Early American Frontier*, New York 2008.

36 »Iroquois Confederacy«, in: *Encyclopedia Britannica*. URL: https://www.britannica.com/topic/Iroquois-Confederacy.

37 Colin G. Calloway, *The American Revolution in Indian Country. Crisis and Diversity in Native American Communities*, Cambridge, New York 1995, S. XIII.

38 Gary B. Nash, *The Unknown American Revolution. The Unruly Birth of Democracy and the Struggle to Create America*, London 2005, S. 347.

39 Barbara Alice Mann, *George Washington's War on Native America*, Lincoln, London 1998, S. 58–106; Glenn F. Williams, *Year of the Hangman. George Washington's Campaign Against the Iroquois*, Yardley 2005, S. 240–263; Colin G. Calloway, *The Indian World of George Washington. The First President, the First Americans, and the Birth of Nation*, Oxford, New York 2018, S. 235–259.

40 Calloway, *American Revolution*, S. 129–141.

41 Vgl. Isabel T. Kelsay, *Joseph Brant, 1743–1807. Man of Two Worlds*, Syracuse 1984; James Paxton, *Joseph Brant and His World: 18th Century Mohawk Warrior and Statesman*, Toronto 2008.

42 General Frederick Haldimands offizieller Titel lautete »Captain General and Governor in Chief in and over our Province of Québec in America«.

43 »Brigadier-General Allan Maclean to Sir Frederick Haldimand, May 1783«, zitiert in: Stuart R. J. Sutherland, Pierre Tousignant, Madeleine Dionne-Tousignant, »Haldimand, Sir Frédéric«, in: *Dictionary of Cana-*

dian Biography, Bd. 5, hg. von University of Toronto u. Université Laval, 1983. URL: http://www.biographi.ca/en/bio/haldimand_frederick, S. 24.

44 Ebda., S. 26.

45 Wortlaut in: *Chief Deskaheh Tells Why He Is Over Here Again*, London 1923, S. 2.

46 Laurence M. Hauptman, *Seven Generations of Iroquois Leadership. The Six Nations since 1800*, Syracuse 2008, S. XI u. XXIX.

47 Ebda., S. 1 ff.

48 Timothy D. Willig, *Restoring the Chain of Friendship. British Policy and the Indians of the Great Lakes, 1783–1815*, Lincoln, London 2008, S. 124.

49 John Darwin, *Das unvollendete Weltreich. Aufstieg und Niedergang des Britischen Empire 1600–1997*, Frankfurt am Main, New York 2013, S. 10, 210 f. u. 246.

50 David S. Heidler, Jeanne T. Heidler, *The War of 1812*, Westport, London 2002, S. 102.

51 Robert Bothwell, *The Penguin History of Canada*, Toronto, New York 2006, S. 302.

52 Oliver Janz, *Der Große Krieg*, Frankfurt am Main, New York 2014, S. 166 u. 169.

53 Bothwell, *Penguin History of Canada*, S. 321.

54 Vgl. Aram Mattioli, *Verlorene Welten. Eine Geschichte der Indianer Nordamerikas 1700–1910*, Stuttgart 2017, S. 289–320.

55 E. Brian Titley, *A Narrow Vision. Duncan Campbell Scott and the Administration of Indian Affairs in Canada*, Vancouver 1986, S. 11.

56 Olive Patricia Dickason, David T. McNab, *Canada's First Nations. A History of Founding Peoples from Earliest Times*, 4. Auflage, Oxford, New York 2009, S. 254.

57 Ebda., S. 252 ff. Bis 1918 fanden sich allerdings nur 102 Indianer zu diesem Schritt bereit.

58 Mary Jane Logan McCallum, »Foreword«, in: John S. Milloy, *A National Crime. The Canadian Government and the Residential School System, 1879 to 1986*, Winnipeg 2017, S. XVI.

59 Duncan Campbell Scott, »Memorandum of the Six Nations and other Iroquois, March 30, 1920«, zitiert in: Titley, *A Narrow Vision*, S. 50.

60 Dickason, McNab, *Canada's First Nations*, S. 336. Vgl. zu ihrer inneren Entwicklung seit 1875: Sally M. Weaver, »The Iroquois: The Grand River Reserve in the Late Nineteenth and Early Twentieth Centuries, 1875–1945«, in: Edward S. Rogers, Donald B. Smith (Hg.), *Aboriginal*

Ontario. Historical Perspectives on the First Nations, Toronto, Oxford 1994, S. 213–257.

61 Milloy, *National Crime*, S. XXXVII f.

62 Elizabeth Graham, *The Mush Hole. Life at Two Indian Residential Schools*, Waterloo 1997; Louise Brown, »Giving a Voice to Residential School Ghosts«, in: *Toronto Star*, 2. Juli 2016.

63 Andrea Lucille Catapano, *The Rising of Ongwehònwe: Sovereignty, Identity and Representation on the Six Nations Reserve*, Dissertation der Stony Brook University 2009, S. 78 f. URL: https://dspace.sunyconnect.suny.edu/bitstream/handle/1951/44779/000000159.sbu.pdf?sequence=3&isAllowed=y.

64 Ebda., S. 83.

65 Weaver, *The Iroquois*, bes. S. 223–247.

66 Dickason, McNab, *Canada's First Nations*, S. 298.

67 *Fighting Tuscarora. The Autobiography of Chief Clinton Rickard*, hg. von Barbara Graymont, Syracuse 1973, S. 59.

68 Hauptman, *Seven Generations*, S. 125 f.

69 Ebda., S. 126; Titley, *A Narrow Vision*, S. 114.

70 Vgl. zu seiner Biografie: Smith, »Deskaheh (Levi General)«, S. 278 ff.; *Deskaheh, Iroquois Statesman and Patriot*, hg. von *Akwesasne Notes*, Rooseveltown 1999, S. 7–20; »General, Levi (Deskaheh)«, in: Alexander Ewen, Jeffrey Wollock, *Encyclopedia of the American Indian in the Twentieth Century*, Albuquerque 2015, S. 172 ff.

71 Hauptman, *Seven Generations*, S. 129; Grace Li Xiu Woo, *Canada's Forgotten Founders: The Modern Significance of the Haudenosaunnee (Iroquois) Application for Membership in the League of Nations*, 2003. URL: https://warwick.ac.uk/fac/soclawlelg/lgd/2003_1/woo/, S. 8.

72 Vgl. zu seinen kolonialen Prägungen: Richard Toye, *Churchill's Empire. The World That Made Him and the World He Made*, New York 2010.

73 Smith, »Deskaheh (Levi General)«, S. 2 f.

74 Ebda., S. 3.

75 Onondaga Nation, *Wampum Belt*. URL: www.onondaganation.org/culture/wampum/, S. 1.

76 Catapano, *Rising of the Ongwehònwe*, S. 179.

77 »Hiawatha« u. »Peacemaker«, in: Bruce Elliott Johansen, Barbara Alice Mann (Hg.), *Encyclopedia of the Haudenosaunee (Iroquois Confederacy)*, Westport, London 2000, S. 161 ff. u. 245–249.

78 Ebda., S. 184 u. 186.

79 Dickason, McNab, *Canada's First Nations*, S. 338.

80 Catapano, *Rising of the Ongwehònwe*, S. 188.
81 *Deskaheh, Iroquois Statesman*, S. 8.
82 Richard Veatch, *Canadian Foreign Policy and the League of Nations 1919–1939*, Toronto, Buffalo 1975, S. 92.
83 Hauptman, *Seven Generations*, S. 131.
84 Vgl. Ray Fadden (Tehanetorens), *Wampum Belts of the Iroquois*, Summertown 1999; Penelope Myrtle Kelsey, *Reading the Wampum. Essays on Hodinöhsö:ni' Visual Code and Epistemological Recovery*, Syracuse 2014.
85 »Two Row Wampum«, in: Johansen, Mann, *Encyclopedia of the Haudenosaunee*, S. 320; Onondaga Nation, *Two Row Wampum – Guswenta*. URL: http://www.onondaganation.org/culture/wampum/two-row-wampum-belt-guswenta/, S. 1 f. An der Historizität der lediglich auf mündlicher Überlieferung basierenden Begebenheit bestehen in der Forschung Zweifel. Vgl. Richter, *Ordeal of the Longhouse*, S. 87 f.
86 Joëlle Rostkowski, »The Redman's Appeal for Justice: Deskaheh and the League of Nations«, in: Christian F. Feest, *Indians and Europe. An Interdisciplinary Collection of Essays*, Lincoln, London 1989, S. 438.
87 Fisch, *Das Selbstbestimmungsrecht der Völker*, S. 144, 156 u. 166.
88 Richard Veatch, *Canadian Foreign Policy and League of Nations 1919–1939*, Toronto, Buffalo 1975, S. 92.
89 Ebda., S. 93.
90 Ebda.
91 Rostkowski, »The Redman's Appeal for Justice«, S. 439.
92 Veatch, *Canadian Foreign Policy*, S. 93.
93 Titley, *A Narrow Vision*, S. 121.
94 *Chief Deskaheh Tells*, S. 5.
95 Ebda., S. 3.
96 Deskaheh an Sir Eric Drummond, 6. August 1923, in: *Archives of the League of Nations*, Genf, File: »The Six Nations and the League of Nations, Doc. 28075«.
97 Rostkowski, »The Redman's Appeal for Justice«, S. 442.
98 Veatch, *Canadian Foreign Policy*, S. 95.
99 Anne-Marie Cruz, »La Genève de 1923 se solidarise avec Deskaheh, chef iroquois«, in: *Le Courrier*, 15. August 2014.
100 Amalia Ribi Forclaz, *Humanitarian Imperialism. The Politics of Anti Slavery Activism, 1880–1940*, Oxford 2015, S. 39 f.
101 Ebda., S. 55–59.
102 Hauptman, *Seven Generations*, S. 135.

103 »Der Freiheitskampf der Irokesen«, in: *Basler Nachrichten*, Nr. 527, 11. November 1923.

104 »Iroquois Chief Asks League Recognition«, in: *The New York Times*, 23. Dezember 1923.

105 Six Nations, *The Redman's Appeal for Justice. The Position of the Six Nations that they Constitute an Independent State*, Brantford 1924, S. 23.

106 Veatch, *Canadian Foreign Policy*, S. 99.

107 Ebda., S. 96.

108 »Lettre du Gouvernement Canadien au Secrétaire Général de la Société des Nations«, in: *Société des Nations – Journal Officiel*, Mai 1924, S. 829–838, hier S. 829 f.

109 Ebda., S. 833.

110 Rostkowski, »The Redman's Appeal«, S. 448 f.

111 Veatch, *Canadian Foreign Policy*, S. 98; Titley, *A Narrow Vision*, S. 123.

112 Martin Koch, *Internationale Organisationen in der Weltgesellschaft*, Frankfurt am Main, New York 2017, S. 50.

113 Eckart Conze, *Die große Illusion. Versailles 1919 und die Neuordnung der Welt*, München 2018, S. 236 u. 250. Als Fallbeispiel: Susan Pedersen, *The Guardians. The League of Nations and the Crisis of Empire*, Oxford 2015.

114 Isabelle Löhr, »Völkerbund«, in: *Europäische Geschichte Online (EGO)*, hg. vom Leibniz-Institut für Europäische Geschichte (IEG), Mainz 2015. URL: http://www.ieg-ego.eu/loehri-2015.de.

115 Vgl. Naoko Shimazu, *Japan, Race and Equality. The Racial Equality Proposal of 1919*, London 1998.

116 Löhr, *Völkerbund*.

117 »Friedensvertrag von Versailles vom 28. Juni 1919«, in: *documentArchiv.de*. URL: http://www.documentarchiv.de/wr/vv01.html.

118 Catapano, *Rising of the Ongwehònwe*, S. 274.

119 Hauptman, *Seven Generations*, S. 140.

120 Ebda., S. 272.

121 Titley, *A Narrow Vision*, S. 126.

122 »Deskaheh: an Iroquois Patriot's Fight for International Recognition«, in: Akwesasne Notes (Hg.), *Basic Call to Consciousness*, Summertown 2005, S. 45.

123 »The Last Speech of Deskaheh, March 10, 1925«, in: Akwesasne Notes, *Basic Call*, S. 48 u. 52.

124 Ebda., S. 49.

125 *Fighting Tuscarora*, S. 65.

126 Ebda., S. 66.

127 Ronald Niezen, *The Origins of Indigenism. Human Rights and the Politics of Identity*, Berkeley, Los Angeles 2003, S. 31.

128 John Wagner, »Ontario Indians Assert ›Six Nations'‹ Independence«, in: *Detroit Free Press*, 1. Juli 1928.

129 Titley, *Narrow Vision*, S. 129.

130 *Archives of the League of Nations*, Genf, Nr. R3626-1-1903-1903, File: »Independence of the Grand River Iroquois Indians, Canada. Various correspondence: Tragic Plight of the Six Nations (Iroquois) Indians. Petition for Intervention of the League of Nations and Non-Member States, presented by J. R. Ockleshaw-Johnson, 1933«.

131 Vgl. zum Beispiel: Russell Means (with Marvin J. Wolf), *Where White Men Fear to Tread. The Autobiography*, New York 1995, S. 370.

132 Oren Lyons, »Preamble«, in: Akwesasne Notes, *Basic Call*, S. 13; »Deskaheh«, in: Bruce E. Johansen (Hg.), *Native Americans Today. A Biographical Dictionary*, Santa Barbara, Denver 2010, S. 85.

133 Claus Biegert, Rainer Wittenborn, *Der große Fluss ertrinkt im Wasser. James Bay: Reise in einen sterbenden Teil der Erde*, Reinbek bei Hamburg 1983, S. 5.

134 René König, *Indianer wohin? Alternativen in Arizona*, Opladen 1973, S. 32–39.

135 Mary Crow Dog, *Lakota Woman. Die Geschichte einer Sioux-Frau*, 9. Auflage, München 2009, S. 74; *Fighting Tuscarora*, S. 71.

136 »Editor's Introduction«, in: *Fighting Tuscarora*, S. XXIII.

137 »Editor's Preface«, in: *Fighting Tuscarora*, S. XI ff.

138 Andrew Dietzel, »Protecting the Line: Clinton Rickard, Border-Crossing and Haudenosaunee Trans-Indigeneity«, in: *On_Culture. The Open Journal for the Study of Culture* 5 (2018). URL: http://geb.uni-giessen.de/geb/volltexte/2018/13656/.

139 »Editor's Introduction«, in: *Fighting Tuscarora*, S. XVIII.

140 Frank Schumacher, »›Niederbrennen, plündern und töten sollt ihr‹: Der Kolonialkrieg der USA auf den Philippinen (1899–1913)«, in: Thoralf Klein, Frank Schumacher (Hg.), *Kolonialkriege. Militärische Gewalt im Zeichen des Imperialismus*, Hamburg 2006, S. 109–144.

141 *Fighting Tuscarora*, S. 16.

142 »Rickard, William«, in: Ewen, Wollock, *Encyclopedia*, S. 366.

143 »Editor's Introduction«, in: *Fighting Tuscarora*, S. XXIII f.

144 Laurence M. Hauptman, »Congress, Plenary Power, and the American Indian, 1870 to 1992«, in: Oren Lyons, John Mohawk (Hg.), *Exiled in the*

Land of the Free. Democracy, Indian Nations and the U. S. Constitution, Santa Fe 1992, S. 323 f.

145 Laurence M. Hauptman, *The Iroquois & the New Deal*, Syracuse 1981, S. 5 f.

146 *Fighting Tuscarora*, S. 53.

147 Ebda.

148 Hauptman, »Congress«, S. 324.

149 *Fighting Tuscarora*, S. 53.

150 »Editor's Afterword«, in: *Fighting Tuscarora*, S. 168.

151 *Fighting Tuscarora*, S. 68.

152 Ebda., S. 71 f.

153 Aristide R. Zolberg, *A Nation by Design. Immigration Policy in the Fashioning of America*, Cambridge, London 2008, S. 258–267.

154 Guntram Herb, *Indigenous Borderlands and Border Rites*. URL: http://sites.middlebury.edu/borderrites/border-rights/native-sovereignty/.

155 »Jay's Treaty – 1794. Treaty of Amity, Commerce, and Navigation«. URL: http://caid.ca/Jay1794.pdf.

156 Donald A. Grinde, Jr., »Iroquois Border Crossings: Place, Politics, and the Jay Treaty«, in: Claudia Sadowski-Smith (Hg.), *Globalization on the Line. Culture, Capital, and Citizenship at U. S. Borders*, New York, Basingstoke 2002, S. 169.

157 *Fighting Tuscarora*, S. 72 f.

158 Gerald F. Reid, »Illegal Alien? The Immigration Case of Mohawk Ironworker Paul K. Diabo«, in: *Proceedings of the American Philosophical Society* 151 (2007), S. 61–78.

159 Ebda., S. 70 ff.

160 *Fighting Tuscarora*, S. 77.

161 Reid, »Illegal Alien?«, S. 72 f.

162 »Indian Defense League of America (IDLA)«, in: Peter R. Eisenstadt (Hg.), *The Encyclopedia of New York State*, Syracuse 2005, S. 772.

163 *Fighting Tuscarora*, S. 85.

164 Ebda., S. 89.

165 Jolene Rickard, »The Indian Defense League of America«, in: *Akwesasne Notes. A Journal of Native and Natural Peoples*, Sommer 1995, S. 49.

166 Vgl. zu seiner Biografie: Joseph Agonito, *Lakota Portraits. Lives of Legendary Plains Peoples*, Guilford 2011, S. 233–253; Kiara M. Vigil, *Indigenous Intellectuals. Sovereignty, Citizenship, and the American Imagination, 1880–1930*, New York 2015, S. 234–302.

167 Luther Standing Bear, *Land of the Spotted Eagle* (1933), Lincoln, London 2006, S. XXI f.

168 Luther Standing Bear, »The Tragedy of the Sioux«, in: *The American Mercury*, November 1931, abgedruckt in: Luther Standing Bear, *Land of the Spotted Eagle*, S. 260–269, hier S. 265.

169 Standing Bear, *Land of the Spotted Eagle*, S. 245.

170 Standing Bear, »Tragedy of the Sioux«, S. 263 ff.

171 Ebda., S. 261.

172 Standing Bear, *Land of the Spotted Eagle*, S. 258 f.

173 Standing Bear, »Tragedy of the Sioux«, S. 265 f.

174 Standing Bear, *Land of the Spotted Eagle*, S. 248.

175 John Steinbeck, *The Grapes of Wrath*, New York 1939.

176 R. David Edmunds, Frederick Hoxie, Neal Salisbury, *The People. A History of Native America*, Belmont 2007, S. 366; als Fallbeispiel: *Fighting Tuscarora*, S. 120–125.

177 Vine Deloria Jr., *God Is Red. A Native View of Religion*, Golden 2003, S. 3; Donald L. Fixico, *Daily Life of Native Americans in the Twentieth Century*, Westport, London 2006, S. 366.

178 Ebda., S. 375.

179 Colin G. Calloway, *First Peoples. A Documentary Survey of American Indian History*, 4. Auflage, Boston 2012, S. 485.

180 Flannery Burke, *A Land Apart. The Southwest and the Nation in the Twentieth Century*, Tucson 2017, S. 106 f.

181 Carey Snider, »›When the Indian Was in Vogue‹. D. H. Lawrence, Aldous Huxley, and Ethnological Tourism in the Southwest«, in: *MFS Modern Fiction Studies* 53 (2007), S. 662–696.

182 Todd E. Leahy, »Collier, John«, in: Paul Finkelman, Tim Alan Garrison, *Encyclopedia of United States Indian Policy and Law*, Bd. 1, Washington, D. C. 2009, S. 195.

183 Vgl. Kenneth R. Philp, *John Collier's Crusade for Indian Reform, 1920–1954*, Tucson 1981.

184 »Dance orders«, in: Ewen, Wollock, *Encyclopedia*, S. 116 ff.

185 Burke, *A Land Apart*, S. 113; »Abeita, Pablo«, in: Ewen, Wollock, *Encyclopedia*, S. 3.

186 »An Appeal for Fair Play and the Preservation of Pueblo Life, November 5, 1922«, in: Frederick E. Hoxie (Hg.), *Talking Back to Civilization. Indian Voices from the Progressive Era*, Boston, New York 2001, S. 174.

187 Rosier, *Serving Their Country*, S. 62 ff.; »Bursum Bill«, in: Ewen, Wollock, *Encyclopedia*, S. 78 f.

188 »Collier, John«, in: Ewen, Wollock, *Encyclopedia*, S. 100.

189 Roger L. Nichols, *American Indians in U. S. History*, Norman 2004, S. 181 f.

190 Linda M. Clemmons, »Indian New Deal«, in: Finkelman, Garrison, *Encyclopedia*, Bd. 1, S. 417–421.

191 »Collier, John«, in: Ewen, Wollock, *Encyclopedia*, S. 100; Nichols, *American Indians*, S. 180; Akim Reinhardt, *Ruling Pine Ridge. Oglala Lakota Politics from the IRA to Wounded Knee*, Lubbock 2007, S. 10.

192 Bruce E. Johansen, *The Native Peoples of North America*, New Brunswick, London 2007, S. 296.

193 Calloway, *First Peoples*, S. 487.

194 Ebda., S. 490.

195 Garrick Bailey, Roberta Glen Bailey, *A History of the Navajos: The Reservation Years*, Santa Fe 1989, S. 36–62 u. 124–164.

196 Richard White, The *Roots of Dependency. Subsistence, Environment, and Social Change among Choctaws, Pawnees, and Navajos*, Lincoln, London 1988, S. 212.

197 Ebda., S. 220.

198 Donald A. Grinde, Bruce E. Johansen, *Ecocide of Native America. Environmental Destruction of Indian Lands and Peoples*, Santa Fe 1995, S. 113.

199 Hauptman, *The Iroquois & the New Deal*, S. IX–XII.

200 White, *Roots of Dependency*, S. 248.

201 Ruth Roessel, Broderick H. Johnson (Hg.), *Navajo Livestock Reduction. A National Disgrace*, Chinle 1974, S. 221 f.

202 Ebda., S. 224.

203 Marsha Weisiger, *Dreaming of Sheep in Navajo Country*, Seattle, London 2009, S. 63.

204 White, *Roots of Dependency*, S. 238 u. 240.

205 Marsha Weisiger, »Gendered Injustice. Navajo Livestock Reduction in the New Deal Era«, in: *Western Historical Quarterly* 38 (2007), S. 441.

206 Peter Iverson, *Diné. A History of the Navajos*, Albuquerque 2002, S. 154 f.

207 William Cronon, »Foreword«, in: Weisiger, *Dreaming of Sheep*, S. X.

208 Näheres dazu bei: Jennifer Denetdale, *The Long Walk. The Forced Navajo Exile*, New York 2008.

209 »Interview Capiton Benally«, in: Roessel, Johnson, *Navajo Livestock Reduction*, S. 31; Kenneth R. Philp, *John Collier's Crusade for Indian Reform, 1920–1954*, Tucson 1977, S. 188 f.

210 White, *Roots of Dependency*, S. 264.

211 Weisiger, *Dreaming of Sheep*, S. 206.

212 »Interview Buck Austin«, »Interview Howard W. Gorman« u. »Interview Ernest Nelson«, in: Roessel, Johnson, *Navajo Livestock Reduction*, S. 22, 47, 155, 157 u. 161.

213 »Interview Capiton Benally«, in: Roessel, Johnson, *Navajo Livestock Reduction*, S. 32.

214 Iverson, *Diné*, S. 167.

215 »Interview Howard W. Gorman«, in: Roessel, Johnson, *Navajo Livestock Reduction*, S. 47.

216 Weisiger, *Dreaming of Sheep*, S. 202 f.

217 Weisiger, »Gendered Injustice«, S. 445.

218 Weisiger, *Dreaming of Sheep*, S. 211 f.

219 »Interview Howard W. Gorman«, in: Roessel, Johnson, *Navajo Livestock Reduction*, S. 48.

220 Philp, *John Collier's Crusade*, S. 190.

221 »Navajos Charge Southwest Turned Into ›Zoo‹, Demand Self-Government, Collier's Removal«, in: *Washington Post*, 18. Juni 1937; Philp, *John Collier's Crusade*, S. 192.

222 »Interview Howard W. Gorman«, in: Roessel, Johnson, *Navajo Livestock Reduction*, S. 54.

223 Philp, *John Collier's Crusade*, S. 193.

224 Ebda., S. IX.

225 »Interview Howard W. Gorman«, in: Roessel, Johnson, *Navajo Livestock Reduction*, S. 69.

226 Alison R. Bernstein, *American Indians and World War II. Toward a New Era in Indian Affairs*, Norman 1999, S. XI.

227 Edmunds, Hoxie, Salisbury, *The People*, S. 399.

228 Bernstein, *American Indians and World War II*, S. 15.

229 Vine Deloria Jr., »›This Country Was a Lot Better Off When the Indians Were Running It‹«, in: James E. Seelye Jr., Steven A. Littleton (Hg.), *Voices of the American Indian Experience*, Bd. 2, Santa Barbara, Denver 2013, S. 583.

230 Fixico, *Daily Life*, S. XV.

231 Kenneth William Townsend, *World War II and the American Indian*, Albuquerque 2000, S. 2; Tom Holm, *Code Talkers and Warriors. Native Americans and World War II*, New York 2007, S. 34.

232 Townsend, *World War II*, S. 72.

233 Ebda., S. 96.

234 Sharon S. Magee, »American Indians and the War Effort«, in: Brad Mel-

ton, Dean Smith (Hg.), *Arizona Goes to War. The Home front and the Front Lines during World War II*, Tucson 2003, S. 73.

235 Ewen, Wollock, *Encyclopedia*, S. 473; Bernstein, *American Indians and World War II*, S. 26.

236 Ebda., S. 74.

237 Townsend, *World War II*, S. 126.

238 Jere' Bishop Franco, *Crossing the Pond. The Native American Effort in World War II*, Denton 1999, S. 65.

239 Townsend, *World War II*, S. 2 f., 77 f. u. 80.

240 R. Scott Sheffield, Noah Riseman, *Indigenous Peoples and the Second World War. The Politics, Experiences and Legacies of War in the US, Canada, Australia and New Zealand*, Cambridge, New York 2019, S. 224–227.

241 Townsend, *World War II*, S. 82–85; Bernstein, *American Indians and World War II*, S. 33 f.

242 Burke, *A Land Apart*, S. 119.

243 Alexander Buschenreiter, *Unser Ende ist euer Untergang. Die Botschaft der Hopi an die Welt* (1983), Bad Vöslau 2018, S. 38.

244 Thomas Banyacya Sr., »Neu-Oraibi, 21. August 1981«, in: Buschenreiter, *Unser Ende*, S. 167.

245 Ebda., S. 163.

246 Al Caroll, »Banyacya, Thomas«, in: Benjamin F. Shearer (Hg.), *Home Front Heroes. A Biographical Dictionary of Americans During Wartime*, Bd. 1, Westport 2007, S. 48 f.; Robert Thomas Jr., »Thomas Banyacya, 89, Teller of Hopi Prophecy to World«, in: *The New York Times*, 15. Februar 1999.

247 »Banyacya, Thomas« u. »Katchongva, Dan«, in: Ewen, Wollock, *Encyclopedia*, S. 35 f. u. 241 ff.

248 Mattioli, *Verlorene Welten*, S. 168–173 u. Sheffield, Riseman, *Indigenous Peoples*, S. 225.

249 Townsend, *World War II*, S. 106–109.

250 Bernstein, *American Indians and World War II*, S. 28.

251 Penn State University, Department of Geography, »An Example of Diffusion Resistance: Tohono O'odham«, in: *GEOG 597i. Critical Geospatial Thinking and Applications*. URL: https://www.e-education.psu.edu/geog597i_02/node/862, S. 2 f.

252 Elmer W. Flaccus, »Arizona's Last Great Indian War. The Saga of Pia Machita«, in: *The Journal of Arizona History* 22 (1981), S. 4 f.; J. D. Hendricks, *Resistance and Collaboration. O'odham Responses to U. S. Invasion*, Long Beach 2004, S. 16.

253 Townsend, *World War II*, S. 103.
254 Ebda., S. 104 f.
255 Flaccus, »Arizona's Last Great Indian War«, S. 2.
256 Penn State University, »An Example of Diffusion Resistance«, S. 4.
257 »The Case of Pia Machita«, in: *Arizona Daily Star*, 21. Mai 1941, zitiert in: Flaccus, »Arizona's Last Great Indian War«, S. 16.
258 Townsend, *World War II*, S. 110 f.
259 Ebda., S. 111 f.
260 Laurence M. Hauptman, *The Iroquois Struggle for Survival. World War II to Red Power*, Syracuse 1986, S. 2.
261 Bernstein, *American Indians and World War II*, S. 32.
262 Hauptman, *The Iroquois Struggle*, S. 2 f.
263 Townsend, *World War II*, S. 113.
264 *Fighting Tuscarora*, S. 127.
265 Hauptman, *The Iroquois Struggle*, S. 6.
266 Bernstein, *American Indians and World War II*, S. 31 ff.; Townsend, *World War II*, S. 115–123.
267 Hauptman, *The Iroquois Struggle*, S. 6.
268 Gerhard L. Weinberg, *A World At Arms. A Global History of World War II*, Cambridge, New York 2005, S. 310–348.
269 Ebda., S. 8.
270 »The Iroquois Declaration of War on Germany, 1942«, in: Seelye, Littleton, *Voices*, Bd. 2, S. 548.
271 Hauptman, *The Iroquois Struggle*, S. 8 f.
272 Kenneth W. Townsend, Mark A. Nichols, *First Americans. A History of Native Peoples. Combined Volume*, London, New York 2016, S. 490.
273 »World War II, American Indians and«, in: Ewen, Wollock, *Encyclopedia*, S. 473 f.
274 Townsend, Nichols, *First Americans*, S. 501.
275 Rosier, *Serving Their Country*, S. 96 f.
276 Bernstein, *American Indians and World War II*, S. 81 f.
277 Rosier, *Serving Their Country*, S. 97 f.
278 »Lewis Naranjo an Margretta Steward Dietrich, 1943«, zitiert in: Rosier, *Serving Their Country*, S. 104.
279 Townsend, Nichols, *First Americans*, S. 504.
280 Holm, *Code Talkers*, S. 130.

ERNEUTE EXISTENZBEDROHUNG IM FRÜHEN KALTEN KRIEG

1 Gerhard L. Weinberg, *A World at Arms. A Global History of World War II*, 2. Auflage, Cambridge, New York 2005, S. 866 ff.

2 Albert Hemingway, *Ira Hayes: Pima Marine*, Lanham, New York 1988, S. 103 f.

3 Paul Munziger, »Wie ein Foto zur US-Ikone wurde«, in: *Süddeutsche Zeitung*, 22. Februar 2015.

4 Hemingway, *Ira Hayes*, S. 1 f.

5 Flannery Burke, *A Land Apart. The Southwest and the Nation in the Twentieth Century*, Tucson 2017, S. 129.

6 Hemingway, *Ira Hayes*, S. XIII.

7 Ebda., S. XI.

8 Ebda., S. 149.

9 Ebda., S. 150 u. 156.

10 Alison R. Bernstein, *American Indians and World War II*, Norman 1999, S. 51.

11 Kenneth William Townsend, *World War II and the American Indian*, Albuquerque 2002, S. 131.

12 Burke, *A Land Apart*, S. 139.

13 Eric Foner, *Give Me Liberty. An American History*, 4. Auflage, Bd. 2, New York, London 2014, S. 846 f.

14 Volker Depkat, *Geschichte der USA*, Stuttgart 2016, S. 259.

15 Bernd Stöver, *Geschichte der USA. Von der ersten Kolonie bis zur Gegenwart*, München 2017, S. 477 ff.

16 Jürgen Heideking, Christof Mauch, *Geschichte der USA*, 6. Auflage, Tübingen, Basel 2008, S. 303 ff.

17 Ebda., S. 304.

18 Laurie Arnold, »Termination and Restoration«, in: Paul Finkelman, Tim Alan Garrison, *Encyclopedia of United States Indian Policy and Law*, Bd. 2, Washington D.C. 2009, S. 751–756.

19 Donald L. Fixico, *Termination and Relocation. Federal Indian Policy, 1945–1960*, Albuquerque 1990, S. 11, 15 u. 17.

20 Jürgen Heideking, Christof Mauch, *Geschichte der USA*, 6. Auflage, Tübingen, Basel 2008, S. 286.

21 »Henry Magee et al. to William Zimmerman, April 11, 1949«, zitiert in: Paul C. Rosier, *Serving Their Country. American Indian Politics and Patriotism in the Twentieth Century*, Cambridge, London 2009, S. 144.

22 »Minutes of the NCAI Convention in Santa Fe, 1947«, zitiert in: Rosier, *Serving Their Country*, S. 134.

23 R. David Edmunds, Frederick E Hoxie, Neal Salisbury, *The People. A History of Native America*, Belmont 2007, S. 398 f.; Theda Perdue, Michael D. Green, *Die Indianer Nordamerikas*, Stuttgart 2013, S. 140.

24 Donald L. Fixico, *Native Americans in the Twentieth Century*, Westport, London 2006, S. 19 ff.

25 Edmunds, *The People*, S. 399; Colin G. Calloway, *First Peoples. A Documentary Survey of American Indian History*, 4. Auflage, Boston, New York 2012, S. 502.

26 Edmunds, *The People*, S. 399.

27 Vgl. Donald L. Fixico, *The Urban Indian Experience in America*, Albuquerque 2000; als Fallbeispiel: James B. LaGrand, *Indian Metropolis. Native American in Chicago, 1945–75*, Urbana, Chicago 2002, S. 20.

28 »Editor's Introduction«, in: *Fighting Tuscarora. The Autobiography of Chief Clinton Rickard*, hg. von Barbara Graymont, Syracuse 1973, S. XXIII.

29 Edmunds, *The People*, S. 398.

30 Judy Pasternak, *Yellow Dirt. A Poisoned Land and the Betrayal of the Navajos*, New York, London 2011, S. 4.

31 Traci Brynne Voyles, *Wastelanding. Legacies of Uranium Mining in Navajo Country*, Minneapolis, London 2015, S. 3 f.

32 Peter H. Eichstaedt, *If You Poison Us. Uranium and Native Americans*, Santa Fe 1994, S. 33.

33 *Uranatlas. Daten und Fakten über den Rohstoff des Atomzeitalters*, hg. von Nuclear Free Future u. a., Berlin 2019, S. 12.

34 Aram Mattioli, *Verlorene Welten. Eine Geschichte der Indianer Nordamerikas 1700–1910*, Stuttgart 2017, S. 290 ff.

35 Burke, *A Land Apart*, S. 249.

36 Charles Wilkinson, *Blood Struggle. The Rise of Modern Indian Nations*, New York, London 2006, S. 122.

37 Interview mit George Tutt, Dezember 1995 in: Doug Brugge u. a. (Hg.), *Navajo People and Uranium Mining*, Albuquerque 2007, S. 15.

38 Gregory Hooks, Chad L. Smith, »The Treadmill of Destruction. National Sacrifice Areas and Native Americans«, in: *American Sociological Review* 69 (2004), S. 558–575.

39 Sarah Alisabeth Fox, *Downwind. A People's History of the Nuclear West*, Lincoln, London 2014, S. 9.

40 Donald L. Fixico, *The Invasion of Indian Country in the Twentieth Cen-*

tury. American Capitalism and Tribal Natural Resources, 2. Auflage, Boulder 2012, S. 222 f.; Valerie Kuletz, *The Tainted Desert. Environmental and Social Ruin in the American West*, New York, London 1998, S. 24.

41 Raymond Yovell, zitiert in: Kuletz, *Tainted Desert*, S. 72.

42 Fred Pearce, *Fallout. Das Atomzeitalter – Katastrophen, Lügen und was bleibt*, München 2019, S. 40–49.

43 Vgl. Philip L. Fradkin, *Fallout. An American Nuclear Tragedy*, Boulder 2004; Fox, *Downwind*; Taylor N. Johnson, »›The most bombed nation on Earth‹. Western Shoshone Resistance to the National Security Site«, in: *Atlantic Journal of Communication* 26 (2018), S. 224–239.

44 »Das tödliche Erz«, in: *Uranatlas*, S. 10 f.

45 Judy Pasternak, *Yellow Dirt. A Poisoned Land and the Betrayal of the Navajos*, New York, London 2011, S. 65 ff.; Voyles, *Wastelanding*, S. 3.

46 So die Erinnerung von George Brown in: Eichstaedt, *If You Poison Us*, S. 185 f.

47 Vgl. Rudolph Herzog, *Der verstrahlte Westernheld und anderer Irrsinn aus dem Atomzeitalter*, Berlin 2012.

48 *Rocky Mountain News*, 14. Dezember 1948, zitiert in: Thomas W. Cowger, *The National Congress of American Indians. The Founding Years*, Lincoln, London 1999, S. 49.

49 »Hopi Traditionalist Movement to President Harry S. Truman, March 29, 1949«, in: Daniel M. Cobb (Hg.), *Say We Are Nations. Documents of Politics and Protest in Indigenous America since 1887*, Chapel Hill 2015, S. 85.

50 Aram Mattioli, *Verlorene Welten*, Stuttgart 2017, S. 186; Richard O. Clemmer, »The Hopi Traditionalist Movement«, in: *American Indian Culture and Research Journal* 18 (1994), S. 143.

51 »Hopi Traditionalist Movement to President Harry S. Truman, March 29, 1949«, in: Cobb, *Say We Are Nations*, S. 85.

52 Ebda.

53 Ebda., S. 85 f.

54 Ebda., S. 88.

55 Ebda., S. 85 f.

56 Richard O. Clemmer, *Roads in the Sky. The Hopi Indians in a Century of Change*, Boulder, San Francisco 1995, S. 187.

57 Frank Waters, *Book of the Hopi* (1963), London, New York 1977, S. 218–230.

58 Stewart B. Koyiyumptewa, Carolyn O'Bagy Davis, *The Hopi People*, Charleston 2009, S. 51 ff.

59 Alexander Buschenreiter, *Unser Ende ist euer Untergang. Die Botschaft der Hopi an die Welt* (1983), Bad Vöslau 2018, S. 41.

60 James F. Brooks, »The Southwest«, in: Frederick E. Hoxie (Hg.), *The Oxford Handbook of American Indian History*, New York 2016, S. 224.

61 Buschenreiter, *Unser Ende*, S. 36 u. 38.

62 Rudolf Kaiser, *Die Stimme des Großen Geistes. Prophezeiungen und Endzeiterwartungen der Hopi-Indianer*, München 1989, S. 12.

63 Rudolf Kaiser, »Prophecies and Eschatological (Millenial) Traditions of the Hopi-Indians in Arizona«, in: *Anthropos. Internationale Zeitschrift für Völker- und Sprachenkunde* 85 (1990), S. 65 f.

64 James Treat, *Around the Sacred Fire. Religious Activism in the Red Power Era*, Urbana, Champaign 2008, S. 18.

65 Waters, *Book of the Hopi*, S. 21 f.

66 Kaiser, *Stimme des Großen Geistes*, S. 19.

67 Treat, *Around the Sacred Fire*, S. 18.

68 Ebda., S. 18 f.

69 Clemmer, »Hopi Traditionalist Movement«, S. 154 f.

70 Treat, *Around the Sacred Fire*, S. 21; »Katchongva, Dan«, in: Alexander Ewen, Jeffrey Wollock (Hg.), *Encyclopedia of the American Indian in the Twentieth Century*, Albuquerque 2015, S. 242.

71 Clemmer, *Roads in the Sky*, S. 24.

72 Ebda., S. 180.

73 Kaiser, *Stimme des Großen Geistes*, S. 44.

74 Treat, *Around the Sacred Fire*, S. 19.

75 Andrew Hermequaftewa, *The Hopi Way of Life Is the Way of Peace*, Santa Fe 1953, S. 7 f.

76 Treat, *Around the Sacred Fire*, S. 19.

77 »Message from Dan Katchongva delivered to Albuquerque Indian Meeting, 1958«. URL: https://speccoll.library.arizona.edu/copy-message-dan-katchongva-delivered-albuquerque-indian-meeting-1958.

78 Clemmer, *Roads in the Sky*, S. 187 f.

79 Ebda., S. 208.

80 Koyiyumptewa, Davis, *Hopi People*, S. 84.

81 Clemmer, *Roads in the Sky*, S. 194.

82 Ebda., S. 206 f.

83 Clemmer, »Hopi Traditionalist Movement«, S. 147.

84 Ebda., S. 148; Buschenreiter, *Unser Ende*, S. 54 f.

85 Kaiser, *Stimme des Großen Geistes*, S. 14.
86 Clemmer, *Roads in the Sky*, S. 212.
87 Waters, *Book of the Hopi*, S. 329 f.
88 Clemmer, »Hopi Traditionalist Movement«, S. 150.
89 Burke, *A Land Apart*, S. 147.
90 Claus Biegert, *Indianerschulen. Als Indianer überleben – von Indianern lernen. Survival Schools*, Reinbek bei Hamburg 1980, S. 247; James Robert Allison III, *Sovereignty for Survival. American Energy Development and Indian Self-Determination*, New Haven, London 2015, S. 52.
91 John R. McNeill, Peter Engelke, *The Great Acceleration. An Environmental History of the Anthropocene since 1945*, Cambridge, London 2014, S. 12 f.
92 »Katchongva, Dan«, in: Ewen, Wollock, *Encyclopedia*, S. 242.
93 Biegert, *Indianerschulen*, S. 248.
94 Clemmer, *Roads in the Sky*, S. 215.
95 Allison III, *Sovereignty for Survival*, S. 53; Wilkinson, *Blood Struggle*, S. 122 f.
96 Enei Begay, »Die Lichter über Black Mesa«, in: Emily Hunter, *Öko-Krieger. Eine neue Generation kämpft für unseren Planeten*, Frankfurt am Main 2012, S. 63.
97 Claus Biegert, *Seit 200 Jahren ohne Verfassung. 1976: Indianer im Widerstand*, Reinbek bei Hamburg 1976, S. 51–56; Buschenreiter, *Unser Ende*, S. 71.
98 Donald A. Grinde, Bruce E. Johansen, *Ecocide of Native America. Environmental Destruction of Indian Lands and People*, Santa Fe 1995, S. 141.
99 Zitiert nach: Buschenreiter, *Unser Ende*, S. 81.
100 »Banyacya, Thomas«, in: Ewen, Wollock, *Encyclopedia*, S. 36.
101 Zitiert nach: Wilkinson, *Blood Struggle*, S. 123.
102 Jack D. Forbes, »The Native Struggle for Liberation: Alcatraz«, in: Troy Johnson, Joane Nagel, Duana Champagne (Hg.), *American Indian Activism. Alcatraz to the Longest Walk*, Urbana, Chicago 1997, S. 130 f.; Cowger, *National Congress*, S. 101.
103 Renee Ann Cramer, »National Congress of American Indians (NCAI)«, in: Finkelman, Garrison, *Encyclopedia*, Bd. 2, S. 567.
104 Cowger, *National Congress*, S. 40 f.
105 »Bronson, Ruth Muskrat« u. »Person, Helen White«, in: Ewen, Wollock, *Encyclopedia*, S. 68 u. 328.
106 Ebda., S. 44.

107 Burke, *A Land Apart*, S. 129.
108 Cowger, *National Congress*, S. 31.
109 Louise Erdrich, *Der Nachtwächter*, Berlin 2021, S. 482 f.
110 Jürgen Krämer, »Glieder dich ein, Indianer, oder verhunger«, in: *Die Zeit*, 21. Juni 1974.
111 »Termination«, in: Ewen, Wollock, *Encyclopedia*, S. 423.
112 Erdrich, *Der Nachtwächter*, S. 482.
113 Ebda.
114 Ebda., S. 483.
115 Ebda., S. 108.
116 Stan Steiner, *The New Indians*, New York, Evanston 1968, S. 175–192; James S. Olson, Raymond Wilson, *Native Americans in the Twentieth Century*, Urbana, Chicago 1986, S. 150 ff.; Fixico, *Termination and Relocation*, S. 134–157.
117 Erdrich, *Der Nachtwächter*, S. 138.
118 »Myer, Dyllon Seymour«, in: Ewen, Wollock, *Encyclopedia*, S. 296.
119 Kenneth W. Townsend, Mark A. Nicholas, *First Americans. A History of Native Peoples. Combined Volume*, London, New York 2016, S. 524.
120 »Emmons, Glenn Leonidas« u. »Myer, Dyllon Seymour«, in: Ewen, Wollock, *Encyclopedia*, S. 148 f. u. S. 296 f.
121 Vine Deloria Jr., *Custer Died for Your Sins* (1969), Norman 1988, S. 76.
122 Perdue, Green, *Indianer*, S. 142.
123 »Termination«, in: Ewen, Wollock, *Encyclopedia*, S. 424; »The Termination Era«, in: *Native American Netroots*, 16. Mai 2013. URL: http://nativeamericannetroots.net/diary/1511.
124 Townsend, Nicholas, *First Americans*, S. 528–532.
125 »Call to Emergency Conference«, 9. Februar 1954, zitiert in: John Fahey, *Saving the Reservation. Joe Garry and the Battle to Be Indian*, Seattle, London 2015, S. 4 f.
126 Fahey, *Saving the Reservation*, S. 6.
127 Edmunds, *The People*, S. 410.
128 »A Declaration of Indian Rights«, 28. Februar 1954. Archiv des National Congress of American Indians, Washington D. C. URL: http://www.ncai.org/attachments/Consultation_rwVHeOwvDqVWlaJYWtaoSORkwlQNFDvzjROWxiDmJfwXroEhgOs_13%20Declaration_of_Indian_Rights.pdf.
129 Fahey, *Saving the Reservation*, S. 4.
130 Ebda., S. 103 u. 107.
131 »Termination«, in: Ewen, Wollock, *Encyclopedia*, S. 171.

132 Roberta Ulrich, *American Indian Nations from Termination to Restoration, 1953–2006*, Lincoln, London 2010, S. XIII.; Cowger, *National Congress*, S. 124.

133 Perdue, Green, *Indianer*, S. 145; Cowger, *National Congress*, S. 118.

134 Nicola Wenzel, *Das Spannungsverhältnis zwischen Gruppenschutz und Individualschutz im Völkerrecht*, Berlin, Heidelberg 2008, S. 282 f.

135 Cowger, *National Congress*, S. 124

136 Jan C. Jansen, Jürgen Osterhammel, *Dekolonisation. Das Ende der Imperien*, München 2013, S. 15.

137 »Resolution der Generalversammlung, verabschiedet am 14. Dezember 1960: 1514 (XV). Erklärung über die Gewährung der Unabhängigkeit an koloniale Länder und Völker«. URL: https://www.un.org/depts/german/gv-early/ar1514-xv.pdf.

138 Ebda.

139 Harald Fischer-Tiné, »Dekolonisation im 20. Jahrhundert«, in: *Bundeszentrale für politische Bildung*, 20. Mai 2016. URL: https://www.bpb.de/geschichte/zeitgeschichte/postkolonialismus-und-globalgeschichte/219139/dekolonisation-im-20-jahrhundert.

140 Vgl. zum Beispiel: Howard Zinn, *Eine Geschichte des amerikanischen Volkes*, Berlin 2007, S. 29; Roxanne Dunbar-Ortiz, *An Indigenous Peoples' History of the United States*, Boston 2014, S. XIII u. 2 ff.; Jill Lepore, *Diese Wahrheiten. Geschichte der Vereinigten Staaten von Amerika*, München 2019, S. 14 f. u. 34.

141 D'Arcy McNickle, »A Battle Yet to Wage. Paper Presented to the Institute on American Indian Assimilation«, 8.–10. Mai 1952, zitiert in: Cowger, *National Congress*, S. 113.

142 Vine Deloria Jr., *Behind the Trail of Broken Teaties. An Indian Declaration of Independence* (1974), Austin 2000, S. 20.

143 »A powerful 50 years at Niagara«, in: *Water Power & Dam Construction*, 15. April 2011. URL: https://www.waterpowermagazine.com/features/featurea-powerful-50-years-at-niagara/.

144 Zitiert in: Laurence M. Hauptman, *The Iroquois Struggle for Survial. World War II to Red Power*, Syracuse 1986, S. 163.

145 *Fighting Tuscarora*, S. 138.

146 »Anderson, Mad Bear (Wallace Anderson)«, in: Ewen, Wollock, *Encyclopedia*, S. 20 f.

147 »Anderson, Wallace (Mad Bear)«, in: Bruce E. Johansen, *Encyclopedia of American Indian Movement*, Santa Barbara, Denver 2013, S. 34 ff.

148 Nikki Dragone, »Iroquois Tax and Reservoir Protests, 1957«, in: Donna

Martinez, Jennifer L. Williams Bordeaux (Hg.), *50 Events That Shaped American Indian History. An Encyclopedia of the American Mosaic*, Bd. 2, Santa Barbara, Denver 2017, S. 483 f.

149 Jürgen Habermas, »Ziviler Ungehorsam – Testfall für den demokratischen Rechtsstaat. Wider den autoritären Legalismus in der Bundesrepublik«, in: Peter Glotz (Hg.), *Ziviler Ungehorsam im Rechtsstaat*, Frankfurt am Main 1983, S. 29–53.

150 Hauptman, *Iroquois Struggle*, S. 158 u. 163.

151 Ebda., S. 159 u. 163.

152 *Fighting Tuscarora*, S. 145.

153 Daraus entstand: Edmund Wilson, *Apologies to the Iroquois* (1960), Syracuse 1991, S. 163.

154 Rosier, *Serving Their Country*, S. 227.

155 *Fighting Tuscarora*, S. 151.

156 Näheres dazu bei: Andrea Lucille Catapano, *The Rising of Ongwehònwe: Sovereignty, Identity and Representation on the Six Nations Reserve*, Dissertation der Stony Brook University 2009, S. 335–376, bes. S. 336 f. URL: https://dspace.sunyconnect.suny.edu/bitstream/handle/1951/44779/000000159.sbu.pdf?sequence=3&isAllowed=y.

157 Hauptman, *Iroquois Struggle*, S. 177.

158 Rosier, *Serving Their Country*, S. 227.

159 Bradley G. Shreve, *Red Power Rising. The National Indian Youth Council and the Origins of Native Activism*, Norman 2011, S. 42; Catapano, *Rising of the Ongwehònwe*, S. 355.

160 Rosier, *Serving Their Country*, S. 228.

161 Ebda., S. 227.

162 Ebda.

163 Paul McKenzie-Jones, »Evolving Voices of Dissent. The Workshops on American Indian Affairs, 1956–1972«, in: *The American Indian Quarterly* 38 (2014), S. 207.

164 »Tax, Sol«, in: Ewen, Wollock, *Encyclopedia*, S. 421 f.; Sabine Schupp, *Die Ethnologie und ihr koloniales Erbe. Ältere und neuere Debatten um die Entkolonialisierung einer Wissenschaft*, Hamburg 1997, S. 38 ff.

165 Vgl. Jack D. Forbes, »Colonialism as a Theme in American Indigenous Writing« u. Ward Churchill, »Remembering Bob Thomas. His Influence on the American Indian Liberation Struggle«, in: Steve Pavlik (Hg.), *A Good Cherokee, a Good Anthropologist. Papers in Honor of Robert K. Thomas*, Los Angeles 1998, S. 241–259 u. 281–290, bes. S. 281.

166 Cobb, *Native Activism*, S. 25.

167 Ebda., S. 26.
168 Charles King, *Schule der Rebellen. Wie ein Kreis verwegener Anthropologen Race, Sex und Gender erfand*, München 2020, S. 267.
169 Shreve, *Red Power Rising*, S. 54.
170 McKenzie-Jones, »Evolving Voices of Dissent«, S. 210 ff. u. 229.
171 Shreve, *Red Power Rising*, S. 65.
172 »American Indian Chicago Conference«, in: Ewen, Wollock, *Encyclopedia*, S. 14 f.; Mark Edwin Müller, »American Indian Chicago Conference«, in: Paul Finkelman, Tim Alan Garrison (Hg.), *Encyclopedia of United States Indian Policy and Law*, Bd. 1, Washington D.C. 2009, S. 74.
173 Alysa Landry, »The Unfulfilled Promises of John F. Kennedy: He Vowed a New Frontier for Natives«, in: *Indian Country Today*, 29. Mai 2017.
174 »The American Indian Pledge«, in: *Declaration of Indian Purpose. The Voice of the American Indian. Proceedings of American Indian Chicago Conference*, University of Chicago, 13.–20. Juni 1961, S. III. URL: https://files.eric.ed.gov/fulltext/ED030518.pdf.
175 »Statement of Purpose«, in: *Declaration of Indian Purpose*, S. 4.
176 »Creed«, in: *Declaration of Indian Purpose*, S. 5.
177 Laurence M. Hauptman, Jack Campisi, »The Voice of Eastern Indians. The American Indian Chicago Conference of 1961 and the Movement for Federal Recognition«, in: *Proceedings of the American Philosophical Society* 132 (1988), S. 320, 323 u. 325.
178 Ebda., S. 336 f.
179 Shreve, *Red Power Rising*, S. 42, 61 f., 66 u. 76 f.
180 Heike Bungert, *Die Indianer. Geschichte der indigenen Nationen in den USA*, München 2020, S. 201.
181 Steiner, *New Indians*, S. 36.
182 Ebda., S. 71 u. 257.
183 Ebda., S. 258 ff.

DIE RED POWER-JAHRE

1 Vgl. Mark Hamilton Lyttle, *America's Uncivil Wars. The Sixties Era from Elvis to the Fall of Richard Nixon*, New York, Oxford 2006.
2 Jill Lepore, *Diese Wahrheiten. Eine Geschichte der Vereinigten Staaten von Amerika*, München 2019, S. 797 f.

3 Norbert Frei, *1968. Jugendrevolte und globaler Protest*, München 2008, S. 31–63; Bernd Stöver, *Geschichte der USA. Von der ersten Kolonie bis zur Gegenwart*, München 2017, S. 549–562.

4 Bob Dylan, *The Times They Are a-Changin'*, New York 1964, A1.

5 Sam Cooke, *Ain't That Good News*, New York 1964, B1.

6 Harvard Sitkoff, *The Struggle for Black Equality*, New York 2008, S. 149 f.

7 Dick Weissman, *Talkin' 'Bout A Revolution. Music and Social Change in America*, New York 2010, S. 142 f. u. 209–216.

8 Ebda., S. 34.

9 Für eine rasche Orientierung vgl.: Craig Harris, *Heartbeat, Warble and the Electric Powwow. American Indian Music*, Norman 2016.

10 Jan Johnson, »›We were all wounded at Wounded Knee‹«, in: Jeff Berglund, Jan Johnson, Kimberli Lee (Hg.), *Indigenous Pop. Native American Music from Jazz to Hip Hop*, Tucson 2016, S. 94 ff.

11 Ebda., S. 96,

12 Brian Wright-McLeod, *The Encyclopedia of Native Music. More Than a Century of Recordings from Wax Cyl-inder to the Internet*, Tucson 2005, S. 120.

13 Peter La Farge, *As Long As the Grass Shall Grow*, New York 1963, A4 u. B4; Peter La Farge, *On the Warpath*, New York 1965, A4. Vgl. zu Tecumseh, dem »Trail of Tears« und dem Sand Creek-Massaker: Aram Mattioli, *Verlorene Welten. Eine Geschichte der Indianer Nordamerikas 1700–1910*, Stuttgart 2017, S. 119–125, 164 ff. u. 256 ff.

14 Kimberli Lee, »Heartspeak from the Spirit. Songs of John Trudell, Keith Secola, and Robbie Robertson«, in: Lisa King, Rose Gubele, Joice Rain Anderson (Hg.), *Survivance, Sovereignty, and Story. Teaching American Indian Rhetorics*, Logan 2015, S. 124.

15 La Farge, *On the Warpath*, A3.

16 Vgl. Dan O'Neill, »How Alaska Escaped Nuclear Excavation«, in: *The Bulletin of the Atomic Scientists*, Dezember 1989, S. 28–37; Ders., *The Firecracker Boys. H-Bombs, Inupiat Eskimos, and the Roots of the Environmental Movement*, New York 2007.

17 Timothy Egan, »Eskimos Learn They've Been Living Amid Secret Pits of Radioactive Soil«, in: *The New York Times*, 6. Dezember 1992; Joslyn Cassady, »A Tundra of Sickness. The Uneasy Relationship between Toxic Waste, TEK, and Cultural Survival«, in: *Arctic Anthropology* 44 (2007), S. 87–98.

18 La Farge, *As Long As*, A5.

19 Peter La Farge, *Ira Hayes and Other Ballads*, New York 1962, A1.

20 Johnny Cash, *Bitter Tears: Ballads of the American Indian*, New York 1964, A1, A3, B1, B2 u. B3.

21 Antonio D'Ambrosio, *A Heartbeat and a Guitar. Johnny Cash and the Making of Bitter Tears*, New York 2009, S. 166 f.

22 Ebda., S. 172 u. 181.

23 Sharon Monteith, *American Culture in the 1960s*, Edinburgh 2012, S. 20 u. 162.

24 Harris, *Heartbeat*, S. 72.

25 Bruce Eder, »Peter La Farge Artist Biography«, 12. Juni 2014. URL: https://www.allmusic.com/artist/peter-la-farge-mn0000325651/biography.

26 Blair Stonechild, *Buffy Sainte-Marie: It's My Way*, Markham, Brighton 2012, S. 10 f.

27 Manuel Menrath, *Unter dem Nordlicht. Indianer aus Kanada erzählen von ihrem Land*, Berlin 2020, S. 24 f.

28 Andrea Warner, *Buffy Sainte-Marie. The Authorized Autobiography*, Vancouver, Berkeley 2018, S. 21 ff.

29 Stonechild, *Buffy Sainte-Marie*, S. 21 u. 25 f.; Warner, *Buffy Sainte-Marie*, S. 20 f.

30 Stonechild, *Buffy Sainte-Marie*, S. 38 f.

31 Buffy Sainte-Marie, »The Power of Protest Songs«, in: *American Indian. Magazine of Smithsonian's National Museum of the American Indian*, Frühjahr 2013, S. 2. URL: https://www.americanindianmagazine.org/story/power-protest-songs.

32 D'Ambrosio, *A Heartbeat*, S. 146.

33 Warner, *Buffy Sainte-Marie*, S. 53.

34 Buffy Sainte-Marie, *It's My Way*, New York 1964, A1, A5, A7 u. B4.

35 »Sainte-Marie, Buffy«, in: Alexander Ewen, Jeffrey Wollock, *Encyclopedia of the American Indian in the Twentieth Century*, S. 374.

36 Sainte-Marie, *It's My Way*, A1.

37 Ebda.

38 Warner, *Buffy Sainte-Marie*, S. 89.

39 Ebda., S. 56.

40 Buffy Sainte-Marie, *Little Wheel Spin and Spin*, New York 1966, A5.

41 Ebda., Booklet.

42 Ebda., A5.

43 Ebda.

44 Adam Jones, *Genocide. A Comprehensive Introduction*, 2. Auflage, London, New York 2011, S. 8 ff., 30 u. 112 ff.

45 Clyde Warrior, »Which One Are You? Five Types of Young Indians«,

in: *ABC – Americans Before Columbus* 2 (1964), zitiert in: David Martínez (Hg.), *The American Indian Intellectual Tradition. An Anthology of Writings from 1772 to 1972*, Ithaca, London 2011, S. 318.

46 Rachel Huber, *»Lead, follow or get out of the way!« – Weiblicher Aktivismus in der Red Power-Bewegung, 1964–1980. Wie Digital History Metanarrative herauszufordern vermag*, Dissertation Luzern 2021 (Manuskript), S. 329 f.

47 Warner, *Buffy Sainte-Marie*, S. 34.

48 Ebda., S. 97.

49 Vgl. zu all dem: Ebda., S. 195 f.; Stonechild, *Buffy Sainte-Marie*, S. 156; »Democracy Now! Special: An Hour of Music and Conversation with Legendary Native American Singer-Songwriter Buffy Sainte-Marie«, 12. Oktober 2009, Transkript S. 7. URL: https://www.democracynow.org/2009/10/12/democracy_now_special_an_hour_of.

50 Cash, *Bitter Tears*, A1.

51 Thomas Clarkin, *Federal Indian Policy in the Kennedy and Johnson Administrations 1961–1969*, Albuquerque 2001, S. 48 f.

52 Ebda., S. 49–57; Alysa Landry, »The Unfulfilled Promises of John F. Kennedy: He Vowed a New Frontier for Natives«, in: *Indian Country Today*, 30. August 2016.

53 *Fighting Tuscarora. The Autobiography of Chief Clinton Rickard*, hg. von Barbara Graymont, Syracuse 1973, S. 154.

54 Laurence M. Hauptman, *The Iroquois Struggle for Survival. World War II to Red Power*, Syracuse 1986, S. 118 f.

55 Zitiert in: »Sun Shines and River Flows, but Senecas Must Leave Land«, in: *The New York Times*, 1. März 1964.

56 Bruce Elliott Johansen, Barbara Alice Mann (Hg.), *Encyclopedia of the Haudenosaunee (Iroquois Confederacy)*, Westport, London 2000, S. 20 f. u. 49; Alvin M. Josephy Jr., »Cornplanter, Can You Swim?«, in: *American Heritage*, Dezember 1968. URL: https://www.americanheritage.com/cornplanter-can-you-swim#4.

57 »Cornplanter (Gaianfwaka, John O'Bail)« u. »Handsome Lake (Sganyadaí:yoh, Skaniadario)«, in: Johansen, Mann, *Encyclopedia*, S. 68 ff.

58 Paul C. Rosier, »Dam Building and Treaty Breaking: The Kinzua Dam Controversy 1936–1958«, in: *The Pennsylvania Magazine of History & Biography* 119 (1995), S. 357 f.

59 Ebda., S. 358 f.

60 Joy A. Bilharz, *The Allegany Senecas and Kinzua Dam. Forced Relocation through two Generations*, Lincoln, London 1998, S. 52 f.; Laurence M.

Hauptman, *In the Shadow of Kinzua. The Seneca Nation of Indians since World War II*, Syracuse 2014, S. 49–103.

61 Zitiert in: Maria Diaz-Gonzalez, »The Complicated History of the Kinzua Dam and How It Changed Life for the Seneca People«, in: *Good River. Stories of the Ohio,* 3. Februar 2020. URL: https://www.alleghenyfront.org/the-complicated-history-of-the-kinzua-dam-and-how-it-changed-life-for-the-seneca-people/https://www.100daysinappalachia.com/2020/02/the-complicated-history-of-the-kinzua-dam-and-how-it-changed-life-for-the-seneca-people/.

62 Hauptman, *Iroquois Struggle*, S. 116 f.

63 Herzzerreißend der Dokumentarfilm von Paul Lanton, *Lac of Betrayel. The Story of Kinzua Dam*, USA 2017.

64 Rosier, »Dam Building«, S. 345.

65 Joseph Popiolkowski, »Senecas still feel injustice of forced relocation«, in: *The Buffalo News*, 26. September 2014.

66 Rosier, »Dam Building«, S. 345.

67 Ebda., S. 360 f.

68 Ebda., S. 361 f.

69 Vgl. dazu: Michael L. Lawson, *Dammed Indians. The Pick-Sloan Plan and the Missouri River Sioux, 1944–1980*, Norman, London 1994; Cody L. Knutson, »Pick-Sloan Plan«, in: David J. Wishart (Hg.), *Encyclopedia of the Great Plains,* Lincoln 2011. URL: http://plainshumanities.unl.edu/encyclopedia/doc/egp.wat.019; u. für die Fort Berthold-Reservation: Paul VanDevelder, *Coyote Warrior. One Man, Three Tribes, and the Trial That Forged a Nation*, New York, Boston 2004.

70 Lawson, *Dammed Indians*, S. XXIX.

71 Ebda., S. 27.

72 Zitiert in: Judith Graham, »Compensation at last for tribes that lost land to dams«, in: *Chicago Tribune*, 15. Dezember 2002.

73 Ebda.

74 Robert Kelley Schneiders, »Flooding the Missouri Valley. The Politics of Dam Site Selection and Design«, in: *Great Plains Quarterly* 17 (1997), S. 247 f.

75 Lawson, *Dammed Indians*, S. 59.

76 VanDevelder, *Coyote Warrior*, S. 174 ff.

77 Ebda., S. 132.

78 Ebda., S. 29 f.; u. zu den Staudammprojekten in den USA allgemein: Daniel R. Headrick, *Humans versus Nature. A Global Environmental History*, New York 2020, S. 311–314.

79 D'Ambrosio, *A Heartbeat*, S. 120.

80 Paul C. Rosier, *Serving Their Country. American Indian Politics and Patriotism in the Twentieth Century*, Cambridge London 2009, S. 234.

81 Ebda., S. 235.

82 Hauptman, *Iroquois Struggle*, S. 122.

83 Paul R. McKenzie-Jones, *Clyde Warrior. Tradition, Community, and Red Power*, Norman 2015, S. 72 f.

84 Norbert Finzsch, James O. Horton, Lois E. Horton, *Von Benin nach Baltimore. Die Geschichte der African Americans*, Hamburg 1999, S. 506 f.

85 McKenzie-Jones, *Clyde Warrior*, S. 72.

86 René König, *Indianer wohin? Alternativen in Arizona. Skizzen zur Entwicklungssoziologie*, Opladen 1973, S. 25 f.

87 Bradley G. Shreve, *Red Power Rising. The National Indian Youth Council and the Origins of Native Activism*, Norman 2011, S. 4 ff.

88 Rosier, *Serving Their Country*, S. 233.

89 McKenzie-Jones, *Clyde Warrior*, S. 71.

90 Shreve, *Red Power Rising*, S. 12, 37 f. u. 76.

91 Mel Thom, »For a Greater Indian America«, in: *American Before Columbus*, Oktober 1963, zitiert in: Shreve, *Red Power Rising*, S. 94.

92 Clyde Warrior, »On Current Indian Affairs«, in: *American Before Columbus*, Mai 1961, zitiert in: Daniel M. Cobb (Hg.), *Say We Are Nations. Documents of Politics and Protest in Indigenous America since 1887*, Chapel Hill 2015, S. 129.

93 Jürgen Habermas, »Ziviler Ungehorsam – Testfall für den demokratischen Rechtsstaat«, in: Peter Glotz (Hg.), *Ziviler Ungehorsam im Rechtsstaat*, Frankfurt am Main 1983, S. 35.

94 Bradley G. Shreve, »›From Time Immemorial‹. The Fish-in Movement and the Rise of Intertribal Activism«, in: *Pacific Historical Review* 78 (2009), S. 404 f.

95 Raymond Gavins, *The Cambridge Guide of African American History*, New York 2016, S. 269.

96 Ebda., S. 252.

97 John Hope Franklin, Evelyn Brooks Higginbotham, *From Slavery to Freedom. A History of African Americans*, 10. Auflage, New York 2021, S. 563 u. 574–584.

98 Vine Deloria Jr., *Behind the Trail of Broken Treaties. An Indian Declaration of Independence* (1974), Austin 2000, S. 24.

99 Shreve, »›From Time Immemorial‹«, S. 405.

100 Lawney L. Reyes, *The Last Fish War. Survival on the Rivers*, Seattle 2016, S. 9 f. u. 19 f.

101 Alexandra Harmon, *Indians in the Making. Ethnic Relations and Indian Identities around Puget Sound*, Berkeley, Los Angeles 2000, S. 79, 81, 83 u. 218.

102 Charles Wilkinson, *Messages from Frank's Landing. A Story of Salmon, Treaties, and the Indian Way*, Seattle, London 2005, S. 21.

103 Ebda., S. 30 f.; Reyes, *The Last Fish War*, S. 22 f.

104 Shreve, *Red Power Rising*, S. 136.

105 Harmon, *Indians in the Making*, S. 228.

106 Reyes, *The Last Fish War*, S. 28 f. u. 52.

107 Ebda., S. 35.

108 Wilkinson, *Messages from Frank's Landing*, S. 4.

109 Gabriel Chrisman, »The Fish-in Protests at Franks Landing«, in: *The Seattle Civil Rights & Labor History Project*, Seattle 2008, S. 7. URL: https://depts.washington.edu/civilr/fish-ins.htm.

110 Ebda., S. 8.

111 Huber, *»Lead, follow or get out of the way!«*, S. 89 f.; ähnlich im Urteil: Donna Hightower Langston, »American Indian Women's Activism in the 1960s and 1970s«, in: *Hypatia* 18 (2003), S. 123.

112 Chrisman, »Fish-in Protests at Franks Landing«, S. 8 f.

113 Huber, *»Lead, follow or get out of the way!«*, S. 87.

114 Chrisman, »Fish-in Protests at Franks Landing«, S. 9 f.

115 »Adams, Henry L.«, in: Bruce E. Johansen, *Encyclopedia of the American Indian Movement*, Santa Barbara, Denver 2013, S. 1.

116 David E. Wilkins, »Introduction«, in: Ders. (Hg.), *The Hank Adams Reader. An Exemplary Native Activist and the Unleashing of Indigenous Sovereignty*, Golden 2011, S. 5.

117 Alvin J. Ziontz, *A Lawyer in Indian Country. A Memoir*, Seattle, London 2009, S. 49.

118 Shreve, *Red Power Rising*, S. 112.

119 Vgl. William J. Mann, *The Contender. The Story of Marlon Brando*, New York 2019, S. 484 f.

120 Harmon, *Indians in the Making*, S. 232 ff.

121 Shreve, *Red Power Rising*, S. 117.

122 Shreve, »›From Time Immemorial‹«, S. 420.

123 Reyes, *The Last Fish War*, S. 40 f.

124 Chrisman, »Fish-in Protests at Franks Landing«, S. 11.

125 Shreve, *Red Power Rising*, S. 130.

126 McKenzie, *Clyde Warrior*, S. 78 f.
127 Shreve, *Red Power Rising*, S. 131.
128 Daniel M. Cobb, *Native Activism in Cold War America. The Struggle for Sovereignty*, Lawrence 2008, S. 187.
129 Carol Burns, *As Long as the Rivers Run*, USA 1971.
130 Huber, »*Lead, follow or get out of the way!*«, S. 126.
131 Zitiert in: Langston, »American Indian Women's Activism«, S. 122.
132 »Shots fired, 60 arrested in Indian-fishing showdown«, in: *Seattle Times*, 9. September 1970; Cecelia La Pointe-Gorman, *Ramona Bennett, Puyallup Tribal Indian Activist. Research Essay*, 2009, S. 14 f. URL: digitalcollections.lib.washington.edu/digital/collection/tacomacomm/id/475/rec/7; David Wilma, »Tacoma arrest 60 persons at a fish-in on September 9, 1970«, 25. August 2000. URL: www.historylink.org/File/2625.
133 Vine Deloria Jr., *God Is Red* (1973), Golden 2003, S. 9.
134 Deloria, *Behind the Trail*, S. 27.
135 Phil Dougherty, Boldt Decision: *United States v. State of Washington*, 2020, S. 3. URL: www.history-link.org/File/21084.
136 Ebda., S. 4 f.; Shreve, »›From Time Immemorial‹«, S. 432 f.
137 Vgl. Maurice Isserman, Michael Kazin, *America Divided. The Civil War of the 1960s*, 5. Auflage, New York, Oxford 2015.
138 Vgl. Charles Kaiser, *1968 in America. Music, Politics, Chaos, Counterculture, and the Shaping of a Generation*, New York 2018.
139 Lepore, *Diese Wahrheiten*, S. 767.
140 Deloria, *Behind the Trail*, S. 27.
141 Ebda., S. 27 f. u. 34.
142 Ebda., S. 35.
143 Hauptman, *Iroquois Struggle*, S. 129–135.
144 Ebda., S. 123.
145 »Benedict, Ernest«, in: Johansen, Mann, *Encyclopedia*, S. 28; Laurence M. Hauptman, *Seven Generations of Iroquois Leadership. The Six Nations since 1800*, Syracuse 2008, S. 164–187.
146 Ebda., S. 168, 170 u. 174.
147 Ebda., S. 164.
148 »Benedict, Ernest«, in: Johansen, Mann, *Encyclopedia*, S. 28.
149 »Cornwall Bridge (Ontario) Occupation«, in: Johansen, *Encyclopedia of the American Indian Movement*, S. 91 ff.; Hauptman, *Iroquois Struggle*, S. 148 f.
150 Kent Blansett, *A Journey to Freedom. Richard Oakes, Alcatraz, and the Red Power Movement*, New Haven, London 2018, S. 120.

151 Andrew Tracy, *Now Reconciled – Toronto International Film Festival*, 24. Februar 2017. URL: tiff.net/the-review/now reconciled.
152 Michael Kanentakeron Mitchell, *You Are in Indian Land*, Kanada 1969.
153 Hauptman, *Seven Generations*, S. 180.
154 Deloria, *Behind the Trail*, S. 35.
155 Doug George-Kanentiio, »Indian Country Today failed because it was business«, 11. September 2017. URL: www.indianz.com/News/2017/09/11/doug-georgekanentiio-indian-country-toda.asp
156 »Akwesasne Notes«, in: Johansen, *Encyclopedia of the American Indian Movement*, S. 8–12; eine instruktive Textauswahl in: *Akwesasne, wo das Rebhuhn balzt. Indianische Texte aus dem Widerstand*, hg. von der Gesellschaft für bedrohte Völker, München 1978.
157 George-Kanentiio, »Indian Country Today«.
158 Doug George-Kanentiio, *Iroquois on Fire. A Voice from Mohawk Nation*, Lincoln, London 2008, S. 33.
159 »White Roots of Peace«, in: Johansen, *Encyclopedia of the American Indian Movement*, S. 286 f.; Hauptman, *Iroquois Struggle*, S. 222 ff.
160 Willie Dunn, *Ballad of Crowfoot*, Montréal 1968.
161 Willie Dunn, *Akwesasne Notes*, München 1978, A4.
162 Ebda.
163 Huber, *»Lead, follow or get out of the way!«*, S. 200; LaNada Boyer, *Native Resistance. An Intergenerational Fight for Survival and Life*, Brookfield 2019.
164 Troy R. Johnson, *The American Indian Occupation of Alcatraz Island. Red Power and Self-Determination*, Lincoln, London 2008, S. 51.
165 Blansett, *Journey to Freedom*, S. 112 f.
166 Johnson, *American Indian Occupation*, S. 9 ff.
167 Andreas Elter, *Die Kriegsverkäufer. Geschichte der US-Propaganda 1917–2005*, Frankfurt am Main 2005, S. 151 ff.; Sherry L. Smith, *Hippies, Indians, and the Fight for Red Power*, Oxford, New York 2012, S. 100.
168 Troy R. Johnson, *American Indian Occupation*, S. 10 f.
169 Ebda., S. 17.
170 Luis S. Kemnitzer, »Personal Memories of Alcatraz, 1969«, in: Troy R. Johnson, Joana Nagel, Duane Champagne (Hg.), *American Indian Activism. Alcatraz to the Longest Walk*, Urbana, Chicago 1997, S. 113 f.
171 David Milner, »›By Right of Discovery‹. The Media and the Native American Occupation of Alcatra, 1969–1971«, in: *Australasian Journal of American Studies* 33 (2014), S. 75.
172 Johnson, *American Indian Occupation*, S. 52 f.

173 Alvin M. Josephy u. a. (Hg.), *Red Power. The American Indians' Fight for Freedom*, 2. Auflage, Lincoln, London 1999, S. 39.

174 Indians of All Tribes, »Proclamation, November 1969«, in: Josephy, *Red Power,* S. 40 f.

175 Ebda., S. 42.

176 Paul Mc Kenzie-Jones, »Occupation of Alcatraz, 1969–1971«, in: Donna Martinez, Jennifer L. Williams Bordeaux (Hg.), *50 Events That Shaped American Indian History. An Encyclopedia of the American Mosaic*, Bd. 2, Santa Barbara, Denver 2017, S. 555.

177 Ebda., S. 550 u. 554.

178 Huber, »*Lead, follow or get out of the way!*«, S. 222.

179 Johnson, *American Indian Occupation*, S. 45 f.

180 Adam Fortunate Eagle, *Heart of the Rock. The Indian Invasion of Alcatraz. Foreword by Vine Deloria Jr.*, Norman 2008, S. 91.

181 Huber, »*Lead, follow or get out of the way!*«, S. 206 ff., 221 u. 226 ff.

182 Johnson, *American Indian Occupation*, S. 131.

183 Smith, *Hippies*, S. 98 f.

184 Johnson, *American Indian Occupation*, S. 138 u. 159.

185 Michelle Locke, »With Alcatraz Takeover, Indians Staked Claim to National Attention«, in: *Los Angeles Times*, 21. November 1999.

186 Smith, *Hippies*, S. 96.

187 »John Trudell. Biography«. URL: https://www.johntrudell.com/biography/.

188 Fortunate Eagle, *Heart of the Rock*, S. 170.

189 Huber, »*Lead, follow or get out of the way!*«, S. 211.

190 Megan Engle, »The Native American Occupation of Alcatraz Island: Radio and Rhetoric«, in: *Pursuit. The Journal of Undergraduate Research at the University of Tennessee*, Juli 2019. URL: https://trace.tennessee.edu/pursuit/vol9/iss1/5, S. 10.

191 »Trudell, John«, in: Johansen, *Encyclopedia of the American Indian Movement*, S. 255.

192 Engle, »The Native American Occupation of Alcatraz Island«, S. 11.

193 Ebda., S. 10.

194 Huber, »*Lead, follow or get out of the way!*«, S. 216.

195 Ebda., S. 218 f.

196 Milner, »›By Right of Discovery‹«, S. 79.

197 Ebda., S. 76 f.

198 Dazu ausführlich: Richard Slotkin, *Gunfighter Nation. The Myth of the Frontier in Twentieth-Century America*, Norman 1998.

199 Milner, »›By Right of Discovery‹«, S. 74.
200 Jacquelyn Kilpatrick, *Celluloid Indians. Native Americans and Film*, Lincoln, London 1999, S. 76–79 u. 84–94.
201 Smith, *Hippies*, S. 147 f.
202 Lepore, *Diese Wahrheiten*, S. 767 f.
203 Kristin Teigen, »Nixon, Richard M.«, in: Paul Finkelman, Tim Alan Garrison (Hg.), *Encyclopedia of United States Indian Policy and Law*, Bd. 2, Washington 2009, S. 599 f.
204 Clarkin, *Federal Indian Policy*, S. 259–262.
205 Lyndon B. Johnson, »Special Message to the Congress on the Problems of the American Indian: ›The Forgotten American‹«, 6. März 1968, in: *The American Presidency Project*. URL: https://www.presidency.ucsb.edu/documents/special-message-the-congress-the-problems-the-american-indian-the-forgotten-american.
206 Ebda.
207 Ebda.
208 Richard Nixon, »Special Message on Indian Affairs«, 8. Juli 1970. URL: https://www.ncai.org/attachments/Consultation_IJaOfGZqlYSuxpPUqoSSWIaNTkEJEPXxKLzLcaOikifwWhGOLSA_12%20Nixon%20Self%20Determination%20Policy.pdf.
209 Alysa Landry, »Richard M. Nixon: ›Self-Determination Without Termination‹«, in: *Indian Country Today*, 16. September 2016.
210 Dazu ausführlich: R. C. Gordon-McCutchan, *The Taos Indians and the Battle for Blue Lake*, Santa Fe 1991; Wolfgang Saxon, Paul Bernal, »92. Fought for Tribal Watershed«, in: *The New York Times*, 19. Juli 2003.
211 Vine Deloria, *Gott ist rot*, München 1987, S. 30.
212 Lilias C. Jones Jarding, »Alaska Native Claims Settlement Act of 1971«, in: Paul Finkelman, Tim Alan Garrison (Hg.), *Encyclopedia of United States Indian Policy and Law*, Bd. 1, Washington 2009, S. 57 f.
213 Johnson, *American Indian Occupation*, S. 218.
214 Trent Crable, »Self-Determination«, in: Paul Finkelman, Tim Alan Garrison (Hg.), *Encyclopedia of United States Indian Policy and Law*, Bd. 2, Washington 2009, S. 699.
215 »Declaration of the Return of Indian Land«, 31. Mai 1970, in: Dean Rader, *Engaged Resistance. American Indian Art, Literature, and Film from Alcatraz to the NMAI*, Austin 2011, S. 16 ff.
216 Johnson, *American Indian Occupation*, S. 213.
217 Deloria, *Behind the Trail*, S. 37 f.

218 Zitiert in: »Alcatraz Occupation«, in: Johansen, *Encyclopedia of the American Indian Movement*, S. 14.
219 Eine chronologische Auflistung aller Besetzungsaktionen findet sich in: Johnson, *American Indian Occupation*, S. 233–248.
220 Hightower Langston, *American Indian Women's Activism*, S. 122.
221 Johansen, *Encyclopedia of the American Indian Movement*, S. 21.
222 »San Francisco Named Convocation Site«, in: *Journal of American Indian Education* 9 (1970), S. 28 f.
223 Ebda.
224 Elizabeth Cook-Lynn, »Who Stole Native American Studies?«, in: *Wicazo Sa Review* 12 (1997), S. 9.
225 »Susan Scarberry-Garcia, N(avarre) Scott Momaday«, in: Andrew Wiget (Hg.), *Handbook of Native American Literature*, New York, London 2012, S. 463–477.
226 Eva Manske, »Nachwort«, in: N. Scott Momaday, *Haus aus Dämmerung*, Leipzig 1988, S. 208 f.
227 Joseph Bruchac, »Contemporary Native American Writing. An Overview«, in: Wiget, *Handbook of Native American Literature*, S. 311 ff.; ausführlich in: Kenneth Lincoln, *Native American Renaissance*, Berkeley, Los Angeles 1985.
228 Katja Sarkowsky, »Die heilende Kraft des Geschichtenerzählens«, in: Richard Wagamese, *Das weite Herz des Landes*, 2. Auflage, München 2020, S. 282.
229 Ebda.
230 Vine Deloria Jr., *Custer Died for Your Sins. An Indian Manifesto* (1969), Norman 1988, S. 2 f. u. 7.
231 Marion Gymnich, »Writing Back«, in: Dirk Göttsche u. a. (Hg.), *Handbuch Postkolonialismus und Literatur*, Stuttgart 2019, S. 235–238.
232 Ebda., S. 235.
233 Deloria, *Custer*, S. 28–50; Vine Deloria Jr., *We Talk, You Listen. New Tribes, New Turf* (1970), Lincoln, London 2007, S. 181–197.
234 Gymnich, »Writing Back«, S. 236.
235 Kirk Johnson, »Vine Deloria Jr., Champion of Indian Rights, Dies at 72«, in: *The New York Times*, 15. November 2005.
236 David E. Wilkins, *Red Prophet. The Punishing Intellectualism of Vine Deloria Jr.*, Golden 2018, S. 1 f.
237 Charles King, *Schule der Rebellen. Wie ein Kreis verwegener Anthropologen Race, Sex und Gender erfand*, München 2020, S. 277–291.

238 Vine Deloria Jr., »This Country Was a Lot Better Off When the Indians Were Running It«, in: *The New York Times*, 8. März 1970.
239 Ebda.
240 David E. Wilkins, »A Tribute to Vine Deloria Jr. An Indigenous Visionary«, in: *Revue française d'études américaines* Nr. 144 (2015), S. 109.
241 Roger Dunsmore, »Vine Deloria Jr.«, in: Wiget, *Handbook*, S. 411–415.
242 Stan Steiner, *The New Indians*, New York, Evanston 1968, S. 26.
243 David Martínez, *Life of the Indigenous Mind. Vine Deloria Jr. and the Birth of Red Power Movement*, Lincoln 2019, S. 14.
244 Deloria, *Custer*, S. 51.
245 Deloria, *We Talk*, S. 181.
246 Deloria, *Custer*, S. 50.
247 Ebda., S. 101.
248 Ebda., S. 102.
249 Ebda., S. 109 f.
250 Ebda., S. 110.
251 Deloria, *God Is Red*, S. 82 f., 170 ff. u. 194 f.
252 Ebda., S. 10–14; Deloria, *Custer*, S. 78–100.
253 Deloria, *Custer*, S. 246.
254 Deloria, *We Talk*, S. 9.
255 Lorraine Boissoneault, »The Cuyahoga River Caught Fire at Least a Dozen Times, but No One Cared Until 1969«, in: *Smithsonian Magazine*, 19. Juni 2019.
256 Deloria, *We Talk*, S. 181 u. 185.
257 Ebda., S. 196.
258 Ebda., S. 185 f.
259 Ebda., S. 189.
260 Ebda., S. 186 f.
261 Ebda., S. 15.
262 Ebda., S. 195.
263 Ebda., S. 189.
264 Ebda., S. 192.
265 Ebda., S. 193 f. u. 197.
266 Martínez, *Life of the Indigenous Mind*, S. 148.
267 Deloria, *Custer*, S. 27.
268 Deloria, *Behind the Trail*, S. 3.
269 Ebda.
270 Ebda., S. 174.
271 Ebda., S. 85–108.

272 Ebda., S. 111.
273 Ebda., S. 109.
274 Ebda., S. 164.
275 Ebda.
276 Floyd Westerman, *Custer Died for Your Sins*, New York 1969, A1.
277 Ebda., B3.
278 Deloria, *Custer*, S. 257.
279 Wilkins, *Red Prophet*, S. 138 u. 146.
280 Martínez, *Life of the Indigenous Mind*, S. 43 f. u. 46.
281 »Brave Bird, Mary (Mary Crow Dog, Ohitika Win, Mary Ellen Moore)«, in: Ewen, Wollock, *Encyclopedia*, S. 66 f.
282 Mary Crow Dog, *Lakota Woman. Die Geschichte einer Sioux-Frau*, 9. Auflage, München 2009, S. 12 u. 19.
283 Ebda., S. 17 f. u. 23 ff.
284 Ebda., S. 22 f. u. 25 f.
285 Ebda., S. 36.
286 Ebda., S. 74.
287 Ebda., S. 74 f.
288 Ebda., S. 81 f.
289 »1968: Minneapolis, AIM's Founding«, in: Muscarelle Museum of Art, *Exhibition »Rising: The American Indian Movement and the Third Space of Sovereignty«*, Williamsburg 2020. URL: https://muscarelle.wm.edu/rising/relocation/minneapolis/1968/faces/.
290 Rachel A. Bonney, »The Role of AIM Leaders in Indian Nationalism«, in: *American Indian Quarterly* 3 (1977), S. 213; Troy R. Johnson, *Red Power. The Native American Civil Rights Movement*, New York 2007, S. 7 ff.
291 Charles Wilkinson, *Blood Struggle. The Rise of Modern Indian Nations*, New York, London 2005, S. 137.
292 Zitiert in: »1968: Minneapolis, AIM's Founding«.
293 Wilkinson, *Blood Struggle*, S. 130; zur Black Panther Party: Franklin, Brooks Higginbotham, *From Slavery*, S. 617–625.
294 Dennis Banks (with Richard Erdoes), *Ojibwa Warrior. Dennis Banks and the Rise of the American Indian Movement*, Norman 2004, S. 64.
295 Wilkinson, *Blood Struggle*, S. 138.
296 Bonney, »The Role of AIM«, S. 213.
297 Russell Means (with Marvin J. Wolf), *Where White Men Fear to Tread. The Autobiography*, New York 1995, S. 175.
298 Huber, *»Lead, follow or get out of the way!«*, S. 262 f.
299 Elizabeth Castle, »›The Original Gangster‹. The Life and Times of Red

Power Activist Madonna Thunder Hawk«, in: Dan Berger (Hg.), *The Hidden 1970s. Histories of Radicalism*, New Brunswick 1970, S. 273.

300 Huber, »*Lead, follow or get out of the way!*«, S. 267.

301 Näheres dazu in: Brenda J. Child, *Holding Our World Together. Ojibwe Women and the Survival of Community*, New York 2012; Julie L. Davis, *Survival Schools. The American Indian Movement and Community Education in the Twin Cities*, Minneapolis, London 2013, S. 6; Huber, »*Lead, follow or get out of the way!*«, S. 265 f.

302 »Means, Russell«, in: Johansen, *Encyclopedia of the American Indian Movement*, S. 186 f.

303 Means, *Where White Men Fear*, Bildteil I.

304 Ebda., S. 153.

305 Paul Chat Smith, Robert Allen Warrior, *Like a Hurricane. The Indian Movement from Alcatraz to Wounded Knee*, New York 1996, S. 99 f.

306 David J. Silverman, *This Land Is Their Land. The Wampanoag Indians, Plymouth Colony, and the Troubled History of Thanksgiving*, New York, London 2020, S. 3–12.

307 Banks, *Ojibwa Warrior*, S. 111.

308 Ebda.

309 Ebda., S. 112.

310 Silverman, *This Land*, S. 2 f.; »Frank James and the History of the National Day of Mourning«, in: *1620–2020. Mayflower 400. Exploring the Mayflower Anniversary from Multiples Angles*, 2020. URL: https://www.mayflower400uk.org/education/native-america/2020/november/frank-james-and-the-history-of-the-national-day-of-mourning/.

311 Means, *Where White Men Fear*, New York 1995, S. 175.

312 »Suppressed Speech of Wamsutta James, 1970«, in: James E. Seele Jr., Steven A. Littleton (Hg.), *Voices of the American Indian Experience*, Bd. 2, Santa Barbara, Denver 2013, S. 588.

313 Ebda., S. 589.

314 Banks, *Ojibwa Warrior*, S. 112.

315 Ebda., S. 113.

316 Ebda.

317 Ebda., S. 112.

318 Jesse Larner, *Mount Rushmore. An Icon Reconsidered*, New York 2002, S. 8; John Taliaferro, *Great White Fathers. The Story of the Obsessive Quest to Create Mount Rushmore*, New York 2002, S. 56, 186 u. 189 f.

319 Taliaferro, *Great White Fathers*, S. 4; Jeffrey Ostler, *The Lakotas and the Black Hills. The Struggle for Sacred Ground*, New York 2010, S. 147.

320 Ebda., S. 63.
321 Ebda., S. 147; Taliaferro, *Great White Fathers*, S. 328 f.
322 Arielle Zionts, »Group to gather Saturday for 50th anniversary of Mount Rushmore Occupation«, in: *Rapid City Journal*, 27. August 2020.
323 »Brightman, Lehman«, in: Johansen, *Encyclopedia of the American Indian Movement*, S. 63 f.
324 Means, *Where White Men Fear*, S. 167.
325 Ebda.
326 Means, *Where White Men Fear*, S. 168.
327 Larner, *Mount Rushmore*, S. 284.
328 Ebda.
329 Means, *Where White Men Fear*, S. 170.
330 Huber, *»Lead, follow or get out of the way!«*, S. 297 f.
331 Ebda., S. 183 f.
332 Ebda., S. 186.
333 »American Indian Movement, Early History«, in: Johansen, *Encyclopedia of the American Indian Movement*, S. 32.
334 Larner, *Mount Rushmore*, S. 286.
335 Crow Dog, *Lakota Woman*, S. 82.
336 Banks, *Ojibwa Warrior*, S. 95.
337 Deloria, *Behind the Trail*, S. 46; Wilkinson, *Blood Struggle*, S. 139.
338 Banks, *Ojibwa Warrior*, S. 126.
339 Ebda.
340 Blansett, *Journey to Freedom*, S. 247 f.
341 Smith, Warrior, *Like a Hurricane*, S. 140.
342 Crow Dog, *Lakota Woman*, S. 82 f.
343 Smith, Warrior, *Like a Hurricane*, S. 142.
344 Ebda.
345 Akim Reinhardt, *Ruling Pine Ridge. Oglala Lakota Politics from the IRA to Wounded Knee*, Lubbock 2007, S. 114.
346 Deloria, *Behind the Trail*, S. 47.
347 Banks, *Ojibwa Warrior*, S. 127.
348 Means, *Where White Men Fear*, S. 226.
349 Rachel Huber, *»Lead, follow or get out of the way!«*, S. 147–150.
350 Mattioli, *Verlorene Welten*, S. 251.
351 »Survival of American Indians Association, Trail of Broken Treaties, Press Release 1972«, in: Wilkins, *Hank Adams Reader*, S. 95.
352 »Trail of Broken Treaties«, in: Johnson, *Encyclopedia*, S. 247 f.; Deloria, *Behind the Trail*, S. 47.

353 Wilkins, *Hank Adams Reader*, S. 2 f.

354 »Adams, Hank«, in: Ewen, Wollock, *Encyclopedia*, S. 4.

355 Deloria, *Behind the Trail*, S. 48.

356 Anthony Peirson Xavier Bothwell, »We Live on Their Land. Implications of Long-Ago Takings of Native American Indian Property«, in: *Annual Survey of International & Comparative Law* 6 (2000), S. 177.

357 Pekka Hämäläinen, *Lakota America. A New History of Indigenous Power*, New Haven, London 2019, S. 386.

358 »The Twenty Points of the Trail of Broken Treaties (1972)«, in: Seelye, Littleton, *Voices*, S. 609–622.

359 Crow Dog, *Lakota Woman*, S. 84 f.

360 Smith, Warrior, *Like a Hurricane*, S. 146 f.

361 Ebda., S. 150.

362 Ebda., S. 152.

363 Dana Hedgpeth, »The week hundreds of Native Americans took over D. C.'s Bureau of Indian Affairs«, in: *Washington Post*, 24. Januar 2021.

364 Smith, Warrior, *Like a Hurricane*, S. 154.

365 Trova Heffernan, *Hank Adams. An Uncommun Life*, Washington 2016, S. 2. URL: https://www.sos.wa.gov/_assets/legacy/who-are-we/hank-adams-pdf.pdf

366 Deloria, *Behind the Trail*, S. 57 f.

367 Suzan Shown Harjo, »Trail of Broken Treaties: A 30th Anniversary Memory«, in: *Indian Country Today*, 7. November 2002, S. 3.

368 Smith, Warrior, *Like a Hurricane*, S. 156.

369 Huber, *»Lead, follow or get out of the way!«*, S. 154.

370 Crow Dog, *Lakota Woman*, S. 85.

371 Harjo, »Trail of Broken Treaties«, S. 1.

372 Heffernan, *Hank Adams*, S. 17.

373 Smith, Warrior, *Like a Hurricane*, S. 157.

374 Ebda.

375 Ebda.; Wilkinson, *Blood Struggle*, S. 142.

376 Heffernan, *Hank Adams*, S. 5; Smith, Warrior, *Like a Hurricane*, S. 162; Huber, *»Lead, follow or get out of the way!«*, S. 152.

377 Ebda.; Means, *Where White Men Fear*, S. 233.

378 Harjo, »Trail of Broken Treaties«, S. 2.

379 Heffernan, *Hank Adams*, S. 5.

380 Zitiert in: Smith, Warrior, *Like a Hurricane*, S. 166.

381 Heffernan, *Hank Adams*, S. 18.

382 Deloria, *Behind the Trail*, S. 58.

383 Banks, *Ojibwa Warrior*, S. 143 f.; Means, *Where White Men Fear*, S. 235.
384 Deloria, *Behind the Trail*, S. 58.
385 Reinhardt, *Ruling Pine Ridge*, S. 155.
386 Crow Dog, *Lakota Woman*, S. 119.
387 Smith, Warrior, *Like a Hurricane*, S. 167 f.
388 U.S. Department of the Interior. Indian Affairs: Pine Ridge Agency. URL: https://www.bia.gov/regional-offices/Great Plains/south-dakota/pine-ridge-agency; L. L. Baer, M. A. Bennett, »American Indians in South Dakota: A Profile«, in: *Agricultural Experiment Station Circulars*, Paper 250, 1987. URL: https://openprairie.sdstate.edu/cgi/viewcontent.cgi?article=1249&context=agexperimentsta_circ.
389 Reinhardt, *Ruling Pine Ridge*, S. 118 f.; Claus Biegert, *Seit 200 Jahren ohne Verfassung. 1976: Indianer im Widerstand*, Reinbek bei Hamburg 1976, S. 88.
390 »Whiteclay, Nebraska, and the American Indian Movement«, in: Johansen, *Encyclopedia of the American Indian Movement*, S. 279–285.
391 Biegert, *Seit 200 Jahren*, S. 88.
392 Peter T. Kilborn, »Life at the Bottom. America's Poorest County. A Special Report«, in: *The New York Times*, 20. September 1992.
393 Dean Chavers, »Around the Campfire: In Memory of Raymond Yellow Thunder«, in: *Native Times*, 22. Juni 2009; Crow Dog, *Lakota Woman*, S. 49 f.
394 »Yellow Thunder, Raymond«, in: Ewen, Wollock, *Encyclopedia*, S. 482.
395 »Yellow Thunder, Raymond«, in: Johansen, *Encyclopedia of the American Indian Movement*, S. 383.
396 Chavers, »Around the Campfire«; Reinhardt, *Ruling Pine Ridge*, S. 126; Crow Dog, *Lakota Woman*, S. 28 u. 49 f.
397 Reinhardt, *Ruling Pine Ridge*, S. 128.
398 »Yellow Thunder, Raymond«, in: Ewen, Wollock, *Encyclopedia*, S. 483.
399 Reinhardt, *Ruling Pine Ridge*, S. 146 f.
400 »Wilson, Richard (Dick Wilson)«, in: Ewen, Wollock, *Encyclopedia*, S. 468.
401 Smith, Warrior, *Like a Hurricane*, S. 191–196; Reinhardt, *Ruling Pine Ridge*, S. 134–138 u. 152 f.
402 Gladys Bissonette, »The Fight against Wilson«, in: Akwesasne Notes (Hg.), *Voices from Wounded Knee: In the Words of the Participants*, 3. Auflage, Rooseveltown 1976, S. 14; Crow Dog, *Lakota Woman*, S. 111; »Wilson, Richard«, in: Johansen, *Encyclopedia of the American Indian Movement*, S. 286.

403 Vgl. Manuel Menrath, *Mission Sitting Bull. Die Geschichte der katholischen Sioux*, Paderborn 2016.
404 »Bissonette, Pedro«, in: Ewen, Wollock, *Encyclopedia*, S. 54.
405 Reinhardt, *Ruling Pine Ridge*, S. 173.
406 »Bissonette, Pedro«, in: Ewen, Wollock, *Encyclopedia*, S. 55.
407 Biegert, *Seit 200 Jahren*, S. 82 f.
408 »Indians Clash With Non-Indians in South Dakota City Termed ›Neutral Ground‹«, in: *The New York Times*, 11. Februar 1973; »Custer riot (1973)«, in: Ewen, Wollock, *Encyclopedia*, S. 114.
409 Smith, Warrior, *Like a Hurricane*, S. 198 f.
410 Stanley Nelson, *Wounded Knee. Episode 5 of We Shall Remain*, USA 2009.
411 Zitiert in: Smith, Warrior, *Like a Hurricane*, S. 198.
412 Hightower Langston, *American Indian Women's Activism*, S. 127.
413 Smith, Warrior, *Like a Hurricane*, S. 198.
414 »Wounded Knee Occupation«, in: Johansen, *Encyclopedia of the American Indian Movement*, S. 294.
415 Mattioli, *Verlorene Welten*, S. 318 ff.
416 Hämäiläinen, *Lakota America*, S. 379.
417 »Wounded Knee Occupation«, in: Johansen, *Encyclopedia of the American Indian Movement*, S. 294; Redbone, *Wovoka*, London 1973, A5.
418 Nelson, *Wounded Knee.*
419 Stew Magnuson, *Wounded Knee 1973. Still Bleeding. The American Indian Movement, the FBI, and Their Fight to Bury the Signs of the Past*, Arlington 2013, S. 25.
420 Nelson, *Wounded Knee.*
421 Zitiert in: Kenneth W. Townsend, Mark A. Nicholas, *First Americans. A History of Native Peoples*, Milton Park, New York 2016, S. 566.
422 Wilkinson, *Blood Struggle*, S. 145.
423 Magnuson, *Wounded Knee 1973*, S. 29 f.
424 Ebda., S. 30 f.
425 Ebda., S. 32; Elizabeth A. Castle, Christina D. King, *Warrior Women*, USA 2018.
426 Nelson, *Wounded Knee.*
427 Ebda.
428 Wilkinson, *Blood Struggle*, S. 147.
429 Smith, Warrior, *Like a Hurricane*, S. 207 f.
430 Ebda., S. 208.
431 Ebda., S. 235 f.

432 Peter Spirer, *Sacheen: Breaking the Silence*, USA 2019; Steve Rose, »›I promised Brando I would not touch his Oscar‹: the secret life of Sacheen Littlefeather«, in: *The Guardian*, 3. Juni 2021.

433 Banks, *Ojibwa Warrior*, S. 188

434 Crow Dog, *Lakota Woman*, S. 126.

435 Banks, *Ojibwa Warrior*, S. 188.

436 Ebda., S. 197; Crow Dog, *Lakota Woman*, S. 136.

437 Nelson, *Wounded Knee*.

438 »Means, Russell«, in: Ewen, Wollock, *Encyclopedia*, S. 278.

439 Means, *Where White Men Fear*, S. 271.

440 Nelson, *Wounded Knee*.

441 Banks, *Ojibwa Warrior*, S. 188 f.

442 Wilkinson, *Blood Struggle*, S. 8 f.

443 Ebda., S. 43 u. 52 f.

444 Ebda., S. 53.

445 Wilkinson, *Blood Struggle*, S. 148.

446 Magnuson, *Wounded Knee 1973*, S. 123.

447 Townsend, *First Americans*, S. 567 ff.; Dana Plays, *The Longest Walk*, USA 2017.

448 »Dr. Lehman Brightman Led the Longest Walk 1978«, *Dailymotion*. URL: https://www.dailymotion.com/video/x36k9sw.

449 »The Longest Walk (1978 and 2009)«, in: Johansen, *Encyclopedia of the American Indian Movement*, S. 178 f.; »Longest Walk«, in: Ewen, Wollock, *Encyclopedia*, S. 261.

450 Hämäläinen, *Lakota America*, S. 387; ähnlich in: Banks, *Ojibwa Warrior*, S. 182.

451 »Aquash, Anna Mae«, in: Ewen, Wollock, *Encyclopedia*, S. 24.

452 Magnuson, *Wounded Knee 1973*, S. 89 f.

453 »Bissonette, Pedro«, in: Ewen, Wollock, *Encyclopedia*, S. 55.

454 »Peltier, Leonard«, in: Ewen, Wollock, *Encyclopedia*, S. 324; »USA – Leonard Pelletier«, *Amnesty International*, August 2013, URL: https://www.amnesty.de/briefe-gegen-das-vergessen/2013/7/usa-leonard-peltier.

455 »Wilson, Richard«, in: Ewen, Wollock, *Encyclopedia*, S. 469.

456 Magnuson, *Wounded Knee 1973*, S. 5.

457 Banks, *Ojibwa Warrior*, S. 209.

DIE SELBSTBESTIMMUNGSÄRA

1 Walter R. Echo-Hawk, *Selbstbestimmung statt Liquidierung. Vergangenheit, Gegenwart und Zukunft der amerikanischen Indianerbewegung*, New York 2014, S. 17. URL: https://www.rosalux.de/fileadmin/rls_uploads/pdfs/sonst_publikationen/echohawkdeufinal.pdf.

2 U. S. Department of the Interior. Indian Affairs: Self-Determination. URL: https://www.bia.gov/regional-offices/Great-Plains/self-determi nation.

3 Elizabeth A. Castle, Christina D. King, *Warrior Women*, USA 2018.

4 »Women of All Red Nations«, in: *Encyclopedia Britannica*, 11. September 2018. URL: https://www.britannica.com/topic//Women-of-All-Red-Nations.

5 *Women of All Red Nations. W. A. R. N.*, Porcupine 1977, S. 4.

6 Grundlegend zu den Red Power-Aktivistinnen: Rachel Huber, *»Lead, follow or get out of the way!« – Weiblicher Aktivismus in der Red Power-Bewegung, 1964–1980. Wie Digital History Metanarrative herauszufordern vermag*, Dissertation Luzern 2021 (Manuskript).

7 Zitiert in: M. Annette Jaimes, Theresa Halsey, »American Indian Women: At the Center of Indigenous Resistance in Contemporary North America«, in: M. Annette Jaimes (Hg.), *The State of Native North America: Genocide, Colonization, and Resistance*, Boston 1992, S. 328.

8 Alvin M. Josephy, Joane Nagel, Troy Johnson (Hg.), *Red Power. The American Indians' Fight for Freedom*, Lincoln, London 1999, S. 51.

9 Brianna Theobald, *Reproduction on the Reservation. Pregnancy, Childbirth, and Colonialism in the Long Twentieth Century*, Chapel Hill 2019, S. 147.

10 Annelise Orleck, *Rethinking American Women's Activism*, New York 2015, S. 143.

11 Meg Devlin O'Sullivan, *»We Worry About Survival«. American Indian Women, Sovereignty, and the Right to Bear and Raise Children in the 1970s*, Capel Hill 2007, S. 2, 6 u. 11.

12 Huber, *»Lead, follow or get out of the way!«*, S. 314–340.

13 Devlin O'Sullivan, *»We Worry About Survival«*, S. 30.

14 »Women of All Red Nations«, in: *Women & the American History*, New York. URL: https://wams.nyhistory.org/growth-and-turmoil/feminism-and-the-backlash/women-of-all-red-nations/.

15 Traci Brynne Voyles, *Legacies of Uranium Mining in Navajo Country*, Minneapolis, London 2015, S. 141.

16 Marc Pritzke, »Die verdrängte Schande«, in: *Der Spiegel*, 5. Januar 2012. URL: https://www.spiegel.de/panorama/zwangssterilisation-in-den-usa-die-verdraengte-schande-a-806709.html.

17 Ausführlich dazu: Paul A. Lombardo, *Three Generations, No Imbeciles. Eugenics, the Supreme Court, and Buck v. Bell*, Baltimore 2010.

18 Vgl. Wendy Kline, *Building a Better Race. Gender, Sexuality, and Eugenics from the Turn of the Century to the Baby Boom*, Berkeley, Los Angeles 2005; Paul A. Lombardo (Hg.), *A Century of Eugenics in America. From the Indiana Experiment to the Human Genome Project*, Bloomington 2011; Molly Ladd-Taylor, *Fixing the Poor. Eugenic Sterilization and Child Welfare in the Twentieth Century*, Baltimore 2017.

19 Orleck, *Rethinking*, S. 96 f.

20 Sally J. Torpy, »Native American Women and Coerced Sterilization. On the Trail of Tears in the 1970s«, in: *American Indian Culture and Research Journal* 24 (2000), S. 7.

21 Orleck, *Rethinking*, S. 99; Devlin O'Sullivan, *»We Worry About Survival«*, S. 69 f.

22 »Sterilization of Native American Women«, in: Bruce E. Johansen (Hg.), *Encyclopedia of the American Indian Movement*, Santa Barbara, Denver 2013, S. 234.

23 Mary Crow Dog, *Lakota Woman. Die Geschichte einer Sioux-Frau*, 9. Auflage, München 2009, S. 78; Devlin O'Sullivan, *»We Worry About Survival«*, S. 63.

24 *Women of All Red Nations. W. A. R. N.*, Porcupine 1977, S. 13.

25 Theobald, *Reproduction*, S. 157.

26 Ebda.

27 Devlin O'Sullivan, *»We Worry About Survival«*, S. 74.

28 Meera White, »Sterilization in the 1970s: Native Women, Newspaper Coverage, and Community«, in: *Georgetown Journal of History*, Frühling 2016, S. 2. URL: https://georgetownhistoryjournal.org/spring-2016-edition/native-women-sterilization-in-the-1970s-newspaper-coverage-and-community/.

29 Andrea Smith, *Conquest. Sexual Violence and American Indian Genocide*, New York, Boston 2005, S. 80; Theobald, *Reproduction*, S. 96.

30 »The Theft of Life«, in: *Women of All Red Nations. W. A. R. N.*, S. 13.

31 Ebda., S. 14.

32 Marie Sanchez, »Why Have You Not Recognized US as Sovereign People?«, in: Daniel M. Cobb (Hg.), *Say We Are Nations. Documents of Politics and Protest in Indigenous America since 1887*, Chapel Hill 2015, S. 176 f.

33 Aram Mattioli, »Verübte Amerika einen Genozid an seinen Indianern?«, in: *Neue Zürcher Zeitung*, 25. Juni 2021, S. 6.

34 Devlin O'Sullivan, »*We Worry About Survival*«, S. 69 f.; Huber, »*Lead, follow or get out of the way!*«, S. 56.

35 Orleck, *Rethinking*, S. 99 f.

36 Devlin O'Sullivan, »*We Worry About Survival*«, S. 87 f.

37 Ebda., S. 104.

38 »Radiation: Dangerous to Pine Ridge Women, W. A. R. N. study says«, in: *Akwesasne Notes*, Frühling 1980, S. 22 f.

39 Ebda., S. 22.

40 Ebda.

41 Bornali Halder, »Ecocide and Genocide. Explorations of Environmental Justice in Lakota Sioux Country«, in: David G. Anderson, Eeva Berglund (Hg.), *Ethnographies of Conservation. Environmentalism and the Distribution of Privilege*, New York, Oxford 2004, S. 101–118.

42 »Radiation: Dangerous to Pine Ridge Women«, S. 22.

43 »Activists: Old uranium mines polluting Angostura«, in: *Rapid City Journal*, 22. September 2016.

44 Zoltán Grossman, *Unlikely Alliances. Native Nations and White Communities Join to Defend Rural Lands*, Seattle, London 2017, S. 154.

45 Ebda., S. 153 f.

46 Ebda., S. 156.

47 Winona LaDuke, »Foreword«, in: Grossman, *Unlikely Alliances*, S. X.

48 Grossman, *Unlikely Alliances*, S. 154 f.

49 Ebda., S. 4 f.

50 David Signer, »Die Pipeline Keystone XL wird definitiv nicht gebaut«, in: *Neue Zürcher Zeitung*, 11. Juni 2021.

51 *1980 Black Hills International Survival Gathering Official Handbook. July 18 – 27, 1980*, Rapid City 1980, S. 2.

52 Huber, »*Lead, follow or get out of the way!*«, S. 291.

53 Sandie Johnson, Loraine Hutchins, »Black Hills Gathering: The ties that unite and divide us«, in: *Off Our Backs. A Women's Newsjournal* 10 (1980), S. 4.

54 Ebda.

55 Ebda., S. 5.

56 »Black Hills/Paha Sapa, USA«, in: *Die Nukleare Kette. Informationen zu Risiken der nuklearen Kette für Mensch und Natur*. URL: http://www.nuclear-risks.org/de/hibakusha-weltweit/black-hillspaha-sapa.html.

57 Winona LaDuke, »Resources of Red Nations«, in: *Women of All Red Nations. W.A.R.N.*, S. 12.

58 Frank Bösch, *Zeitenwende 1979. Als die Welt von heute begann*, München 2019, S. 333 f. u. 337 f.

59 Sarah Alisabeth Fox, *Downwind. A People's History of the Nuclear West*, Lincoln, London 2014, S. 47 f.; Traci Brynne Voyles, *Wastelanding. Legacies of Uranium Mining in Navaho Country*, Minneapolis, London 2015, S. 167.

60 Donald Grinde, Bruce E. Johansen, *Ecocide of Native America. Environmental Destruction of Indian Lands and Peoples*, Santa Fe 1995, S. 200–220; Bruce E. Johansen, *Resource Exploitation in Native North America. A Plague upon the Peoples*, Santa Barbara, Denver 2016, S. 1–26.

61 Ausführlich dazu: Peter H. Eichstaedt, *If You Poison Us. Uranium and Native Americans*, Santa Fe 1994; Doug Brugge, Timothy Benally, Esther Yazzie-Lewis (Hg.), *The Navajo People and Uranium Mining*, Albuquerque 2007.

62 Linda M. Richards, »On Poisoned Ground«, in: *Distillations. Using Stories from Science's Past to Understand our World*, Frühling 2013, S. 14. URL: https://www.sciencehistory.org/distillations/on-poisoned-ground.

63 Interview mit Timothy Hugh-Benally, Februar 1993, in: Eichstaedt, *If You Poison US*, S. 172 f.

64 Judy Pasternak, *Yellow Dirt. A Poisoned Land and the Betrayal of the Navajos*, New York, Toronto 2011, S. 140 ff. u. 156; Johansen, *Resource Exploitation*, S. 1.

65 Eichstaedt, *If You Poison Us*, S. 47; Brugge, *Navajo People and Uranium Mining*, S. 26 f.

66 Sven Hannes, *Die Bombe. Die Geschichte der Atombombentests von den Anfängen bis zur Gegenwart*, Leipzig 2017, S. 46 f.

67 Flannery Burke, *A Land Apart. The Southwest and the Nation in the Twentieth Century*, Tucson 2017, S. 249.

68 Nando Stöcklin, *Uranwirtschaft in Nordamerika – Die Folgen für die Indigenen. Mit einem Exkurs von Helena Nyberg*, Zürich 2001, S. 4–8; *Uranatlas. Daten und Fakten über den Rohstoff des Atomzeitalters*, hg. von Nuclear Free Future u. a., Berlin 2019, S. 8–11.

69 Pasternak, *Yellow Dirt*, S. 149.

70 Samuel Gilbert, »Church Rock, America's Forgotten Nuclear Disaster Is Still Poisoning Navajo Lands 40 Years Later«, in: *Vice*, 12. August 1979. URL: https://www.vice.com/en_us/article/ne8w4x/church-rock-

americas-forgotten-nuclear-disaster-is-still-poisoning-navajo-lands-40-years-later.

71 Zitiert in: Marley Shebala, »Poison in the Earth. 1979 Church Rock Spill a Symbol for Uranium Dangers«, in: *Navajo Times*, 23. Juli 2009.

72 Fox, *Downwind*, S. 47.

73 Voyles, *Wastelanding*, S. 166.

74 Valerie L. Kuletz, *The Tainted Desert. Environmental and Social Ruin in the American West*, New York, London 1998, S. 26; Voyles, *Wastelanding*, S. XIII u. 167.

75 Richards, »On Poisoned Ground«, S. 2.

76 Fox, *Downwind*, S. 47.

77 Alte Navajo-Frau, in: Colleen Keane, *The River That Harms*, USA 1987.

78 Gilbert, »Church Rock«.

79 *Report of the Church Rock Uranium Monitoring Project 2003–2007*, Mai 2007. URL: http://www.sric.org/uranium/docs/CRUMPReportSummary.pdf.

80 Keane, *The River That Harms*.

81 EPA. United States Environmental Protection Agency, *Superfund. National Priorities List – by State*, 28. April 2020. URL: https://www.epa.gov/superfund/national-priorities-list-npl-sites-state.

82 Gilbert, »Church Rock«.

83 Voyles, *Wastelanding*, S. 166 f.

84 Fox, *Downwind*, S. 47 f.; Brugge, *Navajo People and Uranium Mining*, S. 96.

85 Richard J. Lazarus, »Environmental Racism! That's What It Is«, in: *Georgetown Law Faculty Publication*, Januar 2010, S. 257. URL: https://scholarship.law.georgetown.edu/facpub/160/.

86 Fritz Habekuß, »Was der Fluss weiß«, in: *Die Zeit*, 3. September 2020, S. 33.

87 Vgl. Steve Lerner, *Sacrifices Zones. The Front Lines of Toxical Chemical Exposure in the United States*, Cambridge 2010; Dorceta Taylor, *Toxic Communities. Environmental Racism, Industrial Polution, and Residential Mobility*, New York, London 2014, S. 47–68.

88 Vgl. dazu aus indigener Perspektive das kritische Gedicht von Simon J. Ortiz, »Our Homeland, a National Sacrifice Area (1981)«, in: Ders., *Woven Stone*, Tucson 1992, S. 337–363. Zur Bedeutung des Buches: Jonathan Thompson, »Simon J. Ortiz poetry is a road map to Indian Country«, in: *High Country News*, 5. Mai 2014. URL: https://www.hcn.org/blogs/goat/the-work-of-simon-j-ortiz-is-a-poetic-road-map-to-indian-country.

89 Anna Rondon, November 1992, in: Eichstaedt, *If You Poison Us*, S. 47.

90 Keane, *The River That Harms.*

91 Vgl. Klara Bonsack Kelley, Harris Francis, *Navajo Sacred Places*, Indianapolis 1994.

92 Gordon Edwards, »Uran – Bekannte Fakten and verborgene Gefahren«, in: Claus Biegert, Elke Stolhofer (Hg.), *Der Tod, der aus der Erde kommt. Zeugnisse nuklearer Zerstörung – Ureinwohner der Erde beim World Uranium Hearing,* Salzburg 1993, S. 32.

93 Anita Moore-Nall, »The Legacy of Uranium Development on or Near Indian Reservations and Health Implications Rekindling Public Awareness«, in: *Geosciences* 5 (2015), S. 16.

94 Vgl. dazu Jeff Spitz' Dokumentarfilm *The Return of Navajo Boy*, USA 2000.

95 Leslie Macmillan, »Uranium Mines Dot Navajo Land, Neglected and Still Perilous«, in: *The New York Times,* 31. März 2012.

96 Johansen, *Resource Exploitation*, S. 1.

97 Grinde, Johansen, *Ecocide*, S. 51.

98 Kuletz, *Tainted Desert*, S. XVIII u. 6; Taylor, *Toxic Communities*, S. 48 u. 52; Ana Maria Isidoro Losada, »Nuklearer Kolonialismus. Atommüll und die Persistenz quasi-kolonialer Logiken«, in: Achim Brunnengräber (Hg.), *Problemfalle Endlager. Gesellschaftliche Herausforderungen im Umgang mit Atommüll*, Baden-Baden 2016, S. 313–335; Fox, *Downwind*, S. 119 f.; Johansen, *Resource Exploitation*, S. X.

99 Brugge, *Navajo People und Uranium Mining*, S. 2.

100 Johansen, *Resource Exploitation*, S. X f.

101 Voyles, *Wastelanding*, S. 145 f.

102 Eichstaedt, *If You Poison Us*, S. 96 f.

103 Pasternak, *Yellow Dirt*, S. 136 f.

104 Jürgen Krämer, »Glieder dich ein, Indianer, oder verhunger«, in: *Die Zeit*, 21. Juni 1974.

105 »MacDonald, Peter«, in: Bruce E. Johansen (Hg.), *Native Americans Today. A Biographical Dictionary*, Santa Barbara, Denver 2010, S. 169 ff.

106 Urith Lucas, »Navajos Who Mined Uranium Dying from Lung Cancer«, in: *Albuquerque Tribune,* 17. August 1973.

107 Eichstaedt, *If You Poison Us*, S. 98 ff.

108 Fox, *Downwind*, S. 177 f.

109 Vgl. zum »Umweltkrieg« rund um die Nevada Test Site: Rebecca Solnit, *Savage Dreams. A Journey into the Hidden Wars of the American West*, Berkeley 2014.

110 Eichstaedt, *If You Poison Us*, S. 102 f.
111 Fox, *Downwind*, S. 179.
112 Pasternak, *Yellow Dirt*, S. 139.
113 Molly Ivins, »Uranium Mines In West Leave Deadly Legacy«, in: *The New York Times*, 20. Mai 1979.
114 Voyles, *Wastelanding*, S. 177–182.
115 Winona LaDuke, »Uranium Mines on Native Lands. The New Indian Wars«, in: *The Harvard Crimson*, 2. Mai 1979. URL: https://www.thecrimson.com/article/1979/5/2/uranium-mines-on-native-land-pthe/.
116 Ebda.
117 Eichstaedt, *If You Poison Us*, S. 108 f. u. 115 f.
118 Zitiert in: Eichstaedt, *If You Poison Us*, S. 109 f.
119 Ebda.
120 Ausführlich dazu: Brugge, *Navajo People and Uranium Mining*, S. 137–153.
121 H. R.2372, *Radiation Exposure Compensation Act*, 1990. URL: https://www.congress.gov/bill/101st-congress/house-bill/2372/text?q=%7B%22search%22%3A%5B%22radiation+exposure+compensation+act%22%5D%7D&r=547.
122 Vgl. Aram Mattioli, *Die Native Americans und der Memory-Boom in den USA (=Luzerner Universitätsreden 24)*, Luzern 2013.
123 Brugge, *Navajo People and Uranium Mining*, S. 141.
124 Fox, *Downwind*, S. 202.
125 Ebda., S. 206.
126 Brugge, *Navajo People and Uranium Mining*, S. 141 ff.
127 Fox, *Downwind*, S. 201 u. 204 ff.
128 Al Gedicks, *Resource Rebels. Native Challenges to Mining and Oil Corporations*, Cambridge 2001, S. 70.
129 Voyles, *Wastelanding*, S. 144 f.
130 »MacDonald, Peter«, in: Johansen, *Native Americans Today*, S. 169 ff.
131 »Coalition for Navajo Liberation«, in: Johansen, *American Indian Movement*, S. 86 ff.
132 René König, *Indianer wohin? Alternativen in Arizona*, Opladen 1973, S. 37.
133 Rodney Barker, *The Broken Circle. A True Story of Murder and Magic in Indian Country*, New York, London 1992, S. 170 ff.
134 Vgl. Lisa Weber Donaldson, *»Indian Rolling«. White Violence against Native Americans in Farmington, New Mexico*, Dissertation University of New Mexico, Albuquerque 2006.

135 Barker, *Broken Circle*, S. 173; Cheryl Redhouse Bennett, *Exploring Hate Crimes in Farmington, New Mexico*, Dissertation University of Arizona, Tucson 2013; David Correia, »Indian Killers. Police Violence Against Native People in Albuquerque«, in: *La Jicarita. An Online Magazine of Environmental Politics in New Mexico*, 8. Juni 2015. URL: https://lajicarita.wordpress.com/2015/06/08/indian-killers-police-violence-against-native-people-in-albuquerque/.

136 Barker, *Broken Circle*, S. 109 f.

137 *The Farmington Report. A Conflict of Cultures. A Report of the New Mexico Advisory Committee to the United States Commission on Civil Rights*, 1975, S. 2. URL: https://babel.hathitrust.org/cgi/pt?id=uiug.30112045537286&view=1up&seq=1.

138 Barker, *Broken Circle*, S. 238 f.

139 *Farmington Report*, S. 1 f.

140 Barker, *Broken Circle*, S. 245.

141 Ebda., S. 130.

142 Martin Waldron, »Top Indian Leader Backs Young Navajos on Rights«, in: *The New York Times*, 30. August 1974.

143 Ebda.

144 *Farmington Report*, S. 18.

145 Barker, *Broken Circle*, S. 131 u. 220.

146 Ebda., S. 163.

147 Ebda., S. 223 ff.

148 Mark Evans, Charles Davis, »Self-Determination, the Right to Secession for the Diné (Navajo) Nation«, in: *Worker's Herald*, Dezember 1983. URL: https://www.marxists.org/history/erol/ncm-7/rpo-dine.pdf.

149 John W. Sherry, *Land, Wind, and Hard Words. A Story of Navajo Activism*, Albuquerque 2002, S. 11.

150 Luke W. Cole, Sheila R. Forster, *From the Ground Up. Environmental Racism and the Rise oft he Environmental Justice Movement*, New York, London 2001, S. 134.

151 Sherry, *Land, Wind, and Hard Words*, S. VII f. u. 1 ff.

152 Ebda., S. 66.

153 Cole, Forster, *From the Ground Up*, S. 135.

154 Ebda., S. 136.

155 John R. McNeill, *Blue Planet. Die Geschichte der Umwelt im 20. Jahrhundert*, Frankfurt am Main, New York 2003, S. 43.

156 Ebda., S. 42.

157 »Citizens Working Together – Some Barriers to be Overcome. An Essay

by the members of Diné Citizens Against Ruining our Environment«, Sommer 1994, in: *Diné CARE – Citizens Against Ruining our Environment*. URL: http://www.dine-care.org/about-us.

158 »Brief Organizational History«, in: *Diné CARE – Citizens Against Ruining our Environment*. URL: http://www.dine-care.org/about-us.

159 Bradley Angel, *The Toxic Threat to Indian Lands. A Greenpeace Report*, 1991, S. 4. URL: https://www.ejnet.org/ej/toxicthreattoindianlands.pdf.

160 Ebda., S. 1 u. 5 ff.

161 Ebda.; Sherry, *Land, Wind, and Hard Words*, S. 53.

162 »Indigenous Environmental Network«, in: Alexander Ewen, Jeffrey Wollock, *Encyclopedia of the American Indian in the Twentieth Century*, Albuquerque 2015, S. 223 f.

163 Ebda., S. 224.

164 Angel, *The Toxic Threat to Indian Lands*, S. 4 f.

165 Vgl. Jeff Spitz, *The Return of Navajo Boy*, USA 2000.

166 James Robert Allison III, *Sovereignty for Survival. American Energy Development and Indian Self-Determination*, New Haven, London 2015, S. 178.

167 »Navajo Nation President Joe Shirley Jr. signs Diné Natural Resources Act of 2005. New law bans uranium mining, processing throughout Navajo Nation«, 30. April 2005. URL: https://www.nrc.gov/docs/ML0721/ML072150169.pdf.

168 Zitiert in: »Navajos ban uranium mining on reservation«, in: *NBC News*, 22. April 2005. URL: http://www.nbcnews.com/id/7602821/ns/us_news-environment/t/navajos-ban-uranium-mining-reservation/.

169 »Verleihung des Nuclear-Free Future Award 2005 im Nobel-Institut in Oslo«, in: *ECO-News*, 22. September 2005.

170 Oren Lyons, »Preamble«, in: Akwesasne Notes, *Basic Call to Consciousness*, Summertown 2005, S. 13.

171 Vgl. als Fallbeispiel: Konrad S. Kuhn, *Entwicklungspolitische Solidarität. Die Dritte-Welt-Bewegung in der Schweiz zwischen Kritik und Politik (1975–1992)*, Zürich 2011.

172 Vgl. Stephen Corry, *Tribal Peoples for Tomorrow's World. A Guide*, London 2011.

173 Vgl. Anna de Quervain, *Die Gründungszeit von Incomindios. Schweizerisch-indigene Zusammenarbeit in den 1970er und 1980er Jahren*, Luzern 2019 (Masterarbeit).

174 Frank Zelko, *Greenpeace. Von der Hippiebewegung zum Ökokonzern*, Göttingen 2014.

175 Sheryl Lightfoot, *Global Indigenous Politics. A Subtle Revolution*, London, New York 2016, S. 33–71.
176 Anja Titze, »Die Vereinten Nationen und indigene Völker. Zu Entstehung und Gehalt der Erklärung der Vereinten Nationen über die Rechte indigener Völker«, in: *Vereinte Nationen. Zeitschrift für die Vereinten Nationen und ihre Sonderorganisationen* 55 (2007), S. 190 f.
177 Dick Bancroft, Laura Waterman Wittstock, *We Are Still Here. A Photographic History of the American Indian Movement*, St. Paul 2013, S. 92.
178 Ronald Niezen, *The Origins of Indigenism. Human Rights and the Politics of Identity*, Berkeley, Los Angeles 2003, S. 9.
179 International Indian Treaty Council, »Declaration for the Continuing Independence of Native Nations«, 1974, in: Cobb, *Say We Are Nations*, S. 168.
180 Ebda., S. 170.
181 Ebda., S. 168 u. 170.
182 Ebda., S. 171.
183 Ebda., S. 170 f.
184 »Dear Unsuspecting Public, Jimmie Durham Is a Trickster«, in: *Indian Country Today*, 26. Juni 2017.
185 Huber, *»Lead, follow or get out of the way!«*, S. 318 u. 545.
186 György Ferenc Tóth, *From Wounded Knee to Checkpoint Charlie. The Alliance for Sovereignty between American Indians and Central Europeans in the Late Cold War*, Albany 2016, S. 72.
187 Bancroft, Waterman Wittstock, *We Are Still Here*, S. 91.
188 George Manuel, »An Appeal from the Fourth World«, in: *Native People*, 12. November 1976, S. 3.
189 Ayako Uchida, »Searching for Indigenous Alliances: International NGOs of the United States and Canada in the 1970s«, in: *Japanese Journal of American Studies* 23 (2012), S. 215 u. 220.
190 Tóth, *From Wounded Knee to Checkpoint Charlie*, S. 156 f.
191 »Hilferufe aus Übersee«, in: *Der Bund*, 20. September 1977, S. 17.
192 *The Geneva Conference. Official Report by International Indian Treaty Council*, San Francisco 1977, S. 1.
193 Tóth, *From Wounded Knee to Checkpoint Charlie*, S. 156.
194 Huber, *»Lead, follow or get out of the way!«*, S. 318 f.
195 Russell Means (with Marvin J. Wolf), *Where White Men Fear to Tread. The Autobiography*, New York 1995, S. 371.
196 Russell Means, »Opening Plenary Session«, September 20, in: *The Geneva Conference*, S. 5.

197 Ebda.
198 »David Monongye, Hopi Elder, Hotevilla, Arizona, in the Social/Cultural Commission«, in: *The Geneva Conference*, S. 11.
199 Bancroft, Waterman Wittstock, *We Are Still Here*, S. 102.
200 »The Final Resolution«, in: *The Geneva Conference*, S. 22.
201 Ebda.
202 Ebda.
203 »The Legal Commission Report«, in: *The Geneva Conference*, S. 19.
204 »Declaration of Principles for the Defense of the Indigenous Nations and Peoples of the Western Hemisphere«, in: *The Geneva Conference*, S. 26.
205 Ebda.
206 Uchida, »Searching for Indigenous Alliances«, S. 222.
207 »Jimmie Durham, Where We Go From Here«, in: *The Geneva Conference*, S. 34.
208 »The Final Resolution«, in: *The Geneva Conference*, S. 22.
209 Lightfoot, *Global Indigenous Politics*, S. 43 f.
210 Bundeszentrale für politische Bildung, *UN-Tag der indigenen Bevölkerungen*, 5. August 2019. URL: https://www.bpb.de/politik/hintergrund-aktuell/142194/indigene-bevoelkerungen.
211 »Interview with Tim Coulter: Self-Determination and Group Rights«, in: *Cultural Survival Quarterly Magazine*, September 1992.
212 Lightfoot, *Global Indigenous Politics*, S. 41–47.
213 »Erklärung der Vereinten Nationen über die Rechte der indigenen Völker vom 13. September 2007«. URL: https://www.un.org/Depts/german/gv-61/band3/ar61295.pdf.
214 »National Monument Audit«, September 2021, S. 25. URL: https://monumentlab.com/audit.
215 Ebda., S. 17.
216 Ebda., S. 12.
217 Ebda.
218 Ebda., S. 22.
219 Ebda., S. 26 f.
220 Mattioli, *Native Americans und der Memory-Boom*, S. 15 f.
221 »National Monument Audit«, S. 4 u. 25.
222 Colin G. Calloway, *First Peoples. A Documentary Survey of American History*, 4. Auflage, Boston, New York, S. 3.
223 Helen L. Harris, »On the Failure of Indian Education«, in: *The Clearing House* 48 (1973), S. 242–245; Jesus Garcia, »Native Americans in U.S.

History Textbooks. From Bloody Savages to Heroic Chief's«, in: *Journal of American Indian Education* 17 (1978), S. 15–19.

224 James W. Loewen, *Lies My Teacher Told Me. Everything Your American History Textbook Got Wrong*, New York 2007, S. 131.

225 Jackie Mansky, *The True Story of Pocahontas*, 23. März 2017. URL: https://www.smithsonianmag.com/history/true-story-pocahontas-180962649; für die historische Richtigstellung: Linwood »Little Bear« Custalow, Angela L. Daniel »Silver Star«, *The True Story of Pocahontas. The Other Side of History*, Golden 2007.

226 Näheres dazu bei: Martin Weidinger, *Nationale Mythen – männliche Helden. Politik und Geschlecht im amerikanischen Western*, Frankfurt am Main, New York 2006, S. 15.

227 Richard Slotkin, *Gunfighter Nation. The Myth of the Frontier in Twentieth-Century America*, Norman 1998, S. 489–533.

228 »John Wayne: Playboy Interview, May 1971«, in: *Scraps from the Loft*, 1. Juli 2017. URL: https://scrapsfromtheloft.com/movies/john-wayne-playboy-interview.

229 Jay Winter, »Die Generation der Erinnerung. Reflexionen über den ›Memory-Boom‹ in der zeithistorischen Forschung«, in: Werkstatt*Geschichte* 30 (2001), S. 5–16, bes. S. 7; Tony Judt, *Geschichte Europas von 1945 bis zur Gegenwart*, München, Wien 2006, S. 932–966.

230 Daniel Levy, Natan Sznaider, *Erinnerung im globalen Zeitalter: Der Holocaust*, Frankfurt am Main 2001, S. 223 u. 235 ff.

231 Aleida Assmann, *Das neue Unbehagen an der Erinnerungskultur. Eine Intervention*, 4. Auflage, München 2020, S. 144, 157, 169 und 172 f.

232 Mattioli, *Native Americans und der Memory-Boom*, S. 13 u. 19.

233 »S. J. RES. 14. To acknowledge a long history of official depredations and ill-conceived policies by the Federal Government regarding Indian tribes and offer an apology to all Native Peoples on behalf of the United States«, 30. April 2009. URL: https://www.congress.gov/111/bills/sjres14/BILLS-111sjres14is.pdf.

234 Ebda.

235 Robert Capriccioso, »A sorry saga: Obama signs Native American apology resolution; fails to draw attention to it«, in: *Indian Country Today*, 13. Januar 2010.

236 Dave Archambault Sr., »Birgil Kills Straight: life as a Lakota Patriot«, in: *Indian Country Today*, 22. Februar 2019. URL: https://indiancountrytoday.com/opinion/birgil-kills-straight-life-as-a-lakota-patriot.

237 Ebda.

238 »Annual Chief Big Foot Memorial Ride to Wounded Knee Concludes«, in: *Indian Country Today*, 29. Dezember 2011. URL: https://indiancountrytoday.com/archive/annual-chief-big-foot-memorial-ride-to-wounded-knee-concludes.

239 Ebda.

240 »A Century Later at Wounded Knee, Indians Try to Bury the Heartbreak«, in: *The New York Times*, 30. Dezember 1990.

241 Ebda., Mario Gonzalez, Elizabeth Cook-Lynn, *The Politics of Hallowed Ground. Wounded Knee and the Struggle for Indian Sovereignty*, Urbana, Chicago 1999, S. 102.

242 Phil Brasher, »Congress Apologizes To Wounded Knee Victims«, in: *Associated Press*, 26. Oktober 1990; »Century Afterward, Apology for Wounded Knee Massacre«, in: *The New York Times*, 29. Oktober 1990.

243 Assmann, *Das neue Unbehagen*, S. 32.

244 Aram Mattioli, *Verlorene Welten. Eine Geschichte der Indianer Nordamerikas 1700–1910*, Stuttgart 2017, S. 256 ff.

245 Simon Ortiz, *From Sand Creek. Rising In This Heart Which Is Our America* (1981), Tucson 2000, S. 9.

246 Ari Kelman, *A Misplaced Massacre. Struggling over the Memory of Sand Creek*, Cambridge, London 2013, S. 29 f.

247 Herman J. Viola, *Ben Nighthorse Campbell. An American Warrior*, Boulder 2002, S. 214.

248 Kelman, *A Misplaced Massacre*, S. 51 ff.

249 Felicia Carr, »Sand Creek Massacre Historic Site«. URL: http://www.npca.org/parks/sand-creek-massacre-natl-hist-site.html.

250 Michael E. Elliott, *Custerology. The Enduring Legacy of the Indian Wars and George Armstrong Custer*, Chicago, London 2007, S. 37.

251 Holger Bütow, »George Armstrong Custer: Der Tod eines Medienstars«, in: *Militärgeschichte. Zeitschrift für historische Bildung*, 4/2007, S. 18–21.

252 Means, *Where White Men Fear*, S. 358 u. 489 f.

253 Frank Del Olmo, »Activists' Plaque at Little Bighorn Honors ›Patriots‹ Who Beat Custer«, in: *Los Angeles Times*, 4. Juli 1988.

254 Ebda.

255 Viola, *Ben Nighthorse Campbell*, S. 257.

256 »Conflict Emerges Over Custer Park«, in: *The New York Times*, 13. Oktober 1991.

257 Tim Lehman, *Bloodshed at Little Bighorn. Sitting Bull, Custer, and the Destinies of Nations*, Baltimore 2010, S. 180.

258 James Brooke, »Controversy Over Memorial to Winners at Little Bighorn«, in: *The New York Times*, 24. August 1997.

259 Larry Fish, »Memorial Honors Little Bighorn's Tribal Warriors«, in: *The New York Times*, 25. Juni 2003.

260 Matthias Peipp, Bernhard Springer, *Edle Wilde – Rote Teufel. Indianer im Film*, München 1997, S. 230 ff.

261 Mattioli, *Native Americans und der Memory-Boom*, S. 19 f.

262 Rüdiger Schaper, »National Museum of the American Indian, Washington D. C.«, in: *Der Tagesspiegel*, 20. Dezember 2011.

263 »103.STAT.1343: Public Law 101–185«, 28. November 1989. URL: https://www.govinfo.gov/content/pkg/STATUTE-103/pdf/STATUTE-103-Pg1336.pdf#page=7.

264 Amy Lonetree, »Missed Opportunities: Reflections on National Museum of the American Indian«, in: *The American Indian Quarterly* 30 (2006), S. 636 ff.

265 Stephen J. Summerhill, John Alexander Williams, *Sinking Columbus. Contested History, Cultural Politics, and Mythmaking during the Quincentenary*, Gainesville 2000, S. 1.

266 Ebda., S. 3.

267 Vgl. Claudia L. Bushman, *America Discovers Columbus. How an Italian Explorer Became an American Hero*, Hanover 1992.

268 Wolfgang Hochbruck, »500 Jahre Amerika: Reden und Proklamationen zum Columbus Day«, in: Paul Goetsch, Gerd Hurm (Hg.), *Die Rhetorik amerikanischer Präsidenten seit F. D. Roosevelt*, Tübingen 1993, S. 361.

269 Philip Wearne, *Die Indianer Amerikas. Die Geschichte der Unterdrückung und des Widerstands. Vorwort von Rigoberta Menchú*, Göttingen 2003, S. 259.

270 Jack D. Forbes, *Columbus and Other Cannibals. The Wétiko-Disease of Exploitation, Imperialism, and Terrorism* (1979), New York 1992, S. 33 f.

271 Ebda., S. 29.

272 Asuza Ono, *Crossroads of Indian Country. Native American Community in Denver, 1950–2005*, Ann Arbor 2008, S. 213 f.

273 Means, *Where White Men Fear*, S. 519 f.

274 John Sanko, »Indians Protest Columbus Day«, in: *Rocky Mountain News*, 10. Oktober 1989.

275 Means, *Where White Men Fear*, S. 520.

276 Timothy Kubal, *Cultural Movements and Collective Memory. Christopher Columbus and the Rewriting of the National Origin Myth*, New York 2009, S. 137.

277 Robert Royal, *1492 and All That. Political Manipulations of History*, Washington 1992, S. 19.

278 Weitere Beispiele in: Ono, *Crossroads of Indian Country*, S. 216.

279 Glenn Morris, Russell Means, *Why Autonomous AIM Opposes Columbus Day and Columbus Day Parades*, 1991. URL: https://www.dickshovel.com/colum.htl.

280 Hans Koning, »Don't Celebrate 1492 – Mourn it«, in: *The New York Times*, 14. August 1990.

281 David E. Stannard, *American Holocaust. The Conquest of the New World*, New York 1993, S. X.

282 Kirkpatrick Sale, *The Conquest of Paradise. Christoph Columbus and the Columbian Legacy*, New York 1990.

283 Vgl. Mattioli, *Native Americans und der Memory-Boom*.

284 Michael S. Berliner, »Man's Best Came With Columbus«, in: *Los Angeles Times*, 30. Dezember 1991.

285 Sam Hitchmough, »Columbus statues are coming down – why he is so offensive to Native Americans«, in: *The Conversation*, 9. Juli 2020. URL: https://theconversation.com/columbus-statues-are-coming-down-why-he-is-so-offensive-to-native-americans-141144.

286 Kriston Capps, »Why There Are Still 149 Statues of Christopher Columbus in the U. S.«, in: *Bloomberg CityLab*, 9. Oktober 2021. URL: https://www.bloomberg.com/news/articles/2021-10-09/how-many-statues-of-christopher-columbus-are-left.

287 Susan C. Faircloth, »Indigenous Peoples Day: Why it's replacing Columbus Day in many places«, in: *The Conversation*, 7. Oktober 2021. URL: https://theconversation.com/indigenous-peoples-day-why-its-replacing-columbus-day-in-many-places-167849.

288 Stefan Rinke, *Kolumbus und der Tag von Guanahani. 1492: Ein Wendepunkt der Geschichte*, Stuttgart 2013, S. 111 f.

289 Oliver Milman, »European colonization of Americas killed so many it cooled Earth's climate«, in: *The Guardian*, 31. Januar 2019.

290 Dazu ausführlich: Erin L. Thompson, *Smashing Statues. The Rise and Fall of America's Public Monuments*, New York 2022.

291 Johnny Diaz, »Christopher Columbus Statues in Boston, Minnesota and Virginia Are Damaged«, in: *The New York Times*, 10. Juni 2020; Christopher Brito, »Dozens of Christopher Columbus statues have been removed since June«, in: *CBS News*, 25. September 2020. URL: https://www.cbsnews.com/news/christopher-columbus-statue-removed-cities/.

SCHLUSS

1 Stan Steiner, *The New Indians*, New York, Evanston 1968, S. 66.

2 Clyde Warrior, »We Are Not Free«, in: James E. Seelye, Steven A. Littleton (Hg.), *Voices of the American Indian Experience*, Bd. 2, Santa Barbara, Denver 2013, S. 565.

3 Walter R. Echo-Hawk, *Selbstbestimmung statt Liquidierung. Vergangenheit, Gegenwart und Zukunft der amerikanischen Indianerbewegung*, New York 2014, S. 4. URL: http://www.rosalux-nyc.org/wp-content/files_mf/echohawkdeufinal.pdf

4 Richard White, »New Yorker Nation«, in: *Reviews of American History* 47 (2019), S. 160.

5 George Manuel, Michael Posluns, *The Fourth World. An Indian Reality* (1974), Minneapolis, London 2019, S. 4.

6 Ebda.

7 Oren Lyons, »Sovereignty and the Natural World Economy (1991)«, in: George Blaisdell (Hg.), *Great Speeches by Native Americans*, Mineola 2000, S. 215,

8 Brianna Theobald, *Reproduction on the Reservation. Pregnancy, Childbirth, and Colonialism in the Long Twentieth Century*, Chapel Hill 2019, S. 147.

9 Rachel Huber, *»Lead, follow or get out of the way!« – Weiblicher Aktivismus in der Red Power-Bewegung, 1964–1980. Wie Digital History Metanarrative herauszufordern vermag*, Dissertation Luzern 2021 (Manuskript), S. 316 u. 332 ff.

10 Annelise Orleck, *Rethinking American Women's Activism*, New York 2015, S. 143.

11 Bruce E. Johansen, *Encyclopedia of the American Indian Movement*, Santa Barbara, Denver 2013, S. XIV; Heike Bungert, *Die Indianer. Geschichte der indigenen Nationen in den USA*, München 2020, S. 262.

12 Simon J. Ortiz, »Our Homeland, A National Sacrifice Area«, in: Ders., *Woven Stone*, Tucson 1992, S. 363.

QUELLEN UND LITERATUR

QUELLEN

Anthologien

Hier sind lediglich die wichtigen Sammelwerke mit indigenen Reden und Texten aufgeführt. Die weiteren Quellen, die für das Buch Verwendung fanden, werden am Beginn der Themenkapitel ausgewiesen und sind jeweils mit *** von der verwendeten Sekundärliteratur abgetrennt, beginnend mit »Assimilationspolitik 1880–1934«.

Claus Biegert (Hg.), *Indianische Welten. Der Erde eine Stimme geben. Texte von Indianern aus Nordamerika*, Reinbek bei Hamburg 1991

Bob Blaisdell (Hg.), *Great Speeches by Native Americans*, Mineola 2000

Daniel M. Cobb (Hg.), *Say We Are Nations. Documents of Politics and Protest in Indigenous America since 1887*, Chapel Hill 2015

Lois Crozier-Hogle, Darryl Babe Wilson, *Surviving in Two Worlds. Contemporary Native American Voices*, Austin 1997

Jack D. Forbes (Hg.), *The Indian in American Past*, Englewood Cliffs 1964

Frederick E. Hoxie (Hg.), *Talking Back to Civilization. Indian Voices from the Progressive Era*, Boston, New York 2001

Albert L. Hurtado, Peter Iverson (Hg.), *Major Problems in American Indian History. Documents and Essays*, Wadsworth 2001

David Martínez, *The American Indian Intellectual Tradition. An Anthology of Writings from 1772 to 1992*, Ithaca, London 2011

Peter Nabokov (Hg.), *Native American Testimony. A Chronicle of Indian-White Relations from Prophecy to the Present, 1492–2000*, New York 1999

James E. Seelye Jr., Steven A. Littleton (Hg.), *Voices of the American Indian Experience*, Bd. 2: *1878-Present*, Santa Barbara, Denver 2013

Camilla Townsend (Hg.), *American Indian History. A Documentary Reader*, Malden, Oxford 2009

SEKUNDÄRLITERATUR

Globale Kontexte (Auswahl)

Christopher A. Bayly, *Die Geburt der modernen Welt. Eine Globalgeschichte 1780–1914*, Frankfurt am Main, New York 2006

Manfred Berg, *Woodrow Wilson. Amerika und die Neuordnung der Welt*, München 2017

Frank Bösch, *Zeitenwende 1979. Als die Welt von heute begann*, München 2019

Ken S. Coates, *A Global History of Indigenous Peoples. Struggle and Survival*, Basingstoke, New York 2004

Luke W. Cole, Sheila R. Forster, *From the Ground Up. Environmental Racism and the Rise of the Environmental Justice Movement*, New York, London 2001

Stephanie S. Cooke, *Atom. Eine Geschichte des nuklearen Irrtums*, Köln 2011

Christoph Cornelissen, *Europa im 20. Jahrhundert*, Frankfurt am Main 2020

Stephen Corry, *Tribal Peoples for Tomorrow's World*, Alcester 2011

John Darwin, *Das unvollendete Weltreich. Aufstieg und Niedergang des Britischen Empire 1600–1997*, Frankfurt am Main, New York 2013

Jörg Fisch, *Das Selbstbestimmungsrecht der Völker. Die Domestizierung einer Illusion*, München 2010

Harald Fischer-Tiné, »Dekolonisation im 20. Jahrhundert«, in: *Bundeszentrale für politische Bildung*, 21. Mai 2016. URL: https://www.bpb.de/geschichte/zeitgeschichte/postkolonialismus-und-globalgeschichte/219139/dekolonisation-im-20-jahrhundert

George M. Fredrickson, *Rassismus. Ein historischer Abriss*, Hamburg 2004

Norbert Frei, *1968. Jugendrevolte und globaler Protest*, München 2018

Al Gedicks, *Resource Rebels. Native Challenges to Mining and Oil Corporations*, Cambridge 2001

Katja Göcke, *Indigene Landrechte im internationalen Vergleich*, Berlin, Heidelberg 2016

Michael Goebel, *Anti-Imperial Metropolis. Interwar Paris and the Seeds of Third World Nationalism*, Cambridge 2015

Dirk Göttsche u. a. (Hg.), *Handbuch Postkolonialismus und Literatur*, Stuttgart 2017

Svenja Goltermann, *Opfer. Die Wahrnehmung von Krieg und Gewalt in der Moderne*, Frankfurt am Main 2017

Jürgen Habermas: »Ziviler Ungehorsam – Testfall für den demokratischen Rechtsstaat. Wider den autoritären Legalismus in der Bundesrepublik«, in: Peter Glotz (Hg.), *Ziviler Ungehorsam im Rechtsstaat*, Frankfurt am Main 1983, S. 29–53

Sven Hannes, *Die Bombe. Die Geschichte der Atombombentests von den Anfängen bis zur Gegenwart*, Leipzig 2017

Daniel R. Headrick, *Humans versus Nature. A Global Environmental History*, New York 2020

Henry Heller, *The Cold War and the New Imperialism. A Global History 1945–2005*, New York 2006

Eric Hobsbawm, *Das Zeitalter der Extreme. Weltgeschichte des 20. Jahrhunderts*, München, Wien 1995

Tony Horwitz, *Die wahren Entdecker der neuen Welt. Von den Wikingern bis zu den Pilgervätern*, München 2010

Emily Hunter, *Öko-Krieger. Eine neue Generation kämpft für unseren Planeten*, Frankfurt am Main 2012

Ana María Isidoro Losada, »Nuklearer Kolonialismus. Atommüll und die Persistenz quasi-kolonialer Logiken«, in: Achim Brunnengräber (Hg.), *Problemfalle Endlager. Gesellschaftliche Herausforderungen im Umgang mit Atommüll*, Baden-Baden 2016, S. 313–336

Askley Jackson, *Das Britische Empire*, Stuttgart 2014

Jan C. Jansen, Jürgen Osterhammel, *Dekolonisation. Das Ende der Imperien*, München 2013

Bruce E. Johansen, *Resource Exploitation in Native North America. A Plague upon the Peoples*, Santa Barbara, Denver 2016

Bruce E. Johansen, *Environmental Racism in the United States and Canada. Seeking Justice and Sustainability*, Santa Barbara, Denver 2020

Adam Jones, *Genocide. A Comprehensive Introduction*, 2. Auflage, London, New York 2011

Tony Judt, *Geschichte Europas von 1945 bis zur Gegenwart*, München, Wien 2006

Joshua Keating, *Invisible Countries. Journeys to the Edge of Nationhood*, New Haven, London 2018

Marilyn Lake, Henry Reynolds, *Drawing the Global Colour Line. White Men's Countries and the International Challenge of Racial Equality*, Cambridge, New York 2008

Jonathan Lear, *Radikale Hoffnung. Ethik im Angesicht kultureller Zerstörung*, Berlin 2020

Marie Léger, *Aboriginal Peoples. Toward Self-Government*, Montréal, New York 1994

Steve Lerner, *Sacrifices Zones. The Front Lines of Toxical Chemical Exposure in the United States*, Cambridge 2010

Isabelle Löhr, »Völkerbund«, in: *Europäische Geschichte Online (EGO)*, hg. vom Leibniz-Institut für Europäische Geschichte (IEG), Mainz 2015. URL: http://www.ieg-ego.eu/loehri-2015.de

Stephanie A. Malin, *The Price. Uranium Communities and Environmental Justice*, New Brunswick, London 2015

Erez Manela, *The Wilsonian Moment. Self-Determination and the International Origins of Anticolonial Nationalism*, Oxford, New York 2007

John R. McNeill, *Blue Planet. Die Geschichte der Umwelt im 20. Jahrhundert*, Frankfurt am Main, New York 2003

John R. McNeill, Peter Engelke, *The Great Acceleration. An Environmental History of the Anthropocene since 1945*, Cambridge, London 2014

James B. Minahem, *Encyclopedia of Stateless Nations. Ethnic and National Groups around the World*, 2. Auflage, Santa Barbara, Denver 2016

Dan O'Neill, »How Alaska Escaped Nuclear Excavation«, in: *The Bulletin of the Atomic Scientists*, Dezember 1989, S. 28–37

Dan O'Neill, *The Firecracker Boys. H-Bombs, Inupiat Eskimos, and the Roots of the Environmental Movement*, New York 2007

Fred Pearce, *Fallout. Das Atomzeitalter – Katastrophen, Lügen und was bleibt*, München 2019

Susan Pedersen, *The Guardians. The League of Nations and the Crisis of Empire*, Oxford 2015

Wolfgang Reinhard, *Die Unterwerfung der Welt. Globalgeschichte der europäischen Expansion 1415–2015*, München 2016

Rheinisches JournalistInnenbüro/Recherche International e. V. (Hg.), *Unsere Opfer zählen nicht. Die Dritte Welt im 2. Weltkrieg*, Berlin, Hamburg 2005

Amalia Ribi Forclaz, *Humanitarian Imperialism. The Politics of Anti Slavery Activism, 1880–1940*, Oxford 2015

Stefan Rinke, *Kolumbus und der Tag von Guanahani. 1492: Ein Wendepunkt der Geschichte*, Stuttgart 2013

Noah Riseman, *Defending Whose Country? Indigenous Soldiers in the Pacific War*, Lincoln 2013

Gabriele Schirbel, *Strukturen des Internationalismus. First Universal Races Congress, London 1911. Der Weg zur Gemeinschaft der Völker*, Bd. 2, Münster 1991

Sabine Schupp, *Die Ethnologie und ihr koloniales Erbe. Ältere und neuere Debatten um die Entkolonialisierung einer Wissenschaft*, Hamburg 1997

R. Scott Sheffield, Noah Riseman, *Indigenous Peoples and the Second World War. The Politics, Experiences and Legacies of War in the US, Canada, Australia and New Zealand*, Cambridge, New York 2019

Tod Shepard, *Voices of Decolonization. A Brief History with Documents*, Boston, New York 2015

Naoko Shimazu, *Japan, Race and Equality. The Racial Equality Proposal of 1919*, London 1998

Bernd Stöver, *Der Kalte Krieg. Geschichte eines radikalen Zeitalters 1947–1991*, München 2017

Dorceta Taylor, *Toxic Communities. Environmental Racism, Industrial Polution, and Residential Mobility*, New York, London 2014

Elizabeth Tynan, *Atomic Thunder. The Maralinga Story*, Sydney 2016

Uranatlas. Daten und Fakten über den Rohstoff des Atomzeitalters, hg. von Nuclear Free Future u. a., Berlin 2019

Peter Wende, *Das Britische Empire. Geschichte eines Weltreichs*, München 2008

Nicola Wenzel, *Das Spannungsverhältnis zwischen Gruppenschutz und Individualschutz im Völkerrecht*, Berlin, Heidelberg 2008

Eric R. Wolf, *Die Völker ohne Geschichte. Europa und die andere Welt seit 1400*, Frankfurt am Main, New York 1986

Nachschlagewerke

Paul S. Boyer (Hg.), *The Oxford Companion to United States History*, Oxford, New York 2001

Mary B. Davis (Hg.), *Native America in the Twentieth Century. An Encyclopedia*, New York, London 1996

Roxanne Dunbar-Ortiz, Dina Gilio-Whitaker, *»All the Real Indians Are Died Off« and 20 Other Myths about Native Americans*, Boston 2016

Alexander Ewen, Jeffrey Wollock, *Encyclopedia of the American Indian in the Twentieth Century*, Albuquerque 2015

Paul Finkelman, Tim Allen Garrison (Hg.), *Encyclopedia of United States Indian Policy and Law*, 2 Bde., Washington, D. C. 2009

Bruce E. Johansen, *Encyclopedia of the American Indian Movement*, Santa Barbara, Denver 2013

Bruce E. Johansen (Hg.), *Native Americans Today. A Biographical Dictionary*, Santa Barbara, Denver 2010

Bruce E. Johansen, Barbara Alice Mann (Hg.), *Encyclopedia of the Haudenosaunee (Iroquois Confederacy)*, Westport, London 2000

Emory Dean Keoke, Kay Marie Porterfield, *Encyclopedia of American Indian Contributions to the World. 15 000 Years of Inventions and Innovation*, New York 2003

Todd Leahy, Raymond Wilson, *Historical Dictionary of Native American Movements*, Lanham, Toronto 2008

Donna Martinez, Jennifer L. Williams Bordeaux (Hg.), *50 Events That Shaped American Indian History. An Encyclopedia of the American Mosaic*, 2 Bde., Santa Barbara, Denver 2017

Daniel S. Murphree (Hg.), *Native America. A State-by-State Historical Encyclopedia*, 3 Bde., Santa Barbara, Denver 2012

Judith Nies, *Native American History. A Chronology of the Vast Achievements of a Culture and their Links to World Events*, New York 1996

Anton Treuer, *Everything You Wanted to Know about Indians But Were Afraid to Ask*, St. Paul 2012

Carl Waldman, *Atlas of the North American Indian*, 3. Auflage, New York 2009

David J. Wishart (Hg.), *Encyclopedia of the Great Plains*, Lincoln, London 2007

Brian Wright-McLeod, *The Encyclopedia of Native Music. More Than a Century of Recordings from Wax Cylinder to the Internet*, Tucson 2005

First Peoples

Werner Arens, Hans-Martin Braun, *Die Indianer Nordamerikas. Geschichte, Kultur, Religion*, München 2004

Gerd Braune, *Indigene Völker in Kanada. Der schwere Weg zur Verständigung*, Berlin 2020

Heike Bungert, *Die Indianer. Geschichte der indigenen Nationen in den USA*, München 2020

Colin G. Calloway, *First Peoples. A Documentary Survey of American Indian History*, 4. Auflage, Boston, New York 2012

Stephen Cornell, *The Return of the Native. American Indian Political Resurgence*, Oxford, New York 1988

Olive Patricia Dickason, David T. McNab, *Canada's First Nations. A History of Founding Peoples from Earliest Times*, 4. Auflage, Oxford, New York 2009
Olive Patricia Dickason, William Newbigging, *Indigenous Peoples within Canada. A Concise History of Canada's First Nations*, 4. Auflage, Oxford, New York 2018
Roxanne Dunbar-Ortiz, *An Indigenous Peoples' History of the United States*, Boston 2014
R. David Edmunds, Frederick E. Hoxie, Neal Salisbury, *The People. A History of Native America*, Belmont 2007
Donald L. Fixico, *American Indians in a Modern World*, Lanham, New York 2008
Donald L. Fixico, *Indian Resilience and Rebuilding. Indigenous Nations in the Modern American West*, Tucson 2013
Pekka Hämäläinen, *Lakota America. A New History of Indigenous Power*, New Haven, London 2019
Frederick E. Hoxie (Hg.), *The Oxford Handbook of American Indian History*, Oxford, New York 2016
Albert L. Hurtado, Peter Iverson (Hg.), *Major Problems in American Indian History. Documents and Essays*, Boston 2001
Peter Iverson, *»We Are Still Here«. American Indians in the Twentieth Century*, Wheeling 1998
Bruce E. Johansen, *The Native Peoples of North America. A History*, 2. Auflage, New Brunswick, London 2007
Aram Mattioli, *Verlorene Welten. Eine Geschichte der Indianer Nordamerikas 1700–1910*, Stuttgart 2017
Manuel Menrath, *Unter dem Nordlicht. Indianer aus Kanada erzählen von ihrem Land*, Berlin 2020
Alan McMillan, Eldon Yellowhorn, *First Peoples in Canada*, 3. Auflage, Madeira Park 2004
Roger L. Nichols, *Indians in the United States and Canada. A Comparative History*, Lincoln, London 1999
Roger L. Nichols, *American Indians in U. S. History*, Norman 2003
Michael Leroy Oberg, *Native America. A History*, Malden, Oxford 2010
James S. Olson, Raymond Wilson, *Native Americans in the Twentieth Century*, Urbana, Chicago 1986
Theda Perdue, Michael D. Green, *Die Indianer Nordamerikas*, Stuttgart 2013
Francis Paul Prucha, *The Great Father. The United States Government and the American Indians*, Lincoln 1984
John Ralston Saul, *The Comeback*, Toronto 2014

Paul C. Rosier, *Serving Their Country. American Indian Politics and Patriotism in the Twentieth Century*, Cambridge, London 2012

Steve Talbot, *Indianer in den USA. Unterdrückung und Widerstand*, Berlin (Ost) 1988

Kenneth W. Townsend, Mark. A. Nicholas, *First Americans. A History of Native Peoples. Combined Volume*, London, New York 2016

David Treuer, *The Heartbeat of Wounded Knee. Native America from 1890 to the Present*, London 2019

Andrew Wiget (Hg.), *Handbook of Native American Literature*, New York, London 2012

USA

Thomas Bender, *A Nation among Nations. America's Place in World History*, New York 2006

Manfred Berg, *Geschichte der USA*, München 2013

Dan Berger (Hg.), *The Hidden 1970s. Histories of Radicalism*, New Brunswick 1970

Laura Bieger, Christian Lammert (Hg.), *Revisiting the Sixties. Interdisciplinary Perspectives on America's Longest Decade*, Frankfurt am Main, New York 2014

Paul S. Boyer (Hg.), *The Oxford Companion to United States History*, Oxford, New York 2001

Paul S. Boyer, *American History. A Very Short Introduction*, Oxford, New York 2012

Roger Daniels, *Coming to America. A History of Immigration and Ethnicity in American Life*, 2. Auflage, New York, London 2002

Christopher M. Dawson, *We the People, Servants of Deception. Reconsidering Social Reality*, Bloomington 2012

Volker Depkat, *Geschichte Nordamerikas*, Köln, Weimar 2008

Volker Depkat, *Geschichte der USA*, Stuttgart 2016

Hans Elter, *Die Kriegsverkäufer. Geschichte der US-Propaganda 1917–2005*, Frankfurt am Main 2005

Norbert Finzsch, James O. Horton, Lois E. Horton, *Von Benin nach Baltimore. Die Geschichte der African Americans*, Hamburg 1999

Eric Foner, *Give Me Liberty. An American History*, Bd. 2, 4. Auflage, New York, London 2014

John Hope Franklin, Evelyn Brooks Higginbotham, *From Slavery to Freedom. A History of African Americans*, 10. Auflage, New York 2021

Raymond Gavins, *The Cambridge Guide of African American History*, New York 2016

David Gerber, *American Immigration. A Very Short Introduction*, Oxford, New York 2011

Marcus Gräser, *Nordamerika seit 1600*, Frankfurt am Main 2022

Mark Hamilton Lyttle, *America's Uncivil Wars. The Sixties Era from Elvis to the Fall of Richard Nixon*, New York, Oxford 2006

Jürgen Heideking, Christof Mauch, *Geschichte der USA*, 6. Auflage, Tübingen, Basel 2006

Manfred Henningsen, *Der Mythos Amerika*, Frankfurt am Main 2009

Maurice Isserman, Michael Kazin, *America Divided. The Civil War of the 1960s*, 5. Auflage, New York, Oxford 2015

Charles Kaiser, *1968 in America. Music, Politics, Chaos, Counterculture, and the Shaping of a Generation*, New York 2018

Herbert S. Klein, *A Population History of the United States*, 2. Auflage, Cambridge, New York 2002

Erika Lee, *America for Americans. A History of Xenophobia in the United States*, New York 2019

Jill Lepore, *Diese Wahrheiten. Eine Geschichte der Vereinigten Staaten von Amerika*, München 2019

Christof Mauch, *Paradise Blues. Reisen in die Natur und die Geschichte der USA*, München 2022

Sharon Monteith, *American Culture in the 1960s*, Edinburgh 2012

Walter Nuggent, *Progressivism. A Very Short Introduction*, Oxford, New York 2010

Annelise Orleck, *Rethinking American Women's Activism*, New York 2015

Jerrold M. Packard, *American Nightmare. The History of Jim Crow*, New York 2002

Robert V. Remini, *A Short History of the United States. From the Arrival of the Native American Tribes to the Obama Presidency*, New York 2009

Bernd Stöver, *Geschichte der USA. Von der ersten Kolonie bis zur Gegenwart*, München 2017

Bernard Vincent, *Histoire des États-Unis*, Paris 2008

Richard White, *»It's Your Misfortune and None of My Own«. A New History of the American West*, Norman 1991

Howard Zinn, *Eine Geschichte des amerikanischen Volkes* (1980), Berlin 2007

Aristide Zolberg, *A Nation by Design. Immigration Policy in the Fashioning of America*, Cambridge, London 2008

Charles A. Eastman, »The North American Indian«, in: Gustav Spiller (Hg.), *Papers on Inter-Racial Problems, Communicated to the First Universal Races Congress, Held at the University of London, July 26–29, 1911*, London 1911, S. 367–376

Charles A. Eastman, *From the Deep Woods to Civilization* (1916), Mineola 2003

Frederick E. Hoxie (Hg.), *Talking Back to Civilization. Indian Voices from the Progressive Era*, Boston, New York 2001

Denise K. Lajimodiere, *Stringing Rosaries. The History, the Unforgivable, and the Healing of Northern Plains American Indian Boarding School Survivors*, Fargo 2019

Joseph Medicine Crow, *Mein Volk, die Krähenindianer. Die Stammesgeschichte der Absarokee*, München 1994

Plenty Coups: Chief of the Crows (1930), hg. von Frank B. Linderman, 2. Auflage, Lincoln, London 2002

Federal Indian Boarding School Initiative. Investigative Report, Mai 2022. URL: https://www.bia.gov/sites/default/files/dup/inline-files/bsi_investigative_report_may_2022_508.pdf.

Francis Paul Prucha (Hg.), *Americanizing the American Indians. Writings by the »Friends of the Indian«, 1880–1900*, Cambridge 1973

Francis Paul Prucha (Hg.), *Documents of United States Indian Policy*, 2. Auflage, Lincoln, London 1990

Gustav Spiller (Hg.), *Papers on Inter-Racial Problems, Communicated to the First Universal Races Congress, Held at the University of London, July 26–29, 1911*, London 1911

»Theodore Roosevelt, State of the Union 1901 – 3 December 1901«, in: *American History from Revolution to Reconstruction and beyond.* URL: http://www.let.rug.nl/usa/presidents/theodore-roosevelt/state-of-the-union-1901.php

»Theodore Roosevelt, State of the Union 1902 – 2 December 1902«, in: *American History from Revolution to Reconstruction and beyond.* URL: http://www.let.rug.nl/usa/presidents/theodore-roosevelt/state-of-the-union-1902.php

***

David Wallace Adams, *Education for Extinction. American Indians and the Boarding School Experience 1875–1928*, Lawrence 1995

Jason Edward Black, »Remembrances of Removal: Native Resistance to Allotment and the Unmasking of Paternal Benevolence«, in: *Southern Communication Journal* 72 (2007), S. 185–203

Brenda. J. Child, *Boarding School Seasons. American Indian Families 1900–1940*, Lincoln, London 2012

Ward Churchill, *Kill the Indian, Save the Man. The Genocidal Impact of American Indian Residential Schools*, San Francisco 2004

Frederick E. Hoxie, *A Final Promise. The Campaign to Assimilate the Indians, 1880–1920*, Lincoln, London 2001

Margaret D. Jacobs, *White Mother to a Dark Race. Settler Colonialism, Maternalism, and the Removal of Indigenous Children in the American West and Australia, 1880–1940*, Lincoln, London 2009

Carrie McCleary, »Of Horses and Men. Superintendent Asbury's Deadly Assault on the Crow«, in: *Tribal College. Journal of American Indian Higher Education*, Frühling 2003. URL: https://tribalcollegejournal.org/horses-men-superintendent-asbury%E2%80%99s-deadly-assault-crow/

Manuel Menrath, *Mission Sitting Bull. Die Geschichte der katholischen Sioux*, Paderborn 2016

John S. Milloy, *A National Crime. The Canadian Government and the Residential School System, 1879 to 1986*, Winnipeg 2017

Jeffrey Ostler, *The Plains Sioux and U. S. Colonialism from Lewis and Clark to Wounded Knee*, 7. Auflage, Cambridge, New York 2011

Francis Paul Prucha, *American Indian Policy in Crisis. Christian Reformers and the Indian 1865–1900*, Norman 1976

C. Matthew Snipp, »The Changing Political and Social Status of the American Indians. From Captive Nations to Internal Colonies«, in: *American Journal of Economics and Sociology* 45 (1986), S. 145–157

Clifford E. Trafzer, Jean A. Keller, Lorene Sisquoc (Hg.), *Boarding School Blues. Revisiting American Indian Educational Experiences*, Lincoln, London 2006

Truth and Reconciliation Commission of Canada, Final Report of the Truth and Reconciliation Commission of Canada, Bd. 1: *Summary. Honouring the Truth. Reconciling for the Future*, Winnipeg 2015

Wilcomb E. Washburn, *The Assault of Indian Tribalism*, Malabar 1986

Fighting Tuscarora. The Autobiography of Chief Clinton Rickard, hg. von Barbara Graymont, Syracuse 1972

Institute for Government Research, *The Problem of Indian Administration. Report of a Survey made at the request of Honorable Hubert Work, Secretary of the Interior, and submitted to him, February 21, 1928*, Baltimore 1928

***

Benjamin R. Brady, Howard M. Bahr, »The Influenza Epidemic of 1918–1920 among the Navajos. Marginality, Mortality, and the Implications of Some Neglected Eyewitness Accounts«, in: *American Indian Quarterly* 38 (2014), S. 459–491

Thomas A. Britten, *American Indians in World War I. At War and at Home*, Albuquerque 1999

Andrew Dietzel, »Protecting the Line. Clinton Rickard, Border-Crossing and Haudenosaunee Trans-Indigeneity«, in: *On_Culture. The Open Journal for the Study of Culture* 5 (2018). URL: http://geb.uni-giessen.de/geb/volltexte/2018/13656/

David H. Dejong, *»If You Knew the Conditions.« A Chronicle of the Indian Health Care, 1908–1955*, Lanham, Boulder 2011

Tom Holm, *The Great Confusion. Native Americans & Whites in the Progressive Era*, Austin 2005

Alysa Landry, »Woodrow Wilson: ›The Great White Father Now Calls You His Brothers‹«, in: *Indian Country Today*, 12. Juli 2016.

Lucy Maddox, *Citizen Indians. Native American Intellectuals, Race, and Reform*, Ithaca 2006

Kyle T. Mays, »Transnational Progressivism: African Americans, Native Americans, and the Universal Races Congress of 1911«, in: *American Indian Quarterly* 37 (2013), S. 241–261

Bernd C. Peyer, *»The Thinking Indian«. Native American Writers, 1850s–1920s*, Frankfurt am Main, Berlin 2007

Constance C. Poten, »Robert Yellowtail, the New Warrior«, in: Montana. *The Magazine of Western History* 39 (1989), S. 36–41

Jacques Rouzet, *Les Indiens d'Amérique du Nord dans la Grande Guerre, 1917–1918*, Monaco 2017

Klara M. Vigil, *Indigenous Intellectuals. Sovereignty, Citizenship, and the American Imagination, 1880–1930*, New York 2015

Raymond Wilson, *Ohiyesa. Charles Eastman, Santee Sioux*, Urbana, Chicago 1999

Eric Steven Zimmer, »A President in Indian Country. Calvin Coolidge and Lakota Diplomacy in the Summer of 1927«, in: *Great Plains Quarterly* 37 (2017), S. 215–234

Six Nations

Chief Deskaheh Tells Why He Is Over Here Again, London 1923

Deskaheh an Sir Eric Drummond, August 6, 1923, in: *Archives of the League of Nations*, Genf, File: »The Six Nations and the League of Nations, Doc. 28075«

Deskaheh, Iroquois Statesman and Patriot, hg. von Akwesasne Notes, Rooseveltown 1999, S. 7–20

»Der Freiheitskampf der Irokesen«, in: *Basler Nachrichten*, Nr. 527, 11. November 1923

»Iroquois Chief Asks League Recognition«, in: *The New York Times*, 23. Dezember 1923

»The Last Speech of Deskaheh, March 10, 1925«, in: Akwesasne Notes (Hg.), *Basic Call to Consciousness* (1978), Summertown 2005, S. 48–54

Six Nations, *The Redman's Appeal for Justice. The Position of the Six Nations that they Constitute an Independent State*, Brantford 1924

John Wagner, »Ontario Indians Assert Six Nations' Independence«, in: *The Detroit Free Press*, 1. Juli 1928

***

Auf den Spuren der Irokesen, hg. von der Kunst- und Ausstellungshalle der Bundesrepublik Deutschland, Berlin 2013

Robert Bothwell, *The Penguin History of Canada*, Toronto, New York 2006

Louise Brown, »Giving a Voice to Residential School Ghosts«, in: *Toronto Star*, 2. Juli 2016

Colin G. Calloway, *The American Revolution in Indian Country. Crisis and Diversity in Native American Communities*, Cambridge, New York 1995

Colin G. Calloway, *The Indian World of George Washington. The First President, the First Americans, and the Birth of Nation*, Oxford, New York 2018

Andrea Lucille Catapano, *The Rising of Ongwehònwe: Sovereignty, Identity and Representation on the Six Nations Reserve*, Dissertation der Stony Brook University 2009. URL: https://dspace.sunyconnect.suny.edu/bitstream/handle/1951/44779/000000159.sbu.pdf?sequence=3&isAllowed=y

Anne-Marie Cruz, »La Genève de 1923 se solidarise avec Deskaheh, chef iroquois«, in: *Le Courrier*, 15. August 2014

James Daschuk, *Clearing the Plains. Disease, Politics of Starvation, and the Loss of Aboriginal Life*, Regina 2013

Ray Fadden (Tehanetorens), *Wampum Belts of the Iroquois*, Summertown 1999

William Nelson Fenton, *The Great Law and the Longhouse. A Political History of the Iroquois Confederacy*, Norman 1998

»General, Levi (Deskaheh)«, in: Alexander Ewen, Jeffrey Wollock, *Encyclopedia of the American Indian in the Twentieth Century*, Albuquerque 2015, S. 172 ff.

Elizabeth Graham, *The Mush Hole. Life at Two Indian Residential Schools*, Waterloo 1997

Donald A. Grinde Jr., »Iroquois Border Crossings: Place, Politics, and the Jay Treaty«, in: Claudia Sadowski-Smith (Hg.), *Globalization on the Line. Culture, Capital, and Citizenship at U. S. Borders*, New York, Basingstoke 2002, S. 167–180

Laurence M. Hauptman, *Seven Generations of Iroquois Leadership. The Six Nations since 1800*, Syracuse 2008

David S. Heidler, Jeanne T. Heidler, *The War of 1812*, Westport, London 2002

Douglas George-Kanentiio, »Wie die Irokesen regieren: Die politische Kultur des Irokesenbundes«, in: *Auf den Spuren der Irokesen*, hg. von der Kunst- und Ausstellungshalle der Bundesrepublik Deutschland, Berlin 2013, S. 108–111

Isabel T. Kelsay, *Joseph Brant, 1743–1807. Man of Two Worlds*, Syracuse 1984

Penelope Myrtle Kelsey, *Reading the Wampum. Essays on Hodinöhsö:ni' Visual Code and Epistemological Recovery*, Syracuse 2014

Robert G. Koch, »George P. Decker and Chief Deskaheh«, in: *The Crooked Lake Review*, September 1992

Barbara Alice Mann, *George Washington's War on Native America*, Lincoln, London 1998

Aram Mattioli, »Keiner Nation untertan«, in: *Die Zeit*, 28. Februar 2019, S. 17

Gary B. Nash, *The Unknown American Revolution. The Unruly Birth of Democracy and the Struggle to Create America*, London 2005

Rob Nestor, »Pass System in Canada«, in: *The Canadian Encyclopedia*. URL:

https://www.thecanadianencyclopedia.ca/en/article/pass-system-in-canada/

Onondaga Nation, *Two Row Wampum – Guswenta.* URL: http://www.onondaganation.org/culture/wampum/two-row-wampum-belt-guswenta/, S. 1 f.

James Paxton, *Joseph Brant and His World: 18th Century Mohawk Warrior and Statesman*, Toronto 2008

Gerald F. Reid, »Illegal Alien? The Immigration Case of Mohawk Ironworker Paul K. Diabo«, in: *Proceedings of the American Philosophical Society* 151 (2007), S. 61–78

Daniel K. Richter, *The Ordeal of the Longhouse. The Peoples of the Iroquois League in the Era of European Colonization*, Chapel Hill, London 1992

Jolene Rickard, »The Indian Defense League of America«, in: *Akwesasne Notes. A Journal of Native and Natural Peoples*, Sommer 1995, S. 48–53

Edward S. Rogers, Donald B. Smith (Hg.), *Aboriginal Ontario. Historical Perspectives on the First Nations*, Toronto, Oxford 1994

Joëlle Rostkowski, »The Redman's Appeal for Justice: Deskaheh and the League of Nations«, in: Christian F. Feest, *Indians and Europe. An Interdisciplinary Collection of Essays*, Lincoln, London 1989, S. 435–454

Harry Schüler, *Irokesen. Zur Kultur, Geschichte und Gegenwart*, Petersberg 2014

Emmanuelle Sibeud, »Entre geste impériale et cause internationale: défendre les indigènes à Genève dans les années 1920«, in: *Monde(s)* 6 (2014), S. 23–43

Timothy J. Shannon, *Iroquois Diplomacy on the Early American Frontier*, New York 2008

Donald B. Smith, »Deskaheh (Levi General)«, in: Ramsey Cook, Real Belanger (Hg.), *Dictionary of Canadian Biography*, Bd. 15, Toronto 1998, S. 278 ff.

Dean R. Snow, *The Iroquois*, Malden, Oxford 1996

E. Brian Titley, *A Narrow Vision. Duncan Campbell Scott and the Administration of Indian Affairs in Canada*, Vancouver 1986

Truth and Reconciliation Commission of Canada, *Final Report of the Truth and Reconciliation Commission of Canada*, Bd. 1: *Summary. Honouring the Truth. Reconciling for the Future*, Winnipeg 2015

Richard Veatch, *Canadian Foreign Policy and the League of Nations 1919–1939*, Toronto, Buffalo 1975

Sally M. Weaver, »The Iroquois: The Grand River Reserve in the Late Nineteenth and Early Twentieth Centuries, 1875–1945«, in: Edward S. Rogers, Donald B. Smith (Hg.), *Aboriginal Ontario. Historical Perspectives on the First Nations*, Toronto, Oxford 1994, S. 213–257

Glenn F. Williams, *Year of the Hangman. George Washington's Campaign Against the Iroquois*, Yardley 2005

Timothy D. Willig, *Restoring the Chain of Friendship. British Policy and the Indians of the Great Lakes, 1783–1815*, Lincoln, London 2008

Willi Wottreng, *Ein Irokese am Genfersee. Eine wahre Geschichte*, Zürich 2018 (Roman)

Grace Li Xiu Woo, *Canada's Forgotten Founders: The Modern Significance of the Haudenosaunnee (Iroquois) Application for Membership in the League of Nations*, 2003. URL: https://warwick.ac.uk/fac/soclawlelg/lgd/2003_1/woo/

Indian New Deal

Luther Standing Bear, »The Tragedy of the Sioux«, in: *The American Mercury*, November 1931

Luther Standing Bear, *Land of the Spotted Eagle* (1933), Lincoln, London 2006

***

Joseph Agonito, *Lakota Portraits. Lives of Legendary Plains Peoples*, Guilford 2011

Donald L. Fixico, *Bureau of Indian Affairs*, Santa Barbara, Denver 2012

Lawrence Kelly, *The Assault on Assimilation. John Collier and the Origins of Indian Policy Reform*, Albuquerque 1983

Richard Nates, *Amerikanische Träume. Die Kultur der Vereinigten Staaten in der Zeit des New Deal*, Würzburg 2003

Kenneth R. Philp, *John Collier's Crusade for Indian Reform, 1920–1954*, Tucson 1977

Elmer R. Rusco, *A Fateful Time. The Background and Legislative History of the Indian Reorganization Act*, Reno 2000

Carey Snider, »›When the Indian Was in Vogue‹. D.H. Lawrence, Aldous Huxley, and Ethnological Tourism in the Southwest«, in: *MFS Modern Fiction Studies* 53 (2007), S. 662–696

Graham D. Taylor, *The New Deal and American Indian Tribalism. The Administration of the Indian Reorganization Act, 1934–45*, Lincoln, London 1980

Zweiter Weltkrieg

»The Case of Pia Machita«, in: *Arizona Daily Star*, 21. Mai 1941

***

Alison R. Bernstein, *American Indians and World War II. Toward a New Era in Indian Affairs*, Norman 1999

Kenneth S. Coates, William R. Morrison, *The Alaska Highway in World War II. The U. S. Army of Occupation in Canada's Northwest*, Norman 1992

Elmer W. Flaccus, »Arizona's Last Great Indian War. The Saga of Pia Machita«, in: *The Journal of Arizona History* 22 (1981), S. 1–22

Jere' Bishop Franco, *Crossing the Pond. The Native American Effort in World War II*, Denton 1999

Albert Hemingway, *Ira Hayes: Pima Marine*, Lanham, New York 1988

J. D. Hendricks, *Resistance and Collaboration. O'odham Responses to U. S. Invasion*, Long Beach 2004

Tom Holm, *Code Talkers and Warriors. Native Americans and World War II*, New York 2007

Sharon S. Magee, »American Indians and the War Effort«, in: Brad Melton, Dean Smith (Hg.), *Arizona Goes to War. The Home front and the Front Lines during World War II*, Tucson 2003, S. 71–87

Penn State University, Department of Geography, »An Example of Diffusion Resistance: Tohono O'odham«, in: *GEOG 597i. Critical Geospatial Thinking and Applications.* URL: https://www.e-education.psu.edu/geog597i_02/node/862

Kenneth William Townsend, *World War II and the American Indian*, Albuquerque 2000

Kulturwandel nach 1945

Priscilla A. Day, Hilard N. Weaver, *Health and the American Indian*, Philadelphia 1999

David H. DeJong, *»If You Knew the Conditions«. A Chronicle of the Indian Medical Service and American Indian Health Care, 1908–1955*, Lanham 2011

Donald L. Fixico, *The Urban Indian Experience in America*, Albuquerque 2000

Donald L. Fixico, *Daily Life of Native Americans in the Twentieth Century*, Westport, London 2006

Klaus Frantz, *Die Indianerreservationen in den USA*, Stuttgart 1995

Brian C. Hosmer, Colleen O'Neill (Hg.), *Native Pathways. American Indian Culture and Economic Development in the Twentieth Century*, Boulder 2004

Frederick E. Hoxie, »Seeing and Not Seeing. American Indians in the Truman Era«, in: Brian Hosmer (Hg.), *Native Americans and the Legacy of Harry S. Truman*, Kirksville 2010, S. 3–21

James B. LaGrand, *Indian Metropolis. Native Americans in Chicago, 1945–75*, Urbana, Chicago 2002

Susan Lobo, Kurt Peters (Hg.), *American Indians and the Urban Experience*, Lanham 2001

Robert J. Miller, *Reservation »Capitalism«. Economic Development in Indian Country*, Santa Barbara 2012

Stella U. Ogunwole (for the U.S. Bureau of the Census), *We the People. American Indians and Alaska Natives in the United States. Census 2000 Special Reports*, Washington 2006

Nancy Shoemaker, *American Indian Population Recovery in the Twentieth Century*, Albuquerque 1999

National Congress of American Indians

Thomas W. Cowger, *The National Congress of American Indians. The Founding Years*, Lincoln 2001

John Fahey, *Saving the Reservation. Joe Garry and the Battle to Be Indian*, Seattle, London 2015

Gretchen G. Harvey, *Cherokee and American. Ruth Muskrat Bronson, 1897–1982*, Tucson 1996

Dorothy Parker, *Singing an Indian Song. A Biography of D'Arcy McNickle*, Lincoln 1992

John Purdy (Hg.), *The Legacy of D'Arcy McNickle. Writer, Historian, Activist*, Norman 1996

James Ruppert, *D'Arcy McNickle*, Boise 1998

Navajo

Peter Iverson (Hg.), »*For Our Navajo People*«. *Diné Letters, Speeches and Petitions 1900–1960*, Albuquerque 2002

»Navajos Charge Southwest Turned Into ›Zoo‹, Demand Self-Government, Collier's Removal«, in: *Washington Post*, 18. Juni 1937

Ruth Roessel, Broderick H. Johnson (Hg.), *Navajo Livestock Reduction. A National Disgrace*, Chinle 1974

***

Garrick Bailey, Roberta Glenn Bailey, *A History of the Navajos. The Reservation Years*, Santa Fe 1989

Peter Iverson, *Diné. A History of the Navajos*, Albuquerque 2002

Klara Bonsack Kelley, Harris Francis, *Navajo Sacred Places*, Indianapolis 1994

René König, *Navajo Report. Von der Kolonie zur Nation*, 2. Auflage, Berlin 1983

Robert McPherson, *Navajo Land, Navajo Culture. The Utah Experience in the Twentieth Century*, Norman 2001

Judy Pasternak, *Yellow Dirt. A Poisoned Land and the Betrayal of the Navajo*, New York, London 2011

Dana E. Powell, *Landscapes of Power. Politics of Energy in the Navajo Nation*, Durham 2018

Linda M. Richards, »On Poisoned Ground«, in: *Distillations. Using Stories from Science's Past to Understand our World*, Frühling 2013

John William Sherry, *Land, Wind, and Hard Words. A Story of Navajo Activism*, Albuquerque 2002

Marsha Weisiger, »Gendered Injustice. Navajo Livestock Reduction in the New Deal Era«, in: *Western Historical Quarterly* 38 (2007), S. 437–455

Marsha Weisiger, *Dreaming of Sheeps in Navajo Country*, Seattle 2009

Richard White, *The Roots of Dependency. Subsistence, Environment, and Social Change among the Choctaws, Pawnees, and Navajos*, Lincoln, London 1983

David E. Wilkins, *The Navajo Political Experience*, 4. Auflage, Lanham, Boulder 2013

Hopi

Enei Begaye, »Die Lichter über der Black Mesa«, in: Emily Hunter, *Öko-Krieger. Eine neue Generation kämpft für unseren Planeten*, Frankfurt am Main 2012, S. 61–76

Alexander Buschenreiter, *Unser Ende ist euer Untergang. Die Botschaft der Hopi an die Welt* (1983), Bad Vöslau 2018

Andrew Hermequaftewa, *The Hopi Way of Life Is the Way of Peace*, Santa Fe 1953

Rudolf Kaiser, *Die Stimme des Großen Geistes – Prophezeiungen und Endzeiterwartungen der Hopi-Indianer*, München 1989

Stewart B. Koyiyumptewa, Carolyn O'Bagy Davis, *The Hopi People*, Charleston 2009

»Message from Dan Katchongva to Albuquerque Indian Meeting, 1958«. URL: https://speccoll.library.arizona.edu/copy-message-dan-katchongva-delivered-albuquerque-indian-meeting-1958

Frank Waters, *Book of the Hopis* (1963), New York, London 1977

***

Flannery Burke, *A Land Apart. The Southwest and the Nation in the Twentieth Century*, Tucson 2017

Richard O. Clemmer, »The Hopi Traditionalist Movement«, in: *American Indian Culture and Research Journal* 18 (1994), S. 125–166

Richard O. Clemmer, *Roads in the Sky. The Hopi Indians in a Century of Change*, Boulder, San Francisco 1995

Armin W. Geertz, *The Invention of Prophecy. Continuity and Meaning in Hopi Indian Religion*, Berkeley, Los Angeles 1994

Rudolf Kaiser, »Prophecies and Eschatological (Millennial) Traditions of the Hopi-Indians in Arizona«, in: *Anthropos* 85 (1990), S. 65–71

Terminations-Ära

»A Declaration of Indian Rights«, 28. Februar 1954. Archiv des National Congress of American Indians, Washington D. C. URL: http://www.ncai.org/attachments/Consultation_rwVHeOwvDqVWlaJYWtaoSORkwlQNFDvzjROWxiDmJfwXroEhgOs_13%20Declaration_of_Indian_Rights.pdf

»Call to Emergency Conference«, 9. Februar 1954, zitiert in: John Fahey, *Sa-*

ving the Reservation. Joe Garry and the Battle to Be Indian, Seattle, London 2015, S. 4 f.

Declaration of Indian Purpose. The Voice of the American Indian. Proceedings of American Indian Chicago Conference, University of Chicago, 13.–20. Juni 1961. URL: https://files.eric.ed.gov/fulltext/ED030518.pdf

Resolution der Generalversammlung, verabschiedet am 14. Dezember 1960: 1514 (XV). Erklärung über die Gewährung der Unabhängigkeit an koloniale Länder und Völker. URL: https://www.un.org/depts/german/gv-early/ar1514-xv.pdf

»Sun Shines and River Flows, but Senecas Must Leave Land«, in: *The New York Times*, 1. März 1964

***

»A powerful 50 years at Niagara«, in: *Water Power & Dam Construction*, 15. April 2011. URL: https://www.waterpowermagazine.com/features/featurea-powerful-50-years-at-niagara/

Joy A. Bilharz, *The Allegany Senecas and Kinzua Dam. Forced Relocation through Two Generations*, Lincoln, London 2002

Peter Capossela, »Impacts of Army Corps Pick-Sloan Program on Indian Tribes«, in: *Journal of Environmental Law and Litigation* 30 (2015), S. 144–217

Maria Diaz-Gonzalez, »The Complicated History of the Kinzua Dam and How It Changed Life for the Seneca People«, in: *Good River. Stories of the Ohio*, 3. Februar 2020. URL: https://www.100daysinappalachia.com/2020/02/the-complicated-history-of-the-kinzua-dam-and-how-it-changed-life-for-the-seneca-people/

Nikki Dragone, »Iroquois Tax and Reservoir Protests, 1957«, in: Donna Martinez, Jennifer L. Williams Bordeaux (Hg.), *50 Events That Shaped American Indian History. An Encyclopedia of the American Mosaic*, Bd. 2, Santa Barbara, Denver 2017, S. 479–495

Louise Erdrich, *Der Nachtwächter*, Berlin 2021 (Roman)

John Fahey, *Saving the Reservation. Joe Garry and the Battle to Be Indian*, Seattle, London 2015

Donald L. Fixico, *Termination and Relocation. Federal Indian Policy, 1945–1960*, Albuquerque 1990

Judith Graham, »Compensation at last for tribes that lost land to dams«, in: *Chicago Tribune*, 15. Dezember 2002

Laurence M. Hauptman, *The Iroquois Struggle for Survival. World War II to Red Power*, Syracuse 1986

Laurence M. Hauptman, *In the Shadow of Kinzua. The Seneca Nation of Indians since World War II*, Syracuse 2014

Laurence M. Hauptman, Jack Campisi, »The Voice of Eastern Indians. The American Indian Chicago Conference of 1961 and the Movement for Federal Recognition«, in: *Proceedings of the American Philosophical Society* 132 (1988), S. 316–329

Brian Hosmer (Hg.), *Native Americans and the Legacy of Harry S. Truman*, Kirksville 2010

Robert Kelley Schneiders, »Flooding the Missouri Valley. The Politics of Dam Site Selection and Design«, in: *Great Plains Quarterly* 17 (1997), S. 237–249

Cody L. Knutson, »Pick-Sloan Plan«, in: David J. Wishart (Hg.), *Encyclopedia of the Great Plains*, Lincoln 2011. URL: http://plainshumanities.unl.edu/encyclopedia/doc/egp.wat.019

Jürgen Krämer, »Glieder dich ein, Indianer, oder verhunger«, in: *Die Zeit*, 21. Juni 1974

Alysa Landry, »The Unfulfilled Promises of John F. Kennedy: He Vowed a New Frontier for Natives«, in: *Indian Country Today*, 30. August 2016

Michael L. Lawson, *Dammed Indians. The Pick-Sloan Plan and the Missouri River Sioux, 1944–1980*, Norman, London 1994

Paul McKenzie-Jones, »Evolving Voices of Dissent. The Workshops on American Indian Affairs, 1956–1972«, in: *American Indian Quarterly* 38 (2014), S. 207–236

Gerald D. Nash, *The American West Transformed. The Impact of the Second World War*, Lincoln 1990

Steve Pavlik (Hg.), *A Good Cherokee. A Good Anthropologist. Papers in Honor of Robert K. Thomas*, Los Angeles 1998

Nicholas C. Peroff, *Menominee Drums. Tribal Termination and Restoration, 1954–1974*, Norman 1982

Kenneth R. Philp, *Termination Revisited. American Indians on the Trail of Self-determination, 1933–1953*, Lincoln 1999

Paul C. Rosier, »Dam Building and Treaty Breaking: The Kinzua Dam Controversy 1936–1958«, in: *The Pennsylvania Magazine of History and Biography* 119 (1995), S. 345–368

»The Termination Era«, in: *Native American Netroots*, 16. Mai 2013. URL: http://nativeamericannetroots.net/diary/1511

Roberta Ulrich, *American Indian Nations from Termination to Restoration, 1953–2006*, Lincoln 2013

Michael C. Walch, »Terminating the Indian Termination Policy«, in: *Stanford Law Review* 35 (1983), S. 1181–1215
Edmund Wilson, *Apologies to the Iroquois* (1960), Syracuse 1991

Red Power-Ära

Akwesasne, wo das Rebhuhn balzt. Indianische Texte aus dem Widerstand, hg. von der Gesellschaft für bedrohte Völker, München 1978
Dick Bancroft, Laura Waterman Wittstock, *We Are Still Here. A Photographic History of the American Indian Movement*, Minneapolis 2013
Dennis Banks (with Richard Erdoes), *Ojibwa Warrior. Dennis Banks and the Rise of the American Indian Movement*, Norman 2004
Johnny Cash, *Bitter Tears: Ballads of the American Indian*, New York 1964
Mary Crow Dog, *Lakota Woman. Die Geschichte einer Sioux-Frau*. Aufgezeichnet von Richard Erdoes, 9. Auflage, München 2009
Roxanne Dunbar Ortiz (Hg.), *The Great Sioux Nation. Sitting in Judgement on America. An Oral History of the Sioux Nation & its Struggle for Sovereignty* (1977), Lincoln, London 2013
Bob Dylan, *The Times They Are a-Changin'*, New York 1964
Lyndon B. Johnson, »Special Message to the Congress on the Problems of the American Indian: ›The Forgotten American‹«, 6. März 1968, in: *The American Presidency Project*. URL: https://www.presidency.ucsb.edu/documents/special-message-the-congress-the-problems-the-american-indian-the-forgotten-american
Alvin M. Josephy Jr., Joane Nagel, Troy R. Johnson (Hg.), *Red Power. The American Indians' Fight for Freedom*, Lincoln, London 1999
Peter La Farge, *Ira Hayes and Other Ballads*, New York 1962
Peter La Farge, *As Long As the Grass Shall Grow*, New York 1963
Peter La Farge, *On the Warpath*, New York 1965
Richard M. Nixon, *Special Message on Indian Affairs*, 8. Juli 1970. URL: https://www.ncai.org/attachments/Consultation_IJaOfGZqlYSuxpPUqoSSWIaNTkEJEPXxKLzLcaOikifwWhGOLSA_12%20Nixon%20Self%20Determination%20Policy.pdf
Redbone, *Wovoka*, London 1973
Buffy Sainte-Marie, *It's My Way*, New York 1964
Buffy Sainte-Marie, *Little Wheel Spin and Spin*, New York 1966
Buffy Sainte-Marie, »The Power of Protest Songs«, in: *American Indian. Magazine of the Smithsonian's National Museum of the American Indian*,

Frühjahr 2013, S. 1–3. URL: https://www.americanindianmagazine.org/story/power-protest-songs

Wilma Mankiller (with Michael Wallis), *Mankiller. A Chief and Her People*, New York 2000

Russell Means (with Marvin J. Wolf), *Where White Men Fear to Tread. The Autobiography*, New York 1995

David E. Wilkins (Hg.), *The Hank Adams Reader. An Exemplary Native Activist and the Unleashing of Indigenous Sovereignty*, Golden 2011

XIT, *The Plight of the Redman*, Los Angeles 1972

XIT, *Silent Warrior*, Los Angeles 1973

***

Jeff Berglund, Jan Johnson, Kimberli Lee (Hg.), *Indigenous Pop. Native American Music from Jazz to Hip Hop*, Tucson 2016

Claus Biegert, *Seit 200 Jahren ohne Verfassung. 1976: Indianer im Widerstand*, Reinbek bei Hamburg 1976

Rachel M. Bonney, »The Role of AIM Leaders in Indian nationalism«, in: *American Indian Quarterly* 3 (1977), S. 209–224

Elizabeth Castle, »›The Original Gangster‹. The Life and Times of Red Power Activist Madonna Thunder Hawk«, in: Dan Berger (Hg.), *The Hidden 1970s. Histories of Radicalism*, New Brunswick 1970, S. 267–283

Brenda J. Child, *Holding Our World Together. Ojibwe Women and the Survival of Community*, New York 2012

Thomas Clarkin, *Federal Indian Policy in the Kennedy and Johnson Administrations 1961–1969*, Albuquerque 2001

Daniel M. Cobb, *Native Activism in Cold War America. The Struggle for Sovereignty*, Lawrence 2008

Daniel M. Cobb, Sarah Barger, Lily Skopp, »›A Sickness which has Grown to Epidemic Proportions.‹ American Indian Anti- and Decolonial thought during the Long 1960s«, in: *Comparative American Studies* 17 (2020), S. 199–233

Antonio D'Ambrosio, *A Heartbeat and a Guitar. Johnny Cash and the Making of Bitter Tears*, New York 2009

Julie L. Davis, *Survival Schools. The American Indian Movement and Community Education in the Twin Cities*, Minneapolis, London 2013

Elizabeth DeLaney Hoffman (Hg.), *American Indians and Popular Culture*, 2 Bde., Santa Barbara, Denver 2012

William F. Deverell, »The Return of Blue Lake to Taos Pueblo«, in: *The Princeton University Library Chronicle* 49 (1987), S. 57–73

Walter R. Echo-Hawk, *Selbstbestimmung statt Liquidierung. Vergangenheit, Gegenwart und Zukunft der amerikanischen Indianerbewegung*, New York 2014. URL: http://www.rosalux-nyc.org/wp-content/files_mf/echohawk deufinal.pdf

R. C. Gordon-McCutchan, *The Taos Indians and the Battle for Blue Lake*, Santa Fe 1991

Craig Harris, *Heartbeat, Warble and the Electric Powwow. American Indian Music*, Norman 2016

Dana Hedgpeth, »The week hundreds of Native Americans took over D. C.'s Bureau of Indian Affairs«, in: *Washington Post*, 24. Januar 2021

Trova Heffernan, *Hank Adams. An Uncommon Life*, Washington 2016. URL: https://www.sos.wa.gov/_assets/legacy/who-are-we/hank-adams-pdf.pdf

Jason A. Heppler, *Framing Red Power. The American Indian Movement, the Trail of Broken Treaties, and the Politics of Media*, Lincoln 2009

Donna Hightower Langston, »American Indian Women's Activism in the 1960s and 1970s«, in: *Hypatia* 18 (2003), S. 114–132

Rachel Huber, *»Lead, follow or get out the way!« – Weiblicher Aktivismus in der Red Power-Bewegung, 1964–1980. Wie Digital History Metanarrative herauszufordern vermag*, Dissertation Luzern 2021 (Manuskript)

Troy R. Johnson, *Red Power. The Native American Civil Rights Movement*, New York 2007

Alysa Landry, »Richard M. Nixon: ›Self-Determination Without Termination‹«, in: *Indian Country Today*, 13. September 2016

Stew Magnuson, *Wounded Knee 1973: Still Bleeding. The American Indian Movement, the FBI, and Their Fight to Bury the Sins of the Past*, Chicago 2013

William J. Mann, *The Contender. The Story of Marlon Brando*, New York 2019

Paul R. McKenzie-Jones, »›We are among the poor, the powerless, the inexperienced and the inarticulate.‹ Clyde Warrior's Campaign for a ›Greater Indian America‹«, in: *American Indian Quarterly* 34 (2010), S. 224–257

Paul R. McKenzie-Jones, *Clyde Warrior. Tradition, Community, and Red Power*, Norman 2015

Muscarelle Museum of Art, *Exhibition »Rising: The American Indian Movement and the Third Space of Sovereignty«*, Williamsburg 2020. URL: muscarelle.wm.edu/rising/relocation/

Joane Nagel, *American Indian Ethnic Renewal. Red Power and the Resurgence of Identity and Culture*, Oxford, New York 1997

Dean Rader, *Engaged Resistance. American Indian Art, Literature, and Film from Alcatraz to the NMAI*, Austin 2011

Guy B. Senese, *Self-Determination and the Social Education of Native Americans*, New York, Westport 1991

Suzan Shown Harjo, »Trail of Broken Treaties: A 30th Anniversary Memory«, in: *Indian Country Today*, 7. November 2002

Bradley G. Shreve, *Red Power Rising. The National Indian Youth Council and the Origins of Native Activism*, Norman 2011

Paul Chat Smith, Robert Allen Warrior, *Like a Hurricane. The Indian Movement from Alcatraz to Wounded Knee*, New York 1996

Sherry L. Smith, *Hippies, Indians and the Fight for Red Power*, Oxford, New York 2012

Stan Steiner, *The New Indians*, New York, Evanston 1968

Blair Stonechild, *Buffy Sainte-Marie: It's My Way*, Markham, Brighton 2012

James Treat, *Around the Sacred Fire. Native Religious Activism in the Red Power Era*, Urbana, Champaign 2008

Andrea Warner, *Buffy Sainte-Marie. The Authorized Biography*, Vancouver, Berkeley 2018

Dick Weissman, *Talkin' 'bout a Revolution. Music and Social Change in America*, Milwaukee 2010

Charles Wilkinson, *Blood Struggle. The Rise of Modern Indian Nations*, New York, London 2006

Brian Wright-McLeod, *The Encyclopedia of Native Music. More than a Century of Recordings from Wax Cylinder to the Internet*, Tucson 2005

Fischkrieg im Puget Sound

»Shots fired, 60 arrested in Indian-fishing showdown«, in: *Seattle Times*, 9. September 1970

Alvin J. Ziontz, *A Lawyer in Indian Country. A Memoir*, Seattle, London 2009

***

Gabriel Chrisman, »The Fish-in Protests at Franks Landing«, in: *The Seattle Civil Rights & Labor History Project*, Seattle 2008, S. 7 ff. URL: https://depts.washington.edu/civilr/fish-ins.htm

Phil Dougherty, *Boldt Decision: United States v. State of Washington*, 2020, S. 3. URL: www.historylink.org/File/21084

Alexandra Harmon, *Indians in the Making. Ethnic Relations and Indian Identities around Puget Sound*, Berkeley, Los Angeles 2000

Cecelia La Pointe-Gorman, Ramona Bennett, *Puyallup Tribal Indian Activist. Research Essay*, 2009, S. 14 f. URL: digitalcollections.lib.washington.edu/digital/collection/tacomacomm/id/475/rec/7

Lawney L. Reyes, *The Last Fish War. Survival on the Rivers*, Seattle 2016

Bradley G. Shreve, »›From Time Immemorial‹. The Fish-In Movement and the Rise of Intertribal Activism«, in: *Pacific Historical Review* 78 (2009), S. 403–434

Charles Wilkinson, *Messages from Frank's Landing. A Story of Salmon, Treaties, and the Indian Way*, Seattle, London 2005

David Wilma, *Tacoma arrest 60 persons at a fish-in on September 9, 1970*, 2000. URL: www.historylink.org/File/2625

Cornwall-Massena-Blockade und White Roots of Peace

Willie Dunn, *Ballad of Crowfoot*, Montréal 1968

Willie Dunn, *Akwesasne Notes*, München 1978

Michael Kanentakeron Mitchell, *You Are in Indian Land*, Kanada 1969

***

»Cornwall Bridge (Ontario) Occupation«, in: Bruce E. Johansen, *Encyclopedia of the American Indian Movement*, Santa Barbara, Denver 2013, S. 91 ff.

Doug George-Kanentiio, *Iroquois on Fire. A Voice from Mohawk Nation*, Lincoln, London 2008

Doug George-Kanentiio, *Indian Country Today failed because it was business*, 11. September 2017. URL: https://www.indianz.com/News/2017/09/11/doug-georgekanentiio-indian-country-toda.asp

»White Roots of Peace«, in: Bruce E. Johansen, *Encyclopedia of the American Indian Movement*, Santa Barbara, Denver 2013, S. 286 f.

Besetzung von Alcatraz

LaNada Boyer, *Native Resistance. An Intergenerational Fight for Survival and Life*, Brookfield 2019

Indians of All Tribes, »Proclamation, November 1969«, in: Alvin M. Josephy Jr., Joane Nagel, Troy Johnson (Hg.), *Red Power. The American Indians' Fight for Freedom*, Lincoln, London 1999, S. 40 ff.

Indians of All Tribes, *Declaration of the Return of Indian Land*, 31. Mai 1970. URL: https://www.learner.org/wp-content/uploads/2019/05/essential-lens-change-resistance-declaration-return-indian-land.pdf

President Richard Nixon, Special Message on Indian Affairs, 8. Juli 1970. URL: www.epa.gov/tribal/president-nixon-special-message-indian-affairs-july-8-1970

***

Kent Blansett, *A Journey to Freedom. Richard Oakes, Alcatraz, and the Red Power Movement*, New Haven, London 2018

Megan Engle, »The Native American Occupation of Alcatraz Island: Radio and Rhetoric«, in: *Pursuit. The Journal of Undergraduate Research at the University of Tennessee*, Juli 2019. URL: https://trace.tennessee.edu/pursuit/vol9/iss1/5

Troy R. Johnson, *The American Indian Occupation of Alcatraz Island. Red Power and Self-Determination. Red Power and Self-Determination*, Lincoln, London 2008

Troy R. Johnson, Joane Nagel, Duane Champagne (Hg.), *American Indian Activism. Alcatraz to the Longest Walk*, Urbana, Chicago 1997

Casey Ryan Kelly, *The Rhetoric of Red Power and the American Indian Occupation of Alcatraz Island (1969–1971)*, University of Minnesota 2009. URL: http://citeseerx.ist.psu.edu/viewdoc/download?doi=10.1.1.863.1145&rep=rep1&type=pdf

Paul McKenzie-Jones, »Occupation of Alcatraz, 1969–1971«, in: Donna Martinez, Jennifer L. Williams Bordeaux (Hg.), *50 Events That Shaped American Indian History. An Encyclopedia of American Indian History*, Santa Barbara, Denver 2017, S. 549–564

Michelle Locke, »With Alcatraz Takeover, Indians Staked Claim to National Attention«, in: *Los Angeles Times*, 21. November 1999

David Milner, »›By Right of Discovery‹. The Media and the Native American

Occupation of Alcatraz, 1969–1971«, in: *Australasian Journal of American Studies* 33 (2014), S. 73–86

Dean Rader, »Engaged Resistance: Alcatraz«, in: Ders., *Engaged Resistance. American Indian Art, Literature, and Film from Alcatraz to the NMAI*, Austin 2011, S. 7–46

»*Writing Back*«

Vine Deloria Jr., *Custer Died for Your Sins* (1969), Norman 1988

Vine Deloria Jr., »This Country Was a Lot Better Off When the Indians Were Running It«, in: *The New York Times*, 8. März 1970

Vine Deloria Jr., *We Talk, You Listen. New Tribes, New Turf* (1970), Lincoln, London 2007

Vine Deloria Jr., *God Is Red* (1973), Golden 2003

Vine Deloria Jr., *Behind the Trail of Broken Treaties. An Indian Declaration of Independence* (1974), Austin 2000

Vine Deloria Jr. (Hg.), *Of Utmost Good Faith*, New York 1971

N. Scott Momaday, *Haus aus Dämmerung* (1968), Leipzig 1988

»San Francisco Named Convocation Site«, in: *Journal of American Indian Education* 9 (1970), S. 28 f.

Floyd Westerman, *Custer Died for Your Sins*, New York 1969

***

Claus Biegert, »Vorwort«, in: Vine Deloria, *Gott ist rot*, München 1987, S. 7–11

Elisabeth Cook-Lynn, »Who Stole Native American Studies?«, in: *Wicazo Sa Review* 12 (1997), S. 9–28

Roger Dunsmore, »Vine Deloria, Jr.«, in: Andrew Wiget (Hg.), *Handbook of Native American Literature*, New York, London 2012, S. 411–416

Marion Gymnich, »Writing Back«, in: Dirk Göttsche u. a.(Hg.), *Handbuch Postkolonialisus und Literatur*, Stuttgart 2017, S. 235–238

»Deloria, Vine J.«, in: Bruce E. Johansen, *Encyclopedia of American Indian Movement*, Santa Barbara, Denver 2013, S. 95–104

Kenneth Lincoln, *Native American Renaissance*, Berkeley, Los Angeles 1985

David Martínez, *Life of the Indigenous. Vine Deloria Jr. and the Birth of the Red Power Movement*, Lincoln 2019

Katja Sarkowsky, »Die heilende Kraft des Geschichtenerzählens«, in: Richard

Wagamese, *Das weite Herz des Landes*, 2. Auflage, München 2020, S. 279–288.
Sean Teuton, *Native American Literature. A Very Short Introduction*, Oxford 2018
David E. Wilkins, »A Tribute to Vine Deloria, Jr. An Indigenous Visionary«, in: *Revue française d'études américaines*, Nr. 144 (2015), S. 109–118
David E. Wilkins, *Red Prophet. The Punishing Intellectualism of Vine Deloria Jr.*, Golden 2018

Mayflower II und Mount Rushmore

»Suppressed Speech of Wamsutta James, 1970«, in: James E. Seele Jr., Steven A. Littleton (Hg.), *Voices of the American Indian Experience*, Bd. 2, Santa Barbara, Denver 2013, S. 587–589

***

»Frank James and the History of the National Day of Mourning«, in: *1620–2020. Mayflower 400. Exploring the Mayflower Anniversary from Multiples Angles*, 2020. URL: https://www.mayflower400uk.org/education/native-america/2020/november/frank-james-and-the-history-of-the-national-day-of-mourning/
Jesse Larner, *Mount Rushmore. An Icon Reconsidered*, New York 2002
Jeffrey Ostler, *The Lakotas and the Black Hills. The Struggle for Sacred Ground*, New York 2010
David J. Silverman, *This Land Is Their Land. The Wampanoag Indians, Plymouth Colony, and the Troubled History of Thanksgiving*, New York, London 2020
Rex Alan Smith, *The Carving of Mount Rushmore*, New York, London 1985
John Taliaferro, *Great Whites Fathers. The Story of the Obsessive Quest to Create Mount Rushmore*, New York 2002
Arielle Zionts, »Group to gather Saturday for 50th anniversary of Mount Rushmore occupation«, in: *Rapid City Journal*, 27. August 2020

Pine Ridge und Wounded Knee

Akwesasne Notes (Hg.), *Voices from Wounded Knee, 1973: In the Words of the Participants*, 3. Auflage, Rooseveltown 1976

»Indians Clash With Non-Indians in South Dakota City Termed ›Neutral Ground‹«, in: *The New York Times*, 11. Februar 1973

***

L. L. Baer, M. A. Bennett, »American Indians in South Dakota: A Profile«, in: *Agricultural Experiment Station Circulars*, Paper 250, 1987. URL: https://openprairie.sdstate.edu/cgi/viewcontent.cgi?article=1249&context=agexperimentsta_circ

Dean Chavers, »Around the Campfire: In Memory of Raymond Yellow Thunder«, in: *Native Times*, 22. Juni 2009

Peter T. Kilborn, »Life at the Bottom – America's Poorest County. A Special Report«, in: *The New York Times*, 20. September 1992

Stew Magnuson, *The Death of Raymond Yellow Thunder. And Other True Stories from the Nebraska – Pine Ridge Border Towns*, Lubbock 2010

Akim D. Reinhardt, *Ruling Pine Ridge. Oglala Lakota Politics from the IRA to Wounded Knee*, Lubbock 2009

U. S. Department of the Interior. Indian Affairs: Pine Ridge Agency. URL: https://www.bia.gov/regional-offices/great-plains/south-dakota/pine-ridge-agency

»Whiteclay, Nebraska and the American Indian Movement«, in: Bruce E. Johansen, *Encyclopedia of the American Indian Movement*, Santa Barbara, Denver 2013, S. 279–285

»Wounded Knee Occupation«, in: Bruce E. Johansen, *Encyclopedia of the American Indian Movement*, Santa Barbara, Denver 2013, S. 292–298

Women of All Red Nations and Black Hills Alliance

»Dr. Lehman Brightman Led the Longest Walk 1978«, *Dailymotion*. URL: https://www.dailymotion.com/video/x36k9sw

Sandie Johnson, Loraine Hutchins, »Black Hills Gathering: The ties that unite us«, in: *Off Our Backs. A Women's Newsjournal* 10 (1980), S. 4 f.

1980 Black Hills International Survival Gathering Official Handbook. July 18 – 27, 1980, Rapid City 1980

Women of All Red Nations. W. A. R. N., Porcupine 1977
»Radiation: Dangerous to Pine Ridge Women, W. A. R. N. study says«, in: *Akwesasne Notes*, Frühling 1980, S. 22 f.
»Report on the Black Hills Alliance«, in: *American Indian Journal* 23 (1979), S. 23 ff.

***

»Activists: Old uranium mines polluting Angostura«, in: *Rapid City Journal*, 22. September 2016
Amnesty International USA, *Maze of Injustice. The Failure to Protect Indigenous Women from Sexual Violence in the USA*, New York 2007
Claus Biegert, »Das gelbe Monster. Der Uranabbau und das Leid indigener Völker«, in: *ippnw forum*, Nr. 123, September 2010, S. 16–19
»Black Hills/Paha Sapa, USA«, in: *Die Nukleare Kette. Informationen zu Risiken der nuklearen Kette für Mensch und Natur*. URL: http://www.nuclear-risks.org/de/hibakusha-weltweit/black-hillspaha-sapa.html
Meg Devlin O'Sullivan, *»We worry about our survival«. American Indian Women, Sovereignty, and the Right to Bear and Raise Children in the 1970s*, Chapel Hill 2007
Bornali Halder, »Ecocide and Genocide. Explorations of Environmental Justice in Lakota Sioux Country«, in: David G. Anderson, Eeva Berglund (Hg.), *Ethnographies of Conservation. Environmentalism and the Distribution of Privilege*, New York, Oxford 2004, S. 101–118
M. Annette Jaimes, Theresa Halsey, »American Indian Women: At the Center of Indigenous Resistance in Contemporary North America«, in: M. Annette Jaimes (Hg.), *The State of Native North America: Genocide, Colonization, and Resistance*, Boston 1992, S. 311–344
Wendy Kline, *Building a Better Race. Gender, Sexuality, and Eugenics from the Turn of the Century to the Baby Boom*, Berkeley, Los Angeles 2005
Molly Ladd-Taylor, *Fixing the Poor. Eugenic Sterilization and Child Welfare in the Twentieth Century*, Baltimore 2017
Jane Lawrence, »The Indian Health Service and the Sterilization of Native American Women«, in: *American Indian Quarterly* 24 (2000), S. 400–419
Paul A. Lombardo, *Three Generations, No Imbeciles. Eugenics, the Supreme Court, and Buck vs. Bell*, Baltimore 2010
Paul A. Lombardo (Hg.), *A Century of Eugenics in America. From the Indiana Experiment to the Human Genome Era*, Bloomington 2011

Aram Mattioli, »Verübte Amerika einen Genozid an seinen Indianern?«, in: *Neue Zürcher Zeitung*, 25. Juni 2021, S. 6

Marc Pritzke, »Die verdrängte Schande«, in: *Der Spiegel*, 5. Januar 2012. URL: https://www.spiegel.de/panorama/zwangssterilisation-in-den-usa-die-verdraengte-schande-a-806709.html

Andrea Smith, *Conquest. Sexual Violence and American Indian Genocide*, New York, Boston 2005

Brianna Theobald, *Reproduction on the Reservation. Pregnancy, Childbirth, and Colonialism in the Long Twentieth Century*, Chapel Hill 2019

Sally J. Torpy, »Native American Woman and Coerced Sterilization. On the Trail of Tears in the 1970s«, in: *American Indian Culture and Research Journal* 24 (2000), S. 1–22

Thomas W. Volscho, »Sterilization Racism and Pan-Ethnic Disparities of the Past Decade. The Continued Encroachment of Reproductive Rights«, in: *Wicazo Sa Review* 25 (2010), S. 17–31

Uranförderung im Land der Diné

Bradley Angel, *The Toxic Threat to Indian Lands. A Greenpeace Report*, 1991. URL: https://www.ejnet.org/ej/toxicthreattoindianlands.pdf

»Brief Organizational History«, in: *Diné CARE – Citizens Against Ruining our Environment*. URL: http://www.dine-care.org/about-us

Doug Brugge, Timothy Benally, Esther Yazzie-Lewis (Hg.), *The Navajo People and Uranium Mining. Foreword by Stewart L. Udall*, Albuquerque 2007

Timothy Egan, »Eskimos Learn They've Been Living Amid Secret Pits of Radioactive Soil«, in: *The New York Times*, 6. Dezember 1992

Mark Evans, Charles Davis, »Self-Determination, the Right to Secession for the Diné (Navajo) Nation«, in: *Worker's Herald*, Dezember 1983. URL: https://www.marxists.org/history/erol/ncm-7/rpo-dine.pdf

H. R.2372, *Radiation Exposure Compensation Act*, 15. Oktober 1990

»Interviews«, in: Peter H. Eichstaedt, *If You Poison Us. Uranium and Native Americans*, Santa Fe 1994, S. 171–195

Molly Ivins, »Both Sides in Energy Debate Heard in New Mexico«, in: *The New York Times*, 29. April 1979

Molly Ivins, »Uranium Mines In West Leave Deadly Legacy«, in: *The New York Times*, 20. Mai 1979

Winona LaDuke, »Uranium Mines on Native Lands. The New Indian Wars«, in: *The Harvard Crimson*, 2. Mai 1979. URL: https://www.thecrimson.com/article/1979/5/2/uranium-mines-on-native-land-pthe/

Urith Lucas, »Navajos Who Mined Uranium Dying from Lung Cancer«, in: *Albuquerque Tribune*, 17. August 1973

»Navajos ban uranium mining on reservation«, in: *NBC News*, 22. April 2005. URL: http://www.nbcnews.com/id/7602821/ns/us_news-environment/t/navajos-ban-uranium-mining-reservation/

»Navajo Nation President Joe Shirley Jr. signs Diné Natural Resources Act of 2005. New law bans uranium mining, processing throughout Navajo Nation«, 30. April 2005. URL: https://www.nrc.gov/docs/ML0721/ML072150169.pdf

Simon J. Ortiz, *Woven Stone*, Tucson 1992

Simon J. Ortiz, *From Sand Creek. Rising In This Heart Which Is Our America* (1981), Tucson 2000

Marley Shebala, »Poison in the Earth. 1979 Church Rock Spill a Symbol for Uranium Dangers«, in: *Navajo Times*, 23. Juli 2009

»Verleihung des Nuclear-Free Future Award 2005 im Nobel-Institut in Oslo«, in: *ECO-News*, 22. September 2005

Cindy Yurth, »Aspiring to greatness. Over the years, Church Rock has boomed and busted. Could it rise again?«, in: *Navajo Times*, 3. Januar 2013

***

James Robert Allison III, *Sovereignty for Survival. American Energy Development and Indian Self-Determination*, New Haven, London 2015

Regina Austin, Michael H. Schill, »Black, Brown, Poor & Poisoned. Minority Grassroots Environmentalism and the Quest for Eco-Justice, 1991«, in: *Faculty Scholarship at Penn Law* 809. URL: https://scholarship.law.upenn.edu/faculty_scholarship/809/

Susanne Berthier-Foglar, »Uranium Mining on Sacred Land. The Case of Mount Taylor (NM, USA)«, in: *ELOHI. Peuples indigènes face au reste du monde*, Sommer 2012. URL: http://journals.openedition.org/elohi/304

Peter H. Eichstaedt, *If You Poison Us. Uranium and Native Americans*, Santa Fe 1994

Donald L. Fixico, *The Invasion of Indian Country in the Twentieth Century. American Capitalism and Tribal Natural Resources*, Boulder 2012

Sarah Alisabeth Fox, *Downwind. A People's History of the Nuclear West*, Lincoln, London 2014

Philip L. Fradkin, *Fallout. An American Nuclear Tragedy*, Boulder 2004

Donald A. Grinde, Bruce Johansen, *Ecocide of Native America. Environmental Destruction of Indian Lands and Peoples*, Santa Fe 1995

Gregory Hooks, Chad L. Smith, »The Treadmill of Destruction. National Sacrifice Areas and Native Americans«, in: *American Sociological Review* 69 (2004), S. 558–575

Taylor N. Johnson, »›The most bombed nation on Earth‹. Western Shoshone Resistance to the Nevada National Security Side«, in: *Atlantic Journal of Communication* 26 (2018), S. 224–239

Valerie Kuletz, *The Tainted Desert. Environmental and Social Ruin in the American West*, New York, London 1998

Anita Moore-Nall, »The Legacy of Uranium Development on or near Indian Reservations and Health Implications Rekindling Public Awareness«, in: *Geosciences* 5, Februar 2015, S. 15–29

Robin Riley Fast, »Water, History, and Sovereignty in Simon J. Ortiz's ›Our Homeland, a National Sacrifice Area‹«, in: *Studies in American Indian Literatures* 30 (2018), S. 36–53

Aram Mattioli, »Mit Schweigen zugedeckt. Die Navajo Nation und der Nuklearunfall von Church Rock«, in: *Geschichte der Gegenwart*, 14. Juni 2020. URL: https://geschichtedergegenwart.ch/mit-schweigen-zugedeckt-die-navajo-nation-und-der-nuklearunfall-von-church-rock/

Rebecca Solnit, *Savage Dreams. A Journey into the Hidden Wars of the American West*, Berkeley 2014

Nando Stöcklin, *Uranwirtschaft in Nordamerika – Die Folgen für die Indigenen. Mit einem Exkurs von Helena Nyberg*, Zürich 2001

Jonathan Thompson, »Simon J. Ortiz poetry is a road map to Indian Country«, in: *High Country News*, 5. Mai 2014. URL: https://www.hcn.org/blogs/goat/the-work-of-simon-j-ortiz-is-a-poetic-road-map-to-indian-country

Traci Brynne Voyles, *Wastelanding. Legacies of Uranium Mining in Navaho Country*, Minneapolis, London 2015

»Indian rolling« in New Mexico

The Farmington Report. A Conflict of Cultures. A Report of the New Mexico Advisory Committee to the United States Commission on Civil Rights, 1975. URL: https://babel.hathitrust.org/cgi/pt?id=uiug.30112045537286&view=1up&seq=1

The Farmington Report. Civil Rights for Native Americans 30 Years Later,

2005. URL: https://www2.law.umaryland.edu/marshall/usccr/documents/cr12f223.pdf

Martin Waldron, »Top Indian Leader Backs Young Navajos on Rights«, in: *The New York Times*, 30. August 1974

***

Rodney Barker, *The Broken Circle. A True Story of Murder and Magic in Indian Country*, New York, London 1992

Cheryl Redhouse Bennett, *Exploring Hate Crimes in Farmington, New Mexico*, Dissertation University of Arizona, Tucson 2013

Elizabeth Cook-Lynn, *Anti-Indianism in Modern America. A Voice from Tatekeya's Earth*, Urbana 2001

David Correia, »Indian Killers. Police Violence Against Native People in Albuquerque«, in: *La Jicarita. An Online Magazine of Environmental Politics in New Mexico*, 8. Juni 2015. URL: https://lajicarita.wordpress.com/2015/06/08/indian-killers-police-violence-against-native-people-in-albuquerque/

Lisa Weber Donaldson, *»Indian Rolling«. White Violence against Native Americans in Farmington, New Mexico*, Dissertation University of New Mexico, Albuquerque 2006

Internationale Bühne

Akwesasne Notes (Hg.), *Basic Call to Consciousness* (1978), Summertown 2005

»Erklärung der Vereinten Nationen über die Rechte der indigenen Völker vom 13. September 2007«. URL: https://www.un.org/Depts/german/gv-61/band3/ar61295.pdf

Alexander Ewen (Hg.), *Voice of Indigenous Peoples. Native People Address the United Nations*, Santa Fe 1994

The Geneva Conference. Official Report by International Indian Treaty Council, San Francisco 1977

Gesellschaft für bedrohte Völker (Hg.), *Der Völkermord geht weiter. Indianer vor dem IV. Russell-Tribunal*, Reinbek bei Hamburg 1982

George Manuel, Michael Posluns, *The Fourth World. An Indian Reality* (1974), Minneapolis, London 2019

***

Bundeszentrale für politische Bildung, *UN-Tag der indigenen Bevölkerungen*, 5. August 2019. URL: https://www.bpb.de/politik/hintergrund-aktuell/142194/indigene-bevoelkerungen

Stephen Corry, *Tribal Peoples for Tomorrow's World. A Guide*, Alcester 2011

Konrad S. Kuhn, *Entwicklungspolitische Solidarität. Die Dritte-Welt-Bewegung in der Schweiz zwischen Kritik und Politik (1975–1992)*, Zürich 2011

Sheryl Lightfoot, *Global Indigenous Politics. A Subtle Revolution*, London, New York 2017

Ronald Niezen, *The Origins of Indigenism. Human Rights and the Politics of Identity*, Berkeley, Los Angeles 2003

Helena Nyberg, »1945–2020: 75 Jahre Weltgemeinschaft der Völker«, in: *MagazINC*, Dezember 2020, S. 3 ff.

Anja Titze, »Die Vereinten Nationen und indigene Völker. Zu Entstehung und Gehalt der Erklärung der Vereinten Nationen über die Rechte indigener Völker«, in: *Vereinte Nationen. Zeitschrift für die Vereinten Nationen und ihre Sonderorganisationen* 55 (2007), S. 190–197

Anna de Quervain, *Die Gründungszeit von Incomindios. Schweizerisch-indigene Zusammenarbeit in den 1970er und 1980er Jahren*, Luzern 2019 (Masterarbeit am Historischen Seminar Luzern)

György Ferenc Tóth, *From Wounded Knee to Checkpoint Charlie. The Alliance for Sovereignty between American Indians and Central Europeans in the Late Cold War*, Albany 2016

Ayako Uchida, »Searching for Indigenous Alliances: International NGOs of the United States and Canada in the 1970s«, in: *Japanese Journal of American Studies* 23 (2012), S. 209–230

Frank Zelko, *Greenpeace. Von der Hippiebewegung zum Ökokonzern*, Göttingen 2014

Erinnerungskultur

»A Century Later at Wounded Knee, Indians Try to Bury the Heartbreak«, in: *The New York Times*, 30. Dezember 1990

»Annual Chief Big Foot Memorial Ride to Wounded Knee Concludes«, in: *Indian Country Today*, 29. Dezember 2011. URL: https://indiancountrytoday.com/archive/annual-chief-big-foot-memorial-ride-to-wounded-knee-concludes

Dave Archambault Sr., »Birgil Kills Straight: life as a Lakota Patriot«, in: *In-*

dian Country Today, 22. Februar 2019. URL: https://indiancountrytoday.com/opinion/birgil-kills-straight-life-as-a-lakota-patriot

Michael S. Berliner, »Man's Best Came With Columbus«, in: *Los Angeles Times*, 30. Dezember 1991

Phil Brasher, »Congress Apologizes To Wounded Knee Victims«, in: *Associated Press*, 26. Oktober 1990

Christopher Brito, »Dozens of Christopher Columbus statues have been removed since June«, in: *CBS News*, 25. September 2020. URL: https://www.cbsnews.com/news/christopher-columbus-statue-removed-cities/

James Brooke, »Controversy Over Memorial to Winners at Little Bighorn«, in: *The New York Times*, 24. August 1997

Ben Nighthorse Campbell, *Reflections on the Columbus Quincentenary (1492–1992)*. URL: www.powersource.com/campbell/sencamp.html

Kriston Capps, »Why There Are Still 149 Statues of Christopher Columbus in the U. S.«, In: *Bloomberg CityLab*, 9. Oktober 2021. URL: https://www.bloomberg.com/news/articles/2021-10-09/how-many-statues-of-christopher-columbus-are-left

»Century Afterward, Apology For Wounded Massacre«, in: *The New York Times*, 30. Oktober 1990

»Conflict Emerges Over Custer Park«, in: *The New York Times*, 13. Oktober 1991

Frank Del Olmo, »Activists' Plaque at Little Bighorn Honors ›Patriots‹ Who Beat Custer«, in: *Los Angeles Times*, 4. Juli 1988

Johnny Diaz, »Christopher Columbus Statues in Boston, Minnesota and Virginia Are Damaged«, in: *The New York Times*, 10. Juni 2020

Larry Fish, »Memorial Honors Little Bighorn's Tribal Warriors«, in: *The New York Times*, 25. Juni 2003

Jack D. Forbes, *Columbus and Other Cannibals. The Wétiko-Disease of Exploitation, Imperialism, and Terrorism* (1979), New York 2008

Paul Goetsch, Gerd Hurm (Hg.), *Die Rhetorik amerikanischer Präsidenten seit F. D. Roosevelt*, Tübingen 1993

Mario Gonzalez, Elizabeth Cook-Lynn, *The Politics of Hallowed Ground. Wounded Knee and the Struggle for Indian Sovereignty*, Urbana, Chicago 1999

Sam Hitchmough, »Columbus statues are coming down – why he is so offensive to Native Americans«, in: *The Conversation*, 9. Juli 2020. URL: https://theconversation.com/columbus-statues-are-coming-down-why-he-is-so-offensive-to-native-americans-141144

»103.STAT.1343: Public Law 101–185«, 28. November 1989. URL: https://www.

govinfo.gov/content/pkg/STATUTE-103/pdf/STATUTE-103-Pg1336.pdf#page=7

Hans Koning, »Don't Celebrate 1492 – Mourn it«, in: *The New York Times*, 14. August 1990

Glenn Morris, Russell Means, *Why Autonomous AIM Opposes Columbus Day and Columbus Day Parades*, 1991. URL: https://www.dickshovel.com/colum.htl

Kent Nerburn, *Nicht Wolf nicht Hund. Auf vergessenen Pfaden mit einem alten Indianer*, München 2018

Kirkpatrick Sale, *The Conquest of Paradise. Christoph Columbus and the Columbian Legacy*, New York 1990

John Sanko, »Indians Protest Columbus Day«, in: *Rocky Mountain News*, 10. Oktober 1989

»S.J. RES.14. To acknowledge a long history of official depredations and ill-conceived policies by the Federal Government regarding Indian tribes and offer an apology to all Native Peoples on behalf of the United States«, 30. April 2009. URL: https://www.congress.gov/111/bills/sjres14/BILLS-111sjres14is.pdf

David E. Stannard, *American Holocaust. The Conquest of the New World*, New York 1993

»John Wayne: Playboy Interview, May 1971«, in: *Scraps from the Loft*, 1. Juli 2017. URL: https://scrapsfromtheloft.com/movies/john-wayne-playboy-interview

***

Aleida Assmann, *Das neue Unbehagen an der Erinnerungskultur. Eine Intervention*, 4. Auflage, München 2020

Robert F. Berkhofer Jr., *The White Man's Indian*, New York 1979

Holger Bütow, »George Armstrong Custer: Der Tod eines Medienstars«, in: *Militärgeschichte. Zeitschrift für historische Bildung*, 4/2007, S. 18–21

Claire Bugos, »The Myths of the Thanksgiving Story and the Lasting Damage They Imbue«, in: *Smithsonian Magazine*, 26. November 2019. URL: https://www.smithsonianmag.com/history/thanksgiving-myth-and-what-we-should-be-teaching-kids-180973655

Claudia L. Bushman, *America Discovers Columbus. How an Italian Explorer Became an American Hero*, Hanover 1992

Robert Capriccioso, »A sorry saga: Obama signs Native American apology resolution; fails to draw attention to it«, in: *Indian Country Today*, 13. Januar 2010

Linwood »Little Bear« Custalow, Angela L. Daniel »Silver Star«, *The True Story of Pocahontas. The Other Side of History*, Golden 2007

Michael E. Elliott, *Custerology. The Enduring Legacy of the Indian Wars and George Armstrong Custer*, Chicago, London 2007

Susan C. Faircloth, »Indigenous Peoples Day: Why it's replacing Columbus Day in many places«, in: *The Conversation*, 7. Oktober 2021. URL: https://theconversation.com/indigenous-peoples-day-why-its-replacing-columbus-day-in-many-places-167849

Jesus Garcia, »Native Americans in U.S. History Textbooks. From Bloody Savages to Heroic Chiefs«, in: *Journal of American Indian Education* 17 (1978), S. 15–19

Helen L. Harris, »On the Failure of Indian Education«, in: *The Clearing House* 48 (1973), S. 242–247

H. Roy Kaplan, *American Indians at the Margins. Racist Stereotypes and Their Impacts on Native Peoples*, Jefferson 2022

Ari Kelman, *A Misplaced Massacre. Struggling Over the Memory of Sand Creek*, Cambridge, London 2013

Thomas Koebner (Hg.), *Indianer vor der Kamera*, München 2011

Timothy Kubal, *Cultural Movements and Collective Memory. Christopher Columbus and the Rewriting of the National Origin Myth*, New York 2009

Tim Lehman, *Bloodshed at Little Bighorn. Sitting Bull, Custer, and the Destinies of Nations*, Baltimore 2010

Daniel Levy, Natan Sznaider, *Erinnerung im globalen Zeitalter: Der Holocaust*, Frankfurt am Main 2001

James W. Loewen, *Lies My Teacher Told Me. Everything Your American History Textbook Got Wrong*, New York, London 2007

Amy Lonetree, »Missed Opportunities: Reflections on National Museum of the American Indian«, in: *American Indian Quarterly* 30 (2006), S. 632–645

Kathleen Loock, *Kolumbus in den USA. Vom Nationalhelden zur ethnischen Identifikationsfigur*, Bielefeld 2014

Jackie Mansky, *The True Story of Pocahontas*, 23. März 2017. URL: https://www.smithsonianmag.com/history/true-story-pocahontas-180962649

Aram Mattioli, *Die Native Americans und der Memory-Boom in den USA (=Luzerner Universitätsreden 24)*, Luzern 2013

Oliver Milman, »European colonization of Americas killed so many it cooled Earth's climate«, in: *The Guardian*, 31. Januar 2019

»National Monument Audit«, September 2021. URL: https://monumentlab.com/audit

Asuza Ono, *Crossroads of Indian Country. Native American Community in Denver, 1950–2005*, Ann Arbor 2008

Matthias Peipp, Bernhard Springer, *Edle Wilde – Rote Teufel. Indianer im Film*, München 1997

Robert Royal, *1492 and All That. Political Manipulations of History*, Washington 1992

Richard Slotkin, *Gunfighter Nation. The Myth of the Frontier in Twentieth-Century America*, Norman 1998

Stephen J. Summerhill, John Alexander Williams, *Sinking Columbus. Contested History, Cultural Politics, and Mythmaking during the Quincentenary*, Gainesville 2000

Erin L. Thompson, *Smashing Statues. The Rise and Fall of America's Public Monuments*, New York 2022

Herman J. Viola, *Ben Nighthorse Campbell. An American Warrior*, Boulder 2002

Martin Weidinger, *Nationale Mythen – männliche Helden. Politik und Geschlecht im amerikanischen Western*, Frankfurt am Main, New York 2006

Jay Winter, »Die Generation der Erinnerung. Reflexionen über den ›Memory-Boom‹ in der zeithistorischen Forschung«, in: Werkstatt*Geschichte* 30 (2001), S. 5–16

Dokumentarfilme

Catherine Bainbridge, Alfonso Maiorana, *Rumble – The Indians Who Rocked the World*, Kanada 2017

Fanny Bräuning, *No More Smoke Signals*, Schweiz 2009

Carol Burns, *As Long As the Rivers Run*, USA 1971

Elizabeth A. Castle, Christina D. King, *Warrior Women*, USA 2018

James Danaqyumptewa, Anka Schmid, Agnes Barmettler, *Techqua Ikachi. Land – my Life*, Schweiz 2006

Neil Diamond, *Reel Injun. On the Trail of the Hollywood Indian*, Kanada 2009

Beth & George Gage, *American Outrage*, USA 2009

Magnus Isacsson, *Uranium*, Kanada 1990

Lisa Jaeger, Igor Sopronenko, *Tribal Nations. The Story of Federal Indian Law*, USA 2006

Colleen Keane, *The River That Harms*, USA 1987

Paul Lamont, *Lake of Betrayal. The Story of Kinzua Dam*, USA 2017
Gwenlaouen Le Gouil, *Misshandelt und umerzogen. Kanadas First Nations*, Frankreich 2020
Kent Mackenzie, *The Exiles*, USA 1961
Christopher McLeod, *The Four Corners. A National Sacrifice Area?*, USA 1983
Michael Kanentakeron Mitchell, *You Are in Indian Land*, Kanada 1969
Stanley Nelson, *Wounded Knee. Episode 5 of We Shall Remain*, USA 2009
PBS Utah, *Unspoken. America's Native American Boarding Schools*, Utah 2017
Dana Plays, *The Longest Walk*, USA 2017
Joan Prowse, *Buffy Sainte-Marie. A Multimedia Life*, Kanada 2006
Lynn Salt, David Mueller, *A Good Day to Die. Dennis Banks and the American Indian Movement*, USA 2010
Dirk Schröder, *Wounded Knee. Sioux Indianer reiten auf den Spuren ihrer Ahnen*, Deutschland 2001
Jeff Spitz, *The Return of Navajo Boy*, USA 2000
Lorna Tucker, *Amá (Mother)*, USA 2018
Alex Williams, *The Pass System*, Kanada 2015

BILDNACHWEIS

S. 8 Manuel Menrath

TAFELTEIL

1 Source: Historic England Archive
2 Bibliothèque de Genève, icon p 1959 221
3 Collection of The Buffalo History Museum. General photograph collection, Indians – Activities.
4 Museum of History & Industry, Seattle
5 Department of Special Collections, Stanford University Libraries, Stan Steiner Papers, M0700, Series 3, Box 15, folder 19
6 GRANGER – Historical Picture Archive / Alamy Stock Foto
7 picture alliance / AP Images | Havery Georges
8 picture alliance / AP | Fred Jewell
9 Bob Fitch Photography Archive, Department of Special Collections, Stanford University Libraries
10 © Jean-François Graugnard / CSIA-Nitassinan
11 © Peter Simon
12 picture alliance / AP | Paul Sakuma
13 © James Cook / The Centennial Ride to Wounded Knee

REGISTER

Schauplätze des indigenen Widerstandes